Wir sind der
Wandel

Paul Hawken

Wir sind der Wandel

Warum die Rettung der Erde bereits voll
im Gang ist — und kaum einer es bemerkt

Aus dem Amerikanischen von Burkhard Hickisch

Hans-Nietsch-Verlag

Titel der Originalausgabe: *Blessed Unrest: How the Largest Social Movement in History Is Restoring Grace, Justice, and Beauty to the World*, erschienen bei *Penguin Books*, New York

Translation Right arranged with *Penguin Books*, New York

© Hans-Nietsch-Verlag 2010

Redaktion und Lektorat: Martina Klose
Umschlaggestaltung und Satz: Kurt Liebig
Umschlagfotos: cydonna/photocase (oben), Mella/photocase (unten)

Hans-Nietsch-Verlag
Am Himmelreich 7
79312 Emmendingen

www.nietsch.de
info@nietsch.de

ISBN 978-3-939570-90-5

Inhalt

Für Anuradha Mittal,

die dieses Buch durch ihre Anmut,

ihre Herzlichkeit und Klugheit

inspiriert hat

Wie alles anfing

n den vergangenen fünfzehn Jahren habe ich unzählige Vorträge zum Thema „Umwelt" gehalten und jedes Mal fühlte ich mich wie ein Artist auf dem Drahtseil, dem es schwerfällt, das Gleichgewicht zu halten. Sicher, die Menschen sind neugierig und wollen wissen, was in der Welt geschieht, aber kein Redner möchte sein Publikum deprimieren, egal wie beängstigend die Zukunft aussehen mag, die von den Wissenschaftlern vorhergesagt wird, die sich mit der Zerstörung unserer Umwelt befassen. Damit wir zuversichtlich in die Zukunft blicken können, brauchen wir jedoch eine glaubwürdige Grundlage, auf der wir schöpferisch handeln können, denn wir können nur dann neue Möglichkeiten für die Zukunft finden, wenn wir den gegenwärtigen Zustand genau definiert haben. Die Kluft zwischen heute und morgen zu überbrücken war schon immer eine Herausforderung, doch meine Zuhörer haben meiner intellektuellen Höhenangst freundlicherweise keine Beachtung geschenkt und mir stattdessen im Laufe der Zeit eine ungewöhnliche Betrachtungsweise ermöglicht.

Nach den Vorträgen fand sich meist eine kleine Gruppe von Menschen zusammen, um zu diskutieren, Fragen zu stellen und Visitenkarten auszutauschen. In der Regel waren es Personen, die sich mit den wichtigsten Themen der Gegenwart beschäftigten: mit Klimaveränderung, Armut, Zerstörung des Waldes, Frieden, Wasser, Hunger, Naturschutz und den Menschenrechten. Es waren Privatleute, die nicht im Auftrag von Unternehmen oder Regierungen handelten. Sie kümmerten sich um Flüsse und Buchten; informierten den Verbraucher über nachhaltige Landwirtschaft; rüsteten ihre Häuser mit Solaranlagen nach; wirkten auf den Gesetzgeber ein, etwas gegen die Umweltverschmutzung zu unternehmen; kämpften gegen eine Handelspolitik, die die großen Unternehmen bevorteilte; setzten sich für grüne Innenstädte ein und klärten Kinder über die Umwelt auf. Einfach ausgedrückt, widmeten sie sich dem Schutz der Natur und trugen Sorge dafür, dass alles gerecht zuging.

Obgleich dies alles in den 1990er-Jahren geschah und die Medien ihre Aktivitäten kaum zur Kenntnis nahmen, hatte ich bei diesen kleinen Zusammenkünften die Möglichkeit, zu hören, worum es diesen Menschen ging. Sie waren Studenten, Großmütter, Jugendliche, Mitglieder eines Stammes, Geschäftsleute, Architekten, Lehrer, Professoren im Ruhestand und besorgte Eltern. Da ich mit meinen Vorträgen durchs Land zog und die Organisationen, die sie vertreten, vor Ort verankert waren, wurde mir im Laufe der Jahre klar, welch eine ungeheure Vielfalt diese regionalen Gruppen darstellten und dass es immer mehr und mehr von ihnen gab. Meine Gesprächspartner hatten viel zu sagen. Sie waren erfinderisch und hatten die viele Ideen, wussten über vieles Bescheid und hatten jede Menge Erfahrung. *Wir sind der Wandel* ist größtenteils ihr Geschenk an mich.

Meine neuen Freunde gaben mir Artikel und Bücher, steckten kleine Geschenke in meinen Rucksack oder ließen mich an ihren Ideen für „grüne Firmen" teilhaben. Ein amerikanischer Ureinwohner lehrte mich, dass die Trennung zwischen Ökologie und Menschenrechten künstlich sei, dass die Umweltbewegung und die Bewegung für soziale Gerechtigkeit zwei Seiten der Medaille eines noch größeren Dilemmas darstellten. Wie wir die Erde behandeln, das wirkt sich auf alle Menschen aus, und wie wir miteinander umgehen, das zeigt sich wiederum darin, wie wir die Erde behandeln.

Meine Vorträge spiegelten mein immer tiefer werdendes Verstehen wider und ich bekam von vielen Seiten Visitenkarten zugesteckt. Pro Vortrag waren es fünf bis dreißig, und wenn ich eine Woche oder zwei Wochen unterwegs war, kehrte ich mit Hunderten von Visitenkarten zurück, die ich in meinen diversen Jackentaschen aufbewahrte. Zu Hause legte ich sie dann meist auf dem Küchentisch aus, las die Namen, betrachtete die Signets, überlegte mir, was diese Menschen wohl machten, und staunte darüber, wie viele Gruppen es gab, die sich in den verschiedensten Bereichen für andere einsetzen. Später verstaute ich die Visitenkarten dann in Schubladen oder Papiertüten als Reiseandenken. Im Laufe der Jahre sind es wohl Tausende geworden, und immer wenn ich eine Karte ansehe, frage ich mich dasselbe: Wissen und schätzen wir überhaupt, wie viele Gruppen und Organisationen sich für fortschrittliche Ziele einsetzen? Zuerst stillte es nur meine Neugierde, aber langsam ahnte ich, dass etwas Größeres am Werke war, eine bedeutende soziale Bewegung, die sich der öffentlichen Wahrnehmung weitestgehend entzog. Neugierig geworden, begann ich zu zählen. Ich sah mir die Zahlen an, die die Regierungen zahlreicher Länder veröffentlicht hatten, und benutzte verschiedene Methoden, um anhand der öffentlichen Listen die Anzahl der Gruppen zu schätzen, die sich für die Umwelt und für soziale Gerechtigkeit einsetzten. Zuerst kam ich auf weltweit ungefähr 30.000 Umweltorganisationen, doch als ich die Gruppen hinzuzählte, die sich für Menschenrechte und die Rechte der Ureinwohner einsetzten, war ich schon bei mehr als 100.000. Ich forschte nach, ob es bislang jemals etwas Vergleichbares gegeben hatte, was die Größe und die Bandbreite dieser Bewegung anbelangt, aber ich konnte nichts finden – weder in der Gegenwart noch in der Vergangenheit. Je mehr ich recherchierte, desto mehr Organisationen fand ich, und ihre Anzahl wuchs weiter, je mehr Listen, Sachverzeichnisse und kleine Datenbanken ich in speziellen Bereichen und geografisch begrenzten Gebieten durchforstete. Ich hatte versucht, einen kleinen Stein aufzuheben, doch es handelte sich dabei um die Spitze einer viel größeren geologischen Formation. Schnell erkannte ich, dass ich mit meiner ursprüngliche Schätzung von 100.000 Organisationen zu niedrig lag. Inzwischen bin ich davon überzeugt, dass es mehr als 1 Million – vielleicht sogar mehr als 2 Millionen – Organisationen gibt, die sich für ökologische Nachhaltigkeit und soziale Gerechtigkeit einsetzen.

Was die herkömmliche Definition anbelangt, macht eine riesige Ansammlung engagierter Einzelner allein noch keine Bewegung aus. Bewegungen haben Anführer und Ideologien. Die Menschen schlie-

ßen sich einer Bewegung an, studieren ihre Programme und identifizieren sich mit ihr. Sie lesen die Biografie der Gründer und hören
sie live oder auf Video sprechen. Kurz gesagt: Bewegungen haben
Anhänger und Menschen, die sie unterstützen. Die Bewegung, von
der ich spreche, passt nicht in dieses gängige Klischee; sie ist zersplittert, uneinheitlich und sehr individuell. Es gibt kein Manifest, keine
Doktrin und keine übergreifende Autorität, die sagt, was zu tun ist.
Sie zeigt sich in Klassenzimmern, auf Bauernhöfen, im Urwald, in
Dörfern, in Firmen, in Wüsten, in Fischereigebieten und in Slums – ja
sogar in vornehmen New Yorker Hotels. Diese Bewegung unterscheidet sich von herkömmlichen Bewegungen dadurch, dass sie immer
mehr als weltweite humanitäre Bewegung in Erscheinung tritt, die
sich von unten nach oben organisiert.

Historisch gesehen entstanden soziale Bewegungen hauptsächlich als Reaktion auf Ungerechtigkeit, Ungleichheit und Korruption.
Diese Übel sind noch immer nicht aus der Welt geschafft, aber wir
befinden uns in einer Situation, die es so noch nie zuvor gab: Der
Planet hat eine lebensbedrohliche Krankheit, die durch eine massive
Verschlechterung des ökologischen Zustands und einen sich schnell
voranschreitenden Klimawandel gekennzeichnet ist. Als ich die riesige Anzahl von Organisationen zählte, kam mir der Gedanke, ob es
nicht das Wachstum von etwas Organischem, wenn nicht gar Biologi-
schem war, was ich hier beobachtete. Konnte es nicht mehr als eine
Bewegung im herkömmlichen Sinn sein: eine instinktive, kollektive
Antwort auf eine akute Bedrohung? Ist diese Bewegung deswegen so
zersplittert, weil sie nur so ihren Zweck erfüllen kann? Wie funktioniert diese Bewegung? Wie schnell wächst sie? Welche Verbindungen
hat sie? Warum bleibt sie weitestgehend unbeachtet? Hat sie eine
eigene Geschichte? Kann sie die Probleme, die Regierungen nicht be-
wältigen können, erfolgreich lösen: Energieversorgung, Arbeitsplätze,
Naturschutz, Armut und globale Erwärmung? Wird sich diese Bewegung immer mehr zentralisieren oder wird sie zersplittert bleiben und
die Macht den Ideologien und dem Fundamentalismus überlassen?

Ich forschte nach, ob es einen Namen für diese Bewegung gab, aber ich fand keinen. Ich traf Menschen, die versuchten, diese Bewegung zu strukturieren oder zu ordnen – eine schwierige Aufgabe, denn es handelt sich immerhin um die komplexeste Vereinigung, die Menschen jemals geschaffen haben. Viele Außenstehende werfen der Bewegung vor, dass sie ohnmächtig sei, aber diese Kritik verhindert nicht, dass sie weiter wächst. Wenn ich sie Politikern, Akademikern und Geschäftsleuten beschreibe, stelle ich fest, dass viele glauben, diese Bewegung bereits zu kennen; sie glauben zu wissen, wie sie funktioniert, woraus sie besteht und wie viele Menschen ihr angehören. Sie ziehen Rückschlüsse aus den Berichten in den Medien über *Amnesty International*, den *Sierra Club*, *Oxfam* oder andere verdienstvolle Organisationen.

Meine Gesprächspartner kennen vielleicht sogar ein paar kleinere Organisationen und sitzen möglicherweise sogar im Vorstand einer Ortsgruppe. Für sie und andere ist die Bewegung klein; sie kennen sie und können sie schnell beschreiben: eine neue Art der Wohltätigkeit, die von bunt zusammengewürfelten Aktivisten durchsetzt wird, die manchmal auch für einen schlechten Ruf sorgen. Wer selbst zur Bewegung gehört, mag sie ebenfalls unterschätzen, weil er sein Urteil nur auf der Grundlage der Organisationen fällt, der er angehört, doch auch deren Netzwerk macht immer nur einen Teil des großen Ganzen aus. Aber nachdem ich mich jahrelang mit diesem Phänomen beschäftigt und zusammen mit Kollegen versucht habe, eine weltweite Datenbank der Organisationen und Gruppen aufzubauen, aus denen die Bewegung besteht, bin ich zu dem Schluss gekommen: Es handelt sich hierbei um die größte soziale Bewegung in der Geschichte der Menschheit. Niemand kennt ihre Ausmaße und weiß genau, wie sie funktioniert, sie ist nicht greifbar genug, als dass man sie mit bloßem Auge sehen könnte.

Was das Auge *sieht*, ist hingegen beeindruckend: einheitliche, organische, sich selbst organisierende Gruppen mit Mitgliederzahlen im zweistelligen Millionenbereich, die alle etwas verändern wollen.

Wenn ich an den Hochschulen gefragt werde, ob ich im Hinblick auf die Zukunft pessimistisch oder optimistisch sei, gebe ich immer die gleiche Antwort: Wenn man sich die Forschungsergebnisse anschaut, die das beschreiben, was heute auf der Erde geschieht, und nicht pessimistisch ist, hat man nicht das korrekte Datenmaterial. Wenn man Menschen kennenlernt, die zu dieser namenlosen Bewegung gehören, und nicht optimistisch ist, hat man kein Herz. Was ich sehe, sind gewöhnliche und ein paar nicht so gewöhnliche Leute, die bereit sind, es mit Verzweiflung, Machtmissbrauch und unkalkulierbaren Risiken aufzunehmen, um wenigstens ein wenig Würde, Gerechtigkeit und Schönheit in diese Welt zurückzubringen.

In der Kategorie der nicht so gewöhnlichen Menschen könnte der Kontrast zwischen den ehemaligen Präsidenten Bill Clinton und George W. Bush nicht größer sein. Während ich diese Sätze schreibe, ist gerade im Fernsehen zu sehen, wie Bush sich in einem Gespinst von Unwahrheiten verwickelt, während er krampfhaft versucht, an einem albtraumhaften Krieg festzuhalten, der von sinnlosem Ehrgeiz angetrieben wird; gleichzeitig kam in New York die *Clinton Global Initiative* (eine Nichtregierungsorganisation, NRO) zusammen und sammelte in drei Tagen 3,7 Milliarden US-Dollar, um Klimaveränderung, Ungerechtigkeit, Intoleranz und Armut zu bekämpfen. Welche von den beiden Initiativen befasst sich mit den wirklichen Ursachen: der Krieg oder der Frieden? Welche richtet keinen Schaden an? Welche ist für neue Ideen offen? Die Dichterin Adrienne Rich sagt:

> „Mein Herz wird angerührt von allem,
> was ich nicht bewahren kann: so viel ist zerstört worden.
> Ich muss mein Los mit jenen teilen,
> die Jahrtausend um Jahrtausend, perverserweise
> ohne außergewöhnliche Macht, die Welt wiederherstellen."[1]

Das Publikum, das zu meinen Vorträgen kommt, könnte nicht besser beschrieben werden.

Dies ist die ungeschminkte Wahrheit über das POSITIVE, was auf diesem Planeten geschieht – weil Menschen aus Überzeugung und mit Fantasie handeln, anstatt nur darüber zu klagen, dass man eh nichts tun kann. Das, was falsch läuft, zeigt sich in Strukturen, die sich zwanghaft selbst erhalten. Das Richtige geschieht dort, wo die Bewegung aktiv ist. Eine rabbinische Lehre besagt: Wenn die Welt endet und der Messias wiederkommt, pflanze zuerst einen Baum und vergewissere dich, ob die Geschichte auch wirklich stimmt.

Inspiration entsteht nicht, indem man das Falsche wiederholt; sie wohnt vielmehr der Bereitschaft der Menschheit inne, bestimmte Dinge zu beseitigen, wiederherzustellen, neu zu gestalten, umzubauen, zu entdecken, sie sich noch einmal vorzustellen und zu überdenken. Betonen möchte ich, dass es hier um die ABSICHT der Menschheit geht, denn der einzelne Mensch ist schwach und unvollkommen. Nicht alle Menschen können lesen und schreiben oder haben eine Ausbildung. Die meisten Familien auf der Welt sind arm und ihre Mitglieder leiden vielleicht an chronischen Krankheiten. Die Armen können es sich nicht immer leisten, sich gesund zu ernähren, und die meisten haben große Schwierigkeiten, ihre Kinder satt zu bekommen und zur Schule zu schicken. Wenn Menschen mit solchen Problemen es schaffen, über ihre Alltagssorgen hinauszuwachsen und mit der klaren Absicht zu handeln, sich gegen Ausbeutung zu wehren und dazu beizutragen, dass sich etwas verändert, dann ist etwas Machtvolles im Gange. Aber nicht nur die Armen, Menschen aller Rassen und Klassen, sind überall auf der Welt aktiv. „Eines Tages wusstest du endlich, was du zu tun hattest, und fingst damit an, auch wenn dir die Menschen in deiner unmittelbaren Umgebung immer wieder schlechte Ratschläge gaben."[2] So beschreibt die Schriftstellerin Mary Oliver, wie es ist, wenn man der oberflächlichen Weltlichkeit den Rücken kehrt und ein tiefes Gespür für die Verbundenheit alles Lebendigen entwickelt.

In den Abendnachrichten geht es im Allgemeinen um den Tod fremder Menschen und es gibt Millionen, die sich für die Interessen von Fremden einsetzen. Dieser Altruismus hat nicht nur religiöse, ja mystische Züge, sondern auch konkrete Wurzeln im 18. Jahrhundert. Diejenigen, die sich für die Abschaffung der Sklaverei einsetzten, waren die Ersten, die eine nationale und sogar weltweite Bewegung zum Schutz der Rechte von Menschen, die sie nicht kannten, ins Leben riefen. Bis dahin hatte es keine Bürgergruppen gegeben, die etwas gegen Missstände unternahmen, die sie nicht direkt betrafen.[3] Konservative Redner verhöhnten die Gegner der Sklaverei, wie Konservative bis heute politische Gegner als „Liberale", „Progressive", „Gutmenschen" und „Aktivisten" verspotten. Man muss kein Heiliger sein und keiner politischen Partei angehören, um die Wunden der Erde und ihrer Bewohner zu heilen; man braucht nur Entschlossenheit und Ausdauer. Das ist keine liberale oder konservative Aufgabe, sondern eine heilige Handlung. Es ist ein gewaltiges Vorhaben, dem sich überall auf der Welt normale Bürger verpflichtet fühlen und mit dem selbst ernannte Regierungen oder Oligarchien nichts zu tun haben.

Wir sind der Wandel erforscht diese Bewegung – die Menschen, die sie unterstützen, ihre Ziele und ihre Ideale. Ich gehöre dieser Bewegung schon seit Jahrzehnten an und bin daher kein unbeteiligter Journalist, der seinen Themen gegenüber eine skeptische Distanz bewahrt. Ich hoffe, dass dieses Buch zum Ausdruck bringt, dass ich genau zugehört habe. Der Untertitel des Buchs *Warum die Rettung der Erde bereits voll im Gang ist – und kaum einer es bemerkt* bezieht sich nicht auf einzelne Personen. Wie jeder andere habe auch ich einen bestimmten Blickwinkel, der auf Vorurteilen beruht, die sich im Laufe der Jahre festgesetzt haben, und ein Netzwerk von Freunden und Gleichgesinnten, die meine Sicht der Dinge teilen.

Ich habe *Wir sind der Wandel* hauptsächlich geschrieben, um das herauszufinden, was ich *nicht* weiß. Ein Teil des Buchs betrifft einen alten, stillschweigend verlaufenden Prozess, den der Dichter Gary Snyder „den großen Untergrund" nennt, eine Strömung innerhalb der Menschheit, die bis in die Steinzeit zurückreicht. Die Spur kann zurückverfolgt werden zu Heilern, Priesterinnen, Philosophen, Mönchen, Rabbis, Poeten und Künstlern, „die für den Planeten sprechen, für andere Arten, für Miteinander-verflochten-Sein, für ein Leben, das die Weltreiche durchströmt und umspült"[4]. Gleichzeitig ist vieles von dem, was ich gelernt habe, völlig neu. Die Gruppen vermischen sich miteinander – und es gibt keine Worte dafür, wie komplex dieses Netz von Beziehungen ist.[5] Das Internet und andere Kommunikationstechnologien geben kleinen Gruppen ganz neue Möglichkeiten an die Hand, den gegenwärtigen Machtverhältnissen entgegenzuwirken und sie zu verändern. Es hat schon immer Netzwerke mächtiger Menschen gegeben, aber erst in jüngster Zeit ist es möglich geworden, dass die gesamte Welt miteinander verbunden ist.

Das Kapitel „Wir sind der Wandel" beschreibt, wie sich diese Bewegung von vorangegangenen sozialen Bewegungen unterscheidet, besonders im Hinblick auf ihre Ideologie. Die einzelnen Organisationen tauchen nach und nach auf; sie haben generell keine vorher festgelegte Vision für die Welt und sie setzen sich ihre Ziele, ohne starre Strategien. Für manche Historiker oder Analytiker gibt es eine Bewegung nur, wenn sie grundlegende ideologische oder religiöse Zielsetzungen für sich in Anspruch nimmt. Und ganz sicher bestehen Bewegungen nicht in einem Vakuum, denn (mindestens) ein starker Führer ist das wesentliche Merkmal einer Bewegung und oftmals sogar ihr Dreh- und Angelpunkt, selbst wenn er nicht mehr leben sollte. Die Bewegung, die ich beschreibe, hat keine von beiden Eigenschaften und steht daher für ein völlig anderes soziales Phänomen.

Die dann folgenden drei Kapitel erkunden die möglichen Ursprünge der Bewegung. Man kann ihrer Geschichte nicht mit ein paar Büchern, geschweige denn in nur wenigen Kapiteln gerecht werden. In Amerika haben sehr bedeutende fortschrittliche Bewegungen ihren Anfang genommen – hier ging es zum Beispiel um das Frauenwahlrecht, die Abschaffung der Sklaverei, die Menschenrechte, die Lebensmittelsicherheit –, aber die meisten Menschen wissen das nicht, weil es in der Schule nicht gelehrt wird.

Meine Untersuchung spiegelt notgedrungen die Sichtweise eines Nordamerikaners wider, weil es die einzigen Erfahrungen sind, auf die ich zurückgreifen kann. Diese Voreingenommenheit sollte nicht vergessen werden, denn die Weltgeschichte wird zwangsläufig verdreht, wenn man sie durch die Augen der westlichen Kultur betrachtet – ganz gleich, wie sehr man sich auch um Objektivität bemüht. Es gibt noch andere Geschichten, zum Beispiel die der Afrikaner, der nordamerikanischen Ureinwohner, der Engländer, der Japaner, der Brasilianer und der Anwohner des Mittelmeers, die alle denselben Rang und dennoch ihre Besonderheiten haben. In Indien beispielsweise ist Umweltschutz ein Teil der Bewegung für soziale Gerechtigkeit, die sich um das Recht auf Land und auf seine Ressourcen kümmert. Im Jahre 1991 nannte Sunita Narain, Direktor des *Centre for Science and Environment* in Neu-Delhi, die globale Erwärmung „Umweltkolonialismus" und war damit einer der Ersten, die die Frage aufwarfen, ob Umweltschutz nicht auf Menschenrechten anstatt auf Verträgen basieren sollte.

In den USA sah sich die Umweltbewegung mit einer Gegenreaktion konfrontiert, als ihr vorgeworfen wurde, sie beschäftige sich mehr mit den Rechten von Tieren und Pflanzen als mit den Rechten der Menschen. Ron Dellums, Kongressmitglied aus Oakland mit afrikanischen Wurzeln, fragte den *Sierra Club*: „Ich weiß, dass ihr euch um Schwarzbären kümmert, aber kümmert ihr euch auch um schwarze Menschen?"[6] In Deutschland entstand aus der grünen Bewegung eine organisierte politische Partei, deren Mitglieder inzwischen höchste Regierungsposten auf Länderebene bekleiden. In der südlichen Hemisphäre ist Umweltschutz eine Bewegung der Armen, in der Kleinbauern unter anderem für eine Landreform, für Handelsrechte und gegen die Vorherrschaft großer Unternehmen kämpfen. Die Umweltbewegung nahm in England während der industriellen Revolution in den Aktionen, bei denen es um die öffentliche Gesundheit ging, ihren Anfang. In Italien geht es um das Kräftespiel zwischen *la città* und *la campagna*; in Südafrika ist die Bewegung eng verbunden mit dem Thema „soziale Gerechtigkeit", das in der Geschichte des Landes seinen Ursprung hat.[7]

Ich rufe die geschichtlichen Ereignisse in diesem Teil des Buchs nicht in Erinnerung, um große Persönlichkeiten wie Darwin, Gandhi, Rachel Carson oder Thoreau zu preisen, sondern um darauf hinzuweisen, wie wichtig die Verwobenheit und das Zusammenfallen der Ereignisse sind. Vor langer Zeit gab es kleine und scheinbar wirkungslose Vorkommnisse, die schließlich die Welt verändert haben – ein Resultat, von dem die damals Beteiligten nicht zu träumen gewagt hätten. Ein solches kaum beachtetes Ereignis war, dass Emerson in Paris die Wissenschaftlerfamilie Jussieu kennenlernte, was – wie wir noch sehen werden – 123 Jahre später die Menschenrechtsbewegung beeinflusste. In einer Zeit, in der die Menschen sich machtlos fühlen, kann es tröstlich sein, sich die Geschichte des Altruismus vor Augen zu führen, denn sie zeigt, wie mächtig Handeln sein kann, wenn es aus innerer Bescheidenheit und dem Wunsch zu helfen entsteht. Es erinnert uns daran, dass konstruktive Veränderungen durch freiwillige Absicht entstehen und nicht durch Zwang.

Die Kapitel „Die Rolle der indigenen Völker" und „Wir machen dem Imperium einen Strich durch die Rechnung" beschäftigen sich mit dem Thema „Globalisierung". Doch zuerst geht es um indigene Kulturen. Ihr Land ist es, das das größte verbliebene Heiligtum des Lebens auf der Erde darstellt, und rohstoffhungrige Unternehmen wollen daran verdienen und zerstören diese biologische Arche Noah. Die Kulturen, die gemeinsam mit dieser Umwelt entstanden sind, wehren sich gegen die Übergriffe und schließen sich mit gemeinnützigen Interessengruppen zusammen, um die zügellose Entwicklung zu bremsen und ihre Urheber zur Rechenschaft zu ziehen. Das Kapitel „Wir machen dem Imperium einen Strich durch die Rechnung" beschäftigt sich mit Organisationen, die Bürger, Arbeiter und Umwelt vor der destruktiven Kraft der Fundamentalisten des freien Markts schützen wollen.

In den letzten beiden Kapiteln betrachte ich die ganze Bewegung aus zwei unterschiedlichen Perspektiven. Im Kapitel „Das Immunsystem der Erde" verwende ich das Bild eines Organismus, der sich selbst verteidigt, weil es die kollektive Aktivität der Bewegung gut darstellt. Das Immunsystem ist das komplexeste System im Körper und ein gutes Modell, um die Merkmale der einzelnen Gruppen zu untersuchen. Mit „Umwelt" und „sozialer Gerechtigkeit" sind innovative Organisationen befasst, deren Mitglieder nur so vor Ideen und einfallsreichen Aktionen strotzen; ein paar dieser Organisationen werden hier genauer unter die Lupe genommen. Ich wende mich auch den Schwachstellen der Bewegung zu und weise darauf hin, welche Nachteile ihre Vielfalt und ihre Unterschiedlichkeit haben in einer Zeit, in der die Welt in Gewalttätigkeit und Chaos versinkt.

Das Kapitel „Die Grundlage unseres Daseins erhalten" thematisiert die biologischen Prinzipien, die allen Lebensformen, einschließlich der menschlichen, zugrunde liegen. Diese Prinzipien dienen mir als Rahmen, um die Bewegung mit einem anderen Vokabular beschreiben zu können. Die Biologin Janine Benyus bringt es auf den Punkt, wenn sie sagt: „Das Leben schafft die Gegebenheiten, die ihm selbst zuträglich sind." Hier kann man sich durchaus die Frage stellen, ob diese Aussage nicht auf alle menschlichen Aktivitäten – von der Volkswirtschaft über den Handel bis zum Städtebau – zutrifft. Es ist sicher riskant, mit den Biowissenschaften soziale Phänomene erklären zu wollen, doch es ist genauso riskant, davon auszugehen, dass die Sprache, die uns bislang dazu gedient hat, soziale Bewegungen der Vergangenheit zu beschreiben, auch dafür ausreicht, die gegenwärtige Bewegung zu charakterisieren.

Die Menschen, von denen in diesem Buch die Rede ist, geben alle ihr Bestes, aber es geht hier nicht nur darum, etwas Gutes zu tun. *Wir sind der Wandel* befasst sich vielmehr mit Menschen, denen es am Herzen liegt, die Grundlage unseres Daseins zu erhalten – den Planeten in seiner Gesamtheit und seine unbeschreibliche Vielfalt. Unterm Strich ist dieses Buch ungewollt optimistisch ausgefallen, was seltsam anmutet in dieser trostlosen Zeit. Ich hatte es nicht beabsichtigt, aber der Optimismus hat mich für sich entdeckt.

Wir sind der Wandel

Es gibt eine Vitalität, eine Lebenskraft, eine Energie, eine Beschleunigung, die sich durch dich manifestiert, und da es dich nur einmal auf der Welt gibt, ist diese Ausdrucksform einzigartig. ... Du solltest für das, was dich motiviert, offen sein und es bewusst wahrnehmen. Halte den Kanal offen ... Nichts kann dich letztlich zufriedenstellen. Da gibt es nur eine seltsame göttliche Unzufriedenheit, eine gesegnete Unruhe, die uns vorantreibt und uns lebendiger macht als andere.

Martha Graham zu Agnes de Mille, *Dance to the Piper*[1]

Bisher hat noch keine Kultur das Dilemma gelöst, dem sich jede mit der Entwicklung eines Bewusstseins konfrontiert gesehen hat: wie man ein moralisches und mitfühlendes Leben führen kann, wenn man dauernd das Blut, das Entsetzen, das allem Leben innewohnt, gewahr wird, wenn man Finsternis nicht nur in der eigenen Kultur, sondern in sich selbst entdeckt. Wenn es einen Punkt gibt, an dem ein Einzelleben wirklich erwachsen wird, muss es der sein, wo man die Absurdität in seiner Entwicklung begreift und Verantwortung für ein inmitten solcher Paradoxa gelebtes Leben übernimmt. Man muss mitten im Widerspruch leben, weil das Leben, wenn der Widerspruch getilgt würde, zusammenbräche. Auf einige der großen, drängenden Fragen gibt es einfach keine Antworten. Du musst sie weiterhin ausleben und dein Leben zu einem wertvollen Ausdruck der Neigung zum Licht machen.

Barry Lopez, *Arktische Träume*[2]

Ich bin riesig, ich umfasse Welten.

Walt Whitman, „Song of Myself"

Clayton Thomas-Müller spricht auf einer Versammlung des Volks der Cree über Mülldeponien auf ihrem Stammesland in North Alberta, giftige Seen, so groß, dass man sie vom Weltraum aus erkennen kann. Shi Lihong, Gründerin von *Wild China*, dreht zusammen mit ihrem Mann Dokumentarfilme über Nomaden, die großen Staudämmen weichen mussten. Rosalina Tuyuk Velásquez, Angehörige des Volks der *Kaqchikel*, kämpft um Entschädigungen für Zehntausende von Opfern der Todesschwadronen in Guatemala. Rodrigo Baggio sammelt ausrangierte Computer in New York, London und Toronto und setzt sie in brasilianischen Favelas[3] ein, wo er den armen Kindern gemeinsam mit seinen Mitarbeitern Computerkenntnisse vermittelt. Die Biologin Janine Beyus spricht auf einem Kongress im australischen Queensland zu 1200 Führungskräften über biologisch motivierte industrielle Entwicklung. Paul Sykes arbeitet ehrenamtlich für die *National Audubon Society* der USA und hat gerade seinen 52. Vogel im Rahmen der weihnachtlichen Vogelzählung in Little Creek, Virginia, gezählt. Er ist damit einer von 50.000, die zusammen innerhalb eines Tages 70 Millionen Vögel gezählt haben. In Indien führt Sumita Dasgupta Studenten, Ingenieure, Journalisten, Bauern und *Adivasis* (Ureinwohner) zehn Tage lang durch Gujarat, um sich uralte Methoden zur Gewinnung von Regenwasser anzuschauen, mit deren Hilfe das Leben in von der Dürre bedrohten Gebieten aufrechterhalten wird. Silas Kpanan´Ayoung Siakor deckt in Liberia Verbindungen zwischen der Völkermordpolitik des Präsidenten Charles Taylor und der illegalen Abholzung auf. Seine Aktivitäten haben bereits dazu geführt, dass international Sanktionen gegen illegale Abholzung verhängt werden und dass Holz nur noch aus nachhaltiger Bewirtschaftung stammen darf und seine Herkunft zertifiziert sein muss.

Diese acht Menschen, die sich wohl nie persönlich kennenlernen werden, sind Teil eines Netzwerks, zu dem Hunderttausende von Organisationen gehören. Dieses Netzwerk beansprucht keine Macht und wird in kleinen, eigenständigen Aktionen sichtbar, die wie Pilze aus dem Boden schießen. Die Bewegung wächst und erfasst jede Stadt und jedes Land, sie bezieht buchstäblich jeden Stamm, jede Kultur, Sprache und Religion mit ein, von den Mongolen über die Usbeken bis hin zu den Tamilen. Ihr gehören Familien in Indien, Studenten in Australien, Bauern in Frankreich, Landlose in Brasilien, Bananenpflücker in Honduras, „Arme" in Durban, Dorfbewohner in Neuguinea, indigene Stämme in Bolivien und Hausfrauen in Japan an. Ihre Anführer sind Bauern, Zoologen, Schuster und Dichter.

Diese Bewegung unterstützt Milliarden von Menschen auf der ganzen Welt und gibt ihrem Leben eine Bedeutung. Sie kann nicht gespalten werden, weil sie bereits so zersplittert ist – sie besteht aus kleinen Gruppen, die lose miteinander verbunden sind.[4] Sie formt sich, löst sich auf und bildet sich schnell wieder, ohne zentrale Führung und Kontrolle, ohne ein zentrales Kommando. Anstatt Dominanz und Vorherrschaft anzustreben, ist diese namenlose Bewegung bestrebt, Machtkonzentrationen zu vermeiden. Sie kann Regierungen, Unternehmen und Staatsoberhäupter stürzen, weil ihre Mitglieder bestimmte Dinge beobachten und die Informationen, die sie gesammelt haben, massenhaft verbreiten. Das schnelle Handeln der Bewegung, das in jüngster Zeit zu beobachten ist, wird dadurch ermöglicht, dass die moderne Informationstechnik für eine immer breitere Masse überall auf der Welt zugänglich und erschwinglich wird. Die Schlagkraft der Bewegung liegt in den Ideen der Mitwirkenden, nicht in körperlicher Stärke.

Stellen Sie sich einen Organismus vor, zu dem alle Menschen gehören. Dieser Organismus wird von intelligenten Aktivitäten durchdrungen, die quasi die Immunreaktion der Menschheit sind, um politischer Korruption, ökonomischen Auswüchsen und der ökologischen Talfahrt entgegenzutreten und deren negative Auswirkungen zu heilen – ganz gleich, ob diese ein Resultat der freien Marktwirtschaft oder religiöser bzw. politischer Ideologien sind. In einer Welt, die für einschränkende Ideologien zu komplex geworden ist, mag selbst das Wort „Bewegung" zu sehr eingrenzen, was hier geschieht. Die

Autorin und Aktivistin Naomi Klein nennt sie „die Bewegung der Bewegungen", aber in Ermangelung eines besseren Begriffs werde ich weiterhin von „der Bewegung" sprechen, denn ich bin davon überzeugt, dass all ihre vielen einzelnen Teile sich einander immer mehr annähern werden.

Die Bewegung besteht aus drei Hauptsträngen – dem Umweltschutz, den Initiativen für soziale Gerechtigkeit und dem Widerstand indigener Kulturen gegen die Globalisierung –, die inzwischen miteinander verflochten sind. Sie drücken kollektiv das Bedürfnis der Mehrheit der Menschen auf diesem Planeten aus, die Umwelt, den Arbeitsfrieden sowie demokratische Grundsätze und Entscheidungsstrukturen zu erhalten, die Volksherrschaft wieder Schritt für Schritt von unten nach oben aufzubauen sowie den allgemeinen Lebensstandard zu verbessern – dies gilt besonders für Frauen, für Kinder und für arme Menschen. In der Geschichte der Menschheit haben Armeen, mächtige Unternehmen, religiöse Führer und politische Eiferer, die in unserer auf den Kopf gestellten Welt die Minderheit sind, immer wieder die Mehrheit der Bevölkerung überwältigt, unterdrückt und ausgebeutet.[5]

Um die richtige Definition des Begriffes „soziale Gerechtigkeit" streitet man sich schon seit Jahrhunderten. In *Wir sind der Wandel* bedeutet „soziale Gerechtigkeit": die Anwendung und Wirksamkeit der Menschenrechte, wie sie die Generalversammlung der Vereinten Nationen im Jahre 1948 in ihrer Allgemeinen Erklärung der Menschenrechte ratifiziert hat – ergänzt durch das Recht auf eine ertragsfähige, sichere und saubere Umwelt; das Recht auf Schutz vor politischer Tyrannei sowie das Recht, sich seiner eigenen Kultur gemäß auszudrücken und ihr entsprechend zu leben. Die 30 Artikel der Allgemeinen Erklärung der Menschenrechte drücken unmissverständlich aus, dass Menschen das Recht auf Freiheit, Gerechtigkeit und Frieden in der Welt haben, dass niemand versklavt oder in Knechtschaft gehalten werden noch gefoltert oder grausam und erniedrigend bestraft werden darf. Jeder hat das Recht, überall als rechtsfähig anerkannt zu werden, er darf nicht willkürlich verhaftet oder verbannt werden darf. Jeder hat das Recht auf Asyl, wenn er in seinem Heimatland verfolgt wird. In allen Ländern haben die Bürger das Recht auf Bildung, eine Existenzgrundlage und faire Arbeitsbedingungen und zudem das Recht, einer Gewerkschaft beizutreten und einen Lohn zu erhalten, der ihre Lebenshaltungskosten deckt.

Per Definition beziehen sich die Menschenrechte auf alle Menschen, wo auch immer sie wohnen mögen. Die Sorge um die Menschenrechte ist kein modernes Phänomen. Im Verlauf der Geschichte sind die Menschenrechte immer wieder mit Füßen getreten worden, es ist eine Chronik von Tyrannei, Barbarei und Rückschlägen.[6]

Geschichtliche Meilensteine der Menschenrechte kann man bis weit in die Vergangenheit zurückverfolgen: vom *Codex Hammurabi* im antiken Babylon (heute: Irak) bis zur Philosophie der Aufklärung. In der dazwischen liegenden Zeitspanne wurden in buddhistischen und hinduistischen Schriften die Grundlagen einer Verantwortung für die Umwelt formuliert; Konfuzius forderte eine Art universaler Erziehung; die Griechen praktizierten Demokratie und entwickelten als Erste die Vorstellung, dass die Menschenrechte Teil der Naturgesetze sind; der frühe Islam setzte der Autorität von Herrschern bestimmte Grenzen und forderte eine unabhängige Rechtsprechung, um die Menschenwürde zu schützen und zu achten.[7]

Historisch gesehen neigen religiöse und politische Bewegungen, denen das Gemeinwohl am Herzen liegt, jedoch dazu, bestimmte Gruppen auszuschließen, zum Beispiel Frauen, Homosexuelle, Angehörige niederer Kasten, Sklaven oder Behinderte. Und das ist bei vielen bis heute so. Die Aktivisten, die den überwiegenden Teil der Bewegung ausmachen, betrachten die Menschenrechte jedoch aus dem Blickwinkel der Unterdrückten und nicht aus dem der Elite.

Neben groben Verstößen gegen die Menschenrechte müssen Milliarden von Menschen noch andere unwürdige Zustände hinnehmen: Es fehlt das Wasser, um die Felder zu bewirtschaften; heimische Ressourcen werden durch den Staat oder die Konzerne entwendet; Minengesellschaften verseuchen die Umwelt. Es gibt politische Korruption und Bestechlichkeit der Regierung; mangelnde Gesundheitsvorsorge und fehlende Ausbildung; große Staudämme, die Millionen armer Menschen dazu zwingen, umzusiedeln; Verlust von Land; eine Handelspolitik, die kleine Bauern in den Ruin treibt und so weiter. Alle Menschen wollen eigentlich das Gleiche: Sicherheit, die eigene Familie ernähren können, Ausbildungsmöglichkeiten, nahrhafte und erschwingliche Lebensmittel, sauberes Trinkwasser, Abwasser- und Abfallentsorgung und Zugang zur Gesundheitsversorgung. Für 190 Nationen der Welt sind das keine bloßen Ansprüche, sondern verbriefte Rechte.

Die Bewegung für Gerechtigkeit und Umweltverträglichkeit gewinnt immer mehr an Bedeutung in einer Zeit, in der sich die Lage weltweit dramatisch verändert und immer schwieriger wird. Wir sind die erste Generation, zu deren Lebzeiten sich die Weltbevölkerung verdoppelt. Die Babys, die in den nächsten 30 Stunden geboren werden, ersetzen die 250.000 Menschen, die in dem tragischen Tsunami am 26. Dezember 2004 den Tod fanden. Innerhalb von nur 50 Jahren werden zu der gegenwärtigen Population von 6,6 Milliarden Menschen noch einmal 3 Milliarden Menschen hinzukommen, und die Welt muss sich schon jetzt etwas einfallen lassen, um den Menschen gerecht zu werden, die bereits auf diesem Planeten leben. Bis Mitte dieses Jahrhunderts werden die Ressourcen, die uns zur Verfügung stehen, um die Hälfte geschrumpft sein.

Seit dem 18. Jahrhundert wurden viele arbeitssparende Prozesse und Methoden entdeckt, und obgleich die menschliche Produktivität sprunghaft angestiegen ist, fühlen sich Hunderte von Millionen, die arbeiten wollen und so einen Beitrag zur Gesellschaft leisten könnten, übersehen und unnütz. Jede Woche strömen 1,5 Millionen Menschen in die Slums und auf diese Weise wuchert die metastatische Geschwulst der Elendsviertel immer weiter.[8] Dass 3 Milliarden Menschen weniger als 2 Dollar am Tag verdienen, sind nüchterne und nichtssagende Zahlen, die wir schon so oft gehört haben, dass sie in

uns keine Reaktion mehr hervorrufen. Dennoch sind diese entsetz-
lichen statistischen Angaben wahr.

Diejenigen, die weltweit nach mehr Wirtschaftswachstum rufen,
um so derartig furchtbare Defizite auszugleichen, sollten sich vor
Augen führen, dass diese Forderung in den letzten fünfundzwanzig
Jahren immer wieder energisch gestellt wurde und die Ungleichheit
auf der Welt in dieser Zeit dennoch rasant zugenommen hat. „Es
ist, als ob die Menschen zusammengetrieben worden und auf zwei
Lastwagenkonvois verteilt worden wären (ein großer, langer Konvoi
und ein sehr kleiner, kurzer), die dann in genau die entgegengesetzte
Richtung losgefahren sind", schreibt Arundhati Roy. „Der kleine Kon-
voi fährt in ein verlockendes Land, während der andere einfach in der
Dunkelheit verschwindet."[9]

Das kapitalistische Industriesystem spaltet die Welt in zwei Teile
und seine Protagonisten scheren sich weder um Gerechtigkeit noch
um die Umwelt. Die meisten Kinder auf der Erde sind arm und die
meisten Armen sind Kinder.[10] Mehr als 1 Milliarde Menschen möchten arbeiten und finden keine Beschäftigung; und von denjenigen,
die Arbeit haben, erhält die Hälfte keinen Lohn, der ihren Lebensunterhalt decken würde. Weitere 2 Milliarden Menschen werden in
den nächsten 20 Jahren auf den Arbeitsmarkt geschwemmt werden.
In den USA hat die Beschäftigungsquote der Jugendlichen derzeit
ihren niedrigsten Stand seit 1948 erreicht und im Jahr 2005 hatten
nur zwei Drittel der US-amerikanischen Arbeiter im Alter von 20 bis
24 ein Beschäftigungsverhältnis.[11] Nur eine Art auf der Erde hat keine
Vollbeschäftigung, und das ist der *Homo sapiens*. Als er davon hörte,
dass so viele Menschen auf der Welt keine Arbeit haben, fragte ein
Drittklässler: „Ist denn alle Arbeit schon getan?"

Wenn es einen Kritikpunkt am weltweit entfesselten Kapitalismus
gibt, den alle Mitglieder der Bewegung teilen, dann ist es diese Beobachtung: Waren scheinen wichtiger zu sein und besser behandelt
zu werden als Menschen. Wie würde unsere Welt aussehen, wenn es
genau andersherum wäre? In *Wir sind der Wandel* geht es um eine

Bewegung, die innovative, oftmals sogar brillante soziale Verhaltens-weisen entwickelt, die genau die gegenteilige Zielsetzung haben und uns wieder zu den wesentlichen Dingen des Lebens und zum Herzen der Welt führen. Hier sind sowohl Theorie als auch Praxis einge-schlossen, sowohl Fantasie als auch Organisationstalent. Und diese Bewegung setzt sich mutig für die Menschenrechte ein. Sie legt den Schwerpunkt auf die Einführung von Erneuerungen, besonders im alltäglichen Leben: dass Bildung nötig ist und Freude bereitet; dass wir uns eigentlich um andere kümmern, Essen zubereiten, Kinder großziehen, reisen und eine sinnvolle Beschäftigung haben wollen. Diese zeitlose Art der Menschlichkeit wird von globalen Kräften be-droht, die keine Notiz mehr nehmen von den tiefsten Wünschen und Sehnsüchten der Menschen.

Wenn ich in den Medien mit Akademikern oder mit Freunden über die Bewegung diskutiere, wird mir fast immer die gleiche Frage gestellt: „Wenn die Bewegung so riesig ist, warum kennt sie dann nicht jeder? Warum wird nicht mehr über sie in den Medien, beson-ders im Fernsehen, berichtet?" Obwohl sie sich inzwischen über die ganze Welt ausbreitet, wird die Bewegung nur dann sichtbar, wenn sich ihre verschiedenen Gruppen versammeln und an Demonstra-tionen teilnehmen, die in London, Prag oder New York stattfinden, oder bei den jährlichen Versammlungen des *World Social Forum*. Da-nach scheint sie wieder von der Bildfläche zu verschwinden, wodurch der Eindruck entsteht, dass es sich wohl um ein Irrlicht gehandelt haben müsse.

Die Bewegung passt in keine Schublade der modernen Gesell-schaft, und was man nicht sieht, kann man auch nicht benennen. In der Geschäftswelt gibt es nur das, was auch gemessen werden kann, und in den Medien wird über das, was man nicht sieht, auch nicht berichtet. Über den Tod von Papst Johannes Paul II. und die Wahl von Papst Benedikt XVI. wurde weit mehr berichtet als in den gan-zen letzten zehn Jahren über die Bewegung, obwohl die katholische Kirche weniger Mitglieder hat, als es Menschen gibt, die direkt in der Bewegung mitwirken oder indirekt mit ihr verbunden sind. Das Papsttum hat Vergangenheit und Tradition und der Bewegung gehört die Zukunft. Die meisten Menschen nehmen etwas Neues leichter an, wenn es in etwas bereits Bekanntes eingebettet ist. Als Mitgliedern der *Me'en* (eines Volksstammes in Äthiopien) ein Malbuch gezeigt wurde, in dem auch eine einheimische Antilope abgebildet war, erkannten sie das Tier nicht. Sie rochen am Papier, rieben es in ihren Händen, befühlten die Struktur der Oberfläche, hörten die Geräusche, die es beim Blättern machte, und nahmen es sogar vorsichtig in den Mund; sie waren jedoch nicht in der Lage, irgendein Tier allein aufgrund seines Bildes zu erkennen. Als Anthropologen die Zeichnungen auf ein Stück Stoff übertrugen – ein Material, mit dem sie vertraut waren –, erkannten ein paar Stammesmitglieder etwas. Eine 20-jährige Frau sah lange auf die Umrisse des Tieres, als eine Wissenschaftlerin mit dem Finger an ihnen entlangfuhr. Obwohl sie einen Schwanz, ein Bein, ein Ohr und ein Horn sehen konnte, hatte sie keine Ahnung, um was es sich handelte, als sie danach gefragt wurde, was die Illustration darstelle.[12]

Wissenschaftliche Experimente haben wiederholt gezeigt, dass gebildete Menschen, die in der Stadt lebten, ungewöhnliche Objekte, die sich direkt vor ihren Augen befanden, nicht erkannten, wenn sie sich zu stark auf das konzentrierten, was ihnen bekannt war. Was wir bereits wissen, beeinflusst das, was wir wahrnehmen, und was wir wahrnehmen, bestimmt das, was wir verstehen. Die industrielle Revolution hatte länger als ein Jahrhundert keinen Namen, zum Teil deswegen, weil die Entwicklungen, die sie hervorbrachte, in keine konventionelle Kategorie passten, zum Teil aber auch, weil niemand das definieren konnte, was vor aller Augen stattfand, selbst wenn es überall offensichtlich war.

Ein anderer Grund, warum die Bewegung so schwer zu erkennen ist, liegt darin, dass sie auf keiner bestimmten Ideologie fußt. Dies ist das erste Mal in der Geschichte, dass eine große soziale Bewegung nicht durch einen „Ismus" zusammengeschweißt wird. Was verbindet, sind Ideen, nicht Ideologien. Zwischen Ideen und Ideologien gibt es einen riesigen Unterschied: Ideen stellen Fragen und befreien, während Ideologien rechtfertigen und diktieren.[13] Wenn eine Ideologie Gestalt annimmt, gründet sie sich meist auf ein paar Glaubenssätze, die von einem Menschen erdacht wurden. Aus diesen Überzeugungen wird dann ein „Ismus", wenn Meister, Schüler und schillernde Personen eine Organisation aufbauen, die aus einer Mischung von Fakten und Glaubensätzen besteht und genau diese Mischung verbreitet. Je mehr Mitglieder sie haben, desto mehr neigen ideologische Bewegungen dazu, sich immer wieder zu teilen.

Im Christentum gab es zum Beispiel zuerst die Gnostiker, die jüdischen Christen und das paulinische Christentum. Im 11. Jahrhundert kam es wegen der Frage des Papstprimats zur Trennung zwischen römisch-katholischer Kirche und griechisch-orthodoxer Kirche. Als Martin Luther 1517 seine 95 Thesen an die Tür der Schlosskirche zu Wittenberg schlug, war das der Anfang der Reformation. Es entstand eine evangelische Bewegung. die sich schnell in Mennoniten, Lutheraner, Baptisten, Anabaptisten, Zwinglianer, Puritaner, Presbyterianer, Anglikaner und Calvinisten spaltete. 101 Jahre, nachdem Luther seine Thesen an die Kirchentür geschlagen hatte, brach der Dreißigjährige Krieg aus, ein langer Kampf zwischen Katholiken und Protestanten, der mehr als fünf Millionen Deutsche das Leben kostete und ein Drittel der Bevölkerung, hauptsächlich Bauern, dahinraffte. Heute gibt es in den USA mehr als 1000 christliche Glaubensbekenntnisse. Weitere bemerkenswerte Beispiele für Sektierertum sind die schiitischen und die sunnitischen Muslime, die sich oft bekriegen. Zum Marxismus gehörten Leninisten, Trotzkisten, Stalinisten, die Anhänger Chruschtschows und die Maoisten.

Im 19. Jahrhundert wurden große Ideologien geboren, die bis ins 20. Jahrhundert hinein nicht nur das beeinflussten, was als „richtig" und „falsch" galt, sondern auch das, was für möglich gehalten wurde. Politische Führer haben sich der Ideologien wie zum Beispiel des Kommunismus, Kapitalismus, Populismus, Materialismus,

Imperialismus, Kolonialismus und Sozialismus bedient, um ihre Regime zu stützen, ihre Armeen zu rekrutieren und ihr politisches Handeln zu rechtfertigen. Die drei großen Ideologien Kapitalismus, Sozialismus und Kommunismus kämpften im 20. Jahrhundert darum, Gedanken, Territorien und Ressourcen zu beherrschen, und werden gegenwärtig durch Terrorismus und ökonomischen und religiösen Fundamentalismus abgelöst.[14] Weil uns glauben gemacht wird, dass wir unser Heil in der Doktrin eines einzigen Systems finden können, durchschauen wir ihre Heucheleien und leeren Phrasen nur schwer. Ideologien nutzten diese Schwäche aus und verdrehten sie: Sie ließen daraus blinde Loyalität entstehen, die natürliche Kreativität und Vielfalt verhindert. Ökologen und Biologen wissen, dass ein System aufgrund seiner Vielfalt stabil und gesund ist und nicht wegen seiner Einheitlichkeit. Ideologen sehen das gerade andersherum.

Gegen Ende des 20. Jahrhunderts brachen die großen Ideologien zusammen und in dem entstandenen Vakuum gibt es seitdem verschiedene Formen des Populismus, die sich auf die Bibel, auf Allah, auf Ram, auf nationale Interessen oder den freien Markt als Legitimationsbasis berufen. Neokonservative, radikale Islamisten, die christliche Rechte und ökonomische Fundamentalisten liefern den Menschen Ersatz für die gescheiterten Ideologien.[15] Diese Gruppierungen behaupten energisch, in unserem Interesse zu handeln, weil sie wüssten, was das Beste für uns sei.

Radikale Islamisten betrachten diejenigen, die ihre theokratische Vision nicht teilen, als Ungläubige, die man einfach töten darf. Die christliche Rechte glaubt, dass alle Nichtchristen erlöst und gerettet werden, wenn sie Gottes Gesetze befolgen, die nur sie allein ganz verstehen. Neokonservative glauben, dass normale Bürger keine Mitsprache haben sollten und dass eine Minderheit überlegener Persönlichkeiten über die minderwertige Masse herrschen sollte; sie benutzen Religion und ununterbrochene Kriegsgefahr, um ein Potemkinsches Dorf des Populismus zu errichten. Vertreter einer von den Konzernen angeführten Globalisierung wollen dem gesamten Planeten ihre am

Markt orientierten Regeln und Prinzipien aufzwingen, ohne regionale Besonderheiten, Geschichte und Kultur zu berücksichtigen. Sie glauben, dass ökonomisches Wachstum an sich eine gute Sache ist, die am besten dadurch erreicht wird, dass sich der Staat so wenig wie möglich einmischt. Diese Gruppen haben eine tiefsitzende Abneigung gegen Demokratie; sie tun das, was zweckmäßig ist, und nicht das, was der Mehrheit der Bevölkerung dient. So wie die Religion ein eigenes Bild von Gott entwirft, möchten Populisten eine Welt schaffen, die ihr begrenztes Vorstellungsvermögen widerspiegelt.

In seinem Buch *Unpopular Essays* schreibt Bertrand Russell: „Der Mensch ist ein gläubiges Tier und muss an etwas glauben. Wenn keine guten Dinge da sind, an die er glauben kann, begnügt er sich damit, an schlechte Dinge zu glauben." Jede Spielart von Pseudopopulismus entsteht, um den Anhängern ein moralisches und soziales Gerüst zu bieten – was bedeutet, dass von uns erwartet wird, dass wir den Populisten glauben, selbst wenn wir sie nicht völlig verstehen. Obgleich diese pseudo-populistischen Organisationen relativ klein sind, schaffen sie es, Regierungen zu beeinflussen, Angst und Schrecken zu verbreiten und große Mengen des Kapitals zu kontrollieren. Sie haben zwar keine große Anhängerschaft, dafür ist diese aber zu allem entschlossen. Im globalen Zusammenhang betrachtet, haben diese Organisationen ihr Gebäude auf einem schmalen Fundament errichtet, und dennoch haben sie erfolgreich nach den Schalthebeln der Macht gegriffen.

Die Zivilisation ist weltweit durch all die Ismen gefährdet. Die Stabilität unseres Klimas kann für die folgenden Jahrhunderte verloren sein; die Armut nimmt zu; die Fischereiwirtschaft bricht zusammen; es entstehen Millionenstädte, in denen es vor Landflüchtigen nur so wimmelt; der Grundwasserspiegel sinkt; Hunger und Mangelernährung nehmen zu, selbst in reichen Ländern. Im 20. Jahrhundert wurden wir Zeugen der größten Umweltzerstörung seit Menschengedenken. Es war außerdem das grausamste, brutalste und blutigste Jahrhundert überhaupt. In der Zeit vom Beginn des Jahrhunderts bis nach dem Zweiten Weltkrieg wurden 80 Millionen Menschen abgeschlachtet; und seitdem sind mehr als 23 Millionen Menschen (die meisten davon Zivilisten) in mehr als 149 Kriegen getötet worden.[16] Im Bereich der Kriegführung wird viel geforscht, aber nur wenige Wissenschaftler befassen sich damit, wie man Frieden erhält. Wir untersuchen verschiedene Formen der Gier, einschließlich der neoklassischen Ökonomie, machen uns aber nur selten Gedanken darüber, wie unsere menschlichen Bedürfnisse harmonisch aufeinander abgestimmt werden können. Für jeden Dollar, der für die UN-Friedenssicherung ausgegeben wird, werden von den Mitgliedstaaten 2000 Dollar in die Kriegsführung gesteckt. Vier der fünf Mitgliedsstaaten des UN-Sicherheitsrats, die ein Vetorecht bei allen UN-Beschlüssen haben, sind die größten Waffenexporteure der Welt: die USA, Großbritannien, Frankreich und Russland.[17]

Jenseits der ideologischen Kämpfe, die gegenwärtig weltweit die Ereignisse und die persönliche Identitätsfindung beherrschen, ist eine breite nicht-ideologische Bewegung entstanden, die nicht die Massen verführen will, sondern sich um die konkreten Bedürfnisse der Bürger kümmert. Ein Hauptmerkmal der Bewegung besteht darin, dass sie nicht der einen großen Idee folgt, sondern stattdessen Tausende von praktischen und nützlichen Konzepten in die Tat umsetzt. Anstelle von Ismen bietet sie Problemlösungen und Mitgefühl an. Die Bewegung verkörpert die anpassungsfähige, mitfühlende und großzügige Seite der Menschheit. Sie strebt nicht nach einer Utopie, die selbst wieder nur ein Ismus wäre, sondern ist durch und durch lösungsorientiert.

Und es ist unmöglich, die Bewegung auf etwas festzulegen. Verallgemeinernde Aussagen treffen auf sie nicht zu. Daher ist es verständlich, dass die Bewegung sich in keine Schublade stecken lässt. Ihre liberalen Führungspersonen haben oft einen religiösen Hintergrund und ihre konservativen Anführer schlagen häufig radikale Lösungen vor.

Die Bewegung überwindet die traditionellen politischen Abgrenzungen. In welche Kategorie lässt sich die Idee, erneuerbare Energien zu nutzen, um die örtliche Energieversorgung unabhängig zu machen, am besten einordnen? Ist sie radikal, konservativ, ökologisch, ökonomisch vernünftig oder sozial gerecht? Wenn die Bewegung in all ihrer Vielfalt einen gemeinsamen Traum haben sollte, dann ist es der von einem wirklichen Prozess – mit einem Wort: Demokratie, und es ist nicht die Demokratie, die von Konzernen und modernen Nationalstaaten praktiziert und korrumpiert wird. Es ist eher der Traum von politischer Selbstverwaltung, die vor Ort gelebt wird und der jeweiligen Kultur und ihren Menschen gerecht wird. Die einzelnen Bestandteile der Bewegung werden durch das zusammengehalten, was man die „autonome Vielfalt" nennen könnte. Gruppen mit unterschiedlichen Anschauungen und eigenständigen Zielen arbeiten in wichtigen Bereichen zusammen, ohne sich dabei einer anderen Gruppe zu unterwerfen. Auf der einen Seite macht diese Vielfalt die Bewegung stark und erfolgreich, auf der anderen Seite führt sie dazu, dass die Bewegung außerordentlich angreifbar und verletzlich ist.

Wie anpassungsfähig die einzelnen Gruppen auch sein mögen, Vielfalt kann Beziehung, Kooperation und Effektivität auch verhindern. Fast zwangsläufig kommt es immer wieder zu einem Gerangel um Positionen und Einflussbereiche; es mangelt an Zusammenarbeit, besonders wenn Organisationen gezwungen sind, mit bescheidenen finanziellen Mitteln auszukommen. Narziss kommt zum Vorschein, wenn kleine Gruppen in den Teich der Ursachen starren und sich selbst für die Retter halten. Und da die Bewegung von Menschen geführt und verwaltet wird, gibt es Klatsch, schlechtes Benehmen und Geläster.

Auch in der Bewegung finden wir Individuen, die angeberisch und unreif sind. Kleine, abgespaltene „Befreier"-Gruppen begehen Straftaten, zum Beispiel Brandstiftung, und sind auch noch stolz darauf. Wenn man unerschütterlich an einer Überzeugung festhält, kann das sowohl zu Fanatismus führen als auch zu tatsächlichen Durchbrüchen. Unglücklicherweise erregt jeder Fehltritt, der im Namen sozialer Gerechtigkeit oder des Umweltschutzes begangen wird, eine überdurchschnittlich große öffentliche Aufmerksamkeit. Im Jahre 2005 schrieb die *Los Angeles Times* 100-mal mehr Berichte über den Vandalismus von drei Studenten, die 125 Geländewagen beschädigt oder zerstört hatten, als über das bahnbrechende *U.N. Millennium Ecosystem Assessment*.[18] Während die Probleme immer mehr zunehmen, wird eine zersplitterte Bewegung dem Ausmaß dieser Probleme nicht mehr gerecht. Dies wird besonders offensichtlich, wenn wir die Klimaveränderung betrachten. Auf der einen Seite muss der Energieverbrauch auf regionaler Ebene gedrosselt werden, und auf der anderen werden politische Veränderungen und Initiativen, die in Bezug auf öffentliche Verkehrsmittel, Subventionen der Ölfirmen und erneuerbare Energien auf nationaler und internationaler Ebene stattfinden müssen, durch politische und private Interessen korrumpiert. Bislang haben sich noch keine Organisationen zusammengeschlossen, um ein Gegengewicht zu der Größe und der Macht der Weltkonzerne und ihrer Lobbyisten zu bilden, die nur den Status quo bewahren wollen.

Ein weiterer potenziell negativer Aspekt der Vielfalt besteht darin, dass die Bewegung schon allein aufgrund der bloßen Anzahl unterschiedlicher Inhalte, für die sie eintritt, missverstanden und verspottet werden kann. Wie in dem Gleichnis „Die blinden Männer und der Elefant"[19] ist es unmöglich, die Bewegung in ihrer Gesamtheit zu erfassen, da sie nicht als eine Einheit wahrgenommen werden kann. Und weil die Medien nur den Teil beschreiben können, den sie sehen, verwenden sie Bezeichnungen wie „Umweltschützer", „Kleinbauern", „Mütter", „Interessengruppen", „Agitatoren", „Protestler", „Minderheiten", „idealistische Jugendliche", „Stammesmitglieder", „Grüne", „Akademiker", „Aktivisten", „alternde Hippies", „Liberale" und „Kinder".

Als die Medien damals begannen, über die Bewegung zu berichten, die sich für das Frauenwahlrecht einsetzte, schrieb Elizabeth Cady Stanton: „Alle Journalisten, von Maine bis Texas, schienen darin zu wetteifern, wer unsere Bewegung am meisten lächerlich machen konnte."[20] Seit damals hat sich nichts verändert, aber selbst wenn die Stereotypen zuträfen, würden sie nicht auf die gesamte Bewegung zutreffen. Die Visionen und die Werte, die diese Bewegung aktiv werden lässt und die dazu beigetragen haben, dass sie sich so stark ausbreiten konnte, werden von den Medien nicht erkannt. Politiker und die Medien sind der Ansicht, dass wahre Stärke in Zielstrebigkeit liegt und nicht in einer großen Bandbreite verschiedener Interessen und Ziele. In den USA ist die *National Rifle Association (NRA)* [Nationale Schusswaffenvereinigung] sehr mächtig, aber das bedeutet nicht, dass Menschen, die den Menschenhandel in Burma, das Aussterben der Meeresschildkröten, die Versteppung und den Klimawandel zum Thema machen, nicht effektiv sein könnten. Wenn sich die Bewegung nicht für eine bestimmte Sache einsetzt, wird sie oft als ein Kinderkreuzzug ohne Schlagkraft abgetan. Wenn man jedoch Müllverbrennungsanlagen, ausbeuterische Betriebe, endokrine Disruptoren[21], Wasserverschmutzung und Tagebau miteinander verbindet, heißt es gleich, dass man sich zu viel vornehme. In der Tat könnte man, wie es Aldo Leopold empfiehlt, „wie ein Berg" denken und die ungeheure Komplexität des Systems und die sozialen Brennstoffe und die Umweltprobleme, die in ihm miteinander in Wechselwirkung treten, wahrnehmen. Analysiert man systematisch die Herausforderungen, vor die die Welt gestellt ist, wird deutlich, wie notwendig es ist, Permakultur, Mikrokredite, grüne Steuern, ökologische Fußabdrücke[22] und fairen Handel einzuführen.

Wenn die Probleme einzeln betrachtet werden, können die gleichen Strategien und Lösungen als idealistisch und unzweckmäßig abgetan werden. Genetisch veränderte Organismen als Antwort auf den Welthunger zu erzeugen; Kugelhaufenreaktoren zu bauen, um die Klimaerwärmung aufzuhalten; opportunistische Kriege zu führen, um Demokratien einzuführen, all das entspringt genau der Form von Denken, die das gegenwärtige Dilemma überhaupt erst hervorgebracht hat, weil nichts gegen die Ursachen der Probleme unternommen wird. Im Softwarebereich gibt es schnelle Problemlösungen, die

„Hacks" genannt werden. Es handelt sich dabei um Notlösungen, die Störungen beseitigen sollen, zweckmäßige Reparaturen, die eine Zeit lang den gewünschten Erfolg versprechen. Hacks beseitigen nicht die Ursachen des Problems, sondern sind eher so etwas wie ein Pflaster, das dazu dient, unerwünschte Auswirkungen zu vermeiden, aber letztlich führen sie dazu, dass nichts mehr funktioniert.[23] Um die hartnäckigen Probleme, die die Welt fest im Griff haben, lösen zu können, braucht es das Zusammenwirken von sozialer Intelligenz und Naturwissenschaft – und diese beiden Qualitäten fehlen der herkömmlichen Politik.

Das bis jetzt noch nicht eingelöste Versprechen dieser Bewegung ist, ein Netzwerk von Organisationen zu schaffen, die Lösungen für das anbieten, was unlösbar zu sein scheint: Armut, Klimawandel, Terrorismus, ökologische Zerstörung, Polarisierung der Einkommensverhältnisse, Verlust von Kultur und vieles andere. Die Welt scheint auf eine große Lösung zu warten, aber diese Haltung ist ein Teil des Problems, denn die besten Lösungen sind regional *und* systemisch. Obgleich die einzelnen Gruppen in der Bewegung autonom agieren, kann die Zusammenarbeit verschiedener Organisationen, um bestimmte Probleme gemeinsam anzugehen, zu einer effektiven systemischen Betrachtungsweise führen. Auch wenn die Bewegung unvollkommen oder auf eine naive Weise anspruchsvoll erscheinen mag, können die ihr zugrunde liegenden Strukturen und Kommunikationstechniken manchmal eine kollektive soziale Antwort hervorbringen, die für jede Institution auf der Welt eine Herausforderung sein kann.

Aber wie mächtig kann eine Bewegung letztlich sein, wenn sie die Aufspaltung in Stämme, Staaten und Nationen überwindet und diese mit einem Netzwerk von Gemeinschaften durchzieht, das keinen Mittelpunkt hat? Manche meinen, die Bewegung müsse sich zentralisieren, damit sie rein von ihrer Größe her eine praktikable Alternative darstellt, die es mit bestehenden politischen und ökonomischen Institutionen aufnehmen kann. Andere sind hingegen der Ansicht, dass traditionelle hierarchische Organisationsformen, die einheitliche

Programme und Ziele brauchen, nicht mehr in die moderne Welt passen und dass diese Bewegung ein Vorbote der Veränderung ist. Die Antwort mag irgendwo in der Mitte liegen, denn sie ist von vielen Faktoren abhängig.

Obgleich die Entstehungsgeschichte und die Zielsetzung jeder dieser Gruppen unterschiedlich ist, befinden sie sich nicht im Widerspruch zueinander, wenn man sich ihre Prinzipien, Leitbilder oder Werte ansieht. Um das zu prüfen, habe ich wahllos Gruppen herausgegriffen, mir ihre Grundsätze angeschaut, diese aufgeschrieben und die Zettel dann an eine Pinnwand gehängt. Diese Vorgehensweise war notwendig, um die Einheit herauszufiltern, die der Vielfalt zugrunde liegt. Die Bewegung hat nicht zu jedem Thema die gleiche Meinung, und das wird auch nie der Fall sein, denn ein solcher Grad der Übereinstimmung würde sie zu einer Ideologie werden lassen. Neu entstehende Gruppen müssen sich nicht bei einer übergeordneten Organisation anmelden, die dann entscheidet, ob ihre Leitbilder in Ordnung sind. Allen Teilnehmenden ist gemein, dass sie die natürlichen Abläufe auf der Erde in ihren Grundzügen verstehen und erkannt haben, dass alle Menschen, die ja von den Leben spendenden Systemen dieses Planeten abhängen, fair und gleichbehandelt werden müssen.

Obgleich die Theorien von Friedrich August von Hayek, der mit dem Nobelpreis für Wirtschaftswissenschaften ausgezeichnet wurde und die graue Eminenz der Ideologie des freien Markts ist, vielen fortschrittlich Denkenden ein Dorn im Auge sind, war er einer der Ersten, die erkannten, dass Wissen weit verstreut ist. Er wies darauf hin, wie wichtig es sei, die konkreten, individuellen Erfahrungen zu einem gemeinsamen Wissensschatz zu verknüpfen. Da das, was ein einzelner Mensch weiß, immer nur einen Teil der Gesamtheit allen Wissens umfassen kann, entsteht Wahrheit dadurch, dass die Menschen das, was sie erfahren und gelernt haben, miteinander teilen. Hayek war der Meinung, dass funktionsfähige soziale Institutionen entstehen (oder sich parallel entwickeln) sollten, um die Probleme an Ort und Stelle zu lösen, anstatt nur theoretische Lösungsansätze zu liefern. Im Zweiten Weltkrieg trafen manche eine moralische Unterscheidung zwischen Nazi-Deutschland und der kommunistischen Sowjetunion, aber Hayek betrachtete beide als gleichermaßen totalitäre Staaten.

Seine Bedenken im Hinblick auf einen Totalitarismus lassen sich heute auf große multinationale Institutionen beziehen, zum Beispiel auf Weltkonzerne wie die Welthandelsorganisation (WTO), die Weltbank und den Internationalen Währungsfonds (IWF), um nur einige zu nennen. Sie können als „totalitär" bezeichnet werden, weil sie wirtschaftliche Entwicklung mit der Erfüllung menschlicher Bedürfnisse gleichsetzen. Obwohl Hayek keinen von multinationalen Konzernen finanzierten Totalitarismus vorhersah, der aus religiösem Fanatismus und der Kontrolle der Medien durch die großen Unternehmen gespeist wird, deren Vertreter immer wieder das Mantra des freien Markts wiederholen, sagte er voraus, welches Mittel gegen totalitäre Gewalt hilft: sicherstellen, dass Informationen dezentral zugänglich sind und Entscheidungen dezentral getroffen werden können. Um dies zu erreichen, kann man entweder den Entscheidenden Informationen zukommen lassen oder der informierenden Seite Entscheidungsbefugnis geben. Die Bewegung ist bestrebt, beides zu tun.[24] Die Probleme der Erde gehen uns alle an und moderne Technik und die Bewegung können gemeinsam die Hilfsmittel zur Problemlösung bereitstellen.[25]

Wenn verschiedene Menschen die Weltgeschichte betrachten, sagt sie jedem etwas anderes. Die Anzahl der Berichte, Ereignisse und Erinnerungen ist so unermesslich, dass kein Einzelner die gesamte Geschichte begreifen kann, weder in diesem Leben noch in vielen. Uns bleibt nur, ein Bezugssystem zu wählen, bei dem die Historiker die Vergangenheit wie durch eine Linse betrachten und so zusammensetzen, dass ein in sich stimmiger Handlungsablauf entsteht. Zwei solche Linsen werden wahrscheinlich unsere zukünftigen Versuche prägen, unsere Vergangenheit zu verstehen: soziale Gerechtigkeit und die Beziehung des Menschen zu seiner Umwelt.[26] In beiden Bereichen geht es um Ausbeutung und um das Bemühen, sich vom Missbrauch zu befreien. Wir stehen heute vor dem Dilemma, wie und woran wir Fortschritt messen wollen. Wird er daran gemessen, wie viele materielle Dinge angehäuft werden, wie es sich im Bruttosozialprodukt widerspiegelt, oder geht es um das Wohlergehen der Erde und seiner Bewohner? Soziale Gerechtigkeit und Schutz des Planeten sind nicht voneinander zu trennen; wird Missbrauch mit Ersterem getrieben, führt das dazu, dass Letzterer ausgebeutet wird. Die Sklaven, Leibeigenen und Armen sind die Wälder, die Böden und die Meere der Gesellschaft – alles erzeugt einen Mehrwert –, die von den Mächtigen, von Regierungen oder multinationalen Konzernen, gnadenlos ausgebeutet werden.

Unser Schicksal wird davon abhängen, wie wir mit dem verbliebenen Überfluss des Planeten umgehen – mit seinen Land- und Wassermassen, mit seiner Artenvielfalt und mit seinen Menschen. Das heimliche Herz dieser neuen Bewegung – sein Herz und seine Seele – sind die indigenen Kulturen. Die Aufwertung der Kultur der Urbevölkerung ist keine romantische Geste und kein wehmütiger Appell. Sie stellt neolithische Kulturen nicht über die moderne Kultur und ursprüngliche Spiritualität nicht über andere heilige Traditionen. Ein Rad kann sich nicht ohne eine in seiner Mitte ruhende Nabe drehen. Und so reicht die Bewegung zurück zu den tiefen Wurzeln unserer kollektiven Geschichte, die ihre Radachse darstellen.

Indigene Völker haben einen anderen Zeitsinn, weil sie sich an eine andere Geschichte erinnern, und diese Erinnerung lässt sie ihren eigenen Standort in der Zeitgeschichte auf eine ungewöhnliche Weise wahrnehmen. Einfach ausgedrückt: Sie haben Geduld. Dinge kommen und gehen; Eroberungen geschehen, neue Denkweisen werden eingeführt, Führer kommen an die Macht und gehen wieder. Für Ureinwohner ist die Zeit, die das eigene Leben begrenzt, und die Beziehung, die sie zur Erde haben, der konstante und einzige Maßstab für die Unversehrtheit der eigenen Kultur, die Bedeutung der eigenen Existenz und die Friedfertigkeit des Herzens. In den meisten indigenen Kulturen gibt es keine voneinander getrennten sozialen und ökologischen Bewegungen, weil die beiden niemals voneinander getrennt waren. Jedes Teilchen, jeder Gedanke und jedes Wesen, ja selbst unsere Träume sind unsere Umwelt. Was wir uns gegenseitig antun, hat genauso Auswirkungen auf die Erde, wie unsere Unzufriedenheit und unsere Krankheiten ein Ausdruck dessen sind, was wir der Erde antun. C. S. Lewis schrieb: „Was wir ‚die Macht des Menschen über die Natur' nennen, ist in Wirklichkeit die Macht der einen Menschen über die anderen und die Natur ist das Herrschaftsinstrument." Aufgrund dieser Trennung zwischen Mensch und Natur sind der Teil der Bewegung, der sich um soziale Gerechtigkeit kümmert, und der, der sich für Umweltschutz einsetzt, getrennt voneinander entstanden, und beide haben ihre eigene Geschichte. Indigene Kulturen liefern uns die Grundlage dafür, in beiden Strömungen einen einzigen Fluss zu erkennen.

Im Gegensatz zu indigenen Kulturen, deren Welt räumlich begrenzt, persönlich und vertraut ist, leben wir im Zeitalter des Gigantischen: An einem einzigen Tag pumpen wir 10 Milliarden Liter Öl aus der Erde, um es zu verbrennen. Und an demselben Tag schleudern wir 140 Millionen Tonnen Kohlendioxid in die Atmosphäre. 100 Millionen durch Krieg, Elend und Unterdrückung entwurzelte Menschen sind ohne ein Dach über dem Kopf. Ein einziges Unternehmen, *Wal-Mart*, beschäftigt 1,8 Millionen Menschen. *ExxonMobil* machte 2006 fast 40 Milliarden US-Dollar Gewinn – genug Geld, um die 1 Milliarde Menschen, die kein Wasser haben, mit sauberem Trinkwasser zu versorgen. Wir haben 90 Prozent aller Meeresfische verzehrt. Das Haus von Bill Gates hat eine Wohnfläche von 6000 Quadratmetern und kostete fast 100 Millionen US-Dollar.

Da überrascht es nicht, dass die Menschen das Gefühl haben, in dieser aus den Fugen geratenen, instabilen Welt nicht zu zählen und keinen Wert zu besitzen. Eine gesunde weltweite Zivilisation kann nur errichtet werden, wenn diese Menschen Rechte haben, respektiert werden und ihr Leben wieder eine Bedeutung bekommt. Was ein menschliches Leben bedeutungsvoll sein lässt, sind Ereignisse und Erinnerungen sowie der Respekt, der dem Betreffenden entgegengebracht wird – und all das sind Geschenke, die Institutionen selten machen und Theorien niemals. Während die Menschheit immer mehr zu einer großen globalen Einheit wird, können wir uns diese Größe – die großen Bomben, Staudämme, Ideologien, Widersprüche, Kriege und Fehler – nicht länger leisten.[27] Inmitten dieser Gigantomanie entsteht ein weltweiter Zusammenschluss gewöhnlicher und außergewöhnlicher Individuen, die erneut definieren, was es bedeutet, Mensch zu sein. Obgleich daraus die größte Bewegung entsteht, die die Welt jemals gesehen hat, wird sie dennoch von Einzelpersonen getragen. Aber wie wird man zum Umweltschützer und Aktivisten für Menschenrechte? Es gibt keine Missionare, niemand kommt an die Haustür und es gibt auch keine Plakate oder Broschüren, in denen Kurse angeboten werden. Wer aktiv werden will, muss seinen eigenen Weg finden und braucht Berater, die ihm zur Seite stehen. Bewegungen sind Ausdruck einer veränderten inneren Einstellung, und was in einem Menschen abläuft, der Verantwortung für das größere Ganze übernimmt, das ist eine einzigartige Erfahrung.

Alle Organisationen, die sich für soziale Gerechtigkeit einsetzen, können ihre Ursprünge 220 Jahre zurückverfolgen, in eine Zeit, als drei Viertel der Welt in der einen oder anderen Form versklavt waren. Im Jahre 1787 trafen sich zum ersten Mal ein Dutzend Menschen in einer kleinen Druckerei in London, um den lukrativen Sklavenhandel abzuschaffen. Sie wurden von Geschäftsleuten und Politikern verunglimpft und angefeindet, die behaupteten, die Abschaffung der Sklaverei werde die englische Wirtschaft ruinieren, Wachstum und Arbeitsplätze gefährden, zu viel Geld kosten und den Lebensstandard senken. Die Kritiker sagten außerdem, dass die Abschaffung des Sklavenhandels nur von einer kleinen Gruppe selbst ernannter Unruhestifter und Extremisten befürwortet werde, die keine Ahnung

von Wirtschaft und Handel hätten.[28] Doch die Kühnheit dieser ersten
Äußerung des Wunsches nach einer Gesellschaft, die auf allgemeinen Menschenrechten beruhte, wurde schließlich belohnt und sieben
Jahrzehnte später war Sklaverei fast überall auf der Welt per Gesetz
verboten.

Heute steht die Welt vor einer Aufgabe, die um ein Vielfaches
schwieriger ist als die Abschaffung der Sklaverei, denn es geht darum,
die Lebensfähigkeit dieses Planeten aufrechtzuerhalten. Die Argumente gegen die Abschaffung der Sklaverei, die gegen Ende des 18. Jahrhunderts im britischen Parlament vorgetragen wurden, sind fast die
gleichen, die heute angeführt werden, um zu begründen, warum die
Wirtschaft nicht in der Lage sei, fossile Brennstoffe durch erneuerbare Energien zu ersetzen, gut bezahlte Arbeitsplätze für alle zur Verfügung zu stellen, Luft und Wasser sauber zu halten und die Wälder zu
schützen.[29] Wenn wir überleben wollen, müssen alle Bürger sich an
diesem Prozess beteiligen, und das wird nur möglich sein, wenn wir
mit dem weltweiten Krieg gegen die Armen aufhören und einen Weg
einschlagen, der allen Respekt, Würde und Selbstwert schenkt.

Wir bewohnen einen Planeten, in dessen Entwicklungsprozesse
wir maßgeblich eingreifen - mit allen Vor- und Nachteilen, mit positiven und mit negativen Auswirkungen. Das Wetter ist nicht nur
ein Geschehen, dem wir ausgesetzt sind, sondern stellt auch eine
komplexe Dynamik dar, für die wir plötzlich und unwissentlich mit-
verantwortlich sind. Menschliche Eingriffe verändern das Schicksal
aller Lebewesen und kein Teil des Planeten bleibt davon unberührt.
Obgleich das ungeheure Ausmaß von Korruption und Gewalt, über
das uns täglich berichtet wird, es zu widerlegen scheint: Wir können
froh darüber sein, dass die Menschheit ein lernender Organismus ist.

Am 15. Februar 2003 gingen in 800 Städten zwischen 6 und
10 Millionen Bürger auf die Straße, um gegen den Einmarsch der
USA in den Irak zu protestieren. Es war die größte koordinierte
öffentliche Demonstration in der Geschichte, wobei ungefähr zwei
Millionen Demonstranten allein in Rom auf den Beinen waren. Zwei

Tage später schrieb Patrick Taylor in der *New York Times*, dass „die Demonstrationen uns vor Augen führten, dass es immer noch zwei Supermächte auf diesem Planeten gibt: die USA und die öffentliche Weltmeinung". Das war ein guter Satz, der von vielen zitiert wurde, von UN-Generalsekretär Kofi Annan bis hin zu Jonathan Schell. Aber können diese beiden Mächte überhaupt miteinander verglichen werden? Es gibt auf der Erde nur eine Supermacht, die sich durch militärische und finanzielle Stärke definiert. Im Vergleich dazu ist die Bewegung ein unbewaffneter Almosenempfänger, der jedoch von einer inneren Kraft angetrieben wird – von etwas Aufwühlendem, das von unten aufsteigt –, die so etwas ist wie eine psychische Reaktion auf das, was Regierungen und Konzerne tun. Wer *Wir sind der Wandel* liest, ist wahrscheinlich ein Teil dieser Bewegung, wenn auch nur indirekt. Damit wir das sehen können, was unsichtbar direkt vor unseren Augen liegt, müssen wir unsere Vorstellung von Wandel und Macht verändern.

Man fragt scherzhaft: Was war zuerst da, die Henne oder das Ei? Haben wir also Pflanzen für die Landwirtschaft entwickelt oder haben Pflanzen die Landwirte benutzt, um sich weiterzuentwickeln? Was ist der Unterschied zwischen einem Eichhörnchen, das überall im Wald Eicheln versteckt, und Menschen, die überall auf der Erde Kartoffeln in den Boden einbringen? Wer ist das Subjekt und wer ist das Objekt? Weiß die Eichel oder die Kartoffel, dass sie nahrhaft ist, oder weiß das nur das Geschöpf, das sie vergräbt? In der Evolution geht es nicht um bewusste Schöpfung; Evolution ist das Ergebnis ständiger Bemühungen von Organismen, die überleben und sich weiterentwickeln wollen.[30] Das kollektive Endergebnis ist atemberaubend schön, voller Eigenartigkeiten und Wunder und absolut großartig – und dennoch hat kein Mitwirkender die Kontrolle über das, was geschieht.

Evolution entwickelt sich von unten nach oben, genauso wie Hoffnung. Wenn Feuer einen Wald zerstört, werden die Pflanzen und Tiere, die bei dem Brand umgekommen sind, sich im Laufe der Zeit wieder durchsetzen. Und Samen, die jahrzehntelang inaktiv waren und nur bei großer Hitze keimen, werden zum Leben erwachen, zu Bäumen heranwachsen, die Laub hervorbringen und im Frühling blühen. Diese Pflanzen haben in der Regel tiefe Pfahlwurzeln, mit denen sie die Mineralien aus der Erde ziehen, oder große Blätter, die einen Baldachin bilden, der den Erdboden vor Sonne und Regen schützt. Je älter der Wald, desto größer ist seine Regenerationsfähigkeit. Die Menschheit ist älter als der älteste Wald. Ihre Fähigkeit zur Anpassung und Erneuerung wird maßlos unterschätzt. Evolution ist Optimismus in Aktion.

Es ist unser Los, dass wir genötigt sind, mehr aus uns zu machen. Ich stelle in diesem Buch die Frage, ob ein nicht unerheblicher Teil der Menschheit neue Eigenschaften und verlockendere Visionen entwickelt hat als die ideologischen Fundamentalisten, die so viel Leid über uns gebracht haben. Wenn Geschichten zu oft erzählt werden, verlieren sie an Kraft, und das Gleiche gilt für ganze Gesellschaften, aber die Menschheit kann auch eine neue Geschichte erschaffen. Wie William Kittredge schreibt: „Eine Gesellschaft, die sich selbst benennen kann, lebt in ihren Geschichten; sie wohnt in ihnen und richtet sie ein. Wir treiben auf diesen Geschichten wie auf Flößen und wir legen sie auf unserem Tisch wie Landkarten aus. Irgendwann endet jede Geschichte und muss einer neuen Platz machen. Die Welt ist so komplex, dass die Formen, die wir erzeugen, nicht lange Bestand haben."[31]

Wie viele Geschichten und Gruppen braucht die Welt noch, bis sie ihr Entwicklungspotenzial erkennt und nicht nur ihre Falschheit? Die Geschichten sind größer als wir selbst und geben uns durch ihre vielschichtigen Handlungsstränge den Spielraum zu träumen. Und deshalb leuchten Kinderaugen und blicken verträumt in die Ferne, wenn wir ihnen Geschichten von Elfen, Königen und Baumhirten vorlesen. Unsere Familie und unsere Gemeinschaften verbinden uns mit alten und neuen Geschichten und zeigen uns, wie wir uns „dem Licht zuwenden" können.

Die Bewegung ist eine neue Form der Gemeinschaft und eine neue Art von Geschichte. An welchem Punkt in der Zukunft werden zwei, drei oder gar fünf Millionen Organisationen, die von normalen Bürgern ins Leben gerufen und geleitet werden, unsere Wahrnehmung darauf richten, dass wir die Art und Weise, wie wir Menschen unser Leben gestalten und wohin wir es lenken, grundlegend verändert haben werden? Welche Art von Führung wird gebraucht, wenn Macht nicht von oben kommt, sondern von unten nach oben strebt? Wie sieht eine Demokratie aus, die nicht von einer Minderheit dominiert wird? Wie fühlt sich eine Welt an, in der die Lösungen für unsere Probleme an der Basis gefunden werden?

Vielleicht befinden wir uns gerade in einer Übergangsphase, was die menschliche Entwicklung anbelangt, in einer Phase, in der das, was tatsächlich funktioniert, noch nicht gesehen wird, weil alle wie gebannt auf die Vergangenheit schauen? Wie wäre es, wenn ein paar wesentliche Grundwerte wieder weltweit Anerkennung fänden und ein weitverzweigtes soziales Netz förderten, das eine sinnvolle Grundlage für die zukünftige Regierungsform darstellt? Dies sind nur ein paar der Fragen, die eine Bewegung aufwirft, die sich selbst erst noch als eine Bewegung erkennen muss.

Die Wurzeln der Umweltbewegung

*In keiner Landschaft in der Sierra, die ich gesehen habe, gab
es etwas Langweiliges oder Totes und auch nichts von dem,
was in Fabriken „Ausschuss" oder „Abfall" genannt wird; alles
ist vollkommen sauber und rein und ein Ausdruck göttlichen
Wirkens. Es ist wunderbar, wie schnell und unausweichlich die
Natur hier die Aufmerksamkeit in ihren Bann zieht, bis Gottes
Handschrift erkennbar wird. Es scheint nur logisch zu sein, dass
das, was Ihn interessiert, auch für uns interessant ist. Wenn wir
versuchen, irgendetwas Spezielles herauszupicken, stellen wir
fest, dass alles andere im Universum daran hängt.*

John Muir, *My First Summer in the Sierra*

Wir sollten nicht Bäume fällen, sondern Lügen.

Jerry Martien, *Salvage This*

Die erste Generation - unsere Generation -, die sich Gedanken um globale Bedrohungen wie die Verbreitung von Atomwaffen und den Klimawandel macht, ist quasi ahistorisch; für die meisten Aktivisten und Vorkämpfer hat der Umweltschutz keine Geschichte oder Tradition. Er ist eine Antwort auf unmittelbare Zustände, eine Reaktion auf Müll, Ausplünderung und Zerstörung - und ihr zugrunde liegt eine tiefe Sorge um die Zukunft der Erde.[1] Obwohl auch frühere Generationen mit Erosion, Entwaldung und Schwermetallvergiftung konfrontiert waren, gibt uns das keine praktische Anleitung, wie wir mit unseren gegenwärtigen Nöten umgehen sollen. Die Umweltbewegung verschmilzt mit der Bewegung für soziale Gerechtigkeit und schließt sich den Bewegungen der indigenen Völker an - und das gibt uns die Gelegenheit, unsere eigene Abstammung zurückzuverfolgen und wahrzunehmen, wie stark wir in unserer eigenen Herkunft verwurzelt sind, so wie wir in die Vergangenheit schauen, um die Entwicklung anderer Arten zu verstehen. Und die Philosophen und Denker, die diese drei Bewegungen mit Informationen versorgen, bekommen für unsere moralische und intellektuelle Entwicklung die gleiche Bedeutung wie Voltaire, Jefferson und Locke.

Wenn wir zurückschauen, wird uns klar, dass die Welt nach Kolumbus von einer ökologischen Globalisierung gekennzeichnet war. Es fing an mit der Einfuhr von Insekten, Schädlingen, Bäumen, Wurzelknollen, Nahrungsmitteln, Bakterien und Krankheitskeimen und erreichte seinen Höhepunkt in der weltweiten Allgegenwart giftiger Chemikalien. Das europäische Kaninchen, das nach der letzten Eiszeit gerade einmal bis nach Spanien vorgedrungen war, breitete sich auf jedem Kontinent - mit Ausnahme der Antarktis - aus. Es veränderte dort, wo es dauerhaften Lebensraum fand, nicht nur die Umwelt, sondern verwüstete sie vielerorts sogar, und das besonders in Australien, wo die Kaninchenpopulation nach einem feuchten Frühling schon einmal die Milliardengrenze überschreiten kann. Fünfhundert Jahre nach Kolumbus verteilt sich DDT - obgleich im Jahre 1972 durch die amerikanische Umweltbehörde verboten – im Westen der USA, weil dieser Schadstoff, der in China in der Landwirtschaft eingesetzt wird, in Schwaden verschmutzter Luft über den Pazifik weht. Auch wenn Umweltprobleme zuerst einmal nur regionaler Natur zu sein scheinen, sind ihre Auswirkungen oft nicht einzudämmen. Polychlorierte Biphenyle (PCB), die in den 1970er-Jahren von *Monsanto* hergestellt wurden, wanderten im 21. Jahrhundert in die Nahrungsketten der Oberen Seen – vom Zander in eine schwangere Frau und dann in das Lymphsystem ihres Babys. Die alten Kornkammern im Nahen Osten versalzten, weil eine zu starke Bewässerung die menschliche Geschichte in ähnlicher Weise veränderte, wie der übermäßige Ausstoß von Treibhausgasen heute unsere Zukunft beeinflusst.[2] Die gleiche Art von Erleuchtung, die John Muir in der Sierra Nevada erlebte, als er erkannte, dass alles zusammenhängt, erleben wir heute, wo auch immer wir ökologische Grenzen überschreiten. Diese Art der Wahrnehmung, die historisch gesehen noch ganz neu ist, wird inzwischen fast überall anerkannt, besonders seit wir vom Klimawandel bedroht sind. Aber nicht alle machen sie zur Grundlage ihres Handelns und daher brauchen wir einen wirkungsvollen Umweltschutz.

Im Westen wurde die Umweltbewegung erst möglich, nachdem die Biologie als Wissenschaft in Erscheinung getreten war. Die meisten indigenen Kulturen verstanden die Natur als System, was die Europäer – zum Teil aufgrund des vorherrschenden theokratischen Dogmas – nur schwer nachvollziehen konnten. Gerade mal zweihundert Jahre sind seit der Zeit der Aufklärung vergangen. Wir haben uns von dem Glauben verabschiedet, die Welt sei eine Scheibe und alles Leben auf ihr sei ein lebendes Bild, geschaffen von Gott, der seine wunderbare Arche über alle Kontinente und Meere geschickt hat. Die Besetzung war also ein für alle Mal festgelegt und auch an der Bühne veränderte sich nichts.

Die Aufgabe der Naturwissenschaft bestand im Wesentlichen darin, eine Bestandsaufnahme der vielfältigen Lebensformen vorzunehmen.

Ein typischer Vertreter war hier der schwedische Botaniker Carl von Linné (1707-1778). Er umriss seine wissenschaftlichen Ziele klar und deutlich: „Das einfache, wunderbare und aufschlussreiche Studium der Naturkunde besteht darin, das, was die Erde hervorbringt, zu sammeln, einzuordnen und auszustellen."[3]

Im 18. Jahrhundert wurden englische Wissenschaftler überflutet von dem, was englische Schiffe aus fernen Ländern als „Beute" mitbrachten: Säcke voller Wurzeln und Knollen, Fläschchen mit Samen, riesige behaarte Spinnen, Käfer im kreidezeitlichen Bernstein, schillernde Meeresschnecken, purpurfarbene Korallen, lederartige Schrumpfköpfe, Riesengürteltier-Skelette, ausgestopfte Harpyien und Nagetierfossilien, so groß wie Flusspferde. Selbst ein lebendes und leicht verwirrtes Nashorn kam einmal an einem Londoner Hafendock an. In allen Erdteilen wurden menschliche Kuriositäten wie der junge Jemmy Button vom Stamm der Yámana aus Patagonien ihrer Kultur entrissen und verschleppt; die Europäer betrachteten sie als Sammel- und Studienobjekte.[4]

Obgleich mehrere Systeme dafür vorgeschlagen wurden, den Inhalt dieser botanischen und zoologischen Fundgrube zu ordnen, einigte man sich erst im Jahr 1758 auf eine systematische Klassifizierung für Pflanzen und Tiere, die Linné in seinem Werk *Systema Naturae* vorgeschlagen hatte. Die verschiedenen Arten gehörten zu unterschiedlichen Gattungen, die wiederum Familien zugerechnet wurden; dann kamen die Ordnungen, danach die Klassen und letztlich die drei großen Naturreiche. Die ursprünglichen Naturreiche waren: das Reich der Tiere, das der Pflanzen und das Reich der Mineralien; die Reiche der Bakterien, der Einzeller und der Pilze kamen erst später hinzu, und das Reich der Mineralien wurde wieder abgeschafft.

Linné ordnete den Menschen anfänglich den Primaten zu und nannte ihn *Homo diurnus*, Mensch des Tages, im Gegensatz zum *Homo nocturnes trogloditaem*, zu dem er auch den Schimpansen rechnete, den er später in *Homo troglodytes* umbenannte. Zum *Homo monstrosus* sollten die sagenumwobenen patagonischen

Riesen (Volksstamm der *Tehuelche*), die Hottentotten (Volksstamm der *Khoikhoi*) und die Eskimo (Volksstamm der *Inuit*) gehören. Aus der Sichtweise von Linné konnten keine neuen Arten entstehen. Die Möglichkeit, dass die Menschheit einen gemeinsamen genetischen Ursprung in der afrikanischen Savanne haben könnte, war unvorstellbar. Arten konnten immer nur sich selbst hervorbringen und jede musste schon am Anfang der Schöpfung bestanden haben. Eine solche in sich ruhende Einheit konnte nur ein allwissender Schöpfer hervorbringen. Auch wenn Linné später einräumen musste, dass seit der Schöpfung neue Arten entstanden waren, hielt er sie für Varianten oder Hybride, die ihren Ursprung im Garten Eden hatten. Der Mensch betrat die Welt de novo, er wurde von Gott erschaffen.

Nicht alle unterwarfen sich diesem kreationistischen Dogma[5]. In Frankreich postulierte Georges-Louis de Buffon schon 1749 eine Art Veränderlichkeit der Arten. Jean-Baptiste Lamarck, der im Alleingang die Zoologie der Wirbellosen entdeckte, entwickelte Buffons Theorie weiter und beschrieb einen Mechanismus, der erklären sollte, wie sich Evolution möglicherweise vollzieht. Lamarck wurde wegen seiner Auffassung angefeindet und starb arm und vergessen.

Mitte des 19. Jahrhunderts wurde die Unbeweglichkeit, die das wissenschaftliche Verständnis lebender Organismen geprägt hatte, zwangsläufig durch neue Entdeckungen unterhöhlt. Die Arten waren keine Fixsterne am Himmel und auch die Kontinente waren nicht an ihrem Platz festzementiert. Die Physiker erklärten, dass das Universum sich nach seinen eigenen Gesetzen bewege, ohne die führende Hand des Allmächtigen, und der Geologe Charles Lyell (1797-1875) schwächte die kirchliche Doktrin noch mehr, indem er behauptete, dass geologische Veränderungen über einen Zeitraum von Millionen von Jahren gemessen werden könnten – eine Blasphemie in den Augen der kreationistischen Vorstellung, die davon ausging, dass die Welt im Jahre 4004 v. Chr. erschaffen worden war.

Gemeinsam mit seinem Zeitgenossen Alfred Wallace folgte Charles Darwin der Spur seines Großvaters Erasmus Darwin und versetzte der Vorstellung eines Schöpfergotts mit seinen häretischen Theorien den Gnadenstoß, indem er behauptete, dass die Arten – genauso wie die Planeten und die Steine – den Naturgesetzen unterworfen seien. Zu jener Zeit waren viele Naturforscher Geistliche, die genug Freizeit hatten, um Texte zu studieren und durch die Wälder zu streifen. Verständlicherweise betrachteten sie das, was sie sahen, durch die Brille dessen, was sie in der Bibel über den fünften Tag der Schöpfung gelesen hatten: Geflügelte Geschöpfe und alle Wesen, die am Boden kriechen, sind unveränderlich und haben immer die Form, die ihnen der Schöpfer gegeben hat.

Die Heterodoxie[6], die in dem Buch *Über die Entstehung der Arten* (1859) zum Ausdruck kommt, war der Kirche ein Dorn im Auge und wurde von Samuel Wilberforce, dem Bischof von Oxford, der für seine gerissene Schläue in Debatten berühmt war, publikumswirksam infrage gestellt. Wilberforce lud den Darwin-Anhänger Thomas Huxley 1860 zu einer dreitägigen Debatte der *British Science Association* nach Oxford ein und versuchte, ihn lächerlich machen, indem er ihn fragte, welche Seite von Huxleys Familie denn nun vom Affen abstamme. Nachdem er der sarkastischen Bemerkung genügend Zeit gegeben hatte, sich unter den Anwesenden auszubreiten, erhob sich Huxley langsam und erwiderte, er würde lieber von einem Affen abstammen als von einem intelligenten Menschen, der seine Position und sein Talent dazu missbrauche, die Wahrheit zu unterdrücken. Es wird erzählt, dass daraufhin ein paar fromme Frauen in Ohnmacht fielen, während die aufstrebenden Wissenschaftler applaudierten. Für die Gläubigen war es Gottesmord und für die jungen Wissenschaftler die Befreiung.

Es war die Vorstellung von einer göttlichen Autorität, die in Oxford zu Bruch ging. Was zuvor eine natürliche Welt gewesen war, der Gott seine Form gegeben hatte, führte jetzt ein unabhängiges Leben nach eigenen Maßstäben. Indem sie die wissenschaftliche Entsprechung der grundlegenden buddhistischen Anschauung – alles verändert sich permanent, ohne Ausnahme – einführten, verwandelten Charles

Darwin und seine Kollegen unser Verständnis vom Leben. Und nicht nur das, sie führten auch das Prinzip der ununterbrochenen Veränderung lebendiger Systeme ein. Dieser Prozess der Auflösung fester Kategorien ist bis heute nicht zu Ende, denn die Biologie überrascht selbst die Biologen immer wieder mit neuen Entdeckungen darüber, wie fließend die Lebensformen sind.

In den 1970er-Jahren begannen zwei Wissenschaftler mit Forschungen, die die scheinbare Ordnung der Biologie weiter ins Wanken brachten. Anstatt Darwins Reise mit der *HMS Beagle* zurückzuverfolgen, errichteten Peter und Rosemary Grant eine Forschungsstation auf den Galápagos-Inseln, um die Darwinfinken auf der Insel Daphne Major zwanzig Jahre lang zu studieren. Ihre Forschung beschäftige sich mit einem Thema, das in Darwins Buch *Über den Ursprung der Arten* nicht weiter verfolgt worden war: dem tatsächlichen Ursprung der Arten. Die Grants gingen akribisch genau vor. Sie beringten buchstäblich jeden Finken der Insel, maßen die Schnäbel, wogen die Vögel und untersuchten ihre tägliche Nahrung. Regenfälle, Nahrungsmittel, Paarungszeiten und Nachkommenzahl wurden in Listen und in Tagebüchern festgehalten und ab 1973 zu Hause, in Princeton, in großen Datenbanken gespeichert. Da sie dreifarbige Ringe benutzten, konnten die Grants jeden Vogel auf der Insel identifizieren (insgesamt waren es über tausend); sie wussten, zu welcher Art er gehörte, kannten seinen Partner, seine Geschwister, seine Eltern, sein Nest und wussten, wie er sich ernährte.

Die größten Entdeckungen machte Darwin erst, als er nach England zurückgekehrt war. Er fand heraus, dass sich seine Galápagos-Arten von ihren Vettern auf dem Festland unterschieden. Hundertzehn Jahre später stellten die Grants etwas Ähnliches fest: Selbst auf dem begrenzten Gebiet der Galápagos-Inseln fand offensichtlich eine Differenzierung statt. Die dreizehn Arten, die dort lebten, hatten unterschiedliche Schnäbel, die jeweils zu ihrer besonderen Nahrung passten. Es gab dicke und dünne, lange und kurze, spitze und stumpfe, gebogene und schräg verlaufende sowie Mischungen aus diesen Schnabelformen.[7]

Vor den Grants hatte es keine Feldstudien zur Evolution gegeben. Das akribisch gesammelte Datenmaterial in Princeton auszuwerten war für Peter und Rosemary Grant und die wissenschaftliche Welt aufschlussreich. Ihr Ergebnis war eindeutig: Darwin wusste nicht, wie richtig er mit seiner Evolutionstheorie gelegen und wie sehr er sich geirrt hatte, wenn er annahm, dass sie „über lange Zeiträume hinweg" abliefe. Evolution geschah unentwegt, die Veränderungen in der Population der Galápagos-Finken gingen schnell, wenn nicht sogar rasant vor sich. Die bisherigen Mutmaßungen über die Geschwindigkeit der Artentstehung waren höchst ungenau. Die Arten entwickeln sich von Generation zu Generation; ihre besonderen Merkmale sind anpassungsfähig und können sich schnell verändern.

Je mehr andere Wissenschaftler lebendige Organismen genauer und über einen längeren Zeitraum hinweg untersuchen, desto mehr verändert sich unsere Vorstellung über den Ablauf biologischer Prozesse. Es geht nicht länger um eine strukturalistische Betrachtung der biologischen Ordnung, sondern um die Erkenntnis, dass lebendige Organismen lern- und anpassungsfähig sind. Sie entwickeln sich ununterbrochen und sind nicht nur durch eine festgelegte Struktur und die entsprechende Klassifizierung zu definieren.[8] Rhythmus und Geschwindigkeit der Evolution sind kein Marsch in eine bestimmte Richtung, sondern ähneln eher der reaktiven, flüssigen Bewegung des Tanzes. Die Welt ist viel empfänglicher für Veränderung, als bisher angenommen wurde, und es spielt keine Rolle, ob diese Veränderung durch die Natur oder durch den Menschen bewirkt wird; die Welt hängt viel mehr zusammen, um Muirs Metapher zu benutzen, als wir für möglich gehalten haben.[9]

Indem wir die Arten besser verstehen, lernen wir auch immer mehr über ihre Lebensräume. Wir wissen mehr über die biophysikalischen Veränderungen des Planeten und haben ein klareres Bild davon, wie industrielle Prozesse den Stoffwechsel der Erde beeinflussen. Was den Klimawandel anbelangt, so ist es nicht leicht nachzuvollziehen, dass ein minimaler Anstieg des CO_2-Gehalts gewaltige

Veränderungen bewirken kann. Aber nicht nur das Kohlendioxid hat eine zerstörerische Wirkung. Kleine Veränderungen, die große Auswirkungen haben, sind in unserer Umwelt an der Tagesordnung. Wenn Kaulquappen dem Pestizid Atrazin in einer Konzentration ausgesetzt werden, die einem Dreißigtausendstel der Menge entspricht, die als „ungefährlich" für Menschen gilt, entstehen zu 20 Prozent sterile Hermaphroditen.

Ist ein Lebewesen während seiner Entwicklung chemischen Stoffen ausgesetzt – und sei es auch nur in einer geringen Konzentration –, dann kann das eine völlig andere Wirkung haben als bei einem ausgewachsenen Lebewesen.[10] Wenn das Klimaphänomen „El Niño", das das Wetter beeinflusst und zu Regen und Trockenheit führt, auch beobachtbare Veränderungen in der Artenbildung der Galápagos-Finken nach sich zieht, sollten wir uns Gedanken darüber machen, welche Auswirkung es hat, dass wir jedes Jahr fünf Milliarden Tonnen quecksilberhaltige Kohle verbrennen oder in Kalifornien Bauernhöfe und Vorstädte mit Malathion besprühen, um die Mittelmeer-Fruchtfliege zu bekämpfen. Unser Handeln auf der Makroebene erzeugt zahllose Wechselwirkungen auf der Mikroebene, die man nicht aufspüren und beobachten kann.

Um zu verstehen, wie sich unser „ökologischer Fußabdruck" auf diesem Planeten rapide vergrößert, sollten wir uns vor Augen führen, dass die Bevölkerungsdichte heute 1000-mal größer ist als vor 7000 Jahren.[11] Hinzu kommt, dass wir pro Mensch 100- bis 1000-mal mehr Ressourcen und Energie verbrauchen als unsere Vorfahren. Summa summarum trägt die Erde heute einen 100.000-mal größeren Fußabdruck als um 5000 v. Chr. Mit anderen Worten: Wir erzielen die gleiche Wirkung in fünf Minuten, die unsere Vorfahren in einem Jahr erzielten. Das bedeutet, wir haben die gleiche Wirkung in einem Jahr, die unsere Vorfahren in 100.000 Jahren hatten. Aber es geht nicht nur darum, dass wir unser Konto an natürlichem Kapital überziehen; es geht auch darum, dass wir die Währung an sich vernichten. Wenn man sich ansieht, welchen Schaden 6,6 Milliarden Menschen verursachen, dann überrascht es, dass es so wenig Umweltgruppen gibt, auch wenn ihre Zahl weltweit in die Zehntausende geht. Wenn wir die rücksichtslose Ausplünderung unseres Planeten überleben sollten, wäre es wichtig, dass wir vielleicht zurückblicken und das 19. Jahrhundert, nicht das 18. Jahrhundert, als das wahre Zeitalter der Aufklärung betrachten, denn im 19. Jahrhundert begann man im Westen, die Beziehung zwischen Mensch und Natur zu verstehen und zu würdigen; man begann, die Großartigkeit und Komplexität der lebendigen Welt und unseren Platz in ihr zu begreifen. Der Umwelthistoriker Donald Worster ist der Ansicht, dass das 19. Jahrhundert das Zeitalter der Ökologie ist, denn die Philosophien und wissenschaftlichen Erkenntnisse jener Zeit bilden die Grundlage für die heutige Umweltbewegung.[12]

Im Jahre 1836 war in dem Dorf Amherst, das westlich von Concord im US-Bundesstaat Massachusetts liegt, die extrem frühkluge Emily Dickinson gerade sechs Jahre alt; die *HMS Beagle* kehrte nach vierjähriger Reise mit dem jungen Naturforscher Charles Darwin an Bord nach London zurück; auf Long Island begann ein schlaksiger siebzehnjähriger Autodidakt mit Namen Walt Whitman, in einer einklassigen Schule zu unterrichten, und in Cambridge, Massachusetts, wurde Ralph Waldo Emersons Buch *Natur* veröffentlicht, ein kleines Buch, das zur intellektuellen und spirituellen Inspiration der amerikanischen Umweltschutzbewegung werden sollte.

Zu Lebzeiten Emersons waren die Universitäten Orte, an denen mit großen Ideen gerungen wurde. Die Gettoisierung der akademischen Welt hatte noch nicht stattgefunden und alle Wissensbereiche wurden als Zweige ein und desselben Baums betrachtet. Der Campus war keine Fabrik, die Spezialisten für den Arbeitsmarkt produzierte; hier setzten sich aufstrebende Gelehrte mit grundlegenden philosophischen Fragen auseinander.

Zu Emersons Zeit gab es noch nicht so viele Bücher wie heute, doch ihr Inhalt war von monumentaler Bedeutung, und viele dieser

Schriften fanden inhaltlich in *Natur* Berücksichtigung. Emerson las 1831 die *Bhagavadgita*, was für ihn eine transformierende Erfahrung war, die seine ursprüngliche Ablehnung der „Hindus" in verzückte Begeisterung umschlagen ließ. Für ihn hatte das Werk die gleiche Bedeutung wie die Bibel und anschließend setzte er sich mit der Gedankenwelt von Zarathustra und Konfuzius auseinander. Fleißig studierte er außerdem fast alle fünfundfünfzig Bände von Goethes Werken in deutscher Sprache (in einer Sprache also, die er nicht fließend beherrschte); sie wurden für ihn zum intellektuellen Glücksbringer, auf den er immer wieder zurückgriff. An der Universität von Cambridge las er Schriften in lateinischer und in griechischer Sprache; er las die Epen Homers; studierte Rhetorik und Grammatik; übte sich in der Kunst der Rede; arbeitete sich durch die Grundlagen der Physik; vertiefte sich in die Philosophie; verfasste Essays (obgleich er nie den begehrten Bowdoin-Preis für das beste Essay erhielt); nahm an Vorlesungen von William Ellery Channing teil; schrieb Gruselgeschichten und zahlreiche Gedichte. In den Jahren nach dem Abschluss seines Studiums – von denen einige schwierig, andere mühsam und wieder andere aufschlussreich waren – ließ sein Appetit auf Literatur, neue Ideen und wissenschaftlichen Erkenntnissen nicht nach. Und die Verfolgung all dieser Interessen war eine Vorbereitung auf *Natur*.[13]

Emerson schrieb zu einer Zeit, in der die Natur mit schwülstigen Worten wie den folgenden beschrieben wurde und bildhafte Ausdrücke dem Leser wie Nugatstückchen angeboten wurden:

> „Es war morgens – die Sonne ging mit strahlend hellen Versprechungen auf und die zarten Kumuluswolken, die dem Himmel entsprungen waren, flohen immer weiter in die Ferne vor der leichten Morgenbrise, die es gewohnt zu sein schien, das goldene Antlitz des Wolkenmeers mit einem sanften Säuseln ihrer taubenetzten Flügel zu begrüßen."[14]

Eine solche Sprache war typisch für die Romantik, wo Shelleys poetische Wolken „lachten"; Oliver Goldsmiths Tiger „üble Vierbeiner" waren und von empfindlichen Pflanzen in einer Art und Weise gesprochen wurde, als hätten sie tierische Merkmale.[15] Der Romantik gegenüber stand die Schule, die glaubte, die Natur sei eine Art Maschine, die vom menschlichen Erfindungsgeist beherrscht werden könne. Die Faszination, die von den neuen Methoden des Industrialismus ausging, wurde auf die Natur projiziert – genauso wie heutzutage Begriffe aus der Computersprache beispielsweise „Hardware" und „Programmierung" verwendet werden –, um menschliche Funktionen zu beschreiben. In dieser Sichtweise ist die Natur ein Warenlager und man muss sich nur bedienen.

Emersons Standpunkt war weder von der Romantik noch vom Utilitarismus geprägt. Er beklagte nicht den Verlust der Natur und ihrer Ressourcen durch die zunehmende Ausbreitung von Landwirtschaft und Industrie, sondern konzentrierte sich stattdessen auf die Frage, wie die Natur unsere Gedanken und unsere Vorstellung von der Wahrheit durchdringt.[16] Sein Essay, das den Umfang eines Buchs hat, war der Versuch, das Denken und die Sprache wieder direkt mit der lebenden Natur zu verbinden. In einer Rede am 5. November 1833 äußerte er die folgende Vorahnung:

„Die Natur ist eine Sprache und jede neue Tatsache, die wir über sie lernen, ist ein neues Wort. Es handelt sich nicht um eine Sprache, die sich in Stücke zerlegen lässt und tot in einem Wörterbuch steht, sondern um eine Sprache, die sich zu einem universellen Sinn von höchster Bedeutung zusammensetzt. Ich wünsche mir, diese Sprache zu verstehen, und zwar nicht so, dass ich dann eine neue Grammatik kenne, sondern so, dass ich in dem großen Buch lesen kann, das in dieser Sprache geschrieben ist."[17]

Obendrein hatte Emersons Spiritualität eine solide Grundlage: den Pragmatismus eines Yankees – einen unbeirrbaren Individualismus, der sein ganzes Werk durchzieht. In *Natur* fragt er schon in den ersten Sätzen: „Warum sollten nicht auch wir uns eines ursprünglichen Verhältnisses zum Universum erfreuen dürfen?"[18] Sein Verhältnis zur Natur bleibt dabei mystisch, in seinen Schriften und Vorträgen spricht er immer wieder von der Natur als dem Weg zum Selbst.

„Wir müssen der Vollkommenheit der Schöpfung insofern Vertrauen entgegenbringen, als wir glauben, die Ordnung der Dinge werde alle Neugier befriedigen können, die durch sie in unserem Geiste entfacht worden ist. Eines jeden Menschen Lebenslage gibt auf die Fragen, die er stellt, die Antwort in Hieroglyphen."[19]

Für Emerson bietet die Natur den wundervollen Rahmen für spirituelle Entwicklung. Obgleich sich sein Essay in den ersten Jahren nach der Veröffentlichung nur wenige Hundert Mal verkaufte, fand es in Literatenkreisen starke Beachtung und wurde viel diskutiert. Emersons Überzeugung, dass die Vernunft sich an der Natur orientiert und auf persönlicher Eigenständigkeit beruht, wurde in einer Zeit, als die Übergriffe und Ungerechtigkeiten des Industrialismus besonders in den Städten immer offener zutage traten, von vielen Menschen geteilt.[20]

Mary Oliver merkte jedoch zu Recht an, dass Emersons Wildheit ausschließlich in seinem Kopf existierte;[21] er überließ das empirische Beobachten und Erfahren Henry David Thoreau. Thoreau hatte *Natur* bereits zweimal gelesen, als Emerson in Harvard Vorträge hielt und beide sich kennenlernten. Der achtundzwanzigjährige Thoreau zog sich daraufhin nach Walden Pond zurück und baute dort auf Emersons Land eine Hütte. Die zwei Jahre und zwei Monate, die er dort verbrachte, waren weder idyllisch noch geruhsam, da er ständig las oder schrieb und mit nur wenig Komfort in seinem kühlen Raum lebte. Aber es fehlte ihm an nichts, denn die an jedem Sonntag stattfindenden Abendessen mit den Emersons wogen die eher mageren Speisen in seiner Hütte allemal auf. Er unternahm lange Spaziergänge über das angrenzende Land, unterhielt sich – dem äußeren Anschein, ein Einzelgänger zu sein, zum Trotz – mit den Menschen, die er traf, und brachte ihnen großes Interesse entgegen.

Während seiner Zeit in Walden schrieb Thoreau sein erstes Buch *Walden oder Leben in der Wäldern*, das er seinem Bruder widmete, der an Wundstarrkrampf gestorben war. Es erschien, nachdem er nach Concord zurückgekehrt war, und verkaufte sich schlecht. Der Verleger stellte Thoreau siebenhundert unverkaufte Exemplare in Rechnung, worauf Thoreau gern scherzhaft sagte, dass in seiner Bibliothek neunhundert Bücher ständen, von denen er siebenhundert selbst geschrieben habe. Thoreau arbeitete daraufhin weitere acht Jahre als Landvermesser und Bleistifthersteller. In dieser Zeit überarbeitete er sieben Entwürfe von *Walden* und schrieb sie teilweise um.

Es lohnt sich, sich an dieser Stelle den hymnenhaften Schluss von *Walden* erneut vor Augen zu führen. Obgleich diese abschließende Passage oft bei Hochzeiten oder Abschlussfeiern gelesen wird, gibt es kaum einen progressiven Denker, unter ihnen Martin Luther King und Mahatma Gandhi, der nicht explizit von ihr beeinflusst wurde. Man könnte meinen, die folgenden Worte seien Thoreaus Handlungsanleitungen für alle Aktivisten dieser Welt:

„Aus meinem Versuch lernte ich wenigstens so viel: Geht einer zuversichtlich in der Richtung seiner Träume weiter und strebt danach, das Leben zu leben, das er sich ausmalte, dann wird er mehr Erfolg haben, als er sich träumen ließ. Er wird manches hinter sich lassen und eine unsichtbare Grenze überschreiten. Neue, universelle und freiere Gesetze werden sich um ihn und in ihm festigen oder die alten werden sich erweitern und zu seinen Gunsten freier ausgelegt werden. Es wird ihm vergönnt sein, unter Wesen einer höheren Seinsordnung zu leben. Im gleichen Maße, wie er sein Leben vereinfacht, werden ihm die Gesetze des Weltalls weniger kompliziert erscheinen. Einsamkeit wird nicht Einsamkeit sein, noch Armut Armut oder Schwachheit Schwachheit. Wenn du auch Luftschlösser baust, braucht deine Arbeit nicht umsonst zu sein; die Schlösser gehören in die Luft, du aber errichte die Fundamente darunter!"[22]

Sein Freund Bronson Alcott schrieb über ihn:

„Thoreau ist selbst ein Wald mit all seinen Bewohnern. Mehr als jeder andere Mensch, den ich kenne, ist er erfüllt von Gras und Schatten und Himmelslichtern, vom Moder und der Feuchtigkeit des Erdbodens. ... Dieser Mann ist unter allen Unabhängigen der Unabhängigste – er ist in der Tat der Einzige, der die Deklaration unterschrieben hat, und schon für sich eine Revolution."[23]

Im Jahr 1851 hielt Thoreau den berühmten Vortrag im Lyzeum von Concord, in dem er zum ersten Mal verkündet, dass die Welt in ihrer Wildheit erhalten bleiben müsse. Zwei Jahre später gab es einen Vorfall in einem weit entfernten Urwald, der kaum bemerkte wurde und dennoch die Geschichte veränderte: Einer der größten Bäume der Welt wurde gefällt und ein weiterer Baumriese zerstört. Das war der Startschuss für die amerikanische Umweltschutzbewegung und führte schließlich dazu, dass Nationalparks eingerichtet wurden.

Als er einen verwundeten Grizzlybären verfolgte, entdeckte der Jäger August T. Dowd im Frühling 1852 im kalifornischen Calaveras County eine Gruppe von uralten Mammutbäumen. Die Bäume waren so riesig, dass Dowd zu träumen glaubte und annahm, es handle sich um eine durch das besondere Licht hervorgerufene Sinnestäuschung. Als er im Lager den anderen von seiner Entdeckung berichtete, machten sich diese über ihn lustig und hielten seine Erzählung für eine Lügengeschichte.[24] Damit die Ungläubigen ihm trotzdem folgten, erzählte er ihnen am nächsten Sonntag, dass er den größten Grizzly getötet habe, der ihm jemals vor die Büchse gekommen sei. Fast alle Männer folgten ihm durch Kiefernwälder, Buschland und Schluchten, bis sie schließlich das sahen, was inzwischen als Nationalpark *Calaveras Grove of Big Trees* bekannt ist - eine Ansammlung fast mystischer botanischer Türme, die sich aus dem Boden des Tals erheben.[25] Die Bäume waren riesig, über hundert Meter hoch, und ihr Durchmesser an der Wurzel betrug mehr als zehn Meter. In den Rissen in der Borke könnte sich ein Kind verstecken; an ihrem unteren Teil waren durch frühere Brände Höhlen entstanden, in denen zehn Personen Platz fanden.

Und wie es bei den riesigen Mammutbäumen der Fall ist, war es auch in diesem erhabenen Gehölz still wie in einer Kathedrale. Dies liegt daran, dass die Bäume gegen Insekten resistent sind und daher gibt es dort keine Vögel. Diese Bäume waren lebende Organismen, wie sie sich bislang niemand hatte vorstellen können. Schon bald berichtete ein Artikel im *Sonoma Herald* von Dowds Entdeckung und die Geschichte war bald auch in Zeitungen in San Franscisco, London und Edinburgh zu lesen. Obgleich es nicht das erste Mal war, dass Menschen die riesigen Redwoods zu Gesicht bekamen - Miwok-Indianer lebten schon jahrhundertelang an ihrem Fuße -, war es dennoch das erste Mal, dass in der Zeitung über sie berichtet wurde.

Der Bericht lockte schon bald Journalisten, Abenteurer und Touristen an, aber auch Unternehmer, Holzfäller und nicht zuletzt George Gale mit seinen Geschäftspartnern, die das Naturwunder des größten dieser Bäume fürs Showbusiness nutzen wollten: ein hundert Meter hohes Lebewesen, das gegen einen „geringfügigen Eintritt als Attraktion ausgestellt werden sollte"[26]. Natürlich konnte Gale nicht den ganzen Baum ausstellen, aber er war entschlossen, ihn zu fällen und Teile davon mitzunehmen. Den Riesen zu fällen war keine einfache Sache. Nachdem man mit langen Bohrern große Löcher in den Stamm gebohrt hatte, wurden die Zwischenräume mühselig durchgesägt. Da der mächtige Stamm jeden Augenblick umfallen konnte, wurde äußerst vorsichtig gearbeitet. Nachdem der Baum ganz durchgesägt war, blieb er jedoch aufrecht stehen. Nun wurden von allen Seiten Keile in die Schnittstelle getrieben ... man versuchte, den Stamm mit einem Rammbock dazu zu bringen umzufallen, aber der Baum bewegte sich nicht einen Zentimeter. Erst nach drei Wochen riss ihn ein aufziehender Sturm mitten in der Nacht zu Boden. Der Aufschlag weckte Minenarbeiter in 25 Kilometern Entfernung. Erde und Steine flogen zehn Stockwerke hoch und beschädigten die Stämme der Nachbarbäume. Das geschätzte Alter des großen Baums betrug 2500 Jahre und er blieb noch mehrere Jahre grün, weil der Stamm so viel Wasser enthielt.[27] Diejenigen, die für diese Tat verantwortlich waren, entfernten einen Teil der Rinde, zersägten den Stamm in ein paar kürzere Stücke und ließen den Großteil des Baumes einfach dort liegen, wo er hingefallen war. Der Stamm wurde später geglättet und als Bowlingbahn benutzt und der Stumpf wurde zu einer Tanzfläche im Freien, auf der bequem sechzehn Paare Platz fanden.[28]

Nach dem *Calaveras Grove* wurden noch weitere große Redwood-Bäume gefunden. Im *Yosemite Mariposa Grove* stand der höchste Baum; er war 111 Meter hoch und erhielt den Namen „Mutter des Waldes". Und in der Nähe gab es sogar einen noch höheren Baum, der ein paar Jahrzehnte vorher umgestürzt war und 134 Meter hoch gewesen war. Der Stamm dieses „Vaters des Waldes" hatte einen Durchmesser von 37 Metern. Die „Mutter des Waldes" sollte ihrem Gefährten jedoch bald nachfolgen. Bis zu einer Höhe von fast 30 Metern wurde ein Gerüst um den Baum gebaut. Die Arbeiter entfernten die fast fünfzig Zentimeter dicke Rinde in Stücken zu je zweieinhalb Metern.

Der Baum lebte noch fünf Jahre; in dieser Zeit wurde seine Kambiumschicht[29] weiß. Danach blieb er noch viele Jahre stehen – er wirkte wie ein Geist. Die dicken Rindenstücke wurden in Kisten verpackt und flussabwärts nach San Francisco geschifft, von wo aus sie mit dem Klipper nach New York gebracht wurden, wo man sie wieder zusammensetzte und 1854 im *New Yorker Union Club* ausstellte.[30] Die

Flugblätter, die verteilt wurden, sprachen von einem „Baummonster"
mit einem Durchmesser von 27 Metern: „Großer Baum, frisch gefällt
in der kalifornischen Sierra Nevada, wird zum ersten Mal öffentlich
ausgestellt. Eintritt: 25 Cents."
Das Rinden-Skelett des Baumes wurde anschließend nach England
verschifft und zu Tischen und Stühlen verarbeitet, um in Sydenham im
Crystal Palace den Salon zu möblieren. Während der New Yorker Ausstellung wurde *Walden oder das Leben in den Wäldern* veröffentlicht.
Trotz der groß angelegten Werbung war die Ausstellung nicht der
kommerzielle Erfolg, den sich die Veranstalter erhofft hatten. Viele
Besucher glaubten, dass die ausgestellten Stücke Fälschungen seien,
während andere, die nicht an der Echtheit zweifelten, entsetzt darüber waren, wie man solch ein Naturwunder überhaupt fällen durfte.
Horace Greeley, Herausgeber der einflussreichen *New York Tribu-
ne*, nannte es „Vandalismus und niederträchtige Geschäftemacherei".
Der Herausgeber von *Gleason's Pictorial* schrieb: „Für uns ist es eine
grausame Vorstellung, eine vollkommene Entweihung, so einen herr-
lichen Baum zu fällen ... was in aller Welt kann einen Sterblichen dazu
bringen, mit solch einem Holzberg Geschäfte machen zu wollen?"[31]
Im Jahre 1857 rief ein aufgebrachter James Russell Lowell nach einem
Verein zum Schutz von Bäumen und sprach dabei von einer offensichtlich angeborenen Antipathie der Amerikaner für Bäume und Indianer.
    Die „Mutter des Waldes" wurde auf diese Weise zum gespensti-
schen Totem des neuen Umgangs mit den natürlichen Ressourcen.
Während Amerika sich seiner selbst als Nation bewusst wurde und
sich an der kontinentalen Ausdehnung von Ozean zu Ozean berausch-
te, begannen Menschen an der Ostküste, sich Gedanken darüber zu
machen, welche Rolle die Regierung beim Schutz der natürlichen
Umwelt spielen sollte. Obgleich sie sich anfangs nur schlecht verkauft
hatten, wurden die Werke von Emerson und Thoreau nun viel gelesen und beeinflussten die Menschen mehr und mehr.
    Horace Greeley, der sich über die Schändung des *Calveras Grove*
empörte, aber fasziniert war von den Wundergeschichten, die er aus

Kalifornien hörte, reiste 1859 an die Westküste. Er unternahm eine äußerst strapaziöse Reise im Sattel nach Yosemite. Er verließ *Bear Valley* bei Tagesanbruch und kam erst nach Einbruch der Dunkelheit im *Yosemite Valley* an. Seine Steigbügel waren zu eng und er hatte in den vergangenen dreißig Jahren nicht mehr so lange auf einem Pferd gesessen, sodass er nach dem Absteigen nicht mehr laufen konnte. Nachdem er sich schließlich um ein Uhr in der Früh in einer kleinen Hütte erschöpft niedergelegt hatte, war sein Körper, als er am Morgen erwachte, steif; alles tat ihm weh, er hatte viele Blasen und großen Hunger. Er blieb nur einen Tag im Tal, sandte aber eine Nachricht an seine Mitbürger an der Ostküste, in der er schrieb: „Ich kenne kein Wunder auf dieser Erde, das Yosemite übertreffen würde." Er forderte die Regierung auf, diese „herrlichsten Bäume auf der ganzen Welt"[32] zu schützen.

Als Greeley im Jahre 1860 seine Erinnerungen an Kalifornien in dem Buch An Overland Journey veröffentlichte, bereitete sich der Fotograf Carleton Watkins gerade auf eine Reise ins Yosemite Valley vor, die er im Auftrag unternahm. Damit er die Landschaft in ihrer ganzen Bandbreite, wie sie ihm beschrieben worden war, im Bild festhalten konnte, baute er mit der Hilfe eines Schreiners eine große Kamera mit speziellen Glasplatten. Im Juli 1861 reiste Watkins nach Stockholm, dann weiter nach Copperopolis und Murphy´s Camp und kam schließlich auf einem Maultier in Yosemite an. Er hatte eine Stereokamera dabei; seine riesige Glasplatten-Kamera, die mit einem Weitwinkelobjektiv ausgestattet war; ein dämonisches Gebräu aus Chemikalien, in dem unter anderem Essigsäure, Kaliumnitrat, Silbernitrat, Salpetersäure, Zyankali, Quecksilber und Kaliumsulfid enthalten waren; des Weiteren Schießbaumwolle[33], Dutzende leicht zerbrechlicher Glasplatten und einen Dreifuß, der stabil genug war, um seine sperrige Kamera zu halten.

Während seines Aufenthalts machte Watkins dreißig Aufnahmen des Tals von Yosemite mitsamt seinen Baumriesen mit der Platte und hundert mit der Stereokamera. Im Dezember des darauffolgenden

Jahres wurden seine Albumindrucke in New York in der *Goupil Galery* ausgestellt und ernteten ungläubiges Staunen, Lobeshymnen und Zweifel am Wahrheitsgehalt. Watkins Bilder standen in scharfem Kontrast zu den Bildern der vorhergehenden Ausstellung, in der Matthew Brady die Massaker des Bürgerkriegs gezeigt hatte. Emerson bekam Watkins Stereografien von Thomas Starr King, einem Geistlichen der Unitarier, der für den *Boston Evening Transcript* sehr liebevoll über Yosemite geschrieben hatte. Albert Bierstadt reiste kurz darauf, von Watkins Bildern inspiriert, nach Yosemite und malte nach seiner Rückkehr in seinem New Yorker Atelier mitreißende Bilder von dem Tal. Der wohlhabende Papierfabrikant Zenas Crane erwarb ein Gemälde der riesigen Redwood-Bäume für seine luxuriöse Villa.

Im Juni 1864, als das Unionsheer in Petersburg kämpfte, das nur zweihundert Kilometer von Washington entfernt war, unterzeichnete Lincoln den Yosemite-Vertrag, durch den der Staat Kalifornien 16 Quadratkilometer von Yosemite und dem *Mariposa Big Tree Grove* erhielt, um dort einen Erholungspark für die Öffentlichkeit einzurichten. Es war ein historischer Augenblick, der auf der noblen Absicht beruhte, unberührte Natur auf unbegrenzte Zeit zu bewahren. Überraschenderweise kam es in einer Zeit zu dieser Schenkung, in der Wälder für Pioniere und Siedler immer noch als gefährlich galten, da in ihnen Ureinwohner lebten und Tiere in der Dunkelheit herumschlichen. Rodung brachte Sicherheit und nicht der Schutz der Wälder, wie man an der Vernichtung der Wälder im Osten, von den Zypressen Floridas bis hin zu den Kiefern Michigans, sehen konnte.

Der garantierte Schutz der unberührten Natur im Westen schien eine Wiedergutmachung der ökologischen Verwüstungen zu sein, die an der Ostküste ein Jahrhundert lang stattgefunden hatten.[34] Was damals schon eine erstaunliche Errungenschaft war, erscheint heute umso erstaunlicher: Die Zerstörung der Natur, in unserem Fall der „Mutter des Waldes", führte zu einer Rechtsprechung, die die fast einhellige Zustimmung des Kongresses, der Geschäftswelt und der Naturforscher erhielt. Niemand argumentierte, dass der Schutz von

Yosemite das wirtschaftliche Wachstum behindern werde. Der kalifornische Senator John Coness sprach sich für die Schenkung aus; er besaß – was kein Zufall war – ein paar Yosemite-Bilder von Watkins. Acht Jahre danach wurde Yellowstone zum ersten Nationalpark, gefolgt vom Yosemite-Nationalpark achtzehn Jahre später sowie von den Redwood-Nationalparks. Ich glaube, die Wirkung von Watkins Fotografien kann nicht hoch genug eingeschätzt werden, denn ohne sie hätten Lincoln und der Kongress dieses Stück Land wohl kaum geschützt.

Im Jahr 1994 besuchte ich in Kitlope das größte Gebiet mit gemäßigtem Regenwald in Nordamerika, das stromaufwärts östlich von Kitimat in Britisch-Kolumbien an der Westküste Kanadas beginnt. Ich reiste zusammen mit Gerald Amos und Ken Hall, den Stammesältesten der Haisla, und mit Spencer Beebe, dem Gründer von *Ecotrust*, sechs Monate nachdem der kanadische Premierminister Mike Harcourt alte Landrechte an den Stamm zurückgegeben hatte. Die in Portland im US-Bundesstaat Oregon angesiedelte gemeinnützige Organisation *Ecotrust* hatte Mitarbeiter losgeschickt, die gemeinsam mit jungen Leuten, die mit Laptops und GPS-Instrumenten ausgestattet waren, monatelang das Stammesgebiet durchstreiften und mit Stammesältesten eine topografische Karte mit den traditionellen Landschaftsbezeichnungen der Haisla erstellten.

Ich war in jungen Jahren viel in der Sierra Nevada gewandert, hatte die trockenen Täler im Osten erkundet, die sich nach unten bis zum Mono Lake erstrecken, sowie die *White Mountains* oberhalb von *Owens Valley* und war ich davon überzeugt, dass ich wusste, was „Wildnis" bedeutet. Kitlope belehrte mich eines Besseren. Ich fühlte mich wie in einem Gemälde der *Hudson River School*, in einer übernatürlichen, romantischen Traumlandschaft, ersonnen für wohlhabende Oststaatler, die noch nie weiter westlich als Chicago gekommen sind. Hier war, was auf den Gemälden dargestellt wurde, real geworden und hatte sich in Gletscher, Regenbögen und alles, was sonst noch dazugehört, verwandelt. Alle fünf Arten des pazifischen Lachses (Königslachs, Rotlachs, Silberlachs, Buckellachs, Hundelachs) gab es hier und sie waren an den seichten Stellen der Flüsse Futter für Grizzlys und Schwarzbären, die in Höhlen in den uralten Fichten- und Zedernwäldern lebten. Gletscher speisten Wasserläufe, aus denen neugierig Flussotter spähten, Wolfsrudel durchstreiften die Nacht, Bergziegen tollten an steilen Hängen herum, fette Seehunde schlemmten in reichen Fischgründen über hundert Kilometer von der Küste entfernt und Adler nisteten in regelmäßigen Abständen an jedem Zufluss, wo die Lachse laichten. In einer solchen Umgebung kann man sich leicht vorstellen, was für ein Gefühl Watkins, Dowd, Greeley und andere gehabt haben müssen, als sie in den Westen kamen, und man versteht die Gotteserscheinung, die John Muir hatte, als er zum ersten Mal die Sierra Nevada durchschritt.

Im Jahre 1860, zwei Jahre vor seinem Tod, hielt Thoreau seine vom wissenschaftlichen Standpunkt aus betrachtet wichtigste Rede zum Thema „Die Sukzession von Waldbäumen"[35] vor der *Middlesex Agricultural Society*. In diesem Vortrag sprach zum ersten Mal darüber, dass sich die Lebensgemeinschaft von Pflanzen und Tieren als Reaktion auf Veränderungen in der Umwelt immer stärker wandelt. Während seines Aufenthalts in Walden hatte Thoreau Darwins Buch *Die Fahrt der Beagle* gelesen und war sehr beeindruckt davon, wie Darwin die Verteilung der Arten und deren Sukzession auf den einzelnen Galápagos-Inseln beschrieb.[36]

Horace Greeley, der gerade erst von seinen Reisen in den Westen zurückgekehrt war, und Thoreau standen in regem Briefverkehr, in dem Greeley energisch Thoreaus Behauptung bestritt, dass Bäume auf natürliche Weise aus Samen wüchsen, die durch Tiere, Wasser und Wind verbreitet würden. Greeley und andere glaubten, dass die Pflanzen in der Natur spontan wüchsen, wenn sie die richtigen Bedingungen vorfänden. Der „Progressivismus", wie ihre Haltung bezeichnet wurde, stellte eine Abwandlung des kreationistischen Denkens dar, das davon ausgeht, dass es auf der Erde eine Reihe weiterentwickelter Schöpfungen gibt, deren Krone der Mensch ist und die allesamt durch eine „abstrakte Einheitlichkeit mit dem göttlichen Bewusstsein"[37] verbunden sind. Zu jener Zeit war dieses Thema Gegenstand einer hitzigen Debatte, sowohl unter Botanikern als auch unter Nicht-Wissenschaftlern, die im theologischen Prinzip gründete. Für Progressivisten wie den in der Schweiz geborenen Harvard-Zoologen Louis Agassiz war spontane Schöpfung genauso grundlegend für die Wissenschaft, wie Wissenschaft für die Religion grundlegend war.[38] Der Streit zwischen Greeley und Thoreau über die Möglichkeit der spontanen Schöpfung ähnelte der Auseinandersetzung, die zur gleichen Zeit in Oxford und Cambridge zwischen Anhängern von Darwins Evolutionstheorie und seinen kreationistischen Gegenspielern geführt wurde. Thoreaus Konzept einer ökologischen Sukzession war gar nicht so weit von Darwins natürlicher Auslese entfernt. Obgleich Agassiz wissenschaftlich argumentierte, war es im Kern eine religiöse Debatte, in der der Dogmatiker Agassiz für die theologische Seite Partei ergriff. (Die besondere kreationistische Ausrichtung von Agassiz trug rassistische Züge, denn er glaubte an die Überlegenheit der hellhäutigen Rasse, was die Bemühungen von Präsident Lincoln unterminierte und die Befürworter der Sklaverei erfreute.) Die Kontroverse zwischen Thoreau und den Progressivisten war nicht nur eine historische Fußnote. Nach und nach wurden Thoreaus Beobachtungen wissenschaftlich untermauert und die spontane Schöpfung erwies sich als eine genauso unhaltbare Theorie wie die Vorstellung von der Erde als eine flache Scheibe. Obgleich es den Anschein hatte, als seien die Ansichten der Kreationisten, die die wissenschaftliche Entwicklung im Westen so lange behinderten, nun endgültig ad acta gelegt, vertreten in den USA Senatoren, Regierungsmitglieder und leitende Beamte des Umwelt- und des Innenministeriums bis heute kreationistische Theorien.

Im 19. Jahrhundert hatte die Umweltbewegung in Nordamerika zwei Strömungen. Emerson und Thoreau kommt das Verdienst zu, dass sie die Vorstellung entwickelten, dass Mensch und Natur eins seien und dass eine Trennung zwischen beidem willkürlich und gefährlich sei. Dieser Ansicht stand die Überzeugung gegenüber, dass der Mensch von Natur aus überlegen sei; sie fand ihren Ausdruck im Werk von George Perkins Marsh, einem Universalgebildeten, Historiker, Schriftsteller, Juristen, Politiker und Diplomaten, der viele Sprachen beherrschte. In seiner Funktion als Kongressabgeordneter für Vermont hielt er 1847 einen bahnbrechenden Vortrag vor der *Agricultural Society of Rutland County* zum Thema „Abholzung", der zur Grundlage seines Buchs *Man and Nature* wurde, das 1864 erschien, als er schon in Europa lebte.[39] (Marsh war 1861 zum Botschafter in Italien ernannt worden und kehrte nicht mehr in die USA zurück.)

Trotz der Abwesenheit von Marsh und der dauerhaften Popularität von Emerson und Thoreau ordnete Man and Nature die Beziehung zwischen Regierung, Geschäftswelt und Gesellschaft neu und ist daher wohl bis auf den heutigen Tag das einflussreichste Buch, dass je zum Thema „Umwelt" geschrieben wurde. In seiner Biografie Marshs schreibt David Lowenthal:

> „Man and Nature führte dazu, dass die Menschen ihre Beziehung zur Erde anders wahrnahmen, und ging damit weit über das hinaus, was Marsh sich erhofft hatte. Seine Ansichten förderten das Bewusstsein einer wachsenden Öffentlichkeit darüber, wie stark die Menschen in ihre natürliche Umgebung eingreifen. Schon vor Marsh haben sich viele Gedanken darüber gemacht, wie wir auf den ein oder anderen Aspekt der Natur einwirken. Die meisten gingen jedoch davon aus, dass solche Einflüsse positiv seien und schädliche Auswirkungen eher ein Randphänomen darstellten. Niemand vor ihm hatte gesehen, wie allgegenwärtig diese Auswirkungen waren und wie stark sie ineinandergriffen, und zwar sowohl die gewollten als auch die ungewollten. Marsh war der Erste, der alle menschlichen Einflüsse zu einem düsteren globalen Bild zusammenfasste. Seine Datenfülle, die Klarheit seiner

Argumentation und die Kraft seiner Schlussfolgerungen machte *Man and Nature* schon unmittelbar nach seinem Erscheinen zum Klassiker."[40]

Man erliegt leicht der Versuchung, in *Man and Nature* nur den Ausdruck einer vergangenen Epoche zu sehen. Der Familiensitz von Marsh in Vermont war nahezu idyllisch und rechtfertigte den Ausspruch „die Menschen aus Woodstock haben weniger Grund als andere, sich nach dem Himmel zu sehnen"[41]. Darüber hinaus erschien das Buch zu einem Zeitpunkt, als Amerika intellektuell, moralisch und ökonomisch aufgewühlt war. Das Land wurde von einem Bürgerkrieg erschüttert und durch den erblühenden Kapitalismus verändert. Ganze Industriezweige versuchten, sich die Ressourcen der geteilten Nation anzueignen und sie gewinnbringend auszubeuten. General Shermans Marsch zum Meer hinterließ eine hundert Kilometer breite und fünfhundert Kilometer lange Schneise der Verwüstung mit zerstörten Brücken, Fabriken, Eisenbahnanlagen und Regierungsgebäuden. Die Korruption nahm überhand, denn man hatte den privaten Wirtschaftssektor mit Staatsmitteln unterstützt, um den Krieg zu finanzieren. Die Kriegsabgabe auf Brennstoff für Lampen ließ eine riesige Nachfrage nach dem erst kürzlich entdeckten Petroleum entstehen und John D. Rockefeller baute seine erste Raffinerie in Ohio und begann damit, den Markt für Petroleum zu monopolisieren, indem er Konkurrenten gnadenlos aus dem Geschäft drängte. (Einer dieser Konkurrenten waren die erneuerbaren Energien, die er genauso unermüdlich bekämpfte wie rivalisierende Unternehmen.)

Der Historiker Lewis Mumford schreibt, dass sich „die Farbe in der amerikanischen Zivilisation in den Kriegsjahren drastisch veränderte. Nach Kriegsende hatten sich überall Brauntöne durchgesetzt: ein eintöniges und schmutziges Schokoladenbraun sowie ein rußiges Braun, das ins Schwarze überging."[42] In solch einer trostlosen Zeit war es wichtiger zu überleben, als dem Leben eine positive Bedeutung zu geben. Es „war notwendig, sich auf eine erfinderische Weise an die bestehenden Bedingungen anzupassen, wodurch sich das innere Leben zu einem äußeren wandelte. ... Da es kein harmonisches System im Denken und Fühlen gab, führte die notwendige Veränderung nicht zu einer intelligenten Anpassung an die Umwelt bei der Planung von Eisenbahnlinien, Straßen, Bauernhöfen und Städten, bei der Ausbeutung der Bodenschätze und der Nutzbarmachung des Landes – ein großer Teil des Bodens und der Städte wurde ruiniert. Die neuen Industriestädte waren von Anfang an Missgeburten."[43]

Es war nicht die Zeit für ein Buch über Umwelt und Nachhaltigkeit, wie Emerson und Thoreau es geschrieben hatten, und daher setzt *Man and Nature* auch an einem anderen Punkt an. Der Unterton des Buchs ist ernst und warnend, seine Botschaft grundlegend und klar: Die Natur kommt gut ohne den Menschen aus und da unser Einfluss fast immer zu dauerhaften und destruktiven Veränderungen auf der Erde führt, müssen wir etwas tun, um diesen negativen Prozess zu unterbinden.[44]

Marsh wuchs am *Ottauquechee River* am Fuße des *Mount Tom* auf dem fruchtbaren Land des väterlichen Bauernhofs auf. Schon in jungen Jahren lernte er Bäume zu bestimmen, Wasserscheiden zu erkennen und den Schaden abzuschätzen, der durch Abholzung und Überweidung angerichtet wurde. Er musste mit ansehen, wie die Wälder im Nordosten der USA vor seinen Augen abgeholzt wurden, und erkannte später als Botschafter im Osmanischen Reich und in Spanien, was Abholzung und Überweidung über einen längeren Zeitraum hinweg angerichtet hatten: Mutterboden ging verloren, Wasserläufe wurden unberechenbar, Quellen trockneten aus, die Temperaturschwankungen wurden größer, das Land verlor an Fruchtbarkeit, es fiel weniger Regen und viele Arten starben aus.

Marsh war der Erste, der die wechselseitige Abhängigkeit von Umwelt und Gesellschaft herausstellte. Ihm war klar, dass keine Zivilisation auf Dauer existieren konnte, wenn sie sich nicht auf eine intakte Umwelt gründete. Keine Zivilisation hatte die sich gegenseitig verstärkenden Auswirkungen von Abholzung, Austrocknung von Wasserscheiden und Bodenerosion überlebt. Er wies eindringlich darauf hin, dass die Menschen letztlich den Kürzeren ziehen, wenn sie keine Verantwortung für die Natur übernehmen – und nahm damit eine Haltung ein, die sich von Emersons Behauptung, wir *sind* die Natur, grundlegend unterschied. Marshs Biograf nannte seine Vorstellungen „anachronistisch", und man kann sich tatsächlich nur schwer vorstellen, dass der fachkundige und wissenschaftlich ausgebildete George Perkins Marsh heute schreiben würde, dass es die Aufgabe des Menschen sei, die Natur zu beherrschen. Aber die Vorstellung, der Mensch müsse die Natur beherrschen, ist alles andere als altmodisch und heute politisch schlagkräftiger als im 19. Jahrhundert, wenngleich sie auch vom rechten Parteispektrum und von denjenigen vertreten wird, denen der Umweltschutz nicht besonders am Herzen liegt.

Gifford Pinchot, der den *U. S. Forest Service* zur Zeit der Präsidentschaft Theodore Roosevelts gründete, war so von *Man and Nature* beeinflusst, dass er sich selbst als „Vater des Naturschutzes" bezeichnete, ein Ehrentitel, mit dem zuvor schon Marsh bedacht worden war. Pinchot hatte einen großen Einfluss auf den Präsidenten und arbeitete mit ihm Hand in Hand. Roosevelt schuf die Waldreservate *Tongass* und *Chugach*, erklärte mehrere hawaiianische Inseln zu Vogelschutzgebieten und setzte sich für einen geschützten Lebensraum für Wildtiere ein, angefangen mit dem *Pelican Island* und dem *Mosquite Inlet* in Florida, dem *Lake Malheur* in Oregon und dem *Culebra Island* in Puerto Rico. Nachdem der *Antiquities Act* in Kraft getreten war, unterzeichnete er im Jahre 1908 das Gesetz, das den *Grand Canyon* zum „National Monument" erklärte, sowie weitere 17 Gesetze für Nationalparks, zu denen der *Mount Olympus* im Bundesstaat Washington, das *Montezuma Castle* in Arizona, die Felswohnungen von Gila in New Mexico, der Teufelsturm in Wyoming und die Muir-Wälder in Kalifornien gehörten. Pinchot schuf den Begriff „vernünftige Nutzung", um eine vielfältige Nutzung der Staatswälder anzuregen. (Paradoxerweise wurde die „vernünftige Nutzung" zu einem Schlagwort, das rechte Konservative in ihrem Kampf gegen Umweltgruppen und staatliche Schutzgebiete verwendeten.) Von Anfang an war der Naturschutz eine Idee, die in der weißen Oberschicht verwurzelt war, viele ihrer führenden Vertreter und Befürworter hatten in Yale oder Harvard studiert. Sie fand breite Unterstützung auf beiden Seiten des politischen Spektrums sowie in der Geschäftswelt – eine Kombination, die sich im Großen und Ganzen seit dem 19. Jahrhundert bis zu den Regierungen unter Kennedy, Johnson und Nixon hielt. Zu ihren namhaften Vertretern in Wort und Tat gehören Mary Hunter Austin, Nathaniel Southgate Shaler, Ellen Swallow Richards, William Temple Hornaday, George Oliver Shileds, George Bird Grinell, Liberty Hyde Bailey und viele andere. Der frühe Naturschutz wurde von Menschen unterstützt, denen ihre Privilegien, die Jagd und ihre Klassenzugehörigkeit unverzichtbar waren. Mrs. Lovell White, eine Dame der feinen Gesellschaft in San Francisco, gründete den *Sempervirens*-Klub (der später unter dem Namen *Save the Redwoods League* [Bund zur Rettung der Redwoods] bekannt wurde) und verhinderte die Abholzung im *Calaveras Grove of Big Trees*, indem sie anderthalb Millionen Unterschriften sammelte und Präsident Roosevelt überreichte.

Heute gehören *Nature Conservancy, World Wildlife Fund, National Wildlife Federation, National Geographic Society* und *Wilderness Society* zu den Naturschutzorganisationen. Diese Organisationen haben eine gesunde finanzielle Basis (im Jahr 2005 verfügte die *Nature Conservancy* über 1,7 Milliarden US-Dollar an flüssigen Mitteln; sie hatte mehr als 4,4 Milliarden US-Dollar Gesamtvermögen). Sie stellen keine Bedrohung für das Establishment dar, weil sie selbst das Establishment *sind*. Ihre Arbeit ist effektiv und hat eine große Schlagkraft.

Einen mehr konfrontativen und im Volk verankerten Kurs innerhalb der Umweltbewegung läutete David Brower ein, der 1952 geschäftsführender Direktor des *Sierra Clubs* wurde. Dieser Klub war 1892 von Gifford Pinchots Freund John Muir (nach dem die *Muir Woods* benannt sind) und von Robert Underwood Johnson gegründet worden. Muir hatte 1865 sein erstes Essay über die Natur veröffentlicht und sich energisch für die Errichtung von Nationalparks und Schutzgebieten eingesetzt. Seine neue Organisation widmete sich speziell dem Erhalt der Sierra Nevada, in deren Bergwelt er jahrelang mit seinem Freund Johnson gewandert war.

Sechzig Jahre später erweckte Brower den schlafenden *Sierra Club* wieder zum Leben. Seine mehreren Tausend Mitglieder waren hauptsächlich Akademiker und Geschäftsleute, die am Wochenende draußen in der Natur in Lederhosen und Tirolerhüten wanderten. Brower erweiterte das ursprüngliche Wirkungsfeld des Klubs erheblich und seine siebzehnjährige Amtszeit zeigt deutlich, wie sich eine moderne Bewegung entwickelt. Als regelmäßiger Besucher des Yosemite-Nationalparks und im Bewusstsein der breiten öffentlichen Wirkung, die Watkins gehabt hat, gelang es Brower, Einfluss auf die Verabschiedung von Gesetzen zu nehmen, indem er die Schönheit der Natur darstellte. Ab 1960 veröffentlichte er neunzehn großformatige Bücher mit Bildern der größten zeitgenössischen Naturfotografen, die wie Ausstellungen wirkten. Ein Drucker im italienischen Verona brachte die Fotos auf speziell beschichtetes Papier. Ihr Verkaufspreis lag bei 25 US-Dollar, was heute etwa 160 US-Dollar entsprechen würde. Es war Naturschutz vom Feinsten, Brower schrieb das Vorwort, suchte die Bilder aus und war auch für die Werbung verantwortlich. Die Bücher waren ein überwältigender Erfolg. Der erfolgreichste Band *In Wildness Is the Preservation of the World* kam genau hundert Jahre nach der ersten Ausstellung von Carleton Watkins in New York heraus und verkaufte sich fast eine Million Mal.

Die Buchreihe hatte eine ebenso starke Wirkung auf die öffentliche Stimmung wie Watkins Stereobilder und die Mitgliederzahl des *Sierra Clubs* stieg auf über 70.000. Die Bücher übten Einfluss auf die staatliche Rechtsprechung aus und halfen dem *Sierra Club* in seinem Kampf gegen mehrere Vorhaben des *Bureau of Reclamation* [Behörde unter dem Dach des amerikanischen Innenministeriums, die für die Wasserwirtschaft und Wasserversorgung zuständig ist], das den *Colorado River* in Teilen des Grand Canyon aufstauen wollte. Zusammen mit den unermüdlichen Anstrengungen des Klubs halfen die Publikationen dabei, neue Nationalparks und Küstenschutzgebiete zu schaffen – zum Beispiel *North Cascades, California Redwoods, Great Basin, Alaska, Cape Code, Fire Island* und *Point Reyes*. Außerdem waren sie auch in der Weise von Nutzen, dass der *Wilderness Act* von 1964 verabschiedet wurde und dass keine Staudämme in Nationalparks und am Yukon gebaut wurden. Außerdem machte die Buchreihe Brower zum roten Tuch für Politiker und Bürokraten. Brower warf Floyd Dominy, dem legendären Direktor des *Bureau of Reclamation* vor, er wolle den Grand Canyon in eine Badewanne verwandeln – ein Vergleich, der seine Wirkung nicht verfehlte. Als Dominy darauf erwiderte, dass man die Felswände mit dem Boot besser erkunden könne, schoss Brower mit einer Anzeigenkampagne in der *New York Times* zurück, in der die Frage gestellt wurde, ob man die Sixtinische Kapelle unter Wasser setzen solle, damit man einen besseren Blick auf die Decke habe – eine politische Aktion, die die Steuerbehörde dazu veranlasste, dem *Sierra Club* die Gemeinnützigkeit abzuerkennen.

Im Jahr 1969 wurde David Brower vom konservativen Flügel des *Sierra Clubs* – zu dem auch der Fotograf Ansel Adams gehörte – aufgefordert, sein Amt niederzulegen. Unerschrocken gründete Brower daraufhin weitere Organisationen, so auch *Friends of the Earth* (die es in 70 Ländern gibt und die mehr als eine Million Mitglieder hat) und das *Earth Island Institute*, das wiederum Dutzende anderer Gruppen hervorgebracht hat, unter ihnen *Rainforest Action Network, Urban Habitat, Sea Turtle Project* und *International Rivers Network*. Browers unverhohlene Verachtung eines Umweltschutzes vom Schreibtisch aus kommt in seiner folgenden Aussage zum Ausdruck: „Höfliche Umweltschützer, die nicht aktiv für ihre Interessen eintreten, verhindern nicht, dass die Erde noch mehr Narben bekommt."

Die zweite Hälfte des 20. Jahrhunderts markiert den Anfang der modernen Umweltbewegung, deren Führer radikaler sind, was zum großen Teil auch daran liegt, dass die Zerstörung der Natur schon weiter fortgeschritten ist. Diese Zeit ist unweigerlich mit bestimmten Namen verknüpft: William O. Douglas, Hazel Wolf, Aldo Leopold, Edward Abbey, Garret Hardin, Donella Meadows. Jacques Cousteau, Jane Goodall, Jim Lovelock, David Suzuki und Stewart Brand – alles ehrenwerte Persönlichkeiten, aber die Geschichtsschreibung vergisst normalerweise die Errungenschaften der amerikanischen Ureinwohner: Tom Goldtooth, JoAnn Tall, Grace Thorpe, John Mohawk, Oren Lions und Lorelei Means. Und jetzt fehlen auch noch die Afro-Amerikaner, wie zum Beispiel Carl Anthony, ein Pionier in der urbanen und multikulturellen Umweltbewegung. Über weite Strecken des 20. Jahrhunderts war die Umweltbewegung in den Vereinigten Staaten eine Angelegenheit der Weißen.

Die Rechte der Unternehmen

Wenn Rachel Carson behauptet, die Hersteller von Schädlings-
bekämpfungsmitteln handelten nur aus egoistischen Gründen,
dann zeigt das nur ihre kommunistische Einstellung, die sich
heutzutage bei vielen Schriftstellern finden lässt. Wir können
ohne Vögel und andere Tiere leben, aber nicht ohne florierende
Geschäfte, wie die gegenwärtige Rezession zeigt. Und wenn es
um Insekten geht, sieht es Frauen da nicht ähnlich, dass sie schon
beim Anblick von ein paar kleinen Käfern in Ohnmacht fallen?
Solange wir die Wasserstoffbombe haben, ist alles in Ordnung.
P.S. Sie ist wahrscheinlich auch so eine Friedensfanatikerin.
Leserbrief an *The New Yorker*, in dem gegen die Veröffentlichung von Rachel Carsons Buch *Der stumme Frühling*
protestiert wurde[1]

Die Tragödie von Bhopal ist ein Symbol dafür, wie wenig sich
Unternehmen um das Wohl der Menschen scheren. Wenn es uns
gelingt, dass Dow Chemical *für die Folgen der Katastrophe haf-*
ten muss, wird das auf alle Menschen überall auf der Welt positi-
ve Auswirkungen haben. Chemieunternehmen werden sich dann
nämlich genau überlegen, ob sie weiterhin Gifte produzieren und
ihren Profit über die Gesundheit und das Leben der Bevölkerung
stellen. Wir sind nicht austauschbar. Wir sind keine Blumen, die
auf dem Altar von Macht und Gewinnstreben geopfert werden.
Wir sind züngelnde Flammen, deren Aufgabe es ist, die Dunkel-
heit zu besiegen und sich denen in den Weg zu stellen, die diesen
Planeten und das zauberhafte Mysterium des Lebens bedrohen.
Rashida Bee, Bhopal-Überlebende und Umweltaktivistin[2]

A m 16. Juni 1962 erschien im Magazin des *The New Yorker* als Vorabdruck der erste von drei Teilen des Buchs *Der stumme Frühling* der Biologin Rachel Carson. William Shawn, der legendäre Chefredakteur des Magazins, war begeistert von Carsons Buch und nannte es ein „brillantes Werk ... voll von Schönheit und Anmut und aus einem tiefen Gefühl heraus geschrieben"[3]. Carsons Bücher fanden damals schon ein breites Publikum. Ihr vorangegangenes Buch *Geheimnisse des Meeres* stand neununddreißig Wochen lang ganz oben auf der Bestsellerliste der *New York Times* und wurde in dreißig Sprachen übersetzt. Im Gegensatz zu ihren früheren Werken, die durchweg positiv aufgenommen worden waren, ließ *Der stumme Frühling* einen Aufschrei durch die Leserschaft gehen, der bis heute nachhallt.

Carsons Argumentation fußte auf den traditionellen Forderungen nach sozialer Gerechtigkeit und Umweltschutz, die bis in die Zeit der industriellen Revolution zurückreichten. Darüber hinaus kennzeichnete sie, fast ungewollt, einen Wendepunkt in dem unausgesprochenen Elitedenken und dem Rassismus, der die frühe Umweltbewegung prägte. Sie enthüllte die von der Industrie betriebene Vergiftung der Umwelt, was dazu führte, dass sich zum ersten Mal auch eine breitere Öffentlichkeit dafür interessierte, was in der eigenen Umwelt geschah. Zur „Umwelt" gehörten auf einmal der eigene Körper, die Muttermilch, Afroamerikaner, Bauern und die Armen, die teilweise genauso vergiftet waren wie der berühmt-berüchtigte *Cuyahoga River*, der 1969 in Flammen aufging. Aber je mehr Zulauf die Umweltbewegung bekam und je größer die Vielfalt der Themen war, mit der sie sich befasste, desto mehr verlor sie die Unterstützung der Geschäftsleute und der Politiker, die sie bald sogar als politischen Gegner betrachteten und sie ganz im Stich ließen.

Rachel Carsons zentrales Thema waren „chlorierte Pestizide", auf die sie stieß, weil es eine Auseinandersetzung darüber gab, ob die Regierung von Flugzeugen aus über Long Island und New England DDT sprühen lassen sollte, um die rote Feuerameise, den Schwammspinner sowie Raupen und Mücken zu vernichten. Carson las Briefe von wütenden Einheimischen, die den qualvollen Tod von Singvögeln, Bienen und Heuschrecken beschrieben, und erklärte sich bald danach bereit, eine Serie für ein Magazin zu schreiben.[4] Zur damaligen Zeit konnte man DDT lose für 50 Cents pro Pfund kaufen. DDT hatte im Zweiten Weltkrieg nützliche Dienste getan – das war der erste US-amerikanische Krieg, in dem weniger Soldaten an Krankheiten als an Verwundungen starben, was fast ausschließlich dem Einsatz von DDT zu verdanken war, mit dessen Hilfe Fliegen getötet wurden, die Typhus-Viren verbreiteten. Niemand bestritt diese Verdienste und daher stand Carsons nüchterne Gegenüberstellung der Vor- *und* Nachteile von DDT in krassem Gegensatz zu den triumphalen Behauptungen der Pestizidhersteller. Carsons Argumentation basierte auf wissenschaftlichen Erkenntnissen und ging davon aus, dass die neuen chemischen Stoffe, die nach dem Krieg auf den Markt kamen, Vögel, Fische und Säugetiere töteten und darüber hinaus beim Menschen Krebs und andere Krankheiten verursachten.

Der stumme Frühling beginnt mit dem fiktiven Essay „Ein Zukunftsmärchen", in dem beschrieben wird, wie eine wundervolle Stadt in einer Umwelt untergeht, die durch den Einsatz von Pestiziden verseucht ist.

„Es war einmal eine Stadt im Herzen Amerikas, in der alle Geschöpfe in Harmonie mit ihrer Umwelt zu leben schienen. Die Stadt lag inmitten blühender Farmen mit Kornfeldern, deren Gevierte an ein Schachbrett erinnerten, und mit Obstgärten an den Hängen der Hügel, wo im Frühling Wolken weißer Blüten über die grünen Felder trieben. ... Dann tauchte überall in der Gegend eine seltsame schleichende Seuche auf, und unter ihrem Pesthauch begann sich alles zu verwandeln. Irgendein böser Zauberbann war über die Siedlung verhängt worden: Rätselhafte Krankheiten rafften die Kükenscharen dahin; Rinder und Schafe wurden sich und verendeten. Über allem lag der Schatten des Todes. Die Farmer erzählten von vielen Krankheitsfällen in ihren Familien. In der Stadt standen die Ärzte immer ratloser den neuartigen Leiden gegenüber, die unter ihren Patienten auftraten. Einige Menschen waren plötzlich und unerklärlicherweise gestorben, nicht nur Erwachsene, sondern sogar Kinder, die mitten im Spiel jäh von Übelkeit befallen wurden und binnen weniger Stunden starben. Es herrschte eine ungewöhnliche Stille. Wohin waren die Vögel verschwunden? Viele Menschen fragten es sich, sie sprachen darüber und waren beunruhigt. Die Futterstellen im Garten hinter dem Haus blieben leer. Die wenigen Vögel, die sich noch irgendwo blicken ließen, waren dem Tode nah; sie zitterten heftig und konnten nicht mehr fliegen. Es war ein Frühling ohne Stimmen. Einst hatte in der frühen Morgendämmerung die Luft widergehallt vom Chor der Wander- und Katzendrosseln, der Tauben, Häher, Zaunkönige und unzähliger anderer Vogelstimmen, jetzt hörte man keinen Laut mehr; Schweigen lag über Feldern, Sumpf und Wald."[5]

Carson hätte keinen besseren Einstieg wählen können, um ihre Kritiker zu erzürnen. Wissenschaftliche Ausführungen sollten objektiv und sachlich sein – ohne Emotionen. Diese Mischung aus Märchen und wissenschaftlicher Untersuchung erzürnte auch ein paar Wissenschaftler, doch die Eigenschaften des Buchs, die sie aufbrachten, zogen auf der anderen Seite eine breite Öffentlichkeit an. Natürlich war es leicht überzogen, dass der „Schatten des Todes" bei Kindern schon nach wenigen Stunden zum Tod führte, aber insgesamt enthielt das Buch keine Hiobsbotschaft. Carsons Vorhersage, was geschehen würde, wenn diese Chemikalien unkontrolliert eingesetzt würden, konnte gar nicht präziser sein. „Glaubt jemand im Ernst, wir könnten die Erdoberfläche dermaßen vergiften, ohne damit alles Leben zu zerstören? ... Da der Mensch ein Teil der Natur ist, ist sein Krieg gegen die Natur auch gleichzeitig ein Krieg gegen sich selbst."[6]

Vor dem Erscheinen von *Der stumme Frühling* wurden Unternehmen von Reformern und Sozialkritikern angegriffen, die ihnen vorwarfen, die Menschen unter unwürdigen Arbeitsbedingungen auszubeuten. Mit Carson sahen sie sich einer leise sprechenden Kritikerin gegenüber, die die Ansicht vertrat, dass die Unternehmen ihre Produkte erst gar nicht herstellen sollten. Carson war der Ansicht, dass der Einsatz von Pestiziden in der Landwirtschaft strikt kontrolliert werden müsse, wenn nicht gar gänzlich verboten. Auf der anderen Seite befürwortete sie den moderaten Einsatz ungefährlicher Pestizide und biologischer Schädlingsbekämpfungsmittel. Zum ersten Mal wurde die moderne Industrie von einer Umweltschützerin angegriffen und überflügelt.

Schockiert und aufgebracht, reagierten die Unternehmen damit, ihre Gegner zu beschuldigen und lächerlich zu machen. Lebensmittel-Giganten wie *General Mills* und *Gerber's*, die Pestizidhersteller, die Agrarindustrie, Chemieriesen und Ministerien wie das *U.S. Department of Agriculture (USDA)* [US-Landwirtschaftsministerium] arbeiteten entweder allein oder gemeinsam daran, Carsons Ruf und Glaubwürdigkeit zu zerstören. In dieser grundlegenden Konfrontation sammelten Industrie und PR-Firmen viele Erfahrungen für zukünftige Auseinandersetzungen. Und bis heute treten sie verbissen für ihre Sache ein. Sie haben ihre Methoden vervollkommnet, mit denen sie die Bedeutung wissenschaftlicher Daten herunterspielen, die mit ihren finanziellen Interessen in Konflikt stehen. Sie gehen dadurch an belastende Beweise heran, dass sie langfristige Bedenken zerstreuen, indem sie mit kurzfristig eintretenden Problemen drohen. Während Carson zum Beispiel voraussagte, dass es bis zu hundert Jahren dauern könne, bis sich die ganze Bandbreite des Einsatzes von Pestiziden in der Umwelt zeigen werde, warnten die Pestizidhersteller vor Ernteverlusten in der kommenden Anbausaison. Als 1997 das Kyoto-Protokoll verabschiedet wurde, schalteten – obgleich die Chance sehr gering war, dass das Protokoll in den USA überhaupt ratifiziert werden würde – die Öl- und die Autoindustrie Anzeigen, auf denen Menschen zu sehen waren, die in gefährlich kleine Autos gezwungen wurden oder vollständig ohne Gas und Öl auskommen mussten.

Da die Vertreter der Industrie die Thesen in Carsons Buch nicht mit Fakten widerlegen konnten, waren sie gezwungen, die zugkräftigen Behauptungen des Buchs emotional zu untergraben. Zu Beginn war die Industrie nicht gut für den Kampf gerüstet, aber sie fand bald den richtigen Ton: eine Wut, die sich unterschiedlicher Kriegsmetaphern bediente. Der Einsatz von Agrochemikalien wurde zu einer Sicherheitsfrage, zum Zünglein an der Waage, das Hunger und Hungersnot abwenden sollte. So wie mächtige Nationen Munition, Bomben und Flugzeuge haben, um feindliche Angriffe abzuwehren, besitzt die Agrarindustrie ihre eigenen Waffen. Es handelt sich dabei um Kampfstoffe, die aus der Luft versprüht werden, und um Helden, die die nationale Lebensmittelversorgung sicherstellen, indem sie feindliche Insekten angreifen.

Die Strategie klingt haarsträubend, aber die Methoden, mit denen die Wirkung von *Der stumme Frühling* unterdrückt wurde, zeigten bereits deutlich, wie die Industrie in Zukunft mit ihren Kritikern umgehen würde – egal, ob es sich bei dem Produkt um einen *Chevrolet Corvair* oder um eine Packung *Marlboro* handeln würde. Für die Industrie war Carson nicht nur ein unliebsamer Eindringling, sondern auch eine Leichtgläubige, die die ganze Nation verletzbar machte. Der Vorstandsvorsitzende der *Montrose Chemical Corporation*, des damals größten Herstellers von DDT, feuerte eine der ersten von vielen Salven ab: Carson sei keine Wissenschaftlerin, sondern eine „fanatische Verfechterin eines Kults, dessen Anhänger glauben, man könne im Gleichgewicht mit der Natur leben". Carson schlechtzumachen, war das wichtigste Ziel in einer Auseinandersetzung, die nicht weniger war als ein Heiliger Krieg der Industrie.[7]

Die Kontroverse ließ sowohl bei Umweltaktivisten als auch bei der Industrie dasselbe grundlegende Muster entstehen: Beide bedienten fortan sich der Angst, um die Öffentlichkeit zu mobilisieren, und die drohenden Entwicklungen, vor denen beide Seiten warnten, hatte eine reale Grundlage. Während die Umweltaktivisten gegen eine giftige Zukunft kämpften, machte sich die Industrie um ihre eigene Zukunft Gedanken – besonders um ihre zukünftigen Verkaufszahlen. Auch wenn die Interessen sich stark unterschieden, bestand auf emotionaler Ebene ein Gleichstand. Robert White-Stevens, der Sprecher von *American Cyanamid*, der leicht aus der Haut fuhr, stand für die rhetorische Qualität, mit der die Industrie ins Rennen ging:

> „Die wahre Bedrohung für das Überleben der Menschen ist nicht chemischer, sondern biologischer Natur. Sie besteht in Insektenschwärmen, die unsere Wälder entlauben, über unsere Felder herfallen, unsere Nahrungsmittelvorräte verwüsten und eine Schneise von Hunger und Not hinterlassen. Und eine unterernährte Bevölkerung wird dann anfällig für ernste Krankheiten, die wahren Geißeln der Menschheit."[8]

Die Gefahren, vor denen gewarnt wurde, nahmen biblische Ausmaße an und beschworen die Apokalypse herauf. *Monsanto* eröffnete den Gegenangriff und verunglimpfte Carsons Arbeit in einem Pamphlet mit dem Titel „Verwüsteter Frühling". Es handelt von einer kleinen Stadt, die der in Carsons Buch ähnelt und in der alle Gärten und Felder durch gefräßige Insekten zerstört worden sind.

> „Die Käfer waren überall. Sie waren nicht zu sehen und nicht zu hören. Es gab keinen Ort, an dem sie nicht waren. Sie bedecken jeden Millimeter der gesamten Vereinigten Staaten. Jedes Haus, jede Scheune, jede Wohnung und jeden Hühnerstall. Sie steckten in den Dachstühlen, den Fußböden, den Möbeln. Sie befanden sich im Erdboden, unter Wasser, in Ästen, Zweigen und Stängeln, unter Steinen, in Bäumen und Tieren und anderen Insekten – und sogar im Menschen selbst."[9]

Eine andere Methode bestand darin, die folgende provokative Frage zu stellen: „Wer hat überhaupt einer Frau das Wort erteilt?" Eine solche Art von Frauenfeindlichkeit konnte man in vielen Artikeln, Kritiken und Frontalangriffen vonseiten der Industrie zwischen den Zeilen lesen. Ezra Benson, ehemaliger Staatssekretär im Landwirtschaftsministerium, wollte wissen: „Warum macht sich eine alte Jungfer ohne Kinder so viele Gedanken um die Genetik?"[10] Und Dr. William Bean, der Carsons Theorie in den *Archives of Internal Medicine* verriss, schrieb: „Das Buch *Der stumme Frühling*, durch das ich mich Wort für Wort quälen musste, beweist wieder einmal, dass man mit einer Frau keine sachliche Diskussion führen kann."[11] Das *Time Magazine* nannte das Buch „einen Ausbruch an Emotionen und Ungenauigkeiten".

Dennoch waren es ausgerechnet Männer, die auf das Buch emotional und sogar hysterisch reagierten. Norman Borlaug, der den Friedensnobelpreis für die Entwicklung ertragreicher Weizensorten erhalten hatte, verlor auf einer UN-Konferenz über Ernährung die Contenance:

> „Die hinterhältige, hysterische Propaganda gegen Pestizide, die gegenwärtig im Umlauf ist, wird von unverantwortlichen, Ängste schürenden Umweltschützern betrieben und hat ihren Ursprung in dem pseudowissenschaftlichen Roman *Der stumme Frühling*. ... Wenn Pestizide in den USA vollständig verboten würden, würden die Ernten wahrscheinlich um 50 Prozent zurückgehen und die Lebensmittelpreise würden um das Vier- bis Fünffache ansteigen."[12]

Carsons Glaubwürdigkeit wurde bei jeder sich bietenden Gelegenheit infrage gestellt und man warf ihr vor, die Natur zu verherrlichen und anzubeten. Außerdem wurde immer wieder behauptet, dass sie keine anerkannte Wissenschaftlerin sei, sondern bloß eine fehlgeleitete Amateurforscherin, die populäre Werke für die breite Öffentlichkeit schreibe und sich nicht der Kritik anderer Wissenschaftler stelle. Sie sei nichts weiter als eine Autorin von Büchern, die sich gut verkaufen ließen.[13] Der Kongressabgeordnete Jamie Whitten aus Mississippi, der damals dem *House Appropriations Subcommittee on Agriculture* vorstand, machte den herablassenden Vorschlag, das Buch aus der Sachbuch-Abteilung zu entfernen und in die Science-Fiction-Abteilung zu stellen – „während wir uns mit den wissenschaftlichen Tatsachen befassen, damit wir auch morgen noch ein angenehmes Leben führen können, weil es uns an nichts mangelt"[14]. Die National Agricultural Chemicals Association brachte eine Broschüre heraus mit dem Titel „How to Answer Rachel Carson", in der dem Leser versichert wurde, dass DDT nach 90 Tagen nicht mehr im Körper nachweisbar sei. Es wurde behauptet, ihr Buch sei „giftiger als die Pestizide, die sie so verdammt".

Nachdem *Der stumme Frühling* erschienen war, gab es in den folgenden Jahren keine wissenschaftlichen Untersuchungen, die die Behauptungen der Kritiker untermauerten. Niemand stellte infrage, dass DDT Insekten effektiv vernichtete, aber es gab keine konkreten Zahlen über Erträge und Kosten. Langfristige Studien, die erst später durchgeführt wurden, zeigten eine starke Zunahme der Ernteerträge seit den frühen 1950er-Jahren, die bis in die 1970er-Jahre hinein anhielt. Die erhobenen Daten sind jedoch nur bedingt aussagekräftig, weil die gestiegenen Erträge nur auf den Einsatz von Pestiziden zurückgeführt und die Verbesserungen beim Dünger, bei den Maschinen und beim Saatgut, bei der Bewässerung und auf anderen Gebieten außer Acht gelassen wurden. In einer Studie wurden die Ernteverluste aus dem Jahr 1936 mit denen von 1957 verglichen. Der Vergleich zeigte, dass der durch Schädlinge verursachte Verlust sich nicht verändert hatte.

Dennoch fand in den 1950er-Jahren eine entscheidende Veränderung statt. Die Regierung begann den Bauern große Summen zu bezahlen, um ihre Ernteüberschüsse abzubauen und so die Preise zu stabilisieren. Nachdem dieser perverse Anreiz geschaffen worden war, ließen die Bauern fruchtbares Land brachliegen, um auf diese Weise Subventionen zu erhalten. Sie wirtschafteten auf ihrer restlichen Anbaufläche umso intensiver, verzichteten auf einen Fruchtwechsel und auf Artenvielfalt und verstärkten dadurch letztendlich die Ausbreitung von Schädlingen. Neue synthetische Pestizide machten Anbaumethoden möglich, die in der Vergangenheit als schädlich und dumm betrachtet worden waren. Und da ein fortwährendes Besprühen nicht nur schädliche, sondern auch nützliche Insekten tötet, haben Pestizide genau die entgegengesetzte Wirkung von dem, was die Hersteller versprechen: Sie führen zu einem Anstieg der Insektenpopulation und zu einer zunehmenden Resistenz gegen das Gift. Für die Bauern ist es ein Teufelskreis, denn sie müssen nicht nur ständig sprühen, sondern auch immer neue Pestizide einsetzen, weil die Insekten gegen die verwendeten Giftstoffe resistent werden.[15]

Carson musste sich jedoch nicht nur mit ihren Kritikern auseinandersetzen, sie führte auch noch einen anderen verzweifelten Kampf. Während in der Öffentlichkeit der Nutzen von Pestiziden diskutiert und der Frage nachgegangen wurde, ob sie Krebs auslösten, breitete sich Rachel Carsons eigene Krebserkrankung immer mehr aus. Schon am Ende ihrer Arbeit an *Der stumme Frühling* hatte sie immer wieder starke Krankheitsschübe und große Beschwerden. Genau in der Zeit, als sie den Zusammenhang von Pestiziden und Krebs erforschte, wurde bei ihr Brustkrebs festgestellt. Nachdem ihr die Brust und die Lymphknoten entfernt worden waren, musste sie sich mehrere Monate lang erholen, bevor sie weiter an dem Buch arbeiten konnte. Die Veröffentlichung musste erneut verschoben werden, als sie unter einer Lungenentzündung, Geschwüren und den Nebenwirkungen der Bestrahlung litt. Dann bekam sie auch noch eine Blaseninfektion und eine Venenentzündung in beiden Beinen, die ihr sehr zu schaffen machten. Die Knie- und Fußgelenke schwollen an und entzündeten sich und sie wurde mit Steroiden behandelt.

Während ein Abgabetermin für das Manuskript nach dem anderen verstrich, arbeitete sie weiter, manchmal vom Bett und manchmal vom Rollstuhl aus. Da sie wusste, dass ihr Buch auf großes Interesse stoßen und ihr jedes Wort im Munde umgedreht werden würde, schwor sie ihre engsten Vertrauten darauf ein, nichts über ihren wahren Gesundheitszustand nach außen dringen zu lassen. Das Wort „Krebs" wurde ihrem Literaturagenten oder Verleger gegenüber niemals erwähnt. Fünf Monate nach der Veröffentlichung des Buchs, der eine Lesereise, Vorträge, Interviews und öffentliche Auftritte folgten, musste sie sich wieder einer Strahlentherapie unterziehen und litt als Folge davon unter Schmerzen, Übelkeit, Erschöpfung und Depressionen. Zu diesem Zeitpunkt hatte sich der Krebs schon bis in die Knochen hinein ausgebreitet. Ihr Herz funktionierte nicht mehr richtig, sodass Carson hoffte, dass es sie vor ihrem Krebs sterben lassen würde.

In den letzten Monaten ihres Lebens hatte sie Einladungen zu vielen großen Veranstaltungen überall in den USA erhalten, konnte aber nicht mehr alle wahrnehmen. Sie war an den Rollstuhl gefesselt und erzählte ihren Gastgebern, dass ein Schub von Arthritis der Grund dafür sei. Egal, ob sie saß oder stand, sie sprach niemals in einem verärgerten oder aggressiven Tonfall; ihre Stimme blieb ruhig und würdevoll und was sie sagte, war wohlüberlegt. Der Vortrag, den sie am 18. Oktober 1963 in San Francisco im *Fairmont Hotel* vor der *Kaiser Foundation* hielt, sollte ihr letzter sein. Es war das erste Mal, dass sie sich als Ökologin und Umweltforscherin bezeichnete. Sie sagte, die Zeit sei reif, „dass wir Menschen uns eingestehen, dass wir eng mit allen anderen Lebensformen verbunden sind. ... Wir dürfen nie vergessen, dass wir mit dem Ganzen in direkter Beziehung stehen. Es reicht nicht, ein Gedankenmodell von einem einheitlichen Organismus des Lebens zu entwerfen; unsere physische Umwelt ist nicht von uns getrennt, wir sind ein integraler Bestandteil von allem."[16] Am Tag nach dem Vortrag fuhren David Brower und seine Frau Anne mit Rachel Carson und ihrem Rollstuhl zu den Muir Woods, wo sie zum ersten Mal Redwood-Bäume sah. Von dort aus fuhren sie weiter nach *Fort Cronkite* zur *Rodeo Lagoon*, wo sie einen Schwarm von zweihundert braunen Pelikanen *(Pelecanus occidentalis)* mit einer Spannweite von über zwei Metern beobachteten, die in der Nachmittagssonne kreisten. Als Carson dann in dieser Woche nach Hause zurückkehrte, hatte sie ununterbrochen Schmerzen und musste rund um die Uhr betreut werden. Sie konnte kaum noch einen Schreibstift halten und war nicht mehr in der Lage, ihre Beine zu benutzen. Sie starb fünf Monate später. Ein Drittel ihres Vermögens hinterließ sie dem *Sierra Club*. Mit einem Teil dieser Geldmittel finanzierte Brower seine wunderschönen Fotobände über die Umwelt.

Einen Monat nachdem Carson ihren Vortrag in San Francisco gehalten hatte, trieben im unteren Mississippi fünf Millionen tote Fische an der Wasseroberfläche. Obgleich es in der vorangegangenen Jahren immer wieder zu kleineren Fischsterben gekommen war, weil Pestizide aus den Zuckerrohrfeldern ausgewaschen und in die Flüsse hineingeschwemmt wurden, hatte die Katastrophe dieses Mal ein ungeahntes Ausmaß erreicht. Die Regierung des Bundesstaats Louisiana bat das US-Gesundheitsministerium um Aufklärung des Falls. Die Ermittler fanden heraus, dass das Fischsterben durch das Pestizid Endrin ausgelöst worden war. Der Hersteller dieses Giftes war die *Velsicol Chemical Corporation*, die das Pestizid illegal in die Kläranlage von Memphis geleitet hatte.

Wie es der Zufall wollte, hatte die Rechtsabteilung von *Velsicol* einen Monat vor der Veröffentlichung von *Der stumme Frühling* einen Brief an Carsons Verleger geschrieben und darin behauptet, dass das Buch ihre Produkte – besonders Chlordan und Heptachlor – verunglimpfe und sie deshalb gezwungen seien, vor Gericht zu gehen. *Velsicol* drohte auch *The New Yorker* und später der *Audubon Society* mit langwierigen Gerichtsverfahren. Der Rechtsanwalt des Unternehmens, Louis McLean, war der Ansicht, dass Carson darauf aus sei, „den falschen Eindruck zu erwecken, dass Unternehmen unmoralisch handeln und nur am eigenen Profit interessiert sind. Sie will den Einsatz von chemischen Stoffen in der Landwirtschaft in diesem Land und in Westeuropa verhindern, sodass unsere Lebensmittelversorgung auf das Niveau herabgedrückt wird, das östlich des Eisernen Vorhangs herrscht."[17] In den späten 1980er-Jahren verbot das Umweltministerium schließlich Endrin, Heptachlor und Chlordan, was *Velsicol* nicht daran hinderte, diese Pestizide noch ein Jahrzehnt lang für den Export zu produzieren. Sie exportierten die Giftstoffe selbst in Länder, in denen ihre Produkte ebenfalls nicht zugelassen waren.

Am 14. April 1964 ging Rachel Carsons Wunsch in Erfüllung und sie starb an Herzversagen. Wir werden nie wissen, ob die Angriffe, denen sie sich ausgesetzt sah, ihren Tod beschleunigt haben, aber die Wirkung ihres Buchs ließ sich schließlich im Körper jedes Menschen in den USA nachweisen. DDT gehört zu einer Gruppe von Chemikalien, die als „chlorierte cyclische Kohlenwasserstoffe" bezeichnet werden; sie sind fettlöslich. Aufgrund dieser Eigenschaft und wegen seiner chemischen Stabilität wird DDT nicht einfach aus dem menschlichen oder tierischen Körper ausgeschieden, sondern reichert sich im Fettgewebe von Mensch und Tier am Ende der Nahrungskette an. 1942 wurde DDT zum ersten Mal kommerziell in den USA hergestellt. Sein Stoffwechselprodukt Dichlor-Dipheyl-Ethylen (DDE) war damals im menschlichen Gewebe nicht nachweisbar. 1950 lag die durchschnittliche Vergiftung in den USA bei einer Konzentration von 5,3 ppm. Als *Der stumme Frühling* erschien, hatte die DDT-Produktion mit 80.000 Tonnen pro Jahr ihren Höhepunkt erreicht; dementsprechend wurden auch im menschlichen Gewebe 12,6 ppm festgestellt. 16 Jahre später war die Schadstoffbelastung auf 4,8 ppm gesunken.[18] Heute liegt sie unter 1 ppm.

Der stumme Frühling bewirkte, dass aus ein paar Hundert unauffälligen Gruppen, die sich hauptsächlich um Vögel, Nationalparks und Wanderwege kümmerten, eine größere *Bewegung* wurde, die ihre Stimme immer lauter erhob. Für Historiker ist die Umweltbewegung im Wesentlichen ein Phänomen, das nach dem Zweiten Weltkrieg in Erscheinung trat, aber Carson hatte mit der öffentlichen Gesundheit ein Thema auf den Tisch gebracht, das die Menschen schon seit Jahrhunderten mehr interessierte als der reine Erhalt bestimmter Dinge. Ihr genialer Schachzug bestand darin, dass sie den Verlust einer gesunden Umwelt mit der inneren Einstellung von Wissenschaftlern und Geschäftsleuten in Verbindung brachte, die an die biologische Dominanz der menschlichen Rasse glaubten und davon überzeugt waren, dass der Mensch das Recht habe, die Natur zu erobern und auszubeuten.[19]

Schon 1949 hatte Aldo Leopolds Essay-Sammlung *Am Anfang war die Erde* den Lesern die Wissenschaft der Ökologie nahegebracht. Die Öffentlichkeit hatte damals jedoch noch nicht das erste Prinzip der Ökologie verstanden. Es besagt, dass alles miteinander in Verbindung steht. Erst aus der Perspektive der menschlichen Gesundheit wurde die Verbindung zwischen Anbaumethoden, Nahrungsketten, der Lebensweise der Vögel und der Krankheit Krebs deutlich und die Gesellschaft wurde aufgefordert, die Verantwortung für das Geschehen zu übernehmen. Die Reaktion der Industrie auf Rachel Carsons Buch brachte das Thema „öffentliche Gesundheit" ins Bewusstsein der Allgemeinheit und zwei Parteien (eigentlich sogar drei, wenn man die gelegentlichen Verlautbarungen der Regierung hinzuzählt) bestimmten im Wesentlichen die Diskussion: auf der einen Seite eine sachlich argumentierende, aber entschlossene Wissenschaftlerin und auf der anderen sich verteidigende Vorstandsvorsitzende, die das Vorgehen ihrer Unternehmen rechtfertigten.

Der stumme Frühling beendete die Art und Weise, wie die Industrie schon seit hundert Jahren mit der Umwelt umgegangen ist. Das Buch vergrößerte den Handlungsrahmen der Umweltbewegung, die sich fortan nicht mehr nur um den Erhalt der natürlichen Umwelt, sondern auch um Menschenrechte und die Rechte aller Lebewesen kümmerte. Rachel Carson hat es geschafft, die Umwelt für uns unmittelbar erfahrbar zu machen, indem sie nicht nur auf die Verschmutzung der Natur, sondern auch auf die in unserem Körper aufmerksam machte. Ihr Buch lässt keinen Zweifel daran, dass Giftstoffe keine Vorlieben haben, im Gegensatz zur Industrie, deren Auswirkungen besonders die Armen zu spüren bekommen.

Der stumme Frühling war eine der ersten kritischen Stimmen, die eine Wissenschaft infrage stellen, die von Wirtschaft und Industrie finanziert wird und der Durchsetzung ihrer Interessen dient. Ein gutes Beispiel für so eine Art von „Wissenschaft" lieferte die Tabakindustrie, die die amerikanische Öffentlichkeit über Jahrzehnte hinweg getäuscht hat - eine Vorgehensweise, die Robert Kennedy jun. „Biostitution"[20] genannt hat. Ohne es beabsichtigt zu haben, stellte Carson auch die Haltung von Unternehmen infrage, die als alleinige Autorität gelten und eine Vorherrschaft für sich beanspruchen wollen. Die Umweltbewegung machte die Erfahrung, dass sie sich, um die Umwelt wirklich zu schützen, mit Macht, Korruption und der Verlogenheit der Welt auseinandersetzen musste. In erster Linie musste sie eine Bewegung sein, die für natürliche *Rechte* eintrat. Damit war sie dann auch eine Bewegung für *soziale Gerechtigkeit*.

Aufgrund der Arbeit von Rachel Carson traten zwei Aspekte wieder in das öffentliche Bewusstsein, die auf den ersten Blick scheinbar nichts miteinander zu tun hatten. Die bis heute ungeklärte Frage lautet, ob Menschenrechte wichtiger sind als Unternehmensrechte oder umgekehrt. Es handelt sich dabei um einen Konflikt, der schon seit über dreihundert Jahren schwelt.

Wenn wir uns die Geschichte der Industrialisierung ansehen, geht es immer wieder um die Auseinandersetzung zwischen persönlichen und kommerziellen Rechten. Dieser Kampf wurde manchmal in der Öffentlichkeit ausgetragen, aber meistens fand er im Verborgenen statt oder wurde schlichtweg nicht beachtet. Im frühen 19. Jahrhundert wurden in Sheffield junge Mädchen als Schleiferinnen eingestellt, um Messer, Scheren und Besteck zu schärfen. Das Einatmen von Metallstaub führte zu einer fahlen Gesichtsfarbe, zu schwerer Atmung und zu einem Husten mit dickem Schleimauswurf. Die Mädchen konnten sich nach einiger Zeit nicht mehr auf ihren Beinen halten und auch nicht mehr schlafen und starben kurz darauf, noch bevor sie erwachsen geworden waren. Kleinkinder im Alter von zwei bis sechs Jahren mussten Spitze herstellen. Andere Kinder hockten zwischen gefährlichen Seilzügen und Transportbändern in Räumen, Schächten und Kohlengruben, die nicht belüftet werden konnten, und stellten Ketten, Klammern, Kerzenlöscher und Nägel her. Sie arbeiteten zweiundsiebzig Stunden in der Woche, von fünf Uhr in der früh bis um sechs Uhr abends. Kleine Jungen wurden für die unterschiedlichsten Arbeiten eingesetzt und mussten Teile zusammenstecken, sauber machen, den Blasebalg bedienen, polieren, die Straße kehren, töpfern und Botengänge machen.

Ein zehnjähriger Junge, der „schlechte" Nägel hergestellt hatte, wurde er für den Rest des Tages mit den Ohren an einen eisernen Ladentisch genagelt und er erhielt keinen Lohn. Selbst Mädchen wurden geschlagen und getreten. Es gab viele Unfälle; Finger, Zehen und Arme wurden oft verletzt, manchmal sogar zerquetscht und abgerissen. Die Arbeitsbedingungen waren so ungesund, dass praktisch alle krank waren. Jungen und Mädchen waren Blei, Quecksilber, Farbstoffen, Kohlenstaub, Kaliumchlorat und Schwefel ausgesetzt. Viele starben schon in jungen Jahren an Asthma, Tumoren, Auszehrung oder Lungenentzündung. William Pitt d. J.[21] soll, als er erfuhr, dass seine Fabrikanten keine höheren Steuern zur Finanzierung seiner Kriege leisten konnten, weil sie zu hohe Löhne zahlten, gesagt haben: „Dann nehmt doch die Kinder."[22] Ob Pitt das nun wirklich gesagt hat oder nicht, fest steht, dass Kinder und Eltern in England und in Schottland unter unwürdigen Bedingungen arbeiteten. Alle waren Opfer einer, wie Wordworth es ausdrückte, kommerziellen „Vergewaltigung der Natur", die dazu führte, dass die Arbeiter von frischer Luft, sauberem Wasser und einer gesunden Lebensweise abgeschnitten waren.

Im Aufstieg und Niedergang der englischen Bewegung der Ludditen[23] zeigt sich der oft missverstandene Konflikt zwischen Menschenrechten und Unternehmensrechten. Im frühen 19. Jahrhundert begannen in Mittelengland die mechanischen Webstühle und Spinnmaschinen die gelernten Weber und Spinner zu verdrängen, besonders in Nottinghamshire, Derbyshire, Leicestershire und Lancashire. Die Qualität der Ware, die auf mechanischen Webstühlen hergestellt wurde, war zwar minderwertiger, aber diese Maschinen konnten von Lehrlingen und ungelernten Arbeitskräften bedient werden, was die Lohnkosten senkte und die Zahl der benötigten Arbeitskräfte verringerte. Als diese neue Technik sich ausbreitete, hatte sie verheerende Auswirkungen auf den Grad der Beschäftigung in Mittelengland.

Im Frühjahr 1811 brachen in Nottingham verzweifelte Weber und Stricker unter Führung eines sagenumwobenen Generals namens Ned Ludd (benannt nach einem freundlichen Schwachkopf, der dreißig Jahre zuvor in dem Dorf Ansley gelebt hatte) in Textilfabriken ein und zerstörten die mechanischen Webstühle. Im selben Jahr erließ der englische Prinzregent ein Verbot des Textilhandels mit dem napoleonischen Frankreich und dessen Verbündeten, und ein drohender Krieg mit den Vereinigten Staaten führte zu einer weiteren Drosselung der Produktion. Und wie um die Dinge noch schlimmer zu machen, hatten mehrere Jahre schlechter Sommer und magerer Ernten dazu geführt, dass die Preise sich verdoppelt hatten. Vielen arbeitslosen Webern blieb nichts anderes übrig, als zu betteln, während diejenigen, die noch Arbeit hatten, große Lohneinbußen hinnehmen mussten. Die verzweifelten, hungernden Familien gaben den großen Fabriken die Schuld an ihrem Elend.

Die naive Absicht der Ludditen bestand darin, im Angesicht technischer Veränderungen auf die Rechte der Arbeiter hinzuweisen, zu denen auch gehörte, dass sie sich frei treffen und zusammenschließen konnten. Heute hat die Bezeichnung „Neo-Luddist" einen negativen Beigeschmack und wird (im englischen Sprachraum) hauptsächlich als Schmähwort für jemanden benutzt, der Angst vor jeder neuen Technik und Innovation hat. Dies legt die Vorstellung nahe, dass die ursprünglichen Ludditen ein ignoranter Haufen war, der jeden Fortschritt verhindern wollte. Diese Charakterisierung trifft jedoch nicht den Kern der Bewegung. Die Ludditen waren hoch qualifizierte Handwerker, die fest in der Tradition verankert und stolz auf das waren, was sie herstellten. Die grundlegende Frage, die sich diese Menschen stellten, lautete: „Welchen Sinn hat ein Fortschritt ohne

Vollbeschäftigung?" Diese Frage wartet bis heute darauf, zufriedenstellend beantwortet zu werden.

Die damaligen Arbeiter, deren Lebensumstände sich durch die
mechanischen Webstühle, durch Arbeitslosigkeit und steigende Le-
bensmittelpreise drastisch verschlechterten, hatten nicht die Möglichkeit, eine andere Arbeit anzunehmen oder sich weiterzubilden, es
gab keine Möglichkeit, dagegen zu klagen, und es gab kein soziales
Netz. Diese Arbeiter forderten das Recht auf Tarifverhandlungen und
in Anbetracht dessen, was heute üblich ist, waren ihre Forderungen
eher bescheiden: Erstens sollten Socken nicht aus minderwertigem
Material durch Strickmaschinen, sondern von Hand in einem Stück
ohne Naht gefertigt werden. Zweitens sollten Lehrlinge, die noch
nicht ihre siebenjährige Ausbildung abgeschlossen hatten, nicht anstelle gelernter Weber arbeiten dürfen. Diese Forderungen wurden
jedoch niemals ernst genommen. Als das Recht auf kollektive Verhandlungen vom Parlament abgelehnt wurde, begannen die Ludditen, Betriebseinrichtungen zu zerstören, um die Arbeitgeber an den
Verhandlungstisch zu zwingen.

Der Tiefpunkt war erreicht, als die Fabrik von *Wray & Duncroff*
nahe Bolton in Brand gesetzt wurde. Zwölf Personen wurden verhaftet und vier davon zum Tode verurteilt, unter ihnen Abraham Charl-
ston, der erst zwölf Jahre alt gewesen sein und unter dem Galgen
weinend nach seiner Mutter gerufen haben soll. Als noch tragischer
waren die Ereignisse zu beurteilen, als in späteren Untersuchungen
ans Tageslicht kam, dass die Ludditen sich in Wirklichkeit *geweigert*
hatten, an dieser Brandstiftung teilzunehmen. Ihre Gruppe war von
Spionen, die von den Fabrikbesitzern bezahlt worden waren, durchsetzt gewesen, die dann einen Mob aus einer nahegelegenen Stadt an-
geheuert hatten, der die Fabrik im Namen der Ludditen ansteckte.[24]

Als die Bewegung nach Frankreich gelangte, bescherte sie uns den
Begriff „Sabotage". Er entstand dadurch, dass Holzschuhe *(sabots)*
in die arbeitende Maschine geworfen wurden. Der britische Historiker Eric Hobsbawm nannte solche Aktionen „Kollektivverhandlung

durch Aufruhr" – eine angemessene Beschreibung der Maßnahmen, deren man sich im Angesicht der Unnachgiebigkeit der Fabrikbesitzer und der Hilflosigkeit der Ludditen bediente. Obgleich das Maschinenstürmen eine lange Tradition in den Fabrikstädten hat, sollte man sich vor Augen führen, dass es vor mehr als einem Jahrhundert kein historisches Beispiel für die einzigartige Revolution in der Produktivität gab, die das Industriezeitalter einläutete. Die Bewegung der Ludditen scheiterte unter anderem daran, dass sich die Fabrikbesitzer bedroht fühlten und in ihren Ängsten bestätigt wurden. In der Dunkelheit der Nacht erhielten sie Botschaften von General Ludd, der drohte, ihre Wachen, ihre Frauen und Kinder zu töten, wenn sie die mechanischen „Dämonen" nicht wieder abschafften. Gegen Ende des Jahres 1811 waren ungefähr tausend Webstühle zerstört worden. Und im Jahre 1812 verabschiedete das Parlament ein Gesetz zum Schutz der Webstühle, dass die Zerstörung von Fabrikeigentum mit dem Tode bestrafte. Fabrikbesitzer wurden jedoch nicht per Gesetz zur Rechenschaft gezogen, wenn ihre Arbeiter an Auszehrung, Vergiftungen, aufgrund Verletzung der Sorgfaltspflicht, gefährlicher Arbeitsbedingungen, von Unfällen oder an Krankheiten starben.

Carson kritisierte nicht generell die Wirtschaft, aber sie hatte gesehen, wohin es führte, wenn Unternehmen auf einem speziellen Gebiet – nämlich auf dem der Pestizidherstellung für die Landwirtschaft – uneingeschränkt das tun konnten, was sie wollten. Als US-Präsident George H. W. Bush sich auf der Klimakonferenz 1992 weigerte, die Konvention über biologische Vielfalt zu unterzeichnen, und dies damit erklärte, dass es seine Aufgabe sei, die „Rechte der Unternehmen" zu schützen, wiederholte er die oft vorgetragene Beschwerde von Unternehmen, dass Liberale und Weltverbesserer in ungerechtfertigter Weise die Wirtschaft kritisierten und damit die ökonomische Entwicklung unterdrückten. Diese Logik wurde in Stein gemeißelt und endlos zitiert, aber wenn man die vergangenen Jahrhunderte nüchtern betrachtet, findet man keine Zeit, zu der Wirtschaft und Industrie nicht überproportional viele Rechte besaß.

Die Wirtschaft begründet ihre Rechte mit dem unleugbaren Argument, dass sie Werte für die Allgemeinheit schaffe. Diese Haltung verbirgt jedoch geschickt die andere Seite der Medaille: Wie viele Werte aber zerstören die Unternehmen in dem Prozess, in dem sie Werte schaffen? In die Ermittlung des Wertes fließt nicht ein, was an Ressourcen aus der Umwelt entnommen und wie die Natur geplündert wird oder was die Menschen in Form von Niedriglöhnen, schlechten Arbeitsbedingungen oder arbeitsbedingten Krankheiten beisteuern.

Rachel Carsons abschließende Erklärung war die folgende: Unternehmen, die einst für ihre wertschöpfende Tätigkeit respektiert wurden, brachten nun Produkte auf den Markt, die in Wirklichkeit Werte zerstörten. Indem sie die Gesundheit der Bevölkerung bedrohten und das große Netz des Lebendigen in Gefahr brachten, verloren sie ihre Daseinsberechtigung. Die Rechte der Unternehmen sind ungesetzlich, wenn sie die Rechte anderer beeinträchtigen, wenn sie nicht im Gegenzug mit den Rechten der Bürger in Einklang stehen oder wenn sie andere Lebensformen auslöschen. Unter dem ökonomischen Blickwinkel betrachtet, versuchen Bürger schon seit zweihundert Jahren, die Unternehmen dazu zu zwingen, dass sie die Rechnung für das, was sie tun, selbst bezahlen und die Bezahlung nicht einem Fluss, einer Stadt, einem einzelnen Patienten oder einer ganzen Generation aufbürden.

Die *International Campaign for Justice* in Bhopal zeigt sehr anschaulich die Komplexität, Bandbreite und Beharrlichkeit der Bewegung in ihrem Bemühen, auf dieses Ungleichgewicht hinzuweisen. Für die Medien ist Bhopal Schnee von gestern. Für Hunderttausende, die Familienmitglieder verloren oder chronische Behinderungen davongetragen haben, ist die Katastrophe weiterhin alltägliche Realität. Wenn bestimmte Ereignisse nicht mehr von den Medien wahrgenommen werden, verschwinden sie damit auch aus dem öffentlichen Bewusstsein: Machtmissbrauch blüht im Verborgenen und schrumpft im Licht der Aufmerksamkeit. Ein wesentliches Ziel von Umweltgruppen besteht deshalb darin, dafür zu sorgen, dass bestimmte Vorfälle und Missstände nicht in Vergessenheit geraten; sie werden immer wieder ans Licht der Öffentlichkeit gezerrt – so lange, bis der Gerechtigkeit Genüge getan ist. *Union Carbide* hatte das Werk in Bhopal 1979 errichtet, um dort Methyl-Isocyanat herzustellen. Aus dieser instabilen und extrem gefährlichen chemischen Verbindung sollte Sevin produziert werden, ein weitverbreitetes Pestizid, das auf Baumwollplantagen, Maisfeldern und im Gemüseanbau versprüht wurde. Die Anlage sollte dazu dienen, Indiens landwirtschaftliche Selbstversorgung zu fördern und ihr Bau kam durch eine Vereinbarung zwischen der Regierung von Madhya Pradesh und *Union Carbide and Carbon Corporation* zustande. Die Beamten in Bhopal und die Vertreter der indischen Tochtergesellschaft von *Union Carbide* wollten das Werk nicht in einem dicht bevölkerten Gebiet bauen, aber sie wurden von den Eigentümern aus den USA überstimmt, da der Bau in einem weniger stark bewohnten Gebiet teurer gewesen wäre. Es wurde gespart, wo man nur konnte, und Sicherheitsstandards wurden außer Acht gelassen, um es dem Unternehmen zu ermöglichen, billige Pestizide nach ganz Asien zu exportieren.

Die Tanks, die das Methyl-Isocyanat enthielten, waren zu groß, zu voll und wurden nicht ausreichend gekühlt. Die Abfackel-Anlage war nicht funktionstüchtig und man hatte die Sicherheitsvorschriften nicht befolgt. Da der Markt für Pestizide gerade schwach war, hatte man darüber hinaus am Sicherheitspersonal gespart. Das Unternehmen hatte keine Notfallpläne und arbeitete nicht entsprechend den Sicherheitsstandards für die Errichtung eines Werks, die in den USA galten. Drei Monate vor der Explosion im Werk von Bhopal hatten interne Überprüfungen durch Mitarbeiter in einem Schwesterwerk in Virginia auf die Gefahr einer Kettenreaktion hingewiesen, aber dieser warnende Bericht wurde nicht nach Indien weitergeleitet und die Menschen in Bhopal bekamen ihn nie zu Gesicht. Einundzwanzig Jahre nach dem Unglück (2005) hat das Unternehmen die genaue chemische Zusammensetzung der produzierten Stoffe immer noch nicht veröffentlicht, was die medizinische Behandlung der Menschen weiterhin schwierig und frustrierend macht.

Es wird geschätzt, dass mindestens 100.000 Menschen bleibende Verletzungen, chronische Krankheiten und körperliche Behinderungen durch das Inhalieren der giftigen Gase davongetragen haben, einschließlich Geburtsfehlern sowie ernsthafter Lungen- und Augenbeschwerden. Obgleich Warren Anderson, der Vorstandsvorsitzende von *Union Carbide*, kurz nach dem Unfall die moralische Verantwortung übernommen hatte, distanzierte sich das Unternehmen später davon und begann zu prozessieren. Der Gerichtsstand wurde nach Indien verlegt, wo Schadensersatzleistungen wesentlich geringer ausfielen. *Union Carbide* handelte schließlich eine Wiedergutmachung von 470 Millionen US-Dollar aus – ein Betrag, der für jeden Kläger 800 US-Dollar bedeutete –, während das Unternehmen noch einmal 100 Millionen für Öffentlichkeitsarbeit, Werbung und Anwaltskosten ausgab.

Die Opfer der Katastrophe von Bhopal wurden vor dem Obersten Bundesgericht nicht befragt und Kinder unter achtzehn Jahren durften nicht als Kläger auftreten. Sechzehn Jahre nach der Zahlungsvereinbarung waren immer noch 330 Millionen auf Konten eingefroren. Da die meisten Forderungen und Kosten von den Versicherungen beglichen wurden, musste *Union Carbide* nur einen Bruchteil der Summe selbst bezahlen. Das Unternehmen erhob eine Gebühr von 43 Cents pro Aktie in einem Jahr, in dem jede Aktie einen Wertzuwachs von 4,88 US-Dollar hatte. 2002 übernahm Dow Chemical die Aktien von *Union Carbide*.[25, 26]

Bhopal illustriert nur zu gut das Ungleichgewicht zwischen Unternehmensrechten und Bürgerrechten. Obgleich *Dow* und *Union Carbide* in Indien unter Anklage stehen, weigern sie sich, zu den Anklagepunkten Stellung zu nehmen. Es gibt kein Rechtssystem, das in der Lage ist, ein Unternehmen für die Auswirkungen seines Missmanagements auf die Menschenrechte ihrer Opfer zur Rechenschaft zu ziehen, da die Tochtergesellschaften formell unabhängig war. Einfach ausgedrückt: *Union Carbide* hatte das Recht, sich in einer der schöneren Städte Indiens anzusiedeln, ohne Verantwortung übernehmen zu müssen.

Auf der einen Seite stehen die Welthandelsorganisation und einzelne Wirtschaftsminister, die emsig daran arbeiten, dass es keine Einschränkungen für weltweit operierende Konzerne gibt, und auf der anderen Seite gibt es keine vergleichbare internationale Organisation, die dafür sorgt, dass Industrie und Wirtschaft zur Verantwortung gezogen werden. Wenn nicht staatliche Organisationen skeptisch gegenüber einer zügellosen Globalisierung sind, dann liegt das daran, dass es seit dem Unglück von Bhopal weitere unzählige Verstöße gegen die Menschenrechte gegeben hat. Es handelt sich dabei um tiefe Wunden, die die Menschen auf der ganzen Welt schmerzen.

Der Inhalt unserer Diskussion führt uns unweigerlich zu *Exxon* und zu dem Mann, der zum Symbol der Rücksichtslosigkeit großer Konzerne geworden ist. Sein Name ist John D. Rockefeller. Wieder war es eine Frau, die das gesetzeswidrige Verhalten des Unternehmens aufdeckte. Und in diesem Fall ging es auch um das korrupte, illegale Geschäftsgebaren des reichsten Manns der Welt. Ida Tarbells Buch *The History of Standard Oil Company* (1904) enthielt neunzehn bemerkenswerte Artikel, die über einen Zeitraum von zwei Jahren im Magazin *McClure's* erschienen waren. In diesen Artikeln waren erdrückende Fakten, Geschichten und Anekdoten über die Ölfirma gesammelt, viele stammten direkt von Henry H. Rogers, dem Mitbegründer und langjährigen Direktor des Unternehmens.

Rogers war ein Multimilliardär, der sein Geld in Öl, Rohstoffe und Eisenbahnen investierte. In den Gesprächen mit Tarbell war er auf naive Weise offen und nahm kein Blatt vor den Mund, denn er glaubte, dass er dafür sorgen müsse, dass seine Gesprächspartnerin die Fakten auch richtig darstelle. Sie tat es und die Öffentlichkeit war schockiert. Noch auf dem Sterbebett schäumte John D. Rockefeller vor Wut, wenn der Name „Tarbell" erwähnt wurde. Geschrieben in einem ruhigen und sachlichen Ton, den später auch Rachel Carson übernahm, offenbarte *The History of Standard Oil Company* die korrupten und unethischen Machenschaften, die zur Vorherrschaft des Unternehmens geführt hatten.

Sieben Jahre nach der Veröffentlichung des Buchs wurde *Standard Oil Trust* gemäß dem *Sherman Antitrust Act* in 34 unabhängige Firmen zerschlagen. Die vier größten hießen *Exxon, Mobil, Chevron* und *Amoco*. *Exxon* fusionierte 1998 mit *Mobil, Chevron* übernahm *Texaco* im Jahr 2000, und *BP* kaufte *Amoco* im Jahr 1998. *Exxon-Mobil* und *Chevron* gehörten zu den wichtigsten finanziellen Unterstützern von George W. Bush, als er noch Gouverneur von Texas war und sich um die Präsidentschaft bewarb. Ihre Vorstände trafen sich nach dessen Amtsantritt privat mit Vizepräsident Dick Cheney und nahmen großen Einfluss auf die Haltung der US-Regierung zum Thema „Klimawandel". *ChevronTexaco* taufte einen Öltanker nach der späteren Außenministerin Condoleeza Rice. Der Konzern wurde angeklagt, in Ecuador und Nigeria die Umwelt verseucht und gegen Menschenrechte verstoßen zu haben.

Die Pestizidhersteller, die sich mit Rachel Carson anlegten, bezahlten einen jungen Pressesprecher namens E. Bruce Harrison für Öffentlichkeitsarbeit; er sollte unter dem Banner der *National Agricultural Chemical Association* gegen die unliebsame Autorin ins Feld ziehen. Harrison gründete später seine eigene Firma, die mithalf, einen Feldzug der Öl- und Autoindustrie zu starten, der unter dem Namen *Global Climate Coalition* geführt wurde – „eine Stimme der Unternehmen in der Debatte über den Klimawandel". Die Hauptaufgabe dieser Kampagne bestand darin, zu verhindern, dass das Kyoto-Protokolls in den USA umgesetzt wurde. *ExxonMobil* war einer der größten Finanziers dieser Kampagne.

Harrison soll auch das Konzept des „Grünwaschens" erfunden haben. Er erkannte schon früh, dass eine Anzahl großer Umweltorganisationen mit Sitz in New York und Washington von Spendenaufrufen abhängig waren, um sich finanzieren zu können. Die Schurkenunternehmen schlossen dann Sponsorenverträge mit diesen Organisationen ab und konnten ihr Image aufpolieren, indem sie kleine Zugeständnisse machten. Ein Beispiel ist der Vertrag zwischen der Umweltorganisation *Environmental Defense* und der Fast-Food-

Kette *McDonald's*. In diesem Vertrag stand, dass *McDonald's* fortan Recyclingpapier für seine Verpackung benutzen werde. Harrison wurde ein wohlhabender Mann, der seine Firma 1996 an die *Ruder Finn Agentur* in New York verkaufte. Die *Global Climate Coalition* wurde 2002 aufgelöst, nachdem sie immer weniger Unterstützung aus den Reihen der Industrie fand.

Bei *ExxonMobil* gab es zeitweise die Anweisung, das Wort „Nachhaltigkeit" weder in der internen noch in der externen Kommunikation zu verwenden. Das Unternehmen unterstützt Gruppen finanziell, die gegen eine Reduktion des CO_2-Ausstoßes kämpfen oder deren Ziel es ist, die Umsetzung von Absprachen zu verzögern. Ein weiteres Ziel der Unternehmenspolitik besteht darin, Einfluss darauf zu nehmen, wie Wissenschaft in der Öffentlichkeit wahrgenommen und verstanden wird und wo immer es möglich ist, Zweifel und Angst zu säen – allerdings immer in der Sprache von Vernunft und Logik. Exxon finanziert zu diesem Zweck sogenannte Denkfabriken, die fleißig daran arbeiten, Skepsis und Zynismus zu verbreiten und damit die Bemühungen zu torpedieren, den Klimawandel durch geeignete Maßnahmen abzuschwächen.[27]

Das *Action Institute for the Study of Religious Liberty* profitierte unter anderem von der finanziellen Großzügigkeit von *ExxonMobil*; es erhielt 155.000 US-Dollar und behauptete daraufhin, die Emissionskontrollen seien „irregeleitete Versuche, ein Problem zu lösen, das gar nicht existiert"[28]. *The American Council of Capital Formation* erhielt 250.000 Dollar und belohnte den Sponsor mit folgender Proklamation: „Offene Fragen müssen von der Wissenschaft beantwortet werden, bevor die USA und ihre Verbündeten einen Weg einschlagen, der so unproduktiv ist wie der, den das Protokoll von Kyoto vorschlägt." *The American Council on Science and Health* (er erhielt 90.000 Dollar) versichert uns, dass „politische Entscheidungsträger mit Sicherheit mehrere Jahrzehnte Zeit haben", um geeignete Maßnahmen gegen die globale Erwärmung zu ergreifen. *The American Enterprise Institute* (960.000 Dollar) schrieb: „Die Umweltapostel spielen mit der drohenden Apokalypse einer globalen Erwärmung, die durch – und darin sind sie sich absolut sicher – die Verschmutzung vonseiten der Industrie und der gedankenlosen Ausplünderung unseres gemeinsamen natürlichen Erbes verursacht wird. ... In den jüngsten Studien wird jedoch immer mehr bezweifelt, dass eine globale Erwärmung, die die Basis für all die Untergangsszenarien ist, überhaupt stattfindet."[29]

The American Legislative Exchange Council (712.000 Dollar) berichtete, dass „die globale Erwärmung in Wirklichkeit sogar Leben retten kann"[30]. *Citizens for a Sound Economy* (302.150 Dollar) behaupteten: „Die wissenschaftlichen Untersuchungen, die der These einer globalen Erwärmung zugrunde liegen, sind nicht beweiskräftig. Anderes zu behaupten, ist Angstmacherei und Panikmache."[31] Und *The Reason Public Policy Institute* (230.000 Dollar) kam zu der „vernünftigen" Aussage, „dass die Sonne und nicht die Treibhausgase für die globale Erwärmung verantwortlich sind"[32]. Die vielleicht verdrehteste Interpretation der Ergebnisse der Klimaforschung stammt vom *Mercatus Institute*, einem weiteren Empfänger von *ExxonMobil*-Spendengeldern. Das Institut zeichnete den Schriftsteller Michael Crichton aus, der in seinem 2006 erschienenen Buch *Welt in Angst* Klimaexperten mit Nazis gleichsetzt.[33]

Zwischen 1998 und 2004 spendete *ExxonMobil* dem *Competitive Enterprise Institute (CEI)*, das bekannt dafür ist, dass man dort skeptische Beiträge kaufen kann, 1,74 Millionen US-Dollar. Zusammen mit dreißig anderen Organisationen rief das *CEI* die *Cold Earth Society* ins Leben, die von *ExxonMobil* 8 Millionen US-Dollar erhielt. Das *CEI* warf dem US-Präsidenten Bill Clinton vor, weitere Forschungen über den Klimawandel durch das *U.S. Global Change Research Program* zu verhindern, und riet dem US-Präsidenten George W. Bush 2002, nicht am UN-Gipfel über nachhaltige Entwicklung teilzunehmen. Es handelte sich dabei um den zehnten Jahrestag des ursprünglichen *Earth Summit*, an dem schon sein Vater teilgenommen hatte. Es war das erste Gipfeltreffen zum Thema „Das Schicksal der Umwelt", an dem George

Bush sen. anwesend war, und der hatte damals nichts Besseres zu tun gehabt, als die Rechte der Unternehmen zu verteidigen.

Auf der Website des CEI findet man die Vorgehensweise angewendet, die sechsunddreißig Jahre zuvor von der chemischen Industrie erfunden wurde: Sorge dafür, dass Zweifel an wissenschaftlichen Forschungsergebnissen und Unsicherheit in Bezug auf die Möglichkeiten der Wissenschaft zur allgemeinen Lebensweisheit werden; mache den Menschen Angst vor Umweltinitiativen; schüre die Furcht vor Umweltschützern; erzeuge Angst vor allen und allem, mit Ausnahme der offiziellen Verlautbarungen, die aus den Denkfabriken kommen, die von den multinationalen Konzernen finanziert werden:

„Obgleich gesagt wird, dass die globale Erwärmung die größte Bedrohung für die Menschheit darstelle, stellen die politischen Strategien, die die globale Erwärmung verhindern sollen, in Wirklichkeit eine noch größere Bedrohung dar. Das Kyoto-Protokoll und ähnliche Vorgaben, die den Ausstoß von sogenannten Treibhausgasen zuteilen wollen, würden die Kohlendioxid-Emissonen kaum verringern, aber enorme Kosten verursachen. Und diese Kosten müssten dann hauptsächlich die ärmsten Nationen tragen. Glücklicherweise beruhen die Vorhersagen einer zukünftigen Erwärmung auf unwahrscheinlichen wissenschaftlichen und ökonomischen Annahmen und die negativen Auswirkungen der vorausgesagten Erwärmung sind maßlos übertrieben. Sollte sich die globale Erwärmung in dem unwahrscheinlichen Fall tatsächlich als Problem herausstellen, wäre die richtige Antwort darauf nicht die Rationierung von Energie, sondern eine langfristige technologische Veränderung und mehr gesellschaftliche Flexibilität durch die Erhöhung des allgemeinen Wohlstands. Das CEI hat sich schon immer dafür eingesetzt, der Panikmache in Bezug auf eine globale Erwärmung entgegenzutreten und die Diskussion mit sachlichen Argumenten zu führen."[34]

Vordergründig scheint es, was die Argumente zugunsten der fossilen Brennstoffe anbelangt, um Wissenschaft und Politik zu gehen, aber eigentlich geht es um Rechte: Die Debatte „Unternehmensrechte oder Bürgerrechte" gewinnt wieder mehr öffentliche Aufmerksamkeit. Wann wird hier eine Rosa Parks aufstehen und sich im Bus vorn hinsetzen?[35] So jemand würde ihren Platz nicht frei machen, solange der Kongress durch Unternehmensspenden korrumpiert wird. So jemand würde die Rechte der Unternehmen infrage stellen und den Vorschlag machen, dass das Konzept der Trennung zwischen Kirche und Staat erweitert wird, sodass es auch eine Trennung zwischen dem Staat und den Unternehmen gibt. So jemand würde fordern, dass die Regierung ihre Entscheidungen auf objektive wissenschaftliche Untersuchungen stützt, die von neutralen Dritten durchgeführt wurden, und so jemand würde auch gegen die Politisierung des Umweltministeriums protestieren. So jemand würde fordern, dass vollständig transparent gemacht wird, wem Unternehmen spenden, und sie würde eine Petition einreichen, um gesetzlich zu verbieten, dass multinationale Konzerne als eine Gruppe von Bürgern auftreten dürfen, und noch vieles andere.

Vielleicht ist Ray Anderson, Gründer der Textil- und Teppichfirma *Interface*, der unter Bill Clinton stellvertretender Vorsitzender des *President's Council on Sustainable Development* war, so jemand. Mehr als jeder andere Geschäftsinhaber in den USA hat Ray Anderson es sich zur Aufgabe gemacht, ein Industrieunternehmen so umzubauen, dass es nicht nur nachhaltig wirtschaftet, sondern auch Schritte unternimmt, die die Schäden aus der Vergangenheit wiedergutmachen.

Wer auch immer diese Person sein mag, sie hätte den Mut, zu sagen, dass wir zu lange im Gleichschritt mit der Wirtschaftspolitik marschiert sind und zu lange Dinge getan haben, die der Erde und der Mehrheit der auf ihr lebenden Menschen geschadet haben, und dass es nun an der Zeit ist, sich die Auswirkungen des eigenen Handelns – wie das enorme Ungleichgewicht des Wohlstands, wie wir miteinander umgehen, wie die wirtschaftliche Globalisierung uns immer mehr an die Wand drängt und wir gezwungen sind, nach Regeln zu leben, die nur eine kleine Minderheit aufgestellt hat – genau anschauen. In den zukünftigen Geschichtsbüchern wird so eine Persönlichkeit gefeiert werden, aber ich fürchte, diese Ehre wird nicht einem reichen und mächtigen Geschäftsmann zuteilwerden, an den man sich in hundert Jahren wahrscheinlich eher deshalb erinnern wird, weil sein Name an einem Gebäude steht oder eine Stiftung nach ihm benannt ist.

So wie die Ökologie sich mit der Beziehung zwischen Lebewesen und ihrer Umgebung befasst, untersucht die Humanökologie die Beziehung zwischen menschlichen Systemen und ihrer Umwelt. Wer sich Sorgen macht über die Gesundheit der Arbeiter; darüber, dass Löhne zum Leben reichen; über Gerechtigkeit, Ausbildung und die Einhaltung der grundlegenden Menschenrechte, der kümmert sich auch um die Wasserversorgung, das Klima, den Erdboden und die biologische Vielfalt. Der verzweifelte Stoßseufzer der Umweltschützer war zu Carsons Lebzeiten der gleiche wie zur Zeit der Weber in Lancashire, der gleiche wie zur Zeit Emersons, der gleiche wie 2005, als die Kenianerin Wangari Maathai den Friedensnobelpreis erhielt. Er kann in einem einzigen Wort zusammengefasst werden: Leben. Leben ist das grundlegende Menschenrecht, und alle kleinen Bewegungen innerhalb der großen Bewegung kümmern sich darum, die Bedingungen zu schaffen, unter denen Leben lebenswert ist, unter denen jeder seine Existenzgrundlage hat – wo es genug Essen, wo es Sicherheit, Frieden, eine stabile Umwelt und die Freiheit von Tyrannei gibt. Wann und wo auch immer dieses Recht mit Füßen getreten wird, erheben sich die Menschen. Gegenwärtig erheben sie sich in Rekordzahlen mit einer kollektiven Kraft, die der Kraft der multinationalen Konzerne und Regierungen in vielerlei Hinsicht überlegen ist.

Ralph Waldo Emerson und seine Nachfolger

Wohin man auch blickt, man stößt auf eine Antwort ... die Unterjochten, die Kranken, die Enttäuschten, die Armen, die Glücklosen, die Sterbenden, die Überlebenden schreien sie dir ins Gesicht.

Ralph Waldo Emerson, *Journals*[1]

Wir werden eurer Fähigkeit, Schmerzen zuzufügen, unsere Fähigkeit, Schmerzen zu ertragen, entgegensetzen.

Martin Luther King, *The Trumpet of Conscience*

Erbärmlich sind diejenigen, die bei allem, was sie tun, nur an sich selbst denken.

Krishna, in der *Bhagavadgita*

W ährend ich diese Sätze schreibe, wird überall über die Ärmsten der Armen berichtet, die verstört und traumatisiert durch die Fluten waten, die ihr Leben zerstört haben. Mit Ausnahme von ein paar kurzen Hinweisen in den Medien wurde kaum erwähnt, dass die globale Erwärmung ein Faktor war, der zur Gefährlichkeit des Wirbelsturms Katrina beigetragen hat. Katrina war der 24. registrierte Wirbelsturm der Stärke 5 (Windgeschwindigkeit: 250 Kilometer in der Stunde) und erst der 4., der auch das Festland erreichte. Er war der 7. Hurrikan, der mehr als 30 Stunden lang mit Stärke 5 wütete. Ihm folgte mit Rita ein weiterer Wirbelsturm der Stärke 5, der viertstärkste Hurrikan, der bislang gemessen wurde, und diesem folgte wiederum mit Wilma der stärkste Wirbelsturm über dem Atlantik, der jemals registriert worden war.

Katrina und die unmittelbar darauf folgenden Wirbelstürme sind Ereignisse, die nicht direkt auf den Klimawandel zurückgeführt werden können. Aber wenn außergewöhnliche Wetterphänomene überall auf der Welt in Erscheinung treten, ist das keine reine Anhäufung von Zufällen. Es wird ein bestimmtes Muster sichtbar, denn die Entwicklung hoher Temperaturen am Äquator und der schwankende Verlauf der Jetstreams sind Teil eines einzigen Systems. Im selben Jahr, in dem Katrina wütete, fiel in Los Angeles die höchste Regenmenge des Jahrhunderts, die in den Bergen zu einer 60 Zentimeter dicken Schneedecke führte. In Skandinavien zwangen Stürme mit einer Geschwindigkeit von 200 Kilometern in der Stunde die Betreiber der Atomkraftwerke dazu, diese abzuschalten. In Portugal gab es eine Dürre bisher unbekannten Ausmaßes, die zu den schlimmsten Waldbränden in der Geschichte des Landes führte. Im indischen Mumbai (Bombay) fielen innerhalb von 24 Stunden 930 Millimeter Niederschlag; in den Fluten kamen Tausende ums Leben und 10 Millionen wurden obdachlos. Der Missouri hatte seinen niedrigsten Wasserstand seit Menschengedenken.[2] Sowohl in Mumbai als auch in New Orleans litten hauptsächlich die Armen unter den Ereignissen.

Obgleich kein direkter Zusammenhang zwischen Armut und Klimawandel zu bestehen scheint, haben beide die gleiche Ursache, und zwar aus einem einfachen Grund: Wir *sind* buchstäblich die Natur, mit jedem Molekül und jeder Nervenzelle. Unser Körper enthält Mineralien und Wasser; er bezieht seine Energie letztendlich aus dem Sonnenlicht, dessen Energie in den Pflanzen in Form energiereicher Moleküle gespeichert wird. Wir sind auf vielfache Weise mit anderen Lebensformen verbunden, mit Pilzen, Beuteltieren und Bakterien. In unseren Lungen befinden sich Sauerstoffmoleküle, die jede Art von atmenden Geschöpfen, die jemals auf der Erde lebte, schon einmal eingeatmet hat ... und Wasserstoff- und Sauerstoffatome, die sogar Jesus, Konfuzius und Rachel Carson eingeatmet haben. Im Westen haben sich die klügsten Köpfe des 19. Jahrhunderts mit dieser Einheit befasst.

Es gab mehr und mehr naturwissenschaftliche Entdeckungen, die die Verbundenheit allen Lebens belegen, was parallel auf philosophischem Gebiet dazu geführt hat, dass man versuchte, diese Tatsache zu erklären, auch wenn die orthodoxen Religionen diesem Bemühen mit großer Skepsis gegenüberstanden. Die „Natur" war die zentrale Metapher des 19. Jahrhunderts, deren Maxime es war, „Autorität infrage zu stellen". Die tief greifende Auseinandersetzung mit der Natur beinhaltete auch den Versuch, die Natur des menschlichen Geistes zu bestimmen.

Alles ist miteinander verbunden und wir Menschen sind Teil eines riesigen Netzwerkes alles Lebendigen – welche moralischen Auswirkungen hat diese Tatsache? Wie könnte irgendwer behaupten, im alleinigen Besitz der Wahrheit zu sein? Welches moralische Recht hätte eine Regierung oder eine Gruppe von Menschen, „ihre" Wahrheit gegen die Wahrheit der anderen mit Gewalt durchzusetzen? Und was wäre, wenn es einen Unterschied zwischen der Natur im Allgemeinen und der menschlichen Natur gäbe? All diese Fragen beschworen Zweifel herauf an den Vorstellungen, die die Menschen bislang von Krieg, Sklaverei, autoritärer Religion und Staatsgewalt hatten. Und so entstanden neue Konzepte der Gerechtigkeit und der

Rechte des Einzelnen, die von nun an allesamt aus der Perspektive des Verflochtenseins und der gegenseitigen Abhängigkeit betrachtet wurden. Hierbei handelte es sich um die grundlegenden Prinzipien der Ökologie – eines Wissenschaftszweigs, der damals noch keinen Namen trug –, und die Anfänge der Bewegung für Menschenrechte konnten aus diesem ökologischen Blickwinkel heraus ebenfalls wahrgenommen werden. An dieser Stelle ist es wichtig, darauf hinzuweisen, dass ein entscheidender Beitrag zu dieser Entwicklung bis zu Ralph Waldo Emerson zurückverfolgt werden kann.

Am Weihnachtstag 1832 stach ein niedergeschlagener Emerson in Richtung Europa in See. Der Tod seiner jungen Frau im Vorjahr hatte ihn nachdenklich und seine Stimmung düster werden lassen. Sein Interesse an der Kirche als solcher hatte nachgelassen und war schließlich ganz eingeschlafen. Er hielt drei Monate nach Ellens Tod eine Reihe von Vorträgen über die Evangelien, aber wie sich herausstellte, waren es seine letzten Ausführungen zu biblischen Themen. Wie er selbst sagte, hatte der Kummer ihn geschwächt und ihm die Kräfte genommen.[3] Gegen den Nord-Ost-Sturm segelnd, kehrte er Amerika, dem Predigtamt, der Kirche und der Theologie den Rücken und landete im Februar 1833 auf Malta. Von dort aus begab er sich auf eine Reise, auf der er Samuel Taylor Coleridge, Thomas Carlyle und William Wordsworth treffen sollte.

Im Juli besuchte Emerson den botanischen Garten und das Naturkundemuseum in Paris. Der *Jardin des Plantes* war kein Ort für Wochenendausflüge, sondern ein wichtiges europäisches Forschungszentrum, in dem Studien in den Bereichen „Medizin", „Ernährung" und „Forstwirtschaft" betrieben wurden. Der Garten war der Mittelpunkt der Arbeit des Wissenschaftlers Antoine Laurent de Jussieu, der zusammen mit seinem Onkel Bernard de Jussieu das erste System botanischer Klassifizierung erstellte – ein wissenschaftlicher Meilenstein, ohne den Darwins Evolutionstheorie nicht denkbar gewesen wäre. Jussieus System basierte auf der Betrachtung der ganzen Pflanze und dem daraus gewonnenen Wissen. Es erforderte ein Verständnis der Verwandtschaft und der Morphologie, aber auch die Bereitschaft und die Fähigkeit, die Verbindungen zwischen den Arten zu erkennen und zu sehen, wie sie sich im Laufe der Zeit verändern. Der Geist des jungen Emerson wurde durch die Verbundenheit lebendiger Wesen, die im Garten so gut zu sehen war, sehr inspiriert. Der Besuch des angrenzenden Naturkundemuseums war für Emerson gleichermaßen anregend. Vögel und andere Fauna waren in beeindruckenden Form- und Farbpaletten ausgestellt und die Schlussfolgerung war offensichtlich, dass es die Evolution war, die alles vereinte.

Hier in Paris wurde Emerson zum ersten Mal vom gewaltigen Netz des Lebendigen erfasst. Er stand als Philosoph – nicht als Naturwissenschaftler – an der Schwelle der bis dahin noch namenlosen Disziplin der Ökologie. Die Genauigkeit von Jussieus Klassifizierungssystem offenbarte, wie alles Leben miteinander in Verbindung stand. Geistige Schranken fielen, die Trennung zwischen menschlichem Leben und anderen Lebensformen verschwand und die Verbundenheit alles Lebendigen war offensichtlich.[4]

Offenbarende Erleuchtung ist sicherlich ein zu starker Begriff für diese Zeit in Emersons Leben, und dennoch belegen seine Tagebucheinträge, dass er Augenblicke glückseliger Einsicht hatte. Für ihn waren Religion, Wissenschaft und Natur ein einziges, lückenloses Gedankenfeld. Ähnlich wie William James war Emerson weniger an der Religion als solcher als an der religiösen Erfahrung interessiert.[5] Der menschliche Geist spiegelte für Emerson die großartigen Möglichkeiten der Natur, und im Gegenzug umfasste die Natur alle menschlichen Aktivitäten.[6] Er nahm die moderne Neurowissenschaft vorweg, wenn er erkannte, dass der menschliche Geist kein leeres Blatt war, das von der jeweiligen Kultur beschrieben wurde, sondern, wie Stephanie Pace Marshall sich ausdrückte, ein „großartiges Muster erzeugendes, komplexes Lebenssystem, dessen Strukturen nicht festgeschrieben sind"[7]. Zurück in Amerika, hielt er seinen ersten Vortrag denn auch nicht in der *Second Church* in Boston, vor der Gemeinde seines Vaters, sondern vor der *Boston Society of Natural History*.

Quasi als Vermächtnis seiner Entdeckung der gegenseitigen Abhängigkeit legte Emerson die Grundlage für eine neue Art, mit der Natur und miteinander umzugehen – die das Fundament für den Umweltschutz und für soziale Gerechtigkeit legten. In amerikanischen Schulen wird Emerson als Patriot dargestellt, als unerschütterlicher Geistlicher, der in seinen Büchern über Themen wie „Charakterstärke", „Vernunft", „Besonnenheit", „Eigenständigkeit" und „Selbstvertrauen" geschrieben hat. Es ist so, als habe das calvinistische Amerika sich das aus seinen Schriften herausgepickt, was die eigene Weltsicht bestärkte, und dabei das ausgeschlossen, was ihn als großen Visionär der Einheit zeigt. Tatsächlich ist sein Denken von einer Universalität, die weit über herkömmliche Kategorien hinausgeht, weshalb auch seine Anziehungskraft im Laufe der Jahre immer mehr zugenommen hat. Die Moral, die er verkündete, hatte ihre Wurzeln in der Natur, in der Art, wie er sie wahrnahm, und in dem, was er von ihr empfing. Seine moralischen Vorstellungen basierten nicht auf Gesetzbüchern und Gerichtsurteilen:

„Ich habe genauso viel Vertrauen in die Gesetze der Moral wie in die Gesetze der Botanik. Ich habe siebzehn Jahre lang jedes Jahr Mais gepflanzt und ich konnte mich darauf verlassen, dass auf meinem Feld nicht plötzlich eine giftige Pflanze wuchs. Petersilie, Rote Bete, Steckrüben, Möhren, Sanddornbüsche, Esskastanien und Eicheln entwickeln sich mit absoluter Sicherheit zu dem, was in ihren Samen angelegt ist. Ich glaube daher, dass Gerechtigkeit zu Gerechtigkeit führt und Ungerechtigkeit zu Ungerechtigkeit."[8]

Ohne gezielt danach gesucht zu haben, fand der Nonkonformist Emerson in dem jungen Harvard-Studenten Henry David Thoreau sein Gegenstück, den idealen Boten für seine Ideen. Thoreau fing 1833 mit dem College an, im selben Jahr, in dem William Whewell das Wort „Naturwissenschaftler" prägte. In seinem letzten Jahr auf dem College las der zwanzigjährige Thoreau *Natur*, eine unorthodoxe Schrift, die ihn verzauberte. Und er las sie nicht nur einmal, sondern auch noch ein zweites Mal. In Büchern, die uns beeinflussen, finden wir oft Ideen, die uns aufgrund unserer intellektuellen Vorbereitung oder Vorliebe sofort einleuchten; anstatt von außen mit Donnerschlägen zu kommen, öffnen sie in unserem Innern den Zugang zu unserer Sensibilität. Für Thoreau war *Natur* ein solches Buch. Er scherzte einmal mit Emerson, als er sagte, Harvard lehre einen alle Zweige des Wissens, aber nicht „seine Wurzeln"[9]. *Natur* war für ihn das Buch, das ihn unter die Oberfläche zog, hin zur Quelle aller Philosophie.

Robert D. Richardson, der Biograf von Emerson und von Thoreau, schreibt:

„*Natur* ist auch ein Manifest des Transzendentalismus, der amerikanischen Version des deutschen Idealismus. Beide philosophischen Richtungen gehen davon aus, dass die Intuition nicht nur eine gültige Methode ist, Wissen zu erlangen, sondern dass sie auch als Gegengewicht zur konkreten Erfahrung notwendig sei. Thoreau ist fasziniert davon, dass Emerson auf einem Gedankengang besteht, der so alt ist wie der Stoizismus: dass das Individuum sich auf seiner Suche nach einem verlässlichen ethischen Standpunkt, nach einer Antwort auf die Frage, wie man sein Leben am besten führt, nicht an Gott, auch nicht an die Polis oder den Staat, und auch nicht an die Gesellschaft als Ganzes, sondern einzig und allein an die Natur wenden sollte, wenn es eine brauchbare Antwort erhalten will. Der Stoizismus und auch Emerson lehrten, dass die Gesetze der Natur mit den Gesetzen der menschlichen Natur übereinstimmten und dass der Mensch ein gutes und gerechtes Leben führen konnte, wenn er es im Einklang mit der Natur lebte."[10]

Als Emerson und Thoreau sich schließlich, nachdem Letzterer seinen Collegeabschluss gemacht hatte, kennenlernten, gab er dem jungen Denker die lobenswerte Empfehlung: „Führen Sie ein Tagebuch." Thoreau befolgte diesen Rat und beschrieb bis an sein Lebensende siebentausend Seiten.

Neun Jahre später handelt ein Tagebucheintrag von der Nacht, die er im Gefängnis verbrachte, nachdem er von seinem Nachbarn Sam Staples verhaftet worden war, weil er seine Wahlsteuer in Höhe von sechs Dollar nicht bezahlt hatte. Es handelte sich dabei um eine enorme Summe, wenn man bedenkt, dass die ganze Hütte am Walden Pond nur 28,12 Dollar kostete. Verhaftet wurde Thoreau, als er am 23., 24. oder 25. Juli (der genaue Tag ist unbekannt) in die Stadt ging, um seine neu besohlten Schuhe abzuholen.[11] Obwohl er sich auch schon in der Vergangenheit geweigert hatte, Wahlsteuer zu bezahlen, weil diese Steuer Afroamerikaner und die Armen von der Teilnahme an der Wahl abhielt, wollte er damit in diesem Jahr seinen Protest gegen den Krieg mit Mexiko zum Ausdruck bringen.

Der Krieg zwischen den Vereinigten Staaten und Mexiko, in dessen Verlauf der unrühmliche Ausdruck „das Schicksal offenbaren" geboren wurde, entfachte im ganzen Land expansionistische Gelüste. Nachdem Mexiko 1821 von Spanien unabhängig geworden war, gelang es der neuen Regierung nicht, die eigenen Territorien, einschließlich Texas, unter Kontrolle zu bringen und dort für Recht und Ordnung zu sorgen. In Texas ließen sich immer mehr englischsprachige Siedler nieder, die wachsende Spannung führte schließlich zu mehreren Gefechten für die Unabhängigkeit von Texas führte. Texas gewann schließlich seine Unabhängigkeit und schloss sich 1845 der Union unter Führung des demokratischen Präsidenten James Polk an, für den die „große Wüste" nur ein Mittel zu einem größeren Ziel war: Kalifornien. Um Kalifornien zu gewinnen, musste er die Kontrolle über einen großen Teil Mexikos erlangen, zu dem der südliche Teil von Texas zwischen dem Rio Nueces und dem Rio Grande, aber auch Neu-Mexiko, Arizona, Utah, Nevada und Teile Colorados gehörten.

Während die von Polk geführte Regierung sich bereits dazu entschlossen hatte, den Krieg um das Land zu führen, blieb die Frage offen, wie sie den Kongress und das amerikanische Volk für ihr Vorhaben gewinnen könnten. Der einzige politisch durchsetzbare Weg, um Polks expansionistische Träume zu verwirklichen, bestand darin, Mexiko dazu zu provozieren, Amerika anzugreifen. Wenn dies gelänge, hätte man eine moralische Rechtfertigung für den geplanten Krieg und gleichzeitig den dafür nötigen patriotischen Eifer entfacht. Dieses Ziel wurde dadurch erreicht, dass die Regierung Truppen als Köder in die Region schickte, die schon lange von Mexikanern bewohnt und verwaltet wurde. Als der Kongress sich für die Annexion von Texas aussprach, stationierte Polk General Zachary Taylor am Ufer des Rio Grande. Seine Truppen waren bereit, mexikanische Soldaten abzufangen und in ein Gefecht zu verwickeln, sobald sich die Gelegenheit dazu bot.

Auf der Suche nach Streit erreichten Taylors Truppen im Spätmärz 1846 ihr Ziel, schlugen ihr Lager auf, begannen mit der Errichtung eines Forts und richteten ihre Geschütze auf die Stadt Matamoros, die auf der anderen Seite des Flusses lag. Vier Wochen später wurde eine Patrouille des Generals angegriffen, als sie auf ein Lager von zweitausend mexikanischen Soldaten stieß, wobei sechzehn Männer getötet wurden. Der Köder, den Polk und Taylor ausgeworfen hatten, hatte bestens funktioniert, denn nun konnte berichtet werden, dass die Mexikaner zuerst auf amerikanische Truppen gefeuert hätten, die ihnen zahlenmäßig weit unterlegen gewesen seien. Ethan Allen Hitchcock, ein entfernter Vorfahre von mir, schrieb, als er den Befehl zur Musterung erhielt: „Gewalt führt zur Gewalt, und wenn unser Vorhaben nicht zu noch mehr Gewalt und Blutvergießen führt, sollte ich mich sehr geirrt haben."[12] Als die Nachricht von dem unvermeidlichen tödlichen Gefecht kam, erklärte Polk: „Amerikanisches Blut wurde auf amerikanischem Boden vergossen."

Über die Kriegserklärung wurde im Repräsentantenhaus dreißig Minuten lang debattiert und im Senat einen ganzen Tag lang, und das war am 13 Mai. Thoreau wanderte im Juli desselben Jahres ins Gefängnis – es war eine radikale Reaktion auf einen Krieg, der die Weltgeschichte verändern sollte.

Wie sich herausstellte, war der Gefängnisaufenthalt kein großes Opfer für Thoreau. Schon am nächsten Morgen wurde er, wahrscheinlich weil seine Schwester die Kaution bezahlt hatte, entlassen, und man gab ihm eine heiße Schokolade zu trinken, um ihn die Unannehmlichkeiten der letzten Nacht vergessen zu lassen. Es ist wichtig, sich in Bezug auf seine kurze Inhaftierung vor Augen zu führen, dass Mitte des 19. Jahrhunderts nur sehr wenige Menschen aus politischen Gründen inhaftiert wurden.

Achtzehn Monate später, am 26. Januar 1848, hielt Thoreau einen Vortrag, der zum Teil auf seinen eigenen Erfahrungen beruhte und den Titel trug: „The Rights and Duties of the Individual in Relation to the Government" [Die Rechte und Pflichten des Individuums gegenüber der Staatsgewalt]. Er wurde im darauf folgenden Jahr unter dem Titel „Widerstand gegen den Staat" veröffentlicht. Es handelte sich um eine direkte Widerlegung William Paleys, der dem vierten Kapitel des sechsten Buchs seines Werks *The Principals of Moral an Political Philosophy* [Die Prinzipien der Moral- und der politischen Philosophie] die Überschrift gegeben hatte: „Die Pflicht zur Unterwerfung unter den Staat". (Paley ist auch bekannt als geistiger Pate der Theorie des „Intelligent Design"[13].) Thoreau erklärt die Bedeutung seines Widerstands in allen Einzelheiten, aber in unserem Zusammenhang ist nur seine Aussage wichtig, dass der Gerechte ins Gefängnis gehen sollte, wenn die Regierung ihre Bürger zu Unrecht inhaftiert. „Ich fühlte mich nicht einen Augenblick lang eingesperrt", lautete seine Antwort auf die Inhaftierung durch die Staatsgewalt.

Emerson soll Thoreau verärgert gefragt haben, was er in Gefängnis getan habe, worauf dieser erwidert haben soll: „Waldo, was tust du dort draußen?"[14] Das würde auf ein sich vertiefendes Zerwürfnis zwischen den beiden hinweisen. Emerson billigte nicht, was er als „sinnlosen Widerstand" betrachtete. Vielleicht war das eine Reaktion auf seine eigene unangemessene Antwort auf den Krieg, aber auf jeden Fall zeigt sie seinen Widerwillen gegen sozialen Aufruhr. Thoreau jedoch glaubte unbeirrt an die wechselseitige Abhängigkeit der Menschen und das erforderte die Bereitschaft, seinen moralischen Überzeugungen, in welcher Form auch immer, Nachdruck zu verleihen. Für ihn gab es keinen Unterschied zwischen dem Bezahlen von Steuern und dem, was mit den Steuern finanziert wurde – wie für die meisten anderen Menschen. (Im Krieg gab es viele Horrormeldungen, so zum Beispiel über die Gräueltaten der Texas Rangers, die ein Dorf nach dem anderen niederbrannten und die Frauen vergewaltigten.)

Die Verbundenheit, die Emerson in der Natur erlebte, sah Thoreau auch in der Welt der Menschen. Thoreau nahm dabei seinen Lehrer beim Wort: Handele so, als ob alles miteinander in Verbindung stände. Thoreaus Essay über den „Ungehorsam" war ein genauso leidenschaftliches Manifest wie Emersons Natur, und der Autor argumentierte darin, dass das Gewissen des Einzelnen nicht vor dem Steuersystem haltmachen, dass man sich vielmehr genau anschauen solle, welche Ungerechtigkeiten und Schandtaten mit Steuern finanziert würden.[15] „Die Steuern, die wir bezahlen, verschwinden nicht einfach in den Schatztruhen einer Regierung, die weit weg ist, oder im Tresor eines geisterhaften Unternehmens, sondern finanzieren Vorhaben, die unmoralisch sein können, und daher muss der Steuerzahler seine Verantwortung als Komplize annehmen", schreibt Evan Carton und weist darauf hin, dass Thoreau „weiterhin als Revolutionär nützlich ist"[16].

Es bietet sich an, Thoreau die Rolle des Pazifisten zuzuschreiben, denn sein Handeln und sein Schreiben machen deutlich, dass er ein Vorläufer und ein Mitbegründer des gewaltlosen Widerstands war. In seinem Buch Über die Pflicht zum Ungehorsam gegen den Staat zeigte sich Thoreau tatsächlich als Pazifist, der sich über passive Mittel im Kampf gegen Ungerechtigkeiten Gedanken macht. Andere Arbeiten und Äußerungen stimmen jedoch nicht immer mit dieser inneren Einstellung überein. Das Konzept der Wehrlosigkeit wurde in den

1840er-Jahren im Umkreis von Concord leidenschaftlich diskutiert. William Lloyd Garrison, Gegner der Sklaverei und Verleger der Zeitung *The Liberator* [Der Befreier], die ohne Zweifel von allen Zeitungen im 19. Jahrhundert die radikalste Meinung vertrat, hatte 1837 in einem Essay dargelegt, warum Gewalt nicht mit Gewalt beendet werden sollte. Garrisons Argumente hatten sechsundfünfzig Jahre später einen großen Einfluss auf Leo Tolstois Ablehnung der Gewalt, die er in seinem Buch *Das Reich Gottes ist in euch* zum Ausdruck brachte. Als er am *Concord Lyceum* über die Frage diskutierte, wann die Anwendung von Gewalt gerechtfertigt sei,[17] wies Thoreau darauf hin, dass sie unter bestimmten Bedingungen moralisch zu vertreten sei.

Nur wenige Jahre später erfüllte John Browns Aufstand Thoreaus Kriterien für eine gerechtfertigte Anwendung von Gewalt. Als der Kongress 1854 in Kansas und Nebraska die Sklaverei erlaubte, befürchtete Brown, dass sie sich auch auf die restlichen Staaten des Westens ausbreiten könne. Er und seine drei Söhne schlossen sich also anderen Gegnern der Sklaverei an, die in diesen Bundesstaaten ihr Lager aufgeschlagen hatten, um zu verhindern, dass die Sklaverei weiter zunehme.

Für die Eiferer, die die Sklaverei befürworteten, waren die Gegner der Sklaverei schwache gewaltlose Widersacher, aber dennoch waren sie sich bewusst, dass sie eine ernsthafte Bedrohung für sie darstellen könnten. Am 21. Mai 1856 fielen Hunderte weißer Rassisten aus Missouri in die Stadt Lawrence in Kansas ein, die zur Allianz der Sklavereigegner gehörte; sie plünderten Privathäuser, Druckereien und Geschäfte und steckten sie in Brand. Am nächsten Tag schlug Preston Brooks, Kongressabgeordneter für South Carolina, Senator Charles Sumner aus Massachusetts mit seinem goldbesetzten Gehstock bewusstlos, weil dieser am 20. Mai im Kongress eine Rede gegen die Sklaverei gehalten hatte. Für Brown waren dies Beleidigungen, die nicht länger hingenommen werden konnten. Am Tag darauf marschierte er mit seinen drei Söhnen in das Gebiet der Sklavereibefürworter, wo er die Hinrichtung dreier Anführer des Massakers anordnete und der Vollstreckung beiwohnte. Dieser Vorfall änderte ein für alle Mal die Wahrnehmung der Südstaatler, dass die Gegner der Sklaverei machtlos seien, und in der aufgewühlten Debatte, die dem Gewaltausbruch folgte, zeigte Thoreau vollstes Verständnis für Browns Beweggründe.

Über die Pflicht zum Ungehorsam gegen den Staat ist heute noch genauso aktuell wie damals; dieser Essay ist das Vermächtnis Thoreaus, das bis heute den größten Einfluss hat. Thoreau entlarvt darin den expansionistischen Mexikanischen Krieg als das Werk weniger Einzelner, die „die bestehende Regierung für ihre Zwecke missbrauchten". Thoreau prangerte Demokratien an, die auf dem Mehrheitsprinzip beruhten, weil sie gestatteten, dass diese Mehrheit von denjenigen manipuliert werden konnte, denen es nicht um das Recht ging und die kein Gewissen hatten, denen es vielmehr darum ging, ihre eigenen Interessen durchzusetzen. In seinem Essay verteidigt er außerdem entschieden die Selbstbestimmung des Einzelnen:

> „Muss der Bürger auch nur einen Augenblick, auch nur ein wenig, sein Gewissen dem Gesetzgeber überlassen? Wozu hat denn dann jeder Mensch ein Gewissen? Ich finde, wir sollten zuerst Menschen sein, und danach Untertanen. ... Nur eine einzige Verpflichtung bin ich berechtigt einzugehen, und das ist, jederzeit zu tun, was mir recht erscheint. Man sagt, dass vereinte Masse kein Gewissen hat – und das ist wahr genug."[18]

Der Verleger von Thoreaus gesammelten Werken gab dem Essay 1866 posthum den neuen Titel „Ziviler Ungehorsam", obwohl das Wort „zivil" im gesamten Essay nur viermal vorkommt und die Begriffe „Ungehorsam" und „Gehorsam" überhaupt nicht. Einige behaupten, dass Thoreau selbst vor seinem Tod im Jahre 1862 dem Essay einen anderen Titel gegeben hatte, aber niemand kennt die genaue Entstehungsgeschichte und weiß, wer für diesen inzwischen berühmten Titel verantwortlich ist.[19] Wer auch immer den Titel geprägt haben mag, das Konzept des zivilen Ungehorsams hat das Leben eines indischen Rechtsanwalts im südafrikanischen Durban für immer verändert. Sein Name ist Mohandas Karamchand Gandhi.

Gandhi machte den gewaltfreien Widerstand in seinem Kampf gegen Apartheid und Rassismus zu einem aktiven – und nicht rein passiven – Werkzeug. Es begann damit, dass er sich über eine neue Verordnung ärgerte, die vorschrieb, dass Inder in Südafrika einen Pass bei sich tragen mussten, auf dem neben persönlichen Daten auch ihr Fingerabdruck zu sehen war. Er fühlte sich dadurch gedemütigt und war entschlossen, Widerstand zu leisten. Die Rechtsprechung spielte ihm dabei ein Werkzeug in die Hände, mit dem er nicht gerechnet hatte: Wer sich nicht registrieren ließ und ohne Pass erwischt wurde, konnte festgenommen und inhaftiert werden.

Am 11. September 1906 versammelten sich mehr als tausend Inder, um vor dem *Empire Theatre* in Johannesburg zu protestieren. Sie verfassten eine Resolution, in der sie der Regierung die Stirn boten: Muslime und Hindus sprachen sich gemeinsam dafür aus, lieber ins Gefängnis zu gehen, als sich dem Gesetz zu beugen. In seinem Tagebuch denkt Gandhi über die Auswirkungen nach, die eine mögliche Verhaftung haben könnte: „Ich muss zugeben, dass auch ich nicht alle möglichen Folgen der Resolution bedacht hatte, an deren Formulierung ich mitwirkte. Ich hatte auch nicht alle Konsequenzen abgeschätzt, die die Resolution haben könnte."[20] Später sprach er davon, dass dieser Tag der Anfang der *Satyagraha*-Bewegung gewesen sei, aber damals gab es weder das Wort satyagraha noch die speziellen Strategien und Vorgehensweisen, die diese Art von Widerstand kennzeichneten. Allein die Entschlossenheit, sich aktiv mit friedlichen Mitteln gegen Ungerechtigkeit zur Wehr zu setzen, war da.

Satyagraha ist nicht nur ein Ausdruck von Protest, sondern ein Instrument zur Veränderung in drei Schritten. Der erste Schritt besteht darin, sich einem ungerechten Gesetz oder einer willkürlichen Politik entgegenzustellen und eine Petition einzureichen, in der die Abschaffung des Gesetzes und das Ende einer bestimmten politischen Handlungsweise gefordert werden. Wenn darauf keine akzeptable Antwort vonseiten des Staates kommt, besteht der zweite Schritt darin, das Gesetz zu brechen. Der dritte Schritt beinhaltet, dass man die Konsequenzen der ersten beiden Schritte auf sich nimmt, sei es Verhaftung, Einsatz von Gewalt, Übergriffe oder persönliche Entbehrungen. *Satyagraha* bedeutet „standhaft an der Wahrheit festhalten", indem man die drei Schritte geht und sich dabei auf sein Ziel ausrichtet und Ruhe bewahrt. Der Samen für *Satyagraha* war schon in Gandhi gelegt, bevor er nach Südafrika kam. In der kulturellen Tradition seiner Heimatprovinz Gujarat wurde Wert darauf gelegt, dass Leiden ein Mittel ist, um die Aufmerksamkeit auf ein Thema oder eine Auseinandersetzung zu ziehen. Die geschädigte Partei brachte die verletzende Partei manchmal dadurch in Verlegenheit, dass sie vor deren Büro oder Haus fastete[21] – eine taktische Maßnahme, deren sich Gandhi später noch oft bediente, wenn er in großen Schwierigkeiten steckte. Obgleich Gandhi davon überzeugt war, dass ein Unterdrücker leichter dazu gebracht werden konnte, einzusehen, was richtig ist, anstatt zurückzuschlagen, war er kein Pazifist im herkömmlichen Sinn. *Satyagraha* war eine taktische List, ein Störinstrument, das die Interessen und Ziele des Staates effektiv untergraben und in Gefahr bringen konnte.

Die Gelehrten sind sich nicht einig, ob Gandhi *Ziviler Ungehorsam* 1906 oder 1907 gelesen hat, aber wann auch immer er es getan haben mag, die Lektüre stärkte seine Entschlusskraft und beeinflusste so eine Bewegung, die noch in den Kinderschuhen steckte.[22] Sein ganzes Leben lang zitierte Gandhi in Briefen, Interviews und Artikeln aus diesem Buch; es stellte einen Eckpfeiler der *Satyagraha*-Philosophie dar. Obgleich beide Männer in der Inhaftierung eine Auszeichnung im Kampf gegen Ungerechtigkeit sahen, wurde sie für Gandhi zum Instrument einer Massenbewegung und war nicht nur eine Angelegenheit des persönlichen Gewissens. Thoreaus prinzipielle Aussage, Haft sei weder eine Schande noch eine wirkliche Gefangenschaft, wurde von Gandhi übernommen und in die Welt hineingetragen. Im

Januar 1908 wurde er zum ersten Mal verhaftet; als er neun Monate später zum zweiten Mal ins Gefängnis ging, weil er eine massenhafte Verbrennung der Meldebescheide organisiert hatte, nahm er die Bücher von Ruskin und Thoreau mit in die Zelle, um in ihnen „Argumente zu finden, die unseren Kampf unterstützen"[23].

In seinem Einfluss auf Gandhi revanchierte sich Thoreau sozusagen dafür, dass die *Bhagavadgita* und die Upanischaden sein eigenes Denken nachweislich beeinflusst hatten. Obgleich Gandhi auch von anderen Einflüssen auf sein Denken sprach – zum Beispiel Tolstoi, die Bergpredigt, Sokrates und Ruskin –, war Thoreau für ihn neben Jesus der Lehrer, der sowohl ein Pragmatiker als auch ein Aktivist war, ein Handelnder und nicht bloß ein Denker. Thoreau war ein Philosoph, der in Gandhis Worten „nichts lehrte, was er nicht auch selbst zu tun bereit war"[24].

Am 1. Dezember 1955, fast fünfzig Jahre nach den ersten *Satyagraha*-Protesten, stieg Rosa Parks in Montgomery, Alabama, in den Bus ein und setze sich in die fünfte Sitzreihe, die erste in dem für Farbige reservierten Abschnitt. Als die Sitzreihen, die für Weiße vorbehalten waren, sich gefüllt hatten, wurde sie vom weißen Busfahrer aufgefordert, ihren Sitz freizumachen, aber sie weigerte sich, das zu tun, obwohl sie massiv bedroht wurde. Ihre Weigerung löste eine Reihe von Ereignissen aus, die Amerika für immer veränderten.

Parks Verhaftung erfolgte, nachdem schwarze Fahrgäste jahrelang erniedrigend behandelt worden waren. Im Jahr 1953 hatte sich Jo Ann Robinson, eine Lehrerin am *Alabama State College* und Vorsitzende des *Women's Political Council*, mit Beauftragten der Stadt getroffen und dabei gefordert, dass diese unwürdige Diskriminierungspraxis aufhören müsse. Sechs Monate nach dem Treffen informierte der *Council* die Stadtverwaltung darüber, dass er vorhabe, das Bussystem zu boykottieren. Busfahrer warfen manchmal das Wechselgeld oder die Fahrscheine ihrer schwarzen Fahrgäste einfach auf den Boden. An kalten, regnerischen Abenden fuhr der Bus oft an Haltestellen vorbei, an denen Schwarze warteten. Schwarze, die ihren Fahrpreis bereits gezahlt hatten, wurden aufgefordert, noch einmal auszusteigen und durch die hintere Tür wieder einzusteigen, aber wenn sie der Aufforderung nachkommen wollten, fuhr der Bus ohne sie los. Ein junger schwarzer Veteran des Koreakriegs in Uniform wurde von einem Polizisten in einem Streit über den Fahrpreis, in dem es um zehn Cent ging, erschossen.[25] Obgleich Parks Entschluss mutig und spontan war, war er nicht unbesonnen. Sie war körperlich nicht so erschöpft, dass sie nicht mehr in der Lage gewesen wäre, ihren Platz freizumachen, wie oft berichtet wurde. Sie war es einfach leid, gedemütigt und erniedrigt zu werden. Sie war in einer rassistischen Welt aufgewachsen. In den Wäldern hinter der Farm ihrer Großeltern in Alabama konnte sie oft die Mitglieder des Ku-Klux-Klan hören. Sie war, wie alle Schwarzen, ein Spielball der Weißen und musste sich mit zweitrangigen Unterkünften begnügen; es gab separate Türen, Fahrstühle und Wasserhähne, die die Aufschrift „Farbige" trugen.

Als der Bus an jenem Abend im Jahr 1955 gekommen war, stellte sie überrascht fest, dass der Fahrer James Blake war, der sie zwölf Jahre zuvor dadurch gedemütigt hatte, dass er sie aus dem Bus warf, weil sie sich geweigert hatte, durch die Hintertür einzusteigen.[26] Obwohl sie zuerst zögerte, bestieg sie dann doch mutig den Bus – denn sie hatte sich bewusst auf diesen Augenblick vorbereitet. Sie hatte jahrelang für Clifford und Virginia Durr gearbeitet, weiße Aristokraten aus den Südstaaten, deren Familienstammbaum sich über Generationen zurückverfolgen ließ. Clifford Durr hatte unter Roosevelt und Truman in der *Federal Communications Commission* gearbeitet. Als er aufgefordert wurde, zusammen mit seinen Mitarbeitern ein Loyalitätsgelöbnis abzulegen, verließ er seinen Arbeitsplatz. Seine Frau war in der 1940er-Jahren zusammen mit der afroamerikanischen Aktivistin Dr. Mary Bethune unterwegs gewesen, um für die Abschaffung der Wahlsteuer (die auch schon Thoreau nicht hatte zahlen wollen) zu kämpfen.

1954 hatte der Oberste Gerichtshof die Trennung der Schüler nach Hautfarbe an öffentlichen Schulen für illegal erklärt und im darauffolgenden Jahr erhielt Parks von Virginia Durr ein Stipendium und konnte so den Sommerkurs an der *Highlander Folk School* in Tennessee besuchen, dessen Thema die Durchführung von *Brown v. Board of Education* war.[27] Die Schule war in den 1930er-Jahren von Myles Horton für wirtschaftlich benachteiligte Weiße gegründet worden, aber Anfang der 1950er-Jahre begann man dort, sich immer mehr mit den Bürgerrechten zu befassen. Horton bewunderte Gandhi und lehrte seine Schüler, was sie für ihre Integration und für ihre Bürgerrechte tun konnten. Parks machte an der Schule die Erfahrung, dass sie sich zum ersten Mal in ihrem zweiundvierzigjährigen Leben nicht von Weißen bedroht fühlte, und sie genoss den morgendlichen Duft von Kaffee und Schinken, obwohl das Essen von Weißen gekocht und serviert wurde.[28]

Am 5. Dezember, an dem die Gerichtsverhandlung gegen Parks begann, rief Jo Ann Robinson zum Busboykott auf. Am selben Nachmittag gründeten schwarze Geistliche die Montgomery *Improvement Association*, um den Boykott zu unterstützen, und wählten einen jungen, redegewandten Baptistenpfarrer von der *Dexter Street Church* zu ihrem Vorsitzenden. Sein Name war Martin Luther King. Obwohl er die Wahl annahm, war er zuerst zurückhaltend und überlegte ein ganzes Wochenende lang, welche Auswirkungen solch ein Boykott haben würde, und zwar sowohl für ihn persönlich in seinem geistlichen Amt als auch für die Gemeinde allgemein.

Blickt man heute zurück, so kommt man schnell zu der Annahme, dass die Initiierung eines Boykotts keine große Sache gewesen ist. Aber damals, zur Zeit der Rassentrennung, waren die Verhältnisse im Süden noch anders als heute. Hinter den gesitteten Reden und der äußerlichen Höflichkeit war eine hohe Anspannung wahrnehmbar, die sich in der Körpersprache, den Augen und einer Vielzahl abweisender Gesten äußerte. Und hinter der äußeren Fassade gab es eine noch tiefere Strömung: eine latente, explosive Gewaltbereitschaft, die auch vor schwerer Körperverletzung nicht haltmachte, war spürbar.

Ein paar Monate zuvor hatte der 14-jährige Emmett Till unabsichtlich einer weißen Ladenbesitzerin hinterhergepfiffen (er hatte einen Sprachfehler aufgrund einer Kinderlähmung). Drei Tage später wurde er von einer Gruppe von Männern, angeführt vom Ehemann der Frau, gelyncht. Er wurde verstümmelt, kastriert und erschossen; sein Schädel wurde bis zur Unkenntlichkeit zertrümmert. Der Lynchmob wurde verhaftet, verhört und wieder freigelassen. Dieses Ereignis, das großes öffentliches Interesse fand, war kein Einzelfall. Im Durchschnitt hatte es in den neunzig Jahren seit Ende des Bürgerkriegs pro Woche einen Fall von Lynchjustiz gegeben.[29] In jeder Gemeinde im Süden hatten arme weiße Bürger dafür gesorgt, dass das System der Rassentrennung weiterbestand, während die Mittelschicht die Augen abwendete. Immer wieder kam es zu Aufmärschen, Demonstrationen und Versammlungen, Schwarze wurden mit Blicken unterworfen oder von Menschen, die sie kannten, auf die Straße herausgerufen. Wer sich in solch einer Atmosphäre als Anführer für jede Art von Widerstand zur Verfügung stellte, musste damit rechnen, körperlich bedroht und misshandelt zu werden.

Als sich die Gemeinde an jenem Abend traf, um über den Beginn des Boykotts abzustimmen, hielt King – obwohl er nur dreißig Minuten Zeit hatte, um sich vorzubereiten – seine erste Rede zum Thema „Bürgerrechte". Es war eine Predigt, die einfache Aussagen enthielt. Er begann dabei mit einem Thema, auf das er später noch zurückkommen sollte – dass nämlich die Schwarzen „es leid sind, es leid zu sein".

„Es wird eine Zeit kommen. [Lange Pause] Es wird eine Zeit kommen, in der die Menschen es leid sind, ausgegrenzt und gedemütigt zu werden; in der sie es leid sind, brutal unterdrückt zu werden. Die einzige Möglichkeit, die wir haben, ist der Protest. Viele Jahre lang waren wir erstaunlich geduldig. Wir haben manchmal unseren weißen Brüdern und Schwestern das Gefühl gegeben, dass es uns gefällt, wie wir

behandelt werden. Aber wir haben uns heute Abend hier
versammelt, weil wir mit unserer Geduld am Ende sind und
nicht länger auf Freiheit und Gerechtigkeit warten können.
[Längere Pause] Eine der großen Errungenschaften der
Demokratie besteht darin, dass man das Recht hat, für seine
Rechte einzutreten. Der weiße Bürgerrat und der Ku-Klux-
Klan treten dafür ein, dass die Ungerechtigkeit in unserer
Gemeinde fortbesteht. Wir hingegen wollen, dass in unserer
Gemeinde endlich Gerechtigkeit herrscht. Die Methoden der
Weißen führen zu Gewalt und Gesetzlosigkeit. Bei unseren
friedlichen Protesten hingegen werden keine Kreuze ver-
brannt. Kein Weißer wird von einem vermummten Schwarzen aus seinem Haus geholt und brutal ermordet. Es wird
keine Drohungen und keine Einschüchterungen geben. Unser
Weg ist es, zu überzeugen, wir wollen niemanden zu etwas
zwingen. Wir sagen den Bürgern nur: ‚Hört auf euer Gewissen.‘ Unser Handeln muss auf den grundlegenden Prinzipien
unseres christlichen Glaubens beruhen. Liebe muss das Ideal
sein, das unser Handeln bestimmt. Wir müssen uns erneut an
die Worte Jesu Christi erinnern, die er uns durch die Jahrhunderte hindurch zuruft: ‚Liebet eure Feinde; segnet die,
die euch verfluchen, und betet für die, die euch verachten.‘
[Die Zuhörer sind aufgestanden und bekunden lautstark ihre
Zustimmung.] Wenn uns das nicht gelingt, wird unser be-
rechtigter Protest ein bedeutungsloses Drama auf der Bühne
der Weltgeschichte sein, und die Erinnerung daran wird uns
mit Scham und mit Reue erfüllen. Obwohl wir misshandelt
werden, dürfen wir nicht bitter werden und beginnen, unsere
weißen Brüder und Schwestern zu hassen. Wie Booker T.
Washington sagte: ‚Lasst euch von niemandem so weit nach
unten ziehen, dass ihr ihn zu hassen beginnt.‘ [Die Zuhörer
rufen und applaudieren.] Wenn wir mutig und würdevoll und
mit christlicher Nächstenliebe für unsere Rechte eintreten,

wird später in den Geschichtsbüchern stehen: ‚Es gab einmal ein großartiges Volk – das schwarze Volk –, das der Zivilisation neue Bedeutung und Würde gab.' Das ist unsere Aufgabe und unsere große Verantwortung."[30]

Obgleich Kings Predigt am Vorabend des Boykotts zu Friedfertigkeit und Gewaltlosigkeit aufrief, hatte er damals noch nicht viel Erfahrung mit dem gewaltfreien Widerstand. Seine Ausdrucksweise lehnte sich noch konventionell an militärische Begriffe an, so sprach er zum Beispiel von den „Waffen des Protests" und der „Ausübung von Zwang" sowie davon, dass Gott den Mächtigen „das Rückgrat brechen" und sie „vernichten" werde, wenn sie Ihm nicht gehorchten.

Als am 30. Januar 1956, zwei Monate nach dem Beginn des Boykotts und achtzehn Jahre nach Gandhis Ermordung, auf Kings Haus ein Bombenanschlag verübt wurde, versammelten sich Hunderte von Schwarzen, von denen einige Pistolen, Messer, Handfeuerwaffen und Gewehre bei sich hatten, und lösten beinahe einen Aufstand gegen die weiße Polizei und den rassistischen Bürgermeister aus.[31] King beruhigte die aufgebrachte Menge in jener Nacht, aber schon bald nach diesem Vorfall wurde sein Haus von bewaffneten Männern bewacht. Das einzige Todesopfer, das sich auf den Boykott zurückzuführen ließ, war eine weiße Frau namens Juliette Morgan, Bibliothekarin und Einwohnerin von Montgomery, die am 12. Dezember 1955 einen Leserbrief an der *Montgomery Advertiser* geschrieben hatte, in dem sie den Boykott mit Gandhis Salzmarsch verglich.[32] Die Boykotteure „scheinen ihre Lektion von Gandhi gelernt zu haben – und von unserem Thoreau, der Gandhi stark beeinflusst hat. Die Aufgabe, die vor ihnen liegt, ist größer als die von Gandhi, denn sie müssen größere Vorurteile überwinden." Morgan wurde von Ihren Mitbürgern verspottet und drangsaliert, von früheren Freunden geächtet und so in die Enge getrieben, dass für sie der einzige Ausweg darin lag, sich das Leben zu nehmen.[33]

Von diesem Augenblick bis zu seiner Ermordung zwölf Jahre später hatte King stets Angst um sein Leben. Er ahnte, dass ein Anschlag auf ihn verübt werden würde, und beantragte einen Waffenschein, den der örtliche Sheriff jedoch ablehnte. Und als er daraufhin seinen Antrag beim Gouverneur „Big Jim" Folsom einreichte, lehnte auch er ihn ab.[34] Dennoch erhielt er letztlich eine Waffe, und bewaffnete Leibwächter schützten ihn und andere schwarze Führer rund um die Uhr – sein Haus wurde zu einer Festung.

Erst im Februar 1956 begann King, sich mehr mit gewaltfreiem Widerstand zu befassen, ursprünglich unter Anleitung von Bayard Rustin, der ihn lehrte, wie Gandhi die britische Herrschaft in Indien beendet hatte. Rustin hielt unnachgiebig daran fest, dass eine gewaltfreie Bewegung keine bewaffneten Wächter dulden könne und dass daher die Schusswaffen aus Kings Haus verschwinden müssten. King war damit nicht einverstanden. Er war verwirrt, denn bis zu diesem Zeitpunkt hatte er Gewaltlosigkeit so verstanden, dass man nur selbst nicht mit der Gewalt begann. Er war der Ansicht, dass er und andere das Recht hatten, sich zu verteidigen. In einem Interview sagte er damals:

„Wenn einem Huhn der Kopf abgeschlagen wird, kämpft es um sein Leben. Ein Wal beginnt mit seinem Kampf, wenn ihn die Harpune getroffen hat. Das Gleiche trifft auf die weißen Südstaatler zu. Vielleicht ergibt es Sinn, ein wenig Blut zu vergießen. Vielleicht müssen ein paar von ihnen ihr Blut verlieren. Dann wird die Bundesregierung einschreiten."[35]

Rustin beriet King und seine Frau Coretta und stellte beide – bevor er die Stadt wieder verließ – dem Methodistenpfarrer Glenn Smiley vor, der sich schon seit 1942 mit den Methoden der Gewaltlosigkeit befasste. Als Smiley King fragte, ob er von Gandhi gehört oder sogar dessen Bücher gelesen habe, zögerte King und meinte dann, seine Bewunderung für Gandhi basiere nicht darauf, dass er ihn und seine Arbeit kenne. Smiley gab ihm daraufhin Gandhis *Autobiografie*, Thoreaus *Über die Pflicht zum Ungehorsam gegen den Staat* und Richard Greggs *Die Macht der Gewaltlosigkeit*.[36] Als er nach dem Ende des

Boykotts gefragt wurde, welche Bücher ihn am meisten beeinflusst hätten, zählte King diese drei Werke auf. Als King sich mit den Strategien der Gewaltlosigkeit zu befassen begann, war das Konzept der gewaltfreien Aktion in Amerika schon zwei Jahrzehnte lang von den Pazifisten der *War Resisters League* und der *Fellowship of Reconciliation* erprobt worden.[37] Ohne dass er es beabsichtigt hatte, schuf King eine neuartige gewaltfreie Bewegung, die sich auf Mitgefühl stützte und mit seiner einzigartigen Redegabe bewaffnet war.[38] Er führte dieses Schwert zwölf Jahre und zwei Monate lang, bis er vor seinem Motelzimmer in Memphis ermordet wurde.

Die Stränge, die Emerson mit Thoreau, Thoreau mit Gandhi und King und Gandhi mit Parks und King verbinden, sind allesamt Ausdruck von Emersons Überzeugung, dass das Denken „dazu bestimmt ist, aktiv in den Ablauf der Dinge einzugreifen"[39]. Es liegt in der Natur der Geschichte, dass die alltäglichen Handlungen nicht wahrgenommen werden, die die Vorläufer der Veränderung sind. Was wäre geschehen, wenn Thoreau sich nicht Emersons Vortrag angehört und sein Buch nicht gelesen hätte? Was wäre geschehen, wenn Thoreau seine Wahlsteuer gezahlt hätte? Was wäre geschehen, wenn der Titel seines Essays „Über die Pflicht zum Ungehorsam gegen den Staat" nicht in „Ziviler Ungehorsam" geändert worden wäre? Was wäre geschehen, wenn Virginia Durr Rosa Parks nicht darin unterstützt hätte, die Highlander Folk School zu besuchen? Was wäre geschehen, wenn ein Redakteur der *Indian Times* Gandhi nicht Thoreaus Essay zu lesen gegeben hätte? Was wäre geschehen, wenn sich Rosa Park an jenem Abend im Dezember vom Busfahrer James Blake hätte einschüchtern lassen? Was wäre geschehen, wenn der Menschenrechtsveteran Ralph Abernathy, der sich aktiv dafür eingesetzt hatte, dass King den Boykott in Montgomery anführte, diese Rolle für sich selbst beansprucht und sie dann – mit ziemlicher Sicherheit – auch erhalten hätte? [40]

Wir alle kennen die Weggabelungen in unserem Leben, die uns seit unseren jungen Jahren immer wieder vor Entscheidungen stellen. Auf Abschlussfeiern oder von der Kanzel herab wird uns gesagt, dass es einen ausgetretenen, bequemen Weg gebe und einen steinigen Pfad der Integrität, der weniger benutzt werde. Aus buddhistischer Sicht ist das absolut wahr. Wir stehen jeden Tag vor unzähligen solchen Weggabelungen, die sich sogar spontan zwischen zwei Atemzügen auftun können. In jedem Augenblick bietet uns das Leben unendlich viele Möglichkeiten. Was unser Leben von dem eines anderen Menschen unterscheidet, ist unsere Absicht, denn sie ist das Einzige, worauf wir Einfluss nehmen können. Rosa Parks Absicht war klar und deutlich, und genauso verhielt es sich bei King, Thoreau und Gandhi. Auch Jo Ann Robinson und Virginia Durr hatten klare Absichten. Zwar besaßen sie keine Kontrolle darüber, wie sich die Ereignisse entwickelten, ihre eigene Entschlossenheit konnten sie jedoch sehr wohl beeinflussen.

Welche Auswirkungen die täglichen Aktionen der Bewegung in Zukunft haben werden, das versteht man vielleicht am besten, wenn man sich an Emersons Gesetz des Pflanzenreichs erinnert: Maissamen bringen Mais hervor; Gerechtigkeit erzeugt Gerechtigkeit und Freundlichkeit unterstützt Großzügigkeit. Wie säen wir unsere Samen, wenn große, wohlmeinende Institutionen und intolerante Ideologien, die den Anschein erwecken, unsere Erlösung zu sein, so viel Schaden anrichten? Eine gute Methode liegt in Kleinheit, Anstand und Regionalität. Der Einzelne beginnt dort, wo er sich gerade befindet, und legt den Weg - dem poetischen Ausspruch Antonio Machados gemäß - dadurch zurück, dass er ihn einfach geht. In *Über die Pflicht zum Ungehorsam gegen den Staat* weist Thoreau darauf hin, dass ein Einzelner etwas Neues beginnen kann, das Widerhall findet und ständig wächst, wenn er eine ungerechte Regierung nicht länger unterstützt. Für ihn gab es kein Handeln, das ohne Folgen war, nur folgenschweres Nichthandeln: „Denn es spielt keine Rolle, wie gering die Anfänge zu sein scheinen; was einmal wohlgetan ist, ist für immer getan."[41]

Die Rolle der indigenen Völker

Es ist sicherlich hilfreich, wenn wir Australier, die keine Urein-
wohner sind, uns vorstellen, wie es ist, wenn einem das Land
nicht mehr gehört, auf dem man seit fünfzigtausend Jahren ge-
lebt hat, und wenn einem mitgeteilt wird, dass es einem nie ge-
hört habe. Stellen Sie sich vor, wir gehörten zur ältesten Kultur,
die es auf der Welt gibt, und uns würde erzählt, dass sie wertlos
sei. Stellen Sie sich vor, wir widersetzten uns der Besiedlung,
wir litten und stürben bei der Verteidigung unseres Landes, und
dann stände in den Geschichtsbüchern, dass wir unser Land
kampflos aufgegeben hätten. Stellen Sie sich vor, wir Nicht-Ab-
origines hätten unserem Land in Friedens- und in Kriegszeiten
gedient und davon würde in der Geschichtsschreibung nichts
erwähnt. ... Stellen Sie sich vor, Ihr spirituelles Leben würde
geleugnet und lächerlich gemacht. Stellen Sie sich vor, Sie hätten
all diese Ungerechtigkeiten ertragen müssen und wären dann
noch für sie verantwortlich gemacht worden.

Paul Keating, australischer Premierminister, in seiner Rede im
Redfern Parc am 10. Dezember 1993, anlässlich der Feier des
Internationalen Jahres der indigenen Völker

Für Chevron existieren wir nicht. Sie haben uns schon lange
missachtet. Wenn zum Beispiel Öl ausgelaufen ist, beseitigen sie
die Ölteppiche nicht und leisten auch keinen Schadensersatz.
Unsere Dächer wurden vom sauren Regen zerstört, für den ihre
chemischen Stoffe verantwortlich sind. Unsere Flüsse haben
kein gutes Trinkwasser mehr. Jeden Tag werden unsere Fische
durch ihre Chemikalien getötet. ... Chevron schüchtert uns mit
Soldaten, Polizisten und der Marine ein und sie drohen uns

damit, dass sie ... ihre Werke abziehen, wenn wir auf die Situation aufmerksam machen und alles nicht länger schweigend hinnehmen. ... Bis 1970, als Chevron *sich hier noch nicht niedergelassen hatte, führten wir ein normales, ein gutes Leben und waren glücklich. Wenn wir in den Flüssen fischten oder im Wald jagten, fingen wir viele verschiedene Fische und Tiere. Heute ist unsere Erfahrung ganz anders. Ich fände es am besten,* Chevron *ginge weg und käme nie wieder zurück. Mädchen aus Lagos ... und anderen Teilen Nigerias bieten sich den Weißen und den Mitarbeitern von* Chevron *als Huren an und verbreiten dadurch alle möglichen Krankheiten. Das ist eine lange und traurige Geschichte. Sagt* Chevron, *dass wir keine Sklaven mehr sind.* ...

Felicia Itsero, siebenundsechzig Jahre, Mutter und Großmutter aus dem Clan der Gbaramatu, der im Niger-Delta lebt.[1]

Wir Westler haben die arrogante Einstellung, dass andere Kulturen intellektuell untätig gewesen sind, während wir all die Technologien und Innovationen erschaffen haben. Nichts könnte weiter von der Wahrheit entfernt sein. Und der Unterscheid rührt mit Sicherheit nicht daher, dass der Westen von Natur aus überlegen ist. Inzwischen ist es biologisch erwiesen, dass wir alle Brüder und Schwestern sind .... Wir bestehen alle aus dem gleichen genetischen Material. Jede Gesellschaft und Kultur schöpft aus demselben Pool von geistigem Reichtum; ihre Menschen verfügen über die gleichen intellektuellen Fähigkeiten. Und ob diese uns innewohnende Begabung dafür genutzt wird, neue Technologien zu erfinden oder die komplexen Erinnerungsstränge in einer mythischen Überlieferung zu enträtseln, das ist einfach nur eine Sache der individuellen und kulturellen Orientierung.

Wade Davis: „The Ethnosphere and the Academy"[2]

Die Vergangenheit wird länger und die Zukunft wird kürzer.

Weiße Feder, Stammesältester des Bärenklans der Hopi

A m 21. Oktober 1520 umrundeten vier Karavellen unter dem Kommando von Fernão de Magalhães eine große Landzunge am 52. Breitengrad in einem Gebiet, das heute zu Südost-Chile gehört. Südlich davon entdeckte die Expedition die Einfahrt zur berühmten Südwest-Passage zum Pazifik, die später nach ihrem Generalkapitän benannt wurde.

Die kleine Flotte segelte durch ein verzaubertes, aber gnadenloses Land: Von stahlblauen Gletscher führten riesige Gletscherzungen in die Fjorde; der Andenkondor segelte über tiefe Schluchten mit undurchdringlichen Wäldern; stürmische Wirbelwinde fegten die schneebedeckten Kordilleren hinab; klare, blaue Flüsse mündeten ins eisige Meer; Wale und Orkas zeigten sich immer wieder vor den Schiffen; Pinguine drängten sich auf den Stränden und gähnende, zwei Tonnen schwere See-Elefanten rekelten sich auf den Sandbänken und schüttelten ab und zu die Fliegen ab. Auf den südlichen Klippen, inmitten dichter Buchenwälder, beobachteten nackte, kupferfarbene Ureinwohner die Ankunft der Schiffe.

Im Oktober war es in der südlichen Hemisphäre noch ziemlich kalt, aber den entzückten Zuschauern, die mit Robbentran eingefettet waren und meist kein Fell trugen, schienen die Stürme nichts anzuhaben, im Gegensatz zu den portugiesischen Matrosen, die bis auf die Knochen durchgefroren waren. Versteckt zwischen sturmgepeitschten Bäumen, wohnten diese Menschen schon seit dem Ende der letzten Eiszeit „am Ende der Welt". Sie lebten als Nomaden, bauten sich keine festen Häuser, sondern wohnten in Zelten und zogen in Kanus umher. Um zu überleben, trugen sie immer glühende Kohle bei sich, damit sie jederzeit Feuer machen konnten. Wenn sie auf dem Meer waren, legten sie die glühenden Kohle in die Mitte des Kanus auf einen kleinen Sandhaufen. An ihm wärmten sich die Frauen, die im neun Grad Celsius kalten Wasser nach Schalentieren tauchten. Die rauchigen Feuer, die Magalhães überall auf der Halbinsel sah, brachten ihn auf den spanischen Namen *Tierra de los Fuegos* – der dann später in der Einzahl „Feuerland" bekannt wurde.

Über alle feuerländischen Stämme – die *Selk'nam, Ona, Haush, Alacalufs* und *Yámana* – wurde fortan wild spekuliert (Kannibalismus) und es entstanden fantastische Geschichten (Riesen aus Patagonien). In den folgenden dreihundert Jahren wurden sie alle Opfer der europäischen Gewaltherrschaft. Im Jahr 1578 sah ein erstaunter Francis Drake, wie Schneeflocken auf der nackten Haut der Frauen schmolzen, während seine Mannschaft im eisigen Sturm fror. Im 17. Jahrhundert gingen Holländer und Spanier an Land und schlachteten die Urbevölkerung einfach wie unbeliebte Schädlinge ab. 1828 kam der englische Kapitän Robert Fitzroy im Auftrag der *Royal Navy* in dieses Gebiet. Als Vergeltungsmaßnahme für den Diebstahl eines Walfängerbootes der Admiralität nahm er vier Geiseln und forderte die Rückgabe seines Eigentums.[3]

Als das Boot selbst nach einer intensiven Suchaktion nicht gefunden werden konnte, kam Fitzroy auf die Idee, seine Gefangenen mit nach England zu nehmen und sie dort zu „zivilisierten" Kirchgängern zu erziehen. Sie wurden getauft und erhielten eine Schulbildung. Drei von ihnen kehrten danach nach Patagonien zurück, um dort eine anglikanische Missionsstation zu errichten. Zwei Männer und ein Mädchen waren *Alcalufs*, ein Junge stammte von den *Yámana*. Es war damals Sitte, Ureinwohnern skurrile christliche Namen zu geben, damit ihr minderer Status auch klar zum Ausdruck kam. El´leparu wurde „York Minister" genannt; Orundellico, der Junge, wurde zu „Jemmy Button"; das neunjährige Mädchen Yokcushlu erhielt den Namen „Fuegia Basket" und der zweite *Alcaluf* wurde „Boat Memory" genannt. Er schien der Schlauste von allen zu sein, aber sein wirklicher Name wurde niemals bekannt, da er kurz nach der Ankunft in England an Pocken starb. Jeder der vier wurde nach einem Objekt benannt, und tatsächlich wurden die Feuerländer von ihren Häschern auch als Objekte betrachtet, die die Experten zu Hause näher untersuchen konnten. In London wurden sie zu kleinen Berühmtheiten, denn die Gerüchte sprachen von einer zuchtlosen Rasse nackter Kannibalen, die in Kanus lebten und rohen Fisch aßen, wenn sie nicht gerade übereinander herfielen. Nach neun Monaten Religionsschule wurden sie an den Hof von König William IV. und Königin Adelaide zitiert, wo Fuegia Basket mit einer Spitzhaube, einem Ring und einer kleinen Mitgift präsentiert wurde.

Um seine Vision zu erfüllen und das Christentum nach Feuerland zu bringen, stach Fitzroy am 27. Dezember 1831 mit dem zweihundertvierzig Tonnen schweren Dreimaster *HMS Beagle* und vierundsiebzig Mann Besatzung in See. An Bord waren ein anglikanischer Religionslehrer, der die Missionsstation zusammen mit den drei Bekehrten aufbauen sollte, sowie ein Theologe aus Cambridge, der gerade seinen Abschluss gemacht hatte: der junge Naturforscher Charles Darwin.

Fast ein Jahr später, als die Beagle schließlich in der *Good Success Bay* an der Spitze Feuerlands vor Anker ging, hatte Darwin seine erste Begegnung mit der Urbevölkerung und war erschüttert.[4] Mit weißer und roter Farbe bemalte Männer rannten schreiend und wild gestikulierend am Strand auf und ab, ihre Locken flogen im Wind, während sie über umgestürzte Bäume und Felsbrocken sprangen. Signalfeuer brannten im Hinterland, aber er wusste nicht, ob sie als Willkommensgruß oder als Warnung entfacht worden waren. Auf Darwin wirkte alles wie der ausgefranste Rand der Welt, ein Gebiet voller Wildheit, ohne jegliche Zivilisation.[5] Bis zu diesem Zeitpunkt hatte er nur Feuerländer gesehen, die mit Westen, Reifröcken oder Hosen bekleidet und nicht nur mit Robbentran eingeschmiert waren. Er war kaum in der Lage zu akzeptieren, dass es sich bei diesem Gestalten um Angehörige der menschlichen Rasse handelte. Eine Schlussfolgerung, die später in seiner Evolutionstheorie keine geringe Rolle spielte: „Ich konnte nicht glauben, wie groß der Unterscheid zwischen einem Wilden und einem zivilisierten Menschen ist: Er ist größer als der zwischen einem domestizierten und wild lebenden Tier, da der Mensch eine größere Fähigkeit besitzt, sich aus eigener Kraft weiterzuentwickeln."[6]

Nach der ersten Reise sind die Zeichnungen, die Kapitän Fitzroy von den Feuerländern anfertigte, in England in hoher Auflage reproduziert worden und haben die unbewusste Engstirnigkeit der damaligen Zeit noch verstärkt. Fitzroy glaubte an die Phrenologie – der zufolge die Größe und Form des Schädels Aufschluss über Charaktereigenschaften und bestimmte Persönlichkeitszüge gibt – und projizierte auf seine Modelle bewusst oder unbewusst ängstliche Gesichter, die ein Beweis für den niedrigsten Stand der menschlichen Entwicklung sein sollten.

Die Gesichter auf seinen Porträts zeigten eine hervorstehende Stirn, überhängende Augenbrauen, übermäßig große Nasenlöcher, dicke Lippen, fliehendes Kinn, schwarzes struppiges Haar sowie düstere Augen, die eng beieinanderstanden oder weit auseinander saßen und mit dunklen, raubtierhaften Pupillen stur geradeaus starrten.[7]

Einen enthüllenden Kontrast dazu lieferten Aufnahmen, die französische Fotografen von der *Mission Scientifique du Cap Horn* von den *Yámana*, den *Kawéskar*, den *Selk'nam* und den *Aónikenk* gemacht hatten und die Menschen zeigten, die im Aussehen eine erstaunliche Ähnlichkeit mit den *Menba* aus Tibet und den in ihren Jurten lebenden Hirten aus dem Gebiet von Ordos in der Mongolei hatten.[8, 9] Die Männer haben einen starken Kiefer, hohe Wangenknochen und rabenschwarzes Haar. Bei den Frauen, die auf den Missionsstationen fotografiert worden waren und daher europäische Kleidung trugen, ist der Blick voller Sorgen und schicksalsergeben. Die Frauen und Kinder jedoch, die in ihrer natürlichen Umgebung in traditioneller Kleidung fotografiert wurden, sehen gesund und energiegeladen aus – so schön wie Frauen und Kinder überall.

Obgleich Darwin sich für das eigenartige Stolzieren des einheimischen Guanako (eines engen Verwandten des Lamas und Alpakas) begeistern konnte, war sein Interesse an den einheimischen Menschen eher zurückhaltend und sie erschienen ihm rätselhaft. Seine Beobachtungsgabe ließ ihn bei Feuerländern im Stich, denn viele Aspekte ihrer Kultur, einschließlich ihrer Sprache, verwirrten ihn. Auf der einen Seite war er von ihrer Fähigkeit überrascht, englisch sprechende Menschen perfekt nachzuahmen und ganze Sätze zu wiederholen, bis hin zu den dazugehörenden Gesichtsausdrücken, dem

Husten, den Muskelzuckungen und dem Dialekt. Aber weil er die Worte, die sie in ihrer Sprache verwendeten, nicht so einfach auseinanderhalten konnte, schlussfolgerte er daraus, dass sie immer nur ein paar einfache Ausdrücke wiederholten und deshalb nur über ein kleines Vokabular verfügten:

> „Die Sprache dieser Leute verdient es nach unseren Vorstellungen kaum, artikuliert genannt zu werden. Kapitän Cook hat sie mit einem sich räuspernden Mann verglichen, gewiss aber hat dies noch kein Europäer mit so vielen heiseren, gutturalen und klackenden Geräuschen getan. ... Ich bin davon überzeugt, dass es auf der ganzen Welt keine niedrigere Menschenrasse gibt."[10]

Das Wort „barbarisch" stammt vom griechischen Begriff *barbaros*, der „Nichtgrieche" bedeutet. Wer kein Griechisch sprach, wurde als „Barbar" bezeichnet. Darwin und alle anderen Europäer wussten damals nicht, dass diese „barbarischen" Wilden in der Welt des gesprochenen Wortes zu Hause waren und die Abende in ihren Grubenhäusern mit anregenden und nuancierten Gesprächen verbrachten.[11]

Erst Thomas Bridges, ein Waise, der von einer Missionarsfamilie adoptiert worden war, erkannte die wahre Komplexität der Sprache der *Yámana*.[12] In Zusammenarbeit mit George Okkoko und dessen Frau verbrachte er einundzwanzig Jahre damit, ein Wörterbuch zu erstellen, das 32.430 Wörter und Flexionen enthielt – eine Zahl, die sich mit dem Wortreichtum der japanischen Sprache vergleichen lässt, bevor chinesische und englische Einflüsse den Sprachschatz erweiterten. Da Bridges 1898, vor der Vollendung des Wörterbuchs, starb, können wir die wahre Anzahl der Wörter, die die *Yámana* verwendeten, nur erahnen.

Das Wörterbuch kann als ein einzigartiges Dokument, als ein Forschungsergebnis regionaler Wissenschaft, als ein anthropologisches Werk oder einfach nur als eine Metapher gelesen werden. Es ist an

Substantiven genauso karg wie die Sprache Feuerlands, enthält aber mehr Verben als das Englische. Wenn man in diesem einzigartigen Dokument blättert, bekommt man den Eindruck, als gäbe es bei ihnen einen präzisen Ausdruck für jeden Augenblick in ihrem Leben. Um den Grad der Intelligenz zu würdigen, die notwendig ist, um 32.430 Wörter zu verstehen und anzuwenden, sollte man sich vor Augen führen, dass Samuel Johnsons Wörterbuch der englischen Sprache, das 1755 erschien, 42.773 Wörter enthielt. Shakespeare hat in seinem gesamten Werk 29.066 verschiedene Wörter verwendet, wobei die Wörter, deren Sinn sich nicht überschnitt, weniger als 20.000 waren.[13] Ein gebildeter Amerikaner hat vielleicht einen Wortschatz von 20.000 Wörtern, aber er verwendet im Laufe einer Woche nicht mehr als 1500 bis 2000.[14] Die Hälfte der amerikanischen Jugendlichen verwendet in ihrer täglichen Sprache nicht mehr als 40 Wörter.

Yámana ist eine Sprache, die voller Nuancen und Scharfsinnigkeit ist. Sie besitzt 61 verschiedene Begriffe für die Verwandtschaftsverhältnisse, das Englische hat im Vergleich dazu 25. *Guratuku* bedeutet „jemanden aus Eigennutz oder unlauteren Beweggründen heiraten"; *taisasia* bedeutet „auf dem Boden zugedeckt werden wie Eier in einem Nest"; *porapola* ist eine Süßwasseralge, aber der Begriff wird auch für gestreifte Bären verwendet; *namihlapinatapai* drückt aus, dass sich zwei Menschen anschauen und dabei hoffen, der andere möge das tun, was sich beide wünschen, aber keiner zu tun wagt; *ondagumakona* drückt aus, dass man Muschelhaufen - einen nach dem anderen - von einem Boot absammelt, um sie dann zu kochen und zu essen; das Wort für Depression bezeichnet auch einen Einsiedlerkrebs, der sich häutet; die Bezeichnung *yámana* meint „die höchste Lebensform, das Lebendige an sich, am Leben zu sein"[15].

Darwins Urteil, dass die Menschen „in diesem rauen Teil der Welt weniger weit entwickelt sind als in anderen Teilen", stimmte aus dem Blickwinkel des viktorianischen England. Von den Hunderten Stämmen und Kulturen Amerikas gehörten die *Yámana* zu den primitiveren. Sie lebten auf Steinzeitniveau, kannten keine geschriebene Sprache und hatten wenig Respekt vor Privateigentum oder persönlichen Grenzen. Aber wie beurteilen wir einen Stamm, der bildliche Ausdrücke verwendete, um Geisteskrankheiten, verschiedene Skelettformen und das Vergehen der Zeit zu beschreiben? War die Sprache der *Yámana* ein isoliertes Phänomen oder lässt sie sich mit anderen indigenen Sprachen vergleichen? Was ist mit anderen Sprachen, die seit der Eroberung verloren gegangen sind? Weil nur wenige Menschen so hartnäckig und geduldig wie Thomas Bridges waren, wissen wir fast gar nichts über ausgestorbene Sprachen oder über die Gedanken von den 10 Millionen Indianern, die als Sklaven der Spanier starben.

Die Europäer stellten die Intelligenz der *Yámana* infrage und machten sich über die Ureinwohner lustig, weil sie keine Kleidung trugen. Aber die Einheimischen wussten, warum sie im Klima von Feuerland kein Tuch am Leib trugen. Europäer, die länge Zeit in nassen Kleidern draußen waren, starben oft an Lungenentzündung; als *Yámana* von den Missionaren gezwungen wurden, Wollpullover zu tragen, starben sie zu Hunderten. Weder die *Yámana* noch ihre Nachbarstämme hatten die Zahl der 500 Millionen Guanakos, die vor der Eroberung in Südamerika lebten, so weit vermindert, dass das Tier heute zu den gefährdeten Arten zählt. Und sie schlachteten auch keine Robben und Seelöwen allein ihrer Pelze wegen ab.

Heutzutage sind die *Yámana* fast völlig verschwunden. Es gibt nur noch zwei Menschen, die die ursprüngliche Sprache sprechen, und sie sprechen nicht miteinander. Was die Völker der *Abipon, Chané, Kunza, Canichana, Itene, Jorá, Shinabo, Acroá, Lule Toconoté, Araram, Kamakan, Karipuna, Oti, Nukuini, Paranawát, Otuke, Kakauhua, Anserma, Cagua, Chibcha* und hundert andere anbelangt, so sind die letzten Menschen, die diese amerikanischen Sprachen sprechen konnten, bereits gestorben. Keine Sprache starb dabei durch Verschulden des eigenen Volkes aus. So wie Fitzroy glaubte, das Recht zu haben, seine entführten *Yámana* mit der Begründung auszustellen und auszubeuten, er wolle sie zivilisieren, hat eine fünfhundert Jahre lange Geschichte der Ausrottung, des Völkermords und der Kolonisierung zu einem bis heute nicht endenden Prozess der kulturellen „Säuberung" geführt – und zwar mit der Behauptung, dass dies zum „Wohl" der Opfer geschehe. Dieser Prozess ist heute noch genauso tödlich wie in den vorangehenden Jahrhunderten.

Ich fordere damit nicht, dass Sprachen oder Kulturen rein zum Selbstzweck erhalten werden sollten, denn sie entwickeln sich zwangsläufig weiter und verschwinden, wenn sie nicht mehr dynamisch auf Veränderungen in der Politik, der Ökonomie oder der Umwelt reagieren können. Wenn jedoch ein Massensterben von Arten oder Sprachen stattfindet, drückt dies keinen normalen Entwicklungsprozess aus, sondern ist ein Zeichen gezielter Vernichtung.[16] Die Gebiete der Erde, in denen die größte biologische Vielfalt herrscht, verfügen auch über die meisten Sprachen, und dennoch sterben gegenwärtig mehr Sprachen aus als Arten. Seit der Eroberung Amerikas ist die Hälfte der Sprachen weltweit verschwunden. Von den übrig gebliebenen Sprachen, die noch gesprochen werden, sind mehr als 3000 dabei zu sterben.[17] Gegenwärtig gibt es 362 stark gefährdete Vogel- und Säugetierarten und 438 stark gefährdete Sprachen mit weniger als 50 Sprechern.[18] Übrig geblieben sind weltweit ungefähr 6800 Sprachen, die mit Kulturen in Verbindung stehen, die, wie jede Familie und Gesellschaft, überleben wollen.[19]

Es mag merkwürdig klingen, wenn man einer Sprache eine gezielte Absicht unterstellt, aber das ist auch nur dann so, wenn eine Sprache als ein lebloses Objekt betrachtet wird. Der Ausdruck „lebendige Sprache" drückt es viel genauer aus, als wir es uns vorstellen; eine Sprache ist tatsächlich lebendig, ihre Wort-Zellen verbinden sich ständig zu neuen grammatikalischen Lebensformen.[20] Eine Sprache stirbt dann, wenn sie nicht mehr von einer neuen Generation von Kindern gelernt wird. Wenn das Aussterben in der Geschwindigkeit weitergeht wie bisher, wird die Hälfte unseres lebendigen kulturellen Erbes in einer einzigen Generation verschwunden sein. Pro Jahr sterben 30 Kulturen aus und so nimmt die kulturelle Vielfalt der Menschheit immer weiter ab.

Indigene Kulturen nehmen deutlich wahr, dass sie mit darwinistischen Vorurteilen betrachtet werden: Es gibt höhere und niedrigere Entwicklungsstufen, und je nachdem, ob eine Kultur europäischen und damit modernen Ursprungs ist oder nicht, ist sie weiterentwickelt und mehr wert oder eben weniger. Der Anthropologe Wade Davis, der indigene Kulturen auf der ganzen Welt - und besonders in Amerika - studiert und in ihnen gelebt hat, vertritt überzeugend die Auffassung, dass die reduktionistische Betrachtungsweise[21] einer Sprache, die nur das Vokabular und die Grammatik berücksichtigt, das Wesentliche nicht begreift. Eine Sprache ist nichts anderes als der lebendige Ausdruck einer Kultur; sie ist ein Teil dessen, was er eine „Ethnosphäre" nennt, „die Summe aller Gedanken, Träume, Ideale, Mythen, Intuitionen und Eingebungen, die die Vorstellungskraft seit dem Beginn des Bewusstseins hervorbringt".[22]

In der Sprache der *Yámana* enthalten die Verben, die Substantive und die Ausdrücke einen Sittenkodex, praktische Richtlinien und überlieferte Sichtweisen. Sie stellen damit eine Art angewandte Wissenschaft dar, die die Beziehung der Menschen zu ihrem Land und seinen Ressourcen bestimmt. Kulturelle Ausdruckformen spiegeln Jahrhunderte wider, in denen durch Versuch und Irrtum gelernt wurde. Sprache repräsentiert auch atemberaubende Schönheit, ästhetischen und intellektuellen Reichtum, der in den unsichtbaren Klangwellen enthalten ist.[23] Obgleich jede Sprache einen großen Schatz für die Menschheit darstellt, verschwindet alle zwei Wochen eine von ihnen für immer.[24]

Trotz allem gibt es starke Vorbehalte gegen eine mehrsprachige Welt. In vielen Mythen ist die Entstehung der vielen Sprachen ein Fluch, eine Bestrafung durch Gott, was einschließt, dass wir in einer vollkommenen Welt nur eine Sprache sprechen würden. Die Babylonier bauten den Turm zu Babel, der bis in den Himmel reichen sollte, und zur Strafe mussten sie in vielen Zungen sprechen. Die *Cholulans*, die vor den Azteken in dem Gebiet lebten, das heute zu Mexiko gehört, begannen 200 v. Chr. mit dem Bau der größten Pyramide der Welt, aber der Legende nach stürzte Gott sie um, weil sie den Sterne zu nahe kam. Die Tolteken glaubten, die Menschheit werde nach der Sintflut einen Turm in die nächste Welt hinein bauen, um sich vor den zukünftigen Fluten zu schützen, aber diese Anmaßung wurde bestraft und sie sollten einander nie wieder verstehen. Das Streben nach sprachlicher Einheit lebt heute weiter im Esperanto, das aus der Überzeugung heraus entstanden ist, dass die Menschheit sich besser verstehen und friedlicher zusammenleben würde, wenn alle die gleiche Verkehrssprache sprächen. Eine Reise ins Amerika der Gegenwart oder ein Besuch der „Killing Fields" von Kambodscha widerlegt diese Theorie sehr schnell.[25]

Wir betrachten indigene Kulturen in der Regel herablassend, wenn nicht gar geringschätzig. Der britische Historiker Hugh Trevor-Roper schrieb 1965, dass die Funktion der einheimischen Kulturen darin bestehe, der Menschheit „einen Blick in die Vergangenheit zu gestatten, von der sie sich aufgrund ihrer Geschichte gelöst hat"[26]. In dem 1987 erschienenen Lehrbuch *American History: A Survey*, das drei Historiker geschrieben haben, wird behauptet, dass die Invasion Amerikas „die Geschichte der Errichtung einer Zivilisation in einem Erdteil ist, in dem es vorher keine gab"[27]. Christopher Hitchens, der in *The Nation* einen Beitrag zur Fünfhundertjahrfeier der Landung von Kolumbus verfasste, schlug einen überholten, aber entgegengesetzten Kurs ein, indem er schrieb, dass „die *Arawaks*, die von Kolumbus' Leuten massakriert wurden, genauso wie die Inka, die *Comanchen* und die anderen Völker nicht die Urbevölkerung, sondern nur die letzten Bewohner des Kontinents waren. ... 1492 war ein sehr gutes Jahr."[28]

In seinem Essay mit der Überschrift „Lass sie sterben" behauptet der Neurobiologe Kenan Malik, jede Nostalgie für etwas, das in der modernen Welt nicht überlebensfähig sei, sei Ausdruck eines reaktionären, multikulturellen Liberalismus. Er behauptet, dass eine Sprache keine Funktion mehr habe, wenn sie nur noch von wenigen gesprochen werde, dass sie dann keine Kultur mehr widerspiegele, sondern eher ein Geheimcode als ein Mittel zur Kommunikation sei. Die Menschen sollten stattdessen eine weitverbreitete Sprache lernen, um ein besseres Leben „im modernen Mainstream zu führen, zu dem der Rest von uns gehört"[29]. So unsensibel diese Aussagen auch sind, sie zeigen deutlich, welche Einstellung zu indigenen Kulturen bis heute vorherrscht. Der Eurozentrismus fördert die Anpassung dieser „unbedeutenden" Kulturen, ja schreibt sie gewissermaßen vor. Nicht nur Missionare sind der Ansicht, dass die Urbevölkerung glücklicher ist, wenn sie lesen und beten kann und eine Arbeit hat – eine Vision, die sich damit vergleichen lässt, eine Bergwiese zu mähen, um sie in einen gepflegten Rasen zu verwandeln.

Das westliche Vorurteil, dass wir zu einer überlegenen Kultur gehören, trifft nur dann zu, wenn wir ausgewählte Maßstäbe anlegen. Anstatt davon auszugehen, dass alle sich westlichen Werten unterwerfen wollen (und dabei außer Acht zu lassen, dass nicht alle von einem zügellosen Materialismus profitieren können, weil die irdischen Ressourcen begrenzt sind), täten wir besser daran, das Untergehen von Sprachen als einen weiteren Beweis dafür zu betrachten, dass das Ökosystem weltweit zusammenbricht. Dass Sprachen aussterben, wird zudem durch eine kulturelle Hegemonie verursacht, die diejenigen unterdrückt oder bestraft, die weiterhin ihre heimische Sprache sprechen.[30] Eine gewohnte Lebensweise wird nicht freiwillig aufgegeben, sondern durch äußere Einflüsse unmöglich gemacht oder entwertet.

Indigene Völker *wollen* teilhaben an den Annehmlichkeiten des modernen Lebens – wie Elektrizität, Antibiotika und dem Internet –, und obgleich sie auch andere Sprachen sprechen müssen, um Zugang zu all dem zu haben, möchten sie ihr Geburtsrecht nicht verlieren. Die *Ojibwe* fahren Kleinlaster, aber sie sind immer noch Ojibwe. Das Land, die Lieder, die Rituale, die Feste und die Sprache sind von Natur aus miteinander verwoben und nicht von ihrer kulturellen Identität zu trennen. Die Urbevölkerung gibt nur selten ihre angestammte Sprache auf, wenn sie nicht von außen dazu gezwungen wird.[31] Malik sollte die

Tibeter fragen, ob sie wirklich Mandarin lernen wollen. Wade Davies betrachtet die Vielfalt der Sprachen wie ein Biologe die Artenvielfalt:

„Verschiedene Kulturen verkörpern einzigartige Sichtweisen des Lebens, die eine moralische Grundlage haben und von Natur aus gerecht sind. Und diese unterschiedlichen Stimmen sind ein Teil des großen Repertoires, das die Menschheit hat, um mit den Herausforderungen fertig zu werden, mit denen sie in Zukunft konfrontiert ist. Während wir auf eine formlose, oberflächliche und unterschiedslose Welt zusteuern, Kulturen verschwinden und das Leben immer gleichförmiger wird, verarmen wir immer mehr als Menschen und als Art, wodurch auch die Erde als solche immer ärmer wird."[32]

Wenn Sprachen austauschbare Gegenstände wären, hätte ihr Verlust nur wenig Bedeutung. Aber Sprachen sind lebendig und untrennbar mit der biologischen Artenvielfalt verbunden. Der Verlust der „verbalen Botanik" ist irreparabel und eine einsprachige Welt ist genauso undenkbar wie eine Welt, in der es nur eine Art von Baum, Blume und Vogel gibt.[33]

Die Feuerländer konnten für Magalhães' Heldentat, die darin bestand, dass er überhaupt bis zu ihrer Inselgruppe vorgedrungen war, nicht dankbar sein; auf der anderen Seite konnten auch der große Entdecker und seine Männer es nicht wertschätzen, dass die Feuerländer es geschafft hatten, in dieser unwirtlichen Gegend zu überleben. Es fällt nicht schwer, sowohl den Spaniern – in deren Diensten Magalhães stand – als auch den Feuerländern ihre jeweiligen Vorurteile nachzusehen, aber sollten wir in gleicher Weise auch Trevor-Roper, Hitchens, die drei Historiker und die vielen anderen entschuldigen, die heutzutage immer noch postulieren, dass Kolumbus Amerika „entdeckt" habe?

Das Buch *1491* von Charles Mann ist eine Abhandlung dieses Themas, die alle Vorstellungen, die wir über die vorkolumbianische

Geschichte haben, auf den Kopf stellt. Buchstäblich jeder Mythos über Amerikas Vergangenheit wird durch die jüngsten archäologischen Entdeckungen zunichtegemacht. Kolumbus starb in dem Glauben, den Seeweg nach Indien entdeckt zu haben, und das bedeutet, dass er keine Ahnung hatte, wo er sich auf seinen vier Reisen überhaupt befunden hatte. Das Wort „Indianer" ist bis auf den heutigen Tag ein Beleg für seine Unwissenheit, und die amerikanischen Ureinwohner entgegnen zu Recht, dass man ein besiedeltes Land nicht „entdecken" könne. Die Landkarten des Ptolemäus, die Kolumbus verwendete, gingen davon aus, dass es auf der Erde nur eine riesige Landmasse gäbe und Asien am Atlantik liege. Gott schied am dritten Tag der Schöpfung das Wasser vom Land, wobei das Wasser ein Siebtel der Erdoberfläche einnahm und keinen Platz für einen anderen Ozean ließ. Kolumbus stieß durch Zufall auf einen unbekannten Kontinent, auf dem mehr Menschen lebten als in Europa, dessen Städte größer waren, der eine hoch entwickelte Medizin, eine überlegene Landwirtschaft und gesündere Menschen kannte – doch das alles war ihm nicht bewusst.

Selbst für diejenigen, die an der Wahrheit interessiert sind, hat es Jahrhunderte gedauert, bis man voll und ganz verstand, welchen Entwicklungsstand und welche Fülle die Kulturen der Neuen Welt hatten. Der Grund dafür lag darin, dass diese Kulturen nach der Eroberung schnell zusammenbrachen. Es wird geschätzt, dass auf dem amerikanischen Doppelkontinent 90 bis 112 Millionen Menschen lebten, als die Europäer dort ankamen.[34] In nur 200 Jahren starben von Patagonien bis zu den nördlichsten Ausläufern des Yukon 98 Prozent der einheimischen Bevölkerung durch Krankheit und Gewalt sowie an gebrochenem Herzen.[35]

Die besiegten Azteken und Inka wurden dezimiert und traumatisiert durch Pocken, Typhus, Masern, Grippe und Diphterie – die meisten, bevor sie auch nur einen Soldaten zu Gesicht bekommen hatten; sie waren Opfer einer Panepidemie, die größer war als der Schwarze Tod im 14. Jahrhundert. Krankheitserreger erledigten die

Arbeit für Hernán Cortés und Francisco Pizarro. Zu dieser Tragödie kam dann noch das große Leid, denn Kolumbus und seine Landsleute begingen das, was wir heute „Verbrechen gegen die Menschlichkeit" nennen: Völkermord, Vergewaltigung, Mord, Folter und Zerstörung. Sie taten es nicht nur deshalb, weil sie die Kulturen verachteten, auf die sie trafen, sondern auch weil die einheimische Bevölkerung für die europäische Kultur nur als Sklaven und als eine Möglichkeit, Gold zu finden, von Bedeutung waren. Man sucht vergeblich nach plausiblen Erklärungen für den Geisteszustand der Eroberer. An einem einzigen Tag vergewaltigten oder enthaupteten die Spanier im Beisein des Priesters Bartolomé de las Casas 3000 Menschen.[36]

> „Sie hackten Kindern, die vor ihnen wegliefen, einfach die Beine ab. Sie schütteten kochende Seife in die Münder. Sie schlossen Wetten darüber ab, wer mit einem einzigen Schwerthieb sein Opfer in der Mittel zerteilen konnte. Sie hetzten Hunde los, die ‚einen Indianer wie ein Ferkel in weniger als einem Augenblick verschlangen.' Sie fütterten ihre Hunde mit Säuglingen."[37]

Es war eine schlimme Begegnung der Kulturen, in der sich zeigte, was es heißt, kultiviert zu sein. Nord- und Südamerika sind seitdem ein Leichenschauhaus des Elends, eine seit 500 Jahren klaffende Wunde, die noch immer nicht verheilt ist.

Im Jahre 1492 erstreckte sich das Reich der Inka an der Ostküste Südamerikas über 3500 Kilometer und war damit das größte Herrschaftsgebiet auf der Erde, größer als jedes Reich in Europa, größer als das Osmanische Reich, das Reich der Ming-Dynastie oder die Länder, die Iwan der Schreckliche unterworfen hatte.[38] Tenochtitlán, die Hauptstadt des Aztekenreichs, war größer als die größte Stadt in Europa; ihre Märkte, ihre Dämme, ihre Chausseen, ihre botanischen Gärten, ihre Tempel und ihr einwandfreies sanitäres System erstaunten die Spanier. In Nordamerika besaßen die *Haudenosaunee*, ein Völkerbund aus sechs Nationen – den *Seneca*, den *Cayuga*, den *Onondaga*, den *Oneida*, den *Mohawk* und den *Tuscarora* –, eine Art Parlament mit Bürgerreferendum, das bis in das Jahr 1142 zurückdatiert. Diese Regierungsstruktur besteht bis auf den heutigen Tag und wird intern von weiblichen Clanoberhäuptern geleitet.[39] Vor diesen Kulturen gab es in Mittelamerika die der *Maya*, der *Hopewell* und der *Olmeken*. Mesoamerikanische Kulturen[40] bauten in den letzten 7500 bis 12.000 Jahren insgesamt 5000 verschiedene Maissorten an.[41] Über den Ursprung des Mais gibt es mehrere Theorien, aber Wissenschaftler wissen immer noch nicht, wie genau der Wildmais domestiziert und zum Grundnahrungsmittel wurde. Auf dem Land der Inka wuchsen zur Zeit der spanischen Invasion 3000 verschiedene Kartoffelsorten, die unter unterschiedlichen klimatischen und Bodenverhältnissen angebaut werden konnten. Das ist ein gutes Beispiel für landwirtschaftliche Nachhaltigkeit, da die angebauten Pflanzen sich selbst gegen alle möglichen negativen Einflüsse aus dem Boden oder durch das Wetter schützen konnten.[42]

Heute ist der Mais die am meisten angebaute Kulturpflanze der Erde, und die drei Sorten Wurzelgemüse, die in Amerika wuchsen – Kartoffel, Süßkartoffel und Maniok – stellen zusammen die wichtigste Kalorienquelle weltweit dar. Wenn man bedenkt, dass zur Landwirtschaft in Amerika auch Kaffee, Kakao, Tomate, Avocado, Paprika, Cayennepfeffer, Chili, Erdnuss, Cashewnuss, Tabak, Sonnenblume, Safran, Vanille, Ananas, Papaya, Heidelbeere, Erdbeere, Passionsfrucht, Pekannuss, Kürbis, Zucchini, Ahornsirup, Cranberry, Tapioka (aus der Maniokwurzel) und eine ganze Reihe verschiedener Bohnenarten gehörten, liegt die Schlussfolgerung nahe, dass die amerikanischen Ureinwohner die besten Pflanzenzüchter in der Geschichte der Menschheit waren. Die Europäer, die jahrhundertelang chronisch unterernährt waren, kamen in ein fruchtbares Land, das von Menschen bestellt wurde, die im Großen und Ganzen wohlgenährt waren.[43]

Landwirtschaft *ist* eine Kultur, was sich auch in dem Wort „Agrikultur" zeigt. Nord-, Mittel- und Südamerika waren schon seit Langem kultiviert – man könnte sogar sagen, es war ein einziger großer Garten. Die romantische Vorstellung von einer unberührten Umgebung, der Gedanke, dass der weiße Mann einen jungfräulichen Kontinent entdeckt habe, war eine Ausgeburt der Fantasie. Seit dem Pleistozän haben Menschen in die Landschaft gestaltend eingegriffen und sie für sich oder andere Arten genutzt. Wenn man mit einem Ethnobotaniker in den ursprünglichen Amazonas-Urwald geht, stößt man dort auf eine Landschaft, die über Tausende von Jahren hinweg durch die Eingriffe der einheimischen Bevölkerung verändert wurde. Urwälder wurden zu forstwirtschaftlich genutzten Gärten (wir nennen es heute „Agroforstwirtschaft") – das bedeutet, es gab eine sich unentwegt entwickelnde dauerhafte Beziehung zum Regenwald, die den Menschen das ganze Jahr hindurch mit Arzneien, Fasern, Früchten und Tieren versorgte.

Wenn wir das hohe Gras der Weidegebiete der Büffel vor der Massenabschlachtung der Paarhufer und Wiederkäuer durchstreifen könnten, würden wir uns in einer Landschaft wiederfinden, in der das Gras mannshoch wuchs und die zu den fruchtbarsten Savannen der Erde gehörte und durch die Ökologie des Feuers genährt und erhalten wurde. Es gibt Anzeichen dafür, dass die Urbevölkerung von Alaska bis in den Süden nach Santa Barbara – als ob sie auf ein Signal reagiert hätten, das vor viertausend Jahren auf dem ganzen Kontinent zu vernehmen war – die Robben von der Küste vertrieben hatte, sodass sie in küstennahen Kolonien siedelten. Durch diese Veränderung gab es mehr Robben und Seelöwen, da ihre Population nicht mehr von Wölfen und Bären dezimiert werden konnte. Außerdem war es für die Menschen nun auch nicht mehr so leicht, sie mit Baidarkas und Kanus zu jagen, und so sank ihre Sterblichkeitsrate weiter. Natürlich gab es kulturelles Scheitern, wie im Fall der Anasazi, deren Landwirtschaft unter lang anhaltenden Dürreperioden zu leiden hatte. Aber im Großen und Ganzen erhöhten sich durch das Einwirken auf die unmittelbare Umgebung Produktivität und Artenvielfalt der natürlichen Systeme, ohne gleichzeitig Schäden zu verursachen. Technologisch gesehen, tanzt die westliche Kultur in ihre Vormachtstellung hinein – im Ohr Kopfhörer und in der Hosentasche einen *iPod*. Wenn es um Innovation, Literatur und Kreativität geht, ist ihr Erfolg umwerfend. Die Fähigkeit, bis tief in den Ozean oder zum Mond vorzudringen, ist eindrucksvoll, aber wie schon Robert Oppenheimer bemerkt hat, geht technologisches Wissen nicht zwangsläufig einher mit Selbsterkenntnis. Wenn wir die westliche Kultur danach beurteilen, wie sie Menschen anderer ethnischer Zugehörigkeiten und Rassen behandelt, ist es ein Gräuel. Wenn wir sie danach beurteilen, wie sie ihre eigenen Leute behandelt – die Kinder, die Alten und die Armen –, kann man sich nur für sie schämen.

Wenn wir die US-amerikanische Überlegenheit daran messen, wie US-Bürger mit der Umwelt umgehen, dann ist die USA die dümmste Zivilisation in der Geschichte dieses Planeten. Wenn man wissenschaftliche und technische Begriffe miteinbezieht, hat das Englische mehr als drei Millionen Wörter. Das Wort „hervorragend" reicht kaum aus, um solch eine Leistung zu beschreiben. Aber wie will man die Tatsache bezeichnen, dass die US-Regierung eine Billion US-Dollar ausgibt, um einen Krieg um irakisches Öl zu gewinnen, ohne gleichzeitig Geldmittel für Projekte zur Verfügung zu stellen, die sich dafür einsetzen, die Abhängigkeit vom Öl zu verringern? Für eine Billion hätten die USA ihre gesamte Automobilflotte gegen Elektroautos auʒtauschen können, die auf 100 Kilometer weniger als 2 Liter Brennstoff verbrauchen (weil ihre Energie zu 90 Prozent aus der Batterie kommt) und die von erneuerbaren Energien und Biodiesel angetrieben werden. Wenn man Trevor-Ropers Logik umkehrt, stellt man fest, dass indigene Kulturen uns zeigen, wie wir unserer Gegenwart entkommen und in Zukunft leben können. Wenn eine Kultur sich nicht unserem Lebensstil anpasst, dann ist das kein Versagen, sondern ein Geschenk im Angesicht einer ungewissen Zukunft.

Der Unterschied zwischen der Evolution der Menschen und der Evolution wilder Tiere besteht darin, dass die Kultur ein entscheidender und bestimmender Teil unserer Umwelt ist. Wenn die Störung des ökologischen Gleichgewichts von Wasserscheiden, Wäldern und Meeren einem biologischen Selbstmord gleichkommt, kann man sich leicht vorstellen, dass es gleichermaßen kurzsichtig ist, indigene Kulturen auszulöschen. Ökosysteme werden durch die Interaktion lebender Organismen erzeugt; jede Art innerhalb des Systems ist von diesen Beziehungen abhängig, um ihr langfristiges Überleben zu sichern. Wenn wir alle zwei Wochen eine Kultur auslöschen, führt das nicht nur zur kulturellen, sondern auch zur biologischen Ausrottung. Der Segen der Existenz vieler Sprachen ist es, dass sie Interaktion ermöglichen. Sie verändern und entwickeln sich fortwährend. Was wäre die englische Sprache ohne die Wörter *mulligatawny*, *gestalt* und *déjà vu* und unzählige andere entlehnte Begriffe?

Arten siedeln und ziehen weiter und das tun Meme[44] und Wörter ebenfalls. Sprachen bringen Jargons, Fachsprachen und Mundarten hervor und erzeugen auf diese Weise in einem niemals endenden Prozess unzählige Spielarten. Es gibt kein stabiles Ökosystem und keine stabile Sprache, es gibt nur Systeme, die im dynamischen Prozess der Evolution wachsen und sich verändern. „Alles vergisst, nur die Sprache nicht", schrieb der Literaturwissenschaftler und Philosoph George Steiner.[45]

Fast alle indigenen Völker erfassten das Leben als sprachliches Kontinuum, da ihr Überleben von ihrer engen Beziehung zum Land und zueinander abhing. Für die Ureinwohner ist der Körper nicht das, worauf sie ihren Kopf tragen, sondern ein Sinnesorgan, das mit ihrem Lebensraum und ihrem Stamm verwachsen ist. Was sie in dieser Welt beitragen, ist nicht ihre Lebensweise, sondern ihr Wissen, das auf Erfahrung beruht und das sorgfältig über Generationen durch einen sensiblen Austausch mit der Natur zusammengetragen wurde.

Sich an die biologischen Einschränkungen zu halten, die die Erde uns vorgibt, ist vielleicht das zivilisierteste Verhalten, das möglich ist, weil es den nachfolgenden Generationen die Möglichkeit gibt, sich genauso zu verhalten. Man kann nicht im Einklang mit den natürlichen Ressourcen einer Gegend leben, wenn man, wie Kolumbus, gar nicht weiß, wo man sich befindet. Dem größten Teil der „entwickelten" Welt ist dieses Wissen abhandengekommen. Wir wissen nur in einem sehr beschränkten Maß darüber Bescheid, woher unser Wasser und unsere Lebensmittel stammen, welche Auswirkungen unsere Autos und unsere Häuser haben, welche Arbeiten andere Menschen auf der Welt übernehmen müssen, damit wir uns unseren Lebensstandard leisten können, und welche Auswirkungen unser Verhalten auf die Umwelt und andere Menschen hat.

John Maynard Keynes warnte uns davor, ein Leben mit der Illusion der Freiheit zu führen, wo wir doch in Wirklichkeit eher „Sklaven eines längst verblichenen Ökonomen" sind. Aber selbst diese Beschreibung untertreibt das eigentliche Problem. Die Welt scheint gefangen zu sein in dem falschen Denken des gesamten ökonomischen Berufsstandes, das sich in der Vorstellung zeigt, Wert lasse sich in Banknoten messen, oder dass wir unsere Beziehung zur konkreten Welt nicht anhand biologischer Kriterien, sondern anhand von abstrakten Systemen verstehen könnten. Die außergewöhnlichen Fortschritte, die in den westlichen Gesellschaften erzielt wurden, müssen letztendlich dem Land und dem untergeordnet werden, was es uns anbieten und lehren kann. Es gibt keine Wirtschaftlichkeit durch Massenproduktion, es gibt nur die Ökonomie der Natur. Wir können die Uhr nicht zurückdrehen und uns in einen früheren Zustand zurückversetzen, aber wir werden nie erkennen, wer wir sind, wenn wir nicht wissen, wo auf diesem Planeten wir uns befinden. Es gibt keinen Grund anzunehmen, dass wir keine fein abgestimmte Ökonomie schaffen können, die der biologischen Vielfalt dient. Eine solche Ökonomie fördert Komplexität, anstatt sie auszurotten. Und um eine solche wirtschaftliche Grundlage zu errichten, können wir viel von denjenigen lernen, die das Land noch nicht vergessen haben.

Die *Mi'kmaq* nehmen die Welt hauptsächlich über ihren Klang war. Eine der Legenden ihres Stammes handelt von drei Brüdern, die alle einen Wunsch bei dem großen Zauberer Glooskap frei hatten. Der erste Bruder wünschte sich, groß zu sein, damit alle Frauen ihn sehen könnten. Der zweite wollte sicher in der Schönheit des Waldes leben und nie mehr arbeiten müssen. Der dritte wollte nie wieder krank sein und sehr alt werden. Glooskap ließ die Erde in Cuhkw beben, das Land wurde erschüttert und die drei Brüder wurden ergriffen und fanden sich im Wald wieder: Der erste wurde zur größten Kiefer, man konnte sie schon aus großer Entfernung sehen; der zweite wurde zur Kiefer mit den tiefsten Wurzeln, die jedem Sturm trotzte, und der dritte wurde zur ältesten Kiefer, er lebte viele Jahrhunderte lang. Bis zum heutigen Tag geben die Mi'kmaq den verschiedenen Kiefern den Namen, der dem Geräusch entspricht, das der Wind erzeugt, wenn er im Herbst eine Stunde vor Sonnenuntergang durch ihre Äste streicht. Die Stammesältesten können sich noch an die alten Namen vieler Bäume erinnern und feststellen, wie die sich durch Umwelteinflüsse wie sauren Regen und Luftverschmutzung verändern, indem sie diese Namen mit dem Geräusch vergleichen, dass der Wind jetzt macht, wenn er durch ihre Äste weht.[46]

Im Jahre 1981 veröffentlichte der Meeresbiologe R. E. Johannes das Buch *Words of the Lagoon*, ein bahnbrechendes Werk über Ngiraklang, den zweiten Häuptling von Ngeremlengui auf den Palau-Inseln. Als Johannes das erste Mal auf Palau war, um die Riff-Fischerei der einheimischen Bevölkerung zu studieren, machten sich seine australischen Wissenschaftlerkollegen darüber lustig, ob er *tropo* sei – ein Begriff, mit dem jemand bezeichnet wurde, der zu lange der tropischen Sonne ausgesetzt war. Ngiraklang war 1894 geboren worden und hatte nur ein halbes Jahr das Tischlerhandwerk gelernt. Wie es sich herausstellte, war er ein fantastischer Wissenschaftler und Meeresbiologe.

Für das Fischervolk gaben die Mondzyklen Aufschluss über die Situation des Ozeans: Sie zeigten an, wann die Gezeiten in welcher Höhe und Stärke auftreten und daher auch, welcher Zugang zu den

Lagunen und den flachen Buchten innerhalb des Riffs gerade der richtige ist. Sie verrieten außerdem, wo sich die Fischschwärme aufhielten, gaben Auskunft über ihr Verhalten und wie empfänglich sie dafür waren, mit dem Netz gefischt oder auf eine andere Art gefangen zu werden. Palauische Fischer wissen, wann die beste Zeit zum Fischen gekommen ist, und sie richten sich dabei immer nach dem Mond. Die Nacht vor Neumond wird auf dem Namoluk-Atoll *otolol* genannt, was „in Schwärmen auftauchen" bedeutet. Die Fische laichen zu einer bestimmten Zeit im Mondzyklus in großen Gruppen und sind dann besonders leicht zu fangen. Ngiraklang kannte nicht nur dreihundert verschiedene Arten von Fischen, die im Riff lebten, sondern auch die mondabhängigen Laichzyklen von mehr Fischarten, als in den Büchern der Meeresbiologie beschrieben werden.[47] Die Dorfbewohner sagten, Johannes sei der erste Wissenschaftler gewesen, der sie nach ihrem Wissen gefragt habe, anstatt sie belehren zu wollen.

Die Wissenschaft der indigenen Völker ist eine beobachtende Wissenschaft, die sich in Mythen, in Geschichten, in Lehren und besonders in der Sprache wiederfindet. Die Zähigkeit der indigenen Kulturen und die Hingabe an ihre unmittelbare Umgebung sind beeindruckend. Meine Lieblingsgeschichte von Wade Davis handelt von einem Ältesten der *Inuit*. Als Kanada die *Inuit* in den 1950er-Jahren zwang, sich auf Baffin Island in Lagern anzusiedeln, wollte ein Großvater der *Inuit* nichts davon hören.

„Andere Familienmitglieder nahmen ihm daraufhin all seine Waffen und Werkzeuge ab, weil sie hofften, dass er dadurch einlenken würde. Tat er es? Nein. Mitten in der arktischen Nacht, während draußen der Schneesturm tobte, kroch der alte Mann aus dem Iglu hinaus in die Dunkelheit, ließ seine Hose aus Karibu- und Robbenfell herunter und entleerte den Darm in seine Hand. Als der Kot zu gefrieren begann, formte er daraus ein Messer. Als dieses fast fertig war, spuckte er auf eine Kante, um aus ihr eine scharfe Klinge zu machen.

Nachdem die Kälte das Messer fertiggestellt hatte, tötete er damit einen Hund. Er zog ihm das Fell ab und machte daraus aus dem Stegreif Geschirr. Aus dem Brustkorb des toten Hundes baute er einen Schlitten, spannte einen anderen Hund ein und verschwand mit seinem Kotmesser am Gürtel über die Eisschollen."[48]

Im nächsten Frühling kehrte der alte Mann wohlbehalten zurück. Vierzig Jahre später hatte die kanadische Regierung ein Einsehen und gab den Inuit ihr Land zurück. Auf diese Weise entstand Nunavut, ein Gebiet so groß wie Westeuropa.

Die Aussterben von Arten und Kulturen wird durch eine Globalisierung gefördert, die auf Ausbeutung von Ressourcen und wirtschaftlicher Ausbreitung beruht. Hierbei handelt es sich um den alten Traum des Nordens oder, besser gesagt: den Traum des Kolumbus. Die indigenen Völker haben verstanden, dass der weiße Mann von seinen vielen Versprechen nur eines gehalten hat – das Versprechen, ihnen ihr Land wegzunehmen.[49] Aber die Eroberer haben noch nicht alles an sich gerissen und so kämpfen heute ungefähr 5000 indigene Kulturen um ihr angestammtes Land, das zusammen ein Fünftel der Landfläche der Erde ausmacht.[50] In vielen Fällen liegen dort die letzten unberührten Wälder, Berge und Graslandschaften, die sich dem anhaltenden Ausverkauf der natürlichen Ressourcen verweigern.[51] Sie sehen sich politischen, wirtschaftlichen und militärischen Mächten gegenüber, die durch das Versprechen des Fortschritts und der Moderne angetrieben werden.

Die indigenen Völker – und mit ihnen die ganze Bewegung ohne Namen – sind politische Akteure mit einer ganz anderen Zielsetzung. Sie besitzen keine Kampfflugzeuge, Armeen und Währungssysteme und sind auch nicht Mitglied der Vereinten Nationen. Sie halten an etwas fest, das von unschätzbarem Wert ist: am Land ihrer Ahnen, das über Jahrtausende hinweg in ihren Geschichten und in ihrer Kultur bewahrt wurde. Diese Gebiete sind biologische Archen – ein Segen für eine ausgebrannte Welt –, weil die meisten indigenen Völker sich trotz aller Verlockungen und Zwänge und einer jahrhundertealten Geschichte von Rassismus und Völkermord immer noch weigern, verschwenderisch mit dem umzugehen, was ihnen geschenkt wurde.

Für die Rohstoffindustrie stellen diese biologischen Archen Gebiete mit natürlichen Gas- und Ölvorkommen sowie Deponien für Atommüll dar und ihr Kohle-, Holz-, Wasser- und Mineralienvorkommen ist ausbeutenswert. Je mehr die Nachfrage steigt, desto wertvoller werden diese Ressourcen, mit dem Ergebnis, dass Geologen und Rechtsanwälte auch in die letzten unberührten Gebiete vorzudringen drohen. Die meisten indigenen Völker haben dem Druck und den Verlockungen widerstanden, ihr Land zu verkaufen und sich der breiten Masse und der Mehrheitsmeinung anzuschließen, weil sie wissen, dass ihnen das Land „gar nicht gehört", und weil sie gesehen haben, was geschieht, wenn multinationale Konzerne die Natur „in Besitz nehmen".

Die Weltwirtschaft, die nur auf Wachstum aus ist, hat weltweit einen kulturellen Belagerungszustand herbeigeführt. Der Widerstand gegen dieses unkontrollierte Wachstum ist der Kern der Bewegung, um die es in diesem Buch geht.

Die entwickelte Welt muss eine Entscheidung treffen: Will sie eine Wirtschaftspolitik unterstützen, die unberührtes Land ausplündert, oder will sie bestehende Kulturen und die letzten biologischen Heiligtümer bewahren? Die Urbevölkerung hat oft nicht die Wahl, da ihr Überleben auf dem Spiel steht. Diejenigen, die den Fundamentalismus des freien Markts propagieren, haben es geschafft, die Globalisierungsgegner als fortschrittsfeindlich darzustellen, und es ist ihnen sogar geglückt, sich selbst als Beschützer der Armen zu verkaufen. Die Landrechte der Ureinwohner stellen die Globalisierung auf den Prüfstein und machen sie konkret greifbar. Aber was die Unabhängigkeit der indigenen Völker angeht, ist die Globalisierung eine Fehlentwicklung – komplizierte Handelsrechte, eigennützige Unternehmensinteressen und internationale Vereinbarungen werden gegen die traditionellen Wertvorstellungen derjenigen aufgefahren, die in nur spärlich besiedelten Gebieten leben. Indigene Kulturen müssen sich unentwegt staatlichen Ansprüchen auf ihrem Stammesgebiet entgegenstellen. Das Volk der *Gwich'in* in Alaska ist fortwährend von Erdöl-Bohrungen bedroht, die im *Arctic National Wildlife Refuge* geplant sind. In Nordalberta müssen sich die *Cree, Athabasca, Chipewyan* und *Dene* damit auseinandersetzen, dass auf ihrem Gebiet der größte Atomreaktor der Welt gebaut werden soll, um die Ölsande am Athabasca – den größten Erdölvorrat der Welt –, ausbeuten zu können.[52] In Ecuador wollen die Weltbank und mehrere internationale Ölkonzerne eine Pipeline finanzieren, die mitten durch das Nebelwald-Schutzgebiet von *Mindo Nabillo* führt. Das bedeutet, dass im Lebensraum der *Secoya*, der *Siona* und der *Cofan* nach Öl gebohrt werden soll. Weil *Conoco* dort bereits Erdöl fördert und *Chevron* nach Ölvorkommen sucht, gibt es in diesen Gebieten bereits Luftverschmutzung, vergiftete Böden und Flüsse, Giftmülldeponien, illegale Siedlungen, Krankheiten, Verbrechen und Prostitution. Die Bevölkerung der *Gwich'in, Athabasca, Chipewyan, Secoya, Siona, Cofan* und *Cree* umfasst insgesamt nicht mehr als 200.000 Menschen, aber das Land, auf dem sie schon seit Urzeiten wohnen, erstreckt sich über Millionen Quadratkilometer.

In allen Fällen haben es die Ureinwohner mit einer oder mehreren bundesstaatlichen oder nationalen Regierung zu tun, manchmal sogar mit mehreren Regierungen gleichzeitig, aber die größere Gefahr für ihr Land geht von der Globalisierung aus. Die größten Investoren für die Vorhaben, die oben angeführt wurden, sind Unternehmen aus Europa, Indien, China und den USA, denn alle sind verzweifelt auf der Suche nach Energiequellen, um ihren nicht nachhaltigen Lebensstil aufrechterhalten zu können.

Eine kleine Minderheit der Weltbevölkerung, die jedoch in die Millionen geht, hat damit begonnen, sich vor die Büros der Konzerne, vor die Konferenzräume der Aktionäre, vor Bulldozer, Bohrtürme, Erdbagger und Deponien zu stellen und klar und deutlich zu sagen:

„Stopp, nicht weiter!" Paradoxerweise kann die Kraft, die gegen die indigenen Völker wirkt – die Globalisierung – auch zu ihrem Nutzen eingesetzt werden. Die Ausplünderung durch die großen Unternehmen findet nicht länger klammheimlich in abgelegenen Erdteilen statt; Satelliten, Videokameras und das Internet machen es schwieriger, im Verborgenen zu agieren. Organisationen der Ureinwohner arbeiten mit Organisationen aus dem reichen Norden zusammen, die sich für den Erhalt der Umwelt, für fairen Handel und Menschenrechte einsetzen. Auf diese Weise sind tragfähige Partnerschaften entstanden, die den Einfluss der indigenen Völker deutlich erhöht und die Medien für ihre Anliegen mobilisiert haben. Und nun kann die ganze Welt sehen, dass ihr Widerstand gerechtfertigt ist. Diese Verbindungen und die neuen Kommunikationstechniken tragen zu einer erstaunlichen Wiedergeburt der indigenen Kulturen bei, die bislang weitestgehend unbemerkt bleibt. Die einheimische Bevölkerung organisiert sich, bildet Netzwerke, arbeitet zusammen und lernt, sich im Zeitalter der Globalisierung politisch zurechtzufinden.

Das Volk der *Dayak* auf Borneo, zu dem die *Iban*, die *Kenyah*, die *Kelabit*, die *Penan* und 200 weitere ethische Gruppen gehören, die entweder in Flussnähe oder auf den angrenzenden Hügeln leben, sieht ihr angestammtes Gebiet nicht nur durch Versandung, Erosion und Zerstörung durch großflächigen Kahlschlag der Urwälder bedroht, sondern auch weil ihr Wasser und ihre Ernte durch die Aktivitäten der Erdölfirmen verschmutzt werden. In Nigeria musste die Völker der *Ijaw* und der *Ogoni* mit ansehen, wie das reiche Nigerdelta durch Lecks in den Ölpipelines, durch Luft- und Wasserverschmutzung, Giftmüll in Flüssen und Fischgründen sowie durch Flächenbrände – infolge von Unfällen beim Abfackeln von Gas – verwüstet wurde. In Kolumbien stehen die *Kogi* kurz vor der Ausrottung, weil US-amerikanische Flugzeuge einen Cocktail von Unkrautvernichtungsmitteln versprühen (Agent Green), um den Anbau der Kokapflanze zu verhindern – die die *Kogi* nicht anbauen, um mit ihnen schnelles Geld zu machen.

In Guyana sind die *Wapishana* damit konfrontiert, dass multinationale Konzerne Patente auf Pflanzen anmelden, von denen sie sich ernähren. In Honduras protestieren die *Garifuna* gegen die Erschließung von enteignetem Land und die Errichtung von Hotelanlagen im Lebensraum ihrer Vorfahren. In Botswana wurde das Volk der *San* von seinem Land vertrieben, das es schon seit 20.000 Jahren besiedelte, weil dort einerseits Nationalparks errichtet wurden, um den Tourismus zu fördern, und andererseits Konzessionen zur Förderung von Diamanten in den Böden vergeben wurden. In Umsiedlungslagern fristen sie gegenwärtig ein trostloses Dasein. In Honduras kämpfen die *Lenca* gegen ein Gesetz, das vom IWF unterstützt wird und erlaubt, dass Ureinwohner, die in unmittelbarer Nachbarschaft von Rohstofflagerstätten wohnen, zwangsweise umgesiedelt werden können. Auf dem Stammesgebiet der *Arhuaco* in Kolumbien wütet ein Guerillakrieg zwischen paramilitärischen Einheiten, Drogenhändlern und der kolumbianischen Armee. In Australien kämpfen die Aborigines von Stamm der *Adnyamathanha* in Flinders Range gegen die Verstrahlung durch Uranförderung.[53]

Das Pascua-Lama-Projekt ist ein Bergbauprojekt der kanadischen *Firma Barrick Gold* – des bislang drittgrößten Goldproduzenten weltweit – in Chile und Argentinien, das drei Gletscher in Mitleidenschaft ziehen würde. Die Gletscher sollen teilweise abgeschmolzen werden, damit eine große offene Goldmine im Quellgebiet von drei Flüssen entsteht. Die Massai werden in Tansania durch eine groß angelegte, exportorientierte Landwirtschaft verdrängt. Im Tschad sind die Völker der *Bagyeli*, der *Sara*, der *Mass*, der *Mundani* und der *Hakka* durch Ölquellen und Pipelines bedroht; sie kämpfen gegen die Zerstörung ihrer traditionellen Lebensweise durch die Auswirkungen der Erdölgewinnung. Riesige Ölfelder wurden erst vor Kurzem unter dem Stammesland der *Amazigh* (Berber) in Marokko entdeckt. Es handelt sich dabei um Gebiete, die sich die französischen Kolonialherren unbefugt angeeignet hatten. Die *Amazigh* erhalten keine Entschädigung von der Lonestar Oil Company, die aufgrund eines Vertrags mit der marokkanischen Regierung über die Konzession zur Erschließung des Erdölfeldes verfügt. Ein Schäfer der *Amazigh* erzählte: „Eines Tages kamen sie mit Baggern auf mein Land. Sie hissten ihre Flaggen und erklärten, dass das Land nun ihnen gehöre."[54] Die *Anuak* sind mit Aufruhr und Gewalt konfrontiert, denn die äthiopische Regierung erlaubt die Erdölgewinnung auf ihrem Gebiet. In Kolumbien wurden die *Embera-Katió* durch den Urrá-Staudamm entwurzelt, denn der Lebensraum ihrer Vorfahren wurde unter Wasser gesetzt. In Brasilien wird der Santa-Isabel-Staudamm, der Energie für die Aluminiumherstellung liefern soll, bald die überlieferte Lebensweise des Flussvolks der *Surui-Aiwekar* zerstören, deren Grundlage das Fischen und das Sammeln der Babassu-Nuss darstellen. In Norwegen werden die Samen durch militärische und Wasserkraftwerk-Projekte bedroht. Die Liste ist endlos. Die Liste der Unternehmen und Agenturen, die indigenen Kulturen auf legale oder illegale Weise ihren Willen aufzwingen, ist überschaubar:

Öl und Gas
Chevron
Total S.A.
ExxonMobil
Petronas
Talisman Energy
Lundin Oil
OMV
PetroChina
Royal Dutch Shell
Nigerian National Petroleum
AGIP
Pinewood Resources
Gambela Petroleum
Lonestat Energy
Kerr-McGee

YPF Oil
BHP
Petrobas
Occidental Petroleum
Repsol
Harken Energy
Burlington Resources
Alberta Energy
Pemex
PETRAD
Cairn
Unocal
Hunt Oil
Yukos Oil
British Petroleum
Consorcio Norandino
Tractebel
Southern Energy
El Paso Energy
Halliburton
Schlumberger

Holz
Thanry
Bollore
Coron
Alpi
WTK
SESAM
Danzer
Stabach
La Forestière
Weltbank

Shimmer
Shelman
Oriental Timber
Seabord
Moconá Forestry
Newman Lumber

Bergbau
American Mineral Fields
Eagles Wings Resources
Tiomin Resources
Rio Tinto
Bechtel
BHP
Western Keltic Mines
Inmet Mining
Placer Dome
Netetsu-Nippon
Alcan
INCO
Newmont Mining
Echo Bay Mines
Benguet Mining
Asarco
Peabody Coal

Gold
Goldfields Ghana
Barrick Gold
Noranda
Ammereosa Exploration Ghana
Teberebie Goldfields
Homestake Mining

Omai Gold Mines
Golden Star
Mars Geosciences
Nucon Resource
Freeport McMoRan

Staudämme und Kanäle
Weltbank
IFC
OPIC
Fortis
Belize Electric
Alcoa
BHP Billiton
ENDESA
Cargill
ADM
Midland
Skanska
Vivendi
Norsk Hydro
Manitoba Hydro

Papier
Pan African Paper Mills
Raiply Timber
Aracruz Celulose

Ausrottung der Koka-Pflanze
U.S. Drug Enforcement Administration
Monsanto
DuPont
DynCorp

Dieser Liste von Unternehmen steht ein Netzwerk von Organisationen gegenüber, die sich für die Menschenrechte der einheimischen Bevölkerung und für den Schutz ihrer Umwelt – hier am Beispiel des Amazonasgebiets – einsetzen:

Acción Ecológica
Acción por la Vida
Action and Communication Network for International Development
Amazon Alliance for Indigenous und Traditional People of the
    Amazon Basin
Bank Information Center
Bolivian Forum on Environment and Development
Center for International Environmental Law (CIEL)
Center for International Policy – Demilitarization Program and
    Columbia Project
Center for Public Integrity
Center of Documentation and Information Bolivia
Centro de Estudios Jurídicos e Investigación Social
Centro de Medios Independientes de Ecuador
Coalizão Rios Vivos (eine Koalition aus mehr als 300 Nichtregie-
    rungsorganisationen und Gemeinden der Urbevölkerung)
Colectivo de Estudios Aplicados al Desarrollo Social
Comisión Ecuménica de Derechos Humanos
Confederación de Pueblos Indígenas de Bolivia (CIDOB)
Confederation of Indigenous Nationalities of Ecuador (CONAIE)
Coordinadora Ètnica de Santa Cruz (CESC)
Coordination of the Indigenous Organizations of the Brazilian
    Amazon (COAIB)
EarthRights International
EarthWays Foundation
El Frente de Defensa de la Amazonía
European Working Group on Amazonia
Federación Interprovincial de Nacionalidad Achuar del Ecuador

Forest Peoples Programme
Forests and European Union Resource Network (FERN)
Grupo de Trabalho Amazonica
Independet Federation of Shuar People of Ecuador (FIPSE)
Oil Watch
Organización de la Nacionalidad Zapara del Ecuador (ONZAE)
Organización de Nacionalidad Shiwiar de Pastaza de La Amazonia
Ecuatoriana (ONSHIPAE)
Organization of Chiquatanos Indigenous Peoples
Pachamama Alliance
Pastoral Land Commission
Productividad Biosfera Medio Ambiente Bolivia
Rainforest Action Network
Resource Center of the Americas
Rettet den Regenwald (Deutschland)
Survival International
The Rainforest Information Center

Alle nichtstaatlichen Organisationen, die oben aufgeführt sind, sind mit *Amazon Watch* in San Francisco vernetzt und werden von ihr unterstützt. *Amazon Watch* ist eine Organisation, wie es sie überall auf der Welt gibt – es handelt sich um eine Gruppe von Menschen, die bestimmte Orte, Tier- und Pflanzenarten, aber auch das Vorgehen von Konzernen und Behörden überwachen und ihre Informationen austauschen. Darüber hinaus nehmen sie öffentlich zu bestimmten Themen Stellung und strengen, wenn nötig, Gerichtsverfahren an. Als ich Atossa Soltani, die Gründerin von *Amazon Watch*, Anfang der 1990er-Jahre auf einer Konferenz in Kanada zum ersten Mal traf, hatte sie gerade ihren Job bei einer gemeinnützigen Organisation gekündigt, um die neue Umweltüberwachungsgruppe zu gründen, die anfangs nur eine Mitarbeiterin hatte.

Soltani und Leila Salazar arbeiten inzwischen mit Einheimischen sowie mit einem Netzwerk in den USA und in Europa zusammen, wodurch *Amazon Watch* zu einer beeindruckenden Kraft geworden ist, die sich für Gerechtigkeit in uralten Stammesgebieten einsetzt. Ihre erste Aktion richtete sich gegen *Texaco* in Ecuador und dieser Kampf läuft heute gegen das Erdölunternehmen *Chevron* weiter, das 2004 mit *Texaco* fusionierte. *Texaco* hatte sich 1964 in Ecuador niedergelassen, nachdem der Konzern im Amazonasbecken eine Konzession zur Erdölförderung erhalten hatte. Im Stammesland der Cofan und anderer indigener Völker begann die Suche nach Öl. Zuerst schlug man mit dem Bulldozer gerade Straßen in den Regenwald und ließ dann alle zweihundert Meter kleine Sprengladungen detonieren, um anhand der Schallwellen die genaue Lage und Größe von Erdölfeldern zu erkunden. 1967 entdeckte *Texaco* ein großes Feld und Ausrüstung und Arbeiter kamen per Boot, Hubschrauber und mit Transportflugzeugen.

Die Entdeckung führte dazu, dass zahllose Testbohrungen gemacht wurden, was zu einem Austritt von Millionen von Litern ölhaltigen Schlamms und Schichtwasser führte. Wenn ein Bohrloch so weit fertiggestellt war, wurde die Mischung aus Erdöl, Schlamm und Schichtwasser in eine Anlage eingeleitet, die das Öl vom Rest trennte. Jede Trennanlage produzierte täglich 15 Millionen Liter giftigen Abwassers, das in offene, nicht abgedichtete Gruben abgelassen wurde. Lecks, Überschwemmungen durch Regenfälle und andere Ursachen ließen die giftige Flüssigkeit auslaufen und verbreiteten sie im gesamten Gebiet. Es wird geschätzt, dass *Texaco* ungefähr 70 Milliarden Liter mit Rohöl vermischten Schichtwassers in die Flüsse der Region und in mehr als 600 offene und nicht abgedichtete Gruben abgeleitet hat.

Das Schichtwasser, das das Erdölfeld bedeckt, enthält Kohlenwasserstoffe, Schwermetalle und Salze. Erdöl enthält polyzyklische aromatische Kohlenwasserstoffe (PAK), eine Gruppe von mehr als hundert verschiedenen chemischen Stoffen, zu der Benzol, Benzopyren, Napthalen, Pyren, Anthrazen und viele andere gehören. Aus Napthalen werden Mottenkugeln hergestellt; Anthrazen ist ein

Bestandteil von Farbstoffen, Insektiziden und Holzschutzmitteln. Elf der chemischen Stoffe, die man in prozyklischen aromatischen Kohlenwasserstoffen findet, sind bekannt dafür, dass sie Krebs erregen, das Erbgut verändern und Missbildungen hervorrufen. *Chevron* verbrennt tagtäglich fast 20 Millionen Kubikmeter Gas – ohne jede Kontrolle. Es gab 30 größere Katastrophen, bei denen sich 60 Millionen Liter Öl in den Urwald ergossen, und eine einzige Ölpest hatte 1989 den Napo mit einer Million Litern verseucht. Im Jahr ereignen sich weltweit schätzungsweise 100 größere Ölkatastrophen. Die Cofan atmen diese Verbindungen ein, nehmen sie schon seit drei Jahrzehnten mit ihrer Nahrung und dem Wasser auf.[55] Bei ihnen und bei ihren Nachbarstämmen ist die Krebsrate auffällig hoch. Der Krebs befällt die Leber, die Speiseröhre, das Blut, das Lymphsystem, den Gebärmutterhals, die Galle und den Magen. Die Menschen, die in dieser Region leben, berichten von Hautverletzungen, Atembeschwerden und Mangelernährung. Das Vieh stirbt durch verseuchtes Wasser und die einst fischreichen Flüsse sind leer.[56]

Während der Zeit des Ölbooms verschuldete sich Ecuador enorm und seine Schulden überstiegen schließlich den Gewinn aus seinem Erdölreichtum. Als Antwort darauf hat der IWF dazu angeregt, neue Investitionen zu tätigen und es wurden weitere zwei Millionen Hektar unberührten Regenwalds für die Erdölsuche freigegeben. 1993 reichten 30.000 Mitglieder indigener Stämme und regionale Bauern in den USA eine Sammelklage gegen Texaco ein. Die Klage wurde sieben Jahre später abgewiesen und an die Gerichte in Ecuador zurückverwiesen, wobei der Richter die Kläger belehrte, dass US-Gerichte nicht die Aufgabe hätten, „das in Ordnung zu bringen, was in der Welt falsch läuft"[57]. 2003 wurde in Ecuador eine Klage eingereicht, in der 6 Milliarden US-Dollar an Wiedergutmachung für Schäden gefordert wurden. *Amazon Watch* verlangt von *Chevron*, seinen Aktionären und der *U.S. Security and Exchange Commission (SEC)* gegenüber offenzulegen, dass nicht unerhebliche Haftungsansprüche gegen das Unternehmen geltend gemacht wurden, weil es ein Gebiet von der

Größe von Rhode Island (ca. 4000 Quadratkilometer) so stark verseucht habe, dass das Land nach US-Recht für unbewohnbar erklärt
werden müsse. In einem Schreiben an die Anwälte von *Chevron* hat
Amazon Watch davor gewarnt, dass die Geheimhaltungstaktik des
Unternehmens der von *Enron* kurz vor dem Kollaps erinnere.
Im Falle von *Chevron* würden 6 Milliarden US-Dollar Schadensersatz zwar ein schmerzlicher Verlust sein, aber keine wirkliche Ge-
schäftsschädigung bedeuten, denn diese Summe stellt den Gewinn
dar, den das Unternehmen in 60 Tagen macht. Um das Schichtwasser
umweltfreundlich zu beseitigen und einen sicheren Ablauf garantie-
ren zu können, würde *Chevron* zusätzliche 1,5 Milliarden US-Dollar
ausgeben müssen; das entspricht nicht mehr als 5 Prozent seiner Er-
löses aus der Ölförderung in Ecuador oder dem Gewinn, den das
Unternehmen in zwei Wochen macht.

Wenn man bis zur Schranke des *Chevron*-Hauptquartiers an der
Bollinger Canyon Road im kalifornischen San Ramon fährt, sieht man
ein im imperialen Stil gebautes weißes Bürogebäude, das ungefähr
achthundert Meter von der Straße zurückversetzt liegt. Zur Mittagszeit
schwärmen die Angestellten aus und kaufen sich im Bioladen Gemüsesäfte, Salat und frische Suppen. Ein kleiner Teil des Firmensitzes wird
mit Energie aus Brennstoffzellen versorgt, und das Unternehmen hat
sich dazu verpflichtet, in diesem Gebäude Energie zu sparen. In den
Werbebroschüren und Firmenberichten sind Menschen afrikanischer,
lateinamerikanischer und asiatischer Herkunft zu sehen, wodurch das
Unternehmen betonen will, dass es sich der Vielfalt ebenfalls verpflichtet fühlt. Auf der Website geht es auch um Themen wie „soziale
Verantwortung" und man kann dort den jüngsten Jahresbericht herun-
terladen, in dem auf das positive weltweite Engagement von *Chevron*
hingewiesen wird. In dem Jahresbericht 2005 wird der Leser über
den Kohlendioxid-Ausstoß der Raffinerien, über die Grundsätze der
Geschäftsethik, die Einbindung von Interessenvertretern, den Klimawandel und soziales Engagement vor Ort informiert.

In einem fünfzeiligen Absatz, in dem es um die Aktionäre geht, wird in einem Satz etwas über die Situation in Ecuador gesagt: Das Unternehmen *Chevron* werde sich „energisch gegen Vorwürfe zur Wehr setzen, dass es in Ecuador die Umwelt geschädigt habe". In einem von Experten begutachteten Bericht, der 2004 im *International Journal of Occupational Environmental Health* veröffentlicht wurde, weisen die Autoren darauf hin, dass es in dem Teil des Amazonasbeckens, der zu Ecuador gehört und in dem Erdöl gefördert wird, die Leukämie-Rate bei Kindern signifikant erhöht ist.[58] (Benzol löst Blutkrebs aus, das ist wissenschaftlich bestätigt.) *Chevron* informiert in seinem Jahresbericht nicht darüber, dass das Unternehmen sich intensiv dafür einsetzt, dass Ecuador vom Freihandelsabkommen der Andenstaaten ausgeschlossen wird, wenn nicht alle Klagen zurückgezogen werden. Außerdem haben die Rechtsanwälte von *Chevron* den US-Bundesrichter davon überzeugen können, dass der Fall in Ecuador verhandelt wird, damit auf diese Weise die einheimische Rechtsprechung und deren Urteil respektiert werde.

Die Macht weltweit operierender Konzerne kann nicht ewig andauern. In Bolivien hatte Präsident Juan Evo Morales Ayma, ein Kokabauer ohne Schulabschluss, Erfolg mit seinen Wahlkampfversprechen und verstaatlichte im Mai 2006 alle Erdgasfelder; er erklärte, dass jedes Land das Recht habe, frei über seine eigenen Rohstoffe zu verfügen. Erdöl- oder Erdgas-Unternehmen hatten sechs Monate Zeit, das Land zu verlassen, wenn sie nicht den Verträgen zustimmten, die dem bolivianischen Volk zugutekamen. Zu diesen neuen Vertragsverhandlungen mit ausländischen Ölfirmen kam es genau 25 Jahre, nachdem die Weltbank und der IWF Bolivien gezwungen hatten, die Erdgasfelder zu privatisieren. Zuvor machten die Einnahmen aus dem Verkauf der natürlichen Rohstoffe 60 Prozent des bolivianischen Nationaleinkommens aus. Zur Zeit der Wahl von Morales trugen die multinationalen Konzerne, die Boliviens Rohstoffe kontrollierten, 12 Prozent zum nationalen Einkommen bei, was für das achtärmste Land der Welt eine einschneidende Einbuße darstellte. Im Wahlkampf hatten Morales und sein Vizepräsidentschaftskandidat besonders auf die damals schon 513 Jahre während Zeit der Kolonisation verwiesen. In seinen Reden hat Morales seitdem immer wieder darauf hingewiesen, welche Bedeutung sozialen Organisationen dabei zukomme, dass der Aufbau Boliviens „noch einmal von vorn beginnen könne".

Zwei Wochen nach der Regierungserklärung von Morales entzog Ivan Rodriguez, der Energieminister Ecuadors, der *Occidental Petroleum* die Erdölkonzession, weil der Konzern zu oft gegen seinen Vertrag verstoßen hatte. In dem fast 20.000 Quadratkilometer großen Gebiet im Nordosten Ecuadors werden inzwischen 20 Prozent des ecuadorianischen Öls gefördert, und zwar durch die staatseigene Ölfirma *Petro-Ecuador*. Diesem Schritt waren Jahre vorangegangen, in denen die Konföderation der indigenen Völker massiven Druck auf *Occidental* ausübten, weil der Konzern die Urbevölkerung schon zu lange ausbeutete und ihre Rechte verletzte.[59]

Die Vorstellung, dass sich ältere oder kleinere Kulturen an die modernen Kulturen entweder anpassen oder ihnen aus dem Weg gehen und dass eine Homogenität der gewünschte Endzustand ist, ist das ungeschriebene Gesetz der Globalisierung. Aber die Globalisierung kann auch unbeabsichtigte „Nebenwirkungen" haben und Vielfalt fördern. In Neuseeland gehört den Maori immer mehr Land und ihr Einkommen steigt deutlich. Der Aufstand der *Chiapas* wird zwar von Subcomandante Marcos angeführt, der kein Ureinwohner ist, aber er ist Ausdruck einer Bewegung der Maya-Nachfahren für regionale Autonomie. Moises Naim, Chefredakteur der *Foreign Policy*, schreibt:

„Globale und regionale Aktionen haben dazu geführt, dass sich aus der Intoleranz gegenüber Menschenrechtsverletzungen, Umweltverschmutzung und Diskriminierung eine Art universeller Standard entwickelt hat, an den sich Regierungen, multilaterale Gremien, nicht staatliche Organisationen und die international operierenden Medien immer mehr halten. ... Umweltschützer und indigene Völker sind daher offensichtliche politische Verbündete. Die Umweltschützer verfügen über die finanziellen Mittel und über Erfahrung in der Organisation politischer Kampagnen. Darüber hinaus sind sie in der Lage, in den reichen Ländern die Unterstützung durch Regierungen und die Medien zu mobilisieren. Die Ureinwohner verfügen über den Anspruch an ihr Land, auf dem sie leben und auf dem schon ihre Vorfahren gelebt haben."[60]

Ob die Erde nun ein lebender Organismus ist, wie viele Wissenschaftler glauben, das bleibt dahingestellt; sie ist in jedem Fall *ein* System, in dem alles Lebendige nebeneinander besteht. Wenn die Zerstörung indigener Lebensweisen nur Ausdruck eines kulturellen Konflikts wäre, fiele dies sicherlich in den Bereich der Menschenrechte. Es gibt allerdings kein Gesetz, das garantiert, dass eine Kultur das Recht hat zu überleben. Inzwischen erkennen immer mehr Menschen, dass dieses Thema für die gesamte Menschheit von Belang ist. Vielleicht sehen sich die multinationalen Konzerne bald Menschen gegenüber, die der Überzeugung sind, dass das Leben der Erde – die für die *Maya* die Mutter war, die alle ernährt – wertvoller ist als das Leben des Einzelnen. Die Rohstoffpreise steigen und die Vielfalt der lebendigen Systeme nimmt ab ... und so wird dieser Konflikt zunehmen, es sei denn, wir verändern unser Wertsystem. Wenn wir noch mehr Benzin und Gold wollen, wird das ernste Folgen für uns selbst und für alle haben, die nach uns kommen.

In einfachen politischen Worten ausgedrückt: Die Anzahl der Menschen auf diesem Planeten, die Minderheiten angehören, ist viel größer als die der vermeintlichen Mehrheiten. Sie sind das, was Jonathan Schell als die Welt bezeichnet, „die man nicht erobern kann". Nachdem Darwin die Ureinwohner Feuerlands gesehen hatte, schrieb er abfällige Bemerkungen in sein Tagebuch. Heute sind es die indigenen Völker, die in ihren Internetbeiträgen und durch ihre politischen Aktionen ausdrücken, wie sehr sie westliche Gepflogenheiten ablehnen. Jesus hatte keinen Zweifel daran, wer die Erde besitzen würde – und die meisten Einheimischen wissen es ebenfalls.

Wir machen dem Imperium einen Strich durch die Rechnung

Der moderne Konservative ... ist einer Moralphilosophie ver-
pflichtet, die die Menschen schon seit uralten Zeiten kennen.
Hierbei wird versucht, den Eigennutz moralisch zu rechtfertigen.

   John Kenneth Galbraith[1]

Die Erde stirbt nicht, sie wird umgebracht. Und die Menschen,
die sie töten, haben einen Namen und eine Anschrift.

   U. Utah Philips[2]

D er 30. November 1999 war der längste Tag in der Geschichte von Seattle – ein Tag, an dem Hunderte von kleinen Bürger-Organisationen zusammenkamen, um auf die undemokratische Politik und das unkontrollierbare Verhalten der Welthandelsorganisation (WTO) aufmerksam zu machen. Mehr als 700 Gruppen, insgesamt ungefähr 50.000 Menschen, beteiligten sich an den Protesten gegen das dritte Ministertreffen der WTO, die zu einer der am meisten Unruhe stiftenden Demonstrationen in der jüngeren Geschichte wurden. Sie waren der Höhepunkt der weltweiten Protestbewegung gegen ein Handelsabkommen, das von den multinationalen Konzernen diktiert wurde. Diese Menschen waren nicht per se gegen jede Art von Handel. Sie verlangten vielmehr die Gewähr dafür, dass der weltweite Handel – zumindest so, wie ihn sich die WTO vorstellte – nicht nur den reichen Ländern, sondern auch den Armen, den Arbeitenden und der Umwelt in den Entwicklungsländern zugutekam. Dafür konnte jedoch keine Garantie gegeben werden. Und weil es keine solche Gewähr gibt, kamen die Demonstranten nach Seattle, um die WTO zur Rechenschaft zu ziehen. Sie waren frustriert, weil alles in der Hand der einen Seite – und dazu gehörten die Unternehmensvorstände, die Handelsverbände, Ministerien, ein Großteil der Medien, Aktionäre und die WTO – lag.

Die Menschen, die auf die Straße gingen, waren der Ansicht, die WTO wolle die Bedingungen dafür schaffen, dass ein kleiner Bevölkerungsteil in den reichen Ländern unter dem Deckmantel einer Liberalisierung des internationalen Handels das meiste Geld abschöpfte. Die Argumente, die von den Fundamentalisten des freien Markts kamen, beherrschen die allgemeine Diskussion so stark, dass man sie leicht für wahr halten kann. Für die IWF, die Weltbank und die WTO arbeiten viele Wirtschaftswissenschaftler, die fest davon überzeugt sind, dass es so etwas wie eine ungewollte Arbeitslosigkeit nicht gibt, weil in ihrem wirtschaftlichen Modell „das Angebot die Nachfrage regelt". Wer vom freien Markt überzeugt ist, der glaubt daran, dass hier feine Mechanismen wirken, die immer zum besten Ergebnis führen. Wirtschaftliche Fehlentwicklungen wie Arbeitslosigkeit, Armut und Mangelernährung müssen durch andere, außerhalb des Markts liegende Faktoren bewirkt werden. Weil die Märkte Angebot und Nachfrage theoretisch im Gleichgewicht halten, kann ein gestörtes Gleichgewicht nur von Verordnungen und Einschränkungen herrühren. Folgt man dieser Logik, dann wird Arbeitslosigkeit von den Gewerkschaften und den hohen Arbeitslöhnen verursacht, während Armut das Ergebnis hoher Steuern ist, die einer Bevölkerungsschicht aufgebürdet werden, die gar nicht arm ist.[3] In dieser verdrehten Welt schadet Idealismus der Gesellschaft und Gier kommt den Bedürftigen zugute.

Wer infrage stellt, dass multinationale Konzerne unsere materiellen Bedürfnisse stillen und für Arbeit sorgen, wird als nostalgischer Außenseiter betrachtet. Aber selbst Thomas Friedman von der *New York Times*, der sich klar und deutlich für den freien Markt ausspricht, weiß es besser:

> „Die unsichtbare Hand des Markts funktioniert nicht ohne die unsichtbare Faust. *McDonald's* kann nicht erfolgreich sein ohne McDonnell Douglas[4]. Die unsichtbare Faust, die weltweit für Sicherheit sorgt, damit die Geschäfte mit den Technologien aus dem Silicon Valley florieren, nennt sich US-Army, US-Luftwaffe, Kriegsflotte und Marine-Infanterie."[5]

Natürlich hat die Globalisierung potenziell auch positive Auswirkungen. Dazu zählt, dass feste politische Grenzen aufgelöst werden, das politische Handeln der Verantwortlichen transparenter wird, dass Menschen weltweit vernetzt sind und generell neue Chancen für Beschäftigung, Ausbildung und Einkommen entstehen. Aber neben diesen Vorteilen hat die Globalisierung auch negative Folgen: Ausbeutung von Ressourcen und Arbeitskräften, Klimawandel, Verschmutzung, Zerstörung der gewachsenen sozialen Gemeinschaften und abnehmende biologischen Vielfalt. In dem Konzept eines globalisierten Markts geht eine wirtschaftliche Flexibilität unter, die darin besteht, dass regionale Unternehmen den Zyklen des Auf- und des Abschwungs besser standhalten können. Wirtschaftliche Sicherheit gibt es auch nicht mehr. Wenn Städte und Gemeinden fast ausschließlich von Produktionsstätten abhängen, die Tausende von Kilometern entfernt sind oder sogar auf anderen Kontinenten liegen, werden sie zu Geisterstädten, die zum größten Teil aus Fast-Food-Verkaufsstellen und Billigläden bestehen.

Wenn man zu stark darauf fixiert ist, Wohlstand zu vermehren, entgeht einem, wie die Armut mitwächst. Kein Land setzt sich so sehr für die Liberalisierung des internationalen Handels ein wie die USA. Diese Liberalisierung soll den Wohlstand aller Länder erhöhen. Diese Politik ist als „Washingtoner Konsens" bekannt geworden. Wie paradox Amerikas Überbetonung des freien Markts ist, zeigt sich darin, wie kläglich er im Land seiner glühenden Verfechter gescheitert ist. In den USA gibt es den niedrigsten Sozialstandard aller Industrienationen, er liegt sogar unter dem vieler Entwicklungsländer. Welche Maßstäbe man auch immer anlegt, um Wohlstand messbar zu machen, die USA liegen hinten. Es gibt in den USA die meisten Gefängnisinsassen (726 Häftlinge auf 100.000 Menschen, gegenüber 91 in Frankreich und 58 in Japan)[6], die meisten Schwangerschaften bei Minderjährigen und den höchsten Drogenkonsum. In den folgenden Bereichen sind die USA führend: Unterernährung von Kindern, Armut, Analphabetismus, Fettleibigkeit, Diabetes, Einnahme von Antidepressiva, Missverhältnisse im Bereich des Einkommens, Gewalt, Tote durch Schusswaffen, Militärausgaben, Produktion von Abfall, angezeigte Vergewaltigungen und schlechte Schulen. (Die USA sind das einzige Land neben dem Irak, an dessen Schulen Metalldetektoren eingesetzt werden.)

Die Vereinigten Staaten haben das höchste Außenhandelsdefizit im Verhältnis zum Volkseinkommen. Seit 1984 sind mehr als 30 Millionen Arbeitsplätze abgebaut worden und die Betroffenen mussten sich danach mit Jobs begnügen, die schlecht bezahlt wurden. Den Menschen wird weltweit ein Handelssystem aufgezwungen und die finanziellen Gewinne, die ein Land erwirtschaftet, werden „Bruttoinlandsprodukt" genannt; die Verluste, die es ebenfalls – selbst im industrialisierten Westen und noch viel mehr in der Dritten Welt – gibt, werden nicht aufgeführt. Es ist, als ob man an der Kasse vorn die Verkäufe eintippte, bei den Diebstählen durch die Hintertür des Kaufhauses aber wegsähe.

Die Theorie, die der Liberalisierung des Markts zugrunde liegt, ist verführerisch und obendrein auch nicht widerlegbar: Wenn arme Länder mehr Geld und mehr Freiheit hätten, ginge es allen besser; der erhöhte Warenfluss führte schließlich zu mehr Wohlstand für alle. Denjenigen, die an niedrigen Löhnen und schlechten Arbeitsbedingungen in den Entwicklungsländern herummäkeln, wird von den Befürwortern des freien Handels entgegengehalten, dass Freiheit und Wohlstand ihre Zeit brauchten und Opfer erforderten. Aber wessen Zeit und wessen Opfer? Die Kritiker beobachten wie sich Macht und Wohlstand mehr und mehr konzentrieren, nicht aber, wie die Freiheit sich ausbreitet. Die 200 größten Unternehmen der Welt sind doppelt so reich wie 80 Prozent der Weltbevölkerung zusammengenommen und ihr Vermögen nimmt 50-mal schneller zu als das Einkommen der großen Mehrheit der Weltbevölkerung. Wohlstand fließt von unten nach oben – von den Armen zu den Reichen.

Träumen sechzehnjährige Mädchen davon, in gefängnisartigen Wohnheimen aus Beton zu leben, die mit schweren Toren, Stacheldraht und von Wachmannschaften gesichert sind, um Tausende von Kilometern von zu Hause entfernt Akkordarbeit zu leisten, die ihnen im Monat 50 US-Dollar einbringt? Ja, in China sind sie ganz wild darauf. Sie können fast die Hälfte ihres Lohns ihren Eltern schicken, damit diese genug Geld haben für Medikamente, Bücher und Kleidung für die jüngeren Geschwister. Vergleichen Sie die Tatsache, dass Arbeiter „313 Tage im Jahr täglich 14 Stunden bei einer durchschnittlichen Temperatur von fast 30 Grad Celsius schuften"[7], damit, dass

„über 400 Männer und Frauen von Sklavenhaltern in Schuldknecht-schaft gehalten und gezwungen wurden, sechs Tage in der Woche zehn bis zwölf Stunden pro Tag unter bewaffneter Bewachung zu ar-beiten. Wer zu fliehen versuchte, wurde tätlich angegriffen, mit einer Pistole geschlagen oder sogar erschossen."[8] Das erste Zitat beschreibt die Arbeitsbedingungen von Textilarbeitern in Lancashire im Jahre 1824, das zweite die von Landarbeitern aus Mexiko oder Guatemala im Jahre 1997 in South Carolina und Florida. Viele glauben, dass wir uns nach dreihundert Jahren anders verhalten können, als zur Un-menschlichkeit des beginnenden Industriezeitalters zurückzukehren. Durch die Globalisierung ist es normal, dass der Arbeitsprozess zerstückelt ist. Jeder Teil der Produktion wird für sich ausgeschrieben und jedes Entwicklungsland bemüht sich eifrig darum, den Auftrag zu bekommen. Die arme Landbevölkerung ist so etwas wie ein riesiges Arbeitsheer für die Fabriken, die jederzeit überall alles für alle herstel-len, genauso wie sie es zu Beginn der industriellen Revolution getan haben. Die Anomie – die geringen oder fehlenden sozialen Normen und Regeln – in diesen neuen Fabrikstädten, die sich meistens in un-mittelbarer Nähe von Transportwegen befinden, ist deutlich spürbar. Prostitution, Identitätsverlust und Gefühle der Machtlosigkeit sind weit verbreitet.

In der gegenwärtigen Abwanderung in die Industriestädte wie-derholt sich der Leidensweg der einfachen Menschen, die im frühen 18. Jahrhundert nach der Auflösung der Allmende-Rechte[9] ihre Häu-ser verloren und schließlich 14 Stunden am Tag in den Textilfabriken von Manchester arbeiten mussten. In den modernen Betrieben, die als Auftragshersteller arbeiten, gibt es keine Markentreue, keinen Stolz, kein Lernen und keine Kultur, denn die erzeugten Produkte bedeu-ten den Arbeitern und der Geschäftsleitung nichts. All das sind reine Abstraktionen: die in Tijuana verkauften Jungfrauen von Guadalupe, Sportschuhe für K-Mart, ein Polohemd von Ralph Lauren oder eine pinkfarbene Babymütze für *Kids „R" Us*. Leben, Kultur und Fähig-keiten der Arbeiter haben keinen Wert mehr, weil die Arbeit bis zur

Stumpfsinnigkeit vereinfacht ist. Nur Schnelligkeit, gute Koordination von Hand und Auge und Durchhaltevermögen sind gefordert.

Aus der Perspektive des Konsumenten scheint die Globalisierung des Markts ein Eigenleben zu führen, so als ob ein Blitz in die Geschäftswelt eingeschlagen und dort einen Flächenbrand verursacht hätte. An einem Tag werden unsere *Levi's* in San Antonio fabriziert, an einem anderen in einem Land, das man auf der Landkarte gar nicht findet. In Wirklichkeit jedoch ist das Welthandelssystem bis ins Letzte durchgeplant, kontrolliert und reglementiert. Wenn man das Thema „Globalisierung" in Bezug auf den Handel betrachtet, geht es dabei weniger um Integration als vielmehr um die Rechte der Unternehmen. Die WTO kennt keine Gewaltenteilung; sie ist Exekutive, Legislative und Judikative in einem. Die Exekutive agiert durch die Ministerkonferenzen der G-6-Nationen; die Judikative ist das Streitschlichtungsgremium, das hinter geschlossenen Türen tagt und nicht verpflichtet ist, den Gesetzgeber eines Landes in Kenntnis zu setzen, wenn seine eigene Rechtsprechung von dem, was hier entschieden wird, beeinflusst wird; die Legislative ist der Allgemeine Rat, der die Grundsätze und Verfahrensweisen festlegt, obwohl die meisten Entscheidungen in privatem Rahmen getroffen werden und die reicheren Nationen die wichtigsten Verhandlungen leiten.

Sinn und Zweck der Organisation könnte nicht einfacher sein: der Abbau von Hindernissen im Bereich des Handels, zu denen auch die Kennzeichnungspflicht gehört – unter anderem wer ein Produkt herstellt, wie es hergestellt wird und was geschieht, nachdem es produziert worden ist. Die WTO verhindert auf diese Weise, dass einzelne Staaten oder Regionen eigene Maßstäbe setzen, Wertvorstellungen entwickeln oder entscheiden, was sie tun oder nicht tun, wenn die eigenen Qualitätsmaßstäbe mit denen der WTO in Konflikt geraten. Aus der Perspektive der WTO geht es beispielsweise allein um den Fischfang, und es spielt keine Rolle, was mit den Meeresschildkröten, den Delfinen oder den Matrosen geschieht, wenn der Fisch gefangen wird. Das grundlegende Prinzip besteht darin, Protektionismus gegenüber Mitgliedsstaaten und deren Benachteiligung zu verhindern. Zu diesem Zweck wurde eine Art Grundrecht für Güter und Waren entwickelt. In der Praxis bedeutet das, dass Kinderarbeit, Häftlingsarbeit, Zwangsarbeit, zu niedrige Löhne und schlechte Arbeitsbedingungen nicht dazu dienen dürfen, Importe unterschiedlich zu behandeln. Umweltzerstörung, Giftmüllproduktion und die Verwendung gentechnisch veränderten Materials oder synthetischer Hormone dürfen ebenfalls nicht als Grund dafür dienen, Güter und Waren nicht ins Land zu lassen.

Als es 1994 um die Ratifizierung des Handelsabkommens der Uruguay-Runde durch den US-Kongress ging, bot Ralph Nader[10] an, 10.000 Dollar für einen wohltätigen Zweck zu spenden, den der Senator oder Repräsentant bestimmen durfte, der eine eidesstattliche Erklärung abgab, dass er oder sie das 550 Seiten umfassende Dokument gelesen habe und Fragen zum Inhalt beantworten könne. Es hatte keine öffentlichen Anhörungen, keine Gespräche und keine Erklärungen und Hintergrundinformationen in den Medien gegeben, die sich kritisch mit diesem abenteuerlichen Abkommen auseinandersetzten. Immerhin gab dieser Vertrag der WTO die Möglichkeit, sich über internationale Konventionen, Gesetze, Verträge und Vereinbarungen hinwegzusetzen und sie aufzuheben. Vielen Delegierten, die am Zustandekommen dieses Abkommens mitwirkten, selbst den Leitern der Länderdelegationen, wurde gar nicht bewusst, dass einige Bestimmungen von einer kleinen Delegation von Bürokraten und Rechtsanwälten formuliert worden waren, von denen viele von multinationalen Konzernen bezahlt wurden. In den USA nahm nur Senator Hank Brown, ein Republikaner aus Colorado, Naders Angebot an. Nachdem er das Dokument gelesen hatte, änderte er seine Meinung und stimmte gegen eine Ratifizierung.

Die WTO schützt die Interessen der Konzerne und versucht, das Wirtschaftswachstum zu fördern. Sie setzt sich nicht für die Menschen und die Umwelt ein, sondern handelt aufgrund der Annahme, dass ein Land sein Volk und seine Umwelt umso besser schützen kann, je reicher es ist. Es hat sich jedoch herausgestellt, dass dem nicht so ist.

Diejenigen, die in Seattle am lautesten protestierten, waren nicht per se gegen Globalisierung, sondern gegen das, was sie tatsächlich (und, wie sie glaubten, zwangsläufig) mit sich bringt. Für sie bedeutet „Globalisierung", dass sich die weltweit agierenden Unternehmen immer mehr die Allmende, das Gemeingut, einverleiben. Zu diesen Gütern der Allgemeinheit gehören menschliche Erbanlagen, Saatgut, Wasser, Nahrungsmittel, Funkfrequenzen, Medien und mehr. Außerdem gehören zum Allgemeingut auch Kultur, Wohnort, Selbstbestimmungsrecht und Demokratie.

Bei den Protesten von Seattle ging es darum, dass die Menschen ernst genommen werden und am Arbeitsplatz und in der Gesellschaft ein Mitspracherecht haben. Die Demonstranten gehören nicht zu einer Antiglobalisierungsbewegung; ihnen geht es um eine „Globalisierung von unten". Die Vertreter börsennotierter Unternehmen sind der Ansicht, dass das Kapital das Recht habe zu wachsen habe und dass dieses Recht Vorrang habe vor den Rechten der Menschen, der Gesellschaft und der Kultur. Aber die Konzerne bestehen ebenfalls aus Menschen: Aktionäre, Pensionsfonds, Stiftungen und Treuhänder fordern maximale Erträge. Die Gemeinschaft der Demonstranten in Seattle argumentierte, dass nicht fair und nachhaltig gewirtschaftet werden könne, wenn die Handelspolitik und das Verhalten der Konzerne darauf ausgerichtet sei, die regionale Wirtschaft zu zerstören.

Wir können zwar mit der Veränderung in der gegenwärtigen Weltwirtschaft nicht einverstanden sein, aber es ist eine einseitige Diskussion, wenn man sich die Machtverhältnisse anschaut. Die meisten Volkswirtschaften und Regierungen werden von Konzernen beherrscht, die ihren Würgegriff immer enger werden lassen, und gleichzeitig gerät die übrige Welt immer mehr außer Kontrolle. Je größer die Macht der Unternehmen, desto stärker ist der Verlust wirtschaftlicher und kultureller Vielfalt. Der Historiker Arnold Toynbee warnte, dass die Zivilisation ein Prozess sei und kein Zustand und dass eine Zunahme von Uniformität ein Anzeichen des Niedergangs sei.

In vielen Berichten über die Demonstrationen in Seattle war von „Krawallen" die Rede, obwohl sie zu 99,9 Prozent friedlich verliefen. Ein Mensch setzt dann gewaltfreien Widerstand ein, wenn kein Dialog mehr möglich ist. Nichts anderes ist *Satyagraha*. Für gewaltfreien Widerstand entscheidet man sich frei und er ist normalerweise die letzte Möglichkeit. Jeder, der schon einmal auf bewaffnete Polizei, knurrende Hunde oder Militäreinheiten zumarschiert ist, kennt das mulmige Gefühl, das man im Angesicht solch einer physischen Bedrohung hat. Von einem anderen Menschen geschlagen zu werden und sich nicht zu wehren geht gegen den Überlebensinstinkt und führt zu einer hohen Ausschüttung von Adrenalin. Uns selbst zu schützen, aber nicht zurückzuschlagen, und in demjenigen, der uns schlägt, den Freund und nicht den Feind zu sehen, stellt uns vor eine große Herausforderung. Ein solches Verhalten ist nicht passiv, geschweige denn schwach. Es war Gandhi, der sagte, er habe die Gewaltlosigkeit erst dann zu schätzen gelernt, als er seine Feigheit zu überwinden begann. In Seattle gab es keine Krawalle. Zu Krawallen kommt es dann, wenn Menschen blind zurückschlagen.

Den ganzen Nachmittag und bis in den Abend hinein hatte die Innenstadt von Seattle etwas Surreales. Demonstranten ahmten spontan die Pfeifer- und Trommlerkorps der amerikanischen Revolution nach, indem sie leere Benzinfässer als Instrumente verwendeten. Einige tanzten auf brennenden Müllcontainern, die durch Tränengas-Granaten entzündet worden waren. Sie wurden immer weniger und 1500 hart gesottene Demonstranten hielten die Stellung; sie saßen einfach vor der Polizei auf dem Boden, ihre Hände zum Friedenszeichen erhoben, und ließen den Einsatz von Tränengas, Pfefferspray und Gummiknüppel über sich ergehen. Wenn sie sich von den Sanitätern behandeln lassen mussten, rückten andere Demonstranten nach und nahmen ihre Plätze ein. Irgendwann am Nachmittag richtete sich die Aufmerksamkeit der Medien nicht länger auf die Verhandlungen der WTO, sie berichteten nur noch darüber, was gerade auf der Straße passierte.

Um 21 Uhr abends war der Polizeiauftrag erfüllt: Die Innenstadt war von Demonstranten gesäubert, aber ein Teil von ihnen, vielleicht junge Polizisten aus anderen Städten, gaben an diesem Punkt noch nicht auf. Sie jagten die Demonstranten in die angrenzenden Wohngebiete, wo niemand mehr unterscheiden konnte, wer Demonstrant und wer normaler Bürger war (denn die Mehrheit der Demonstranten kam aus Seattle). Dann begannen sie, Schaulustige, Augenzeugen, Bewohner anzugreifen und Pendler in vorbeifahrenden Busse mit Tränengas zu besprühten. Sie zerrten ein Mitglied des Stadtrats aus seinem Auto und wollten es festnehmen. Als Präsident Clinton am Mittwoch um 1 Uhr 30 mit Begleitschutz von Flughafen zum *Westin Hotel* eilte, fuhr seine Limousine durch eine Stadt, deren Straßen von Polizisten übersät waren, über der Stadt flogen Hubschrauber und die Fenster waren verbarrikadiert. Der britische Umweltminister Michael Meacher sagte nachher: „Wir hatten nicht mit der Polizei aus Seattle gerechnet, die es ganz allein geschafft hat, einen friedlichen Protest in einen Krawall zu verwandeln."

Am Tag vor der Ministerrunde konnte man einen Bericht von Madeleine Bunting im *Guardian Weekly* lesen:

> „Wir werden außer Berichten über die WTO-Konferenz, die diese Woche in Seattle stattfindet, noch entsetzliche Berichte von Anarchisten mit bunten Haaren, Piercings und Tattoos lesen können, die für Schrecken sorgen. Es werden schadenfrohe Berichte sein, die von den wilden Randfiguren der Umweltschutzbewegung handeln, die sich unter den 150.000 erwarteten Demonstranten befinden werden und für die sich die örtliche Polizei und das FBI rüsten. ... Dies ist zwar eine unterhaltsame Art, über einen extrem schwierigen Handelsgipfel zu berichten, aber es ist gleichzeitig auch eine grobe Verzerrung dieses äußerst wichtigen Ereignisses. Diejenigen, die in Seattle protestieren, können nicht als Verrückte abgestempelt werden; man kann die Aktivisten des *World Wildlife*

Fund for Nature, von *Oxfam* und der *Royal Society for the Protection of Birds* und der anderen 1200 Umweltschutz-, Entwicklungs- und Menschenrechtsgruppen wohl kaum als Extremisten bezeichnen. Leider dient eine solche Verzerrung nur einem Zweck. Der Vorstandschef eines multinationalen Konzerns wird es gelassen hinnehmen, wenn in dieser Woche sein Hummer beim Mittagessen ein wenig Tränengas abbekommt. Es gibt ihm die wundervolle Gelegenheit, seine Kritiker als Fanatiker abzutun."[11]

Buntings Vorhersage erwies sich als richtig: Die unerwarteten Aktionen fanden Widerhall auf der ganzen Welt und wurden als Bedrohung für den Nationalstaat dargestellt. Überraschte Pressevertreter machten sich an die Arbeit, fassten die Empörung in Worte und zeigten mit dem Finger auf dreiste, fehlgeleitete weiße Kids. Thomas Friedman schrieb in einer Kolumne am 1. Dezember, die Demonstranten seien „eine Arche Noah, die voll ist von protektionistischen Gewerkschaftern, von Yuppies auf der Suche nach den verlorenen Idealen der 1960er-Jahre und von Menschen, die noch daran glauben, dass die Erde flach ist". Tatsache ist, dass die Protestierenden nicht gesetzlos, sondern wohlorganisiert, gebildet und entschlossen waren. Es waren überwiegend Menschenrechtler, Gewerkschafter, Nonnen, Vertreter indigener Völker, Gläubige, Stahlarbeiter und Bauern; es waren Umweltschützer, Sozialarbeiter, Studenten und Lehrer – also ganz normale Bürgerinnen und Bürger.

Die Geschäftswelt glaubt, dass andere Kulturen genauso sein wollen wie wir, sobald sie auf den Geschmack von Eigennutz und wirtschaftlicher Freiheit gekommen sind. Es gibt gute Gründe dafür, das anzunehmen. *Baywatch* ist die Sendung, die die weltweit höchsten Einschaltquoten hat. Weltweit ist *Nike* ist der größte Schuhproduzent, *Coca-Cola* der größte Getränkehersteller und *McDonald's* die größte Fast-Food-Kette. Eine solche kommerzielle Herrschaft mag den

Gedanken nahelegen, der Weltmarkt sei ein wunderbares Instrument, um unterentwickelten Ländern den „demokratischen Kapitalismus" zu bringen.

Es gibt jedoch kein Vorstandsmitglied eines amerikanischen Unternehmens, das ein Ohr für die Armen hat oder jemals daran gezweifelt hat, dass nur die Länder eine Zukunft haben, die sich den westlichen Wertvorstellungen möglichst gut anpassen. Und keines hat je daran gedacht, dass kulturelle Vielfalt ein höheres Gut sein könnte als die Gewinne des Unternehmens. Sie und andere ideologische Verfechter des Fundamentalismus im Bereich des freien Markts wollen nicht wahrhaben, dass die Wirren zügelloser Märkte einen Einfluss auf das demokratische Miteinander haben. (Sie sagen gern: Man kann kein Omelett machen, ohne Eier aufzuschlagen.) Gleichzeitig behaupten sie stock und steif, dass die Weltmärkte letztendlich ein Volksentscheid seien, weil die Menschen dort jeden Tag mit ihren Geldbeuteln abstimmten. Thomas Friedberg, Kolumnist bei der *New York Times*, hat für dieses Prinzip den Begriff „wirtschaftliche Demokratie" geprägt, aber die Vorstellung, die dem zugrunde liegt, ist die gleiche: Märkte sind nicht nur ein Medium des Austauschs, sondern auch ein „Medium der Zustimmung", das den Armen hilft, das Einkommen erhöht und die Interessen der Bürger schützt.

Thomas Frank, Autor des Buchs *Was ist mit Kansas los?* bringt all das Falsche an diesen scheinbaren Patentlösungen auf den Punkt:

„Die populistische Vorstellung des freien Markts ist voller Widersprüche. Sie ist der Grundpfeiler eines neuen Konsenses in Amerika, aber ein solcher Konsens führt zu Konflikt, Aufruhr und sogar zum Klassenkampf. Er ist schreiend undemokratisch und die formalen Institutionen der Demokratie waren noch nie bürgerferner und machtloser als unter seiner Herrschaft. Die Befürworter des freien Markts sprechen leidenschaftlich von ‚wirtschaftlicher Fairness' und dennoch hat die amerikanische Wirtschaft in den 1990er-Jahren die

Reichen noch reicher gemacht und die Armen mit einer Entschlossenheit vergessen, die wir das letzte Mal in den 1920er-Jahren erlebt haben. Die Verfechter der Ideologie des freien Markts wenden sich gegen das ‚Elitedenken‘, während die Vorstände der Unternehmen gleichzeitig zu einer der wohlhabendsten Eliten aller Zeiten werden. Sie verurteilen Hierarchie und ermöglichen es den multinationalen Konzernen gleichzeitig, zu den mächtigsten Institutionen der Welt zu werden. Sie glorifizieren das Individuum und betrachten diejenigen als willfährige Handlanger, die ihre Eigenverantwortung nutzen und das gegenwärtige Marktgefüge infrage stellen."[12]

Viele Kritiker in anderen Ländern stimmen dieser Analyse zu. Für sie sind „demokratischer Kapitalismus", „wirtschaftliche Demokratie" und „der Populismus des freien Markts" Synonyme. Die Fundamentalisten des freien Markts werfen diesen Kritikern vor, die Uhr zurückdrehen zu wollen, aber sie sind selbst ein wunderbares Beispiel dafür, dass dies auf sie selbst zutrifft: Löhne und Begrenzungen des ungehinderten Kapitalstroms nehmen immer weiter ab und so führen die Regierungen und die WTO in Wahrheit wieder die erbärmlichen Arbeitsbedingungen des 19. Jahrhunderts ein – Entwurzelung, Zerstörung der Städte, Kinder- und Wanderarbeit, Ausbeutung, Jobs ohne jede Intelligenzleistung sowie Ausbeutung bei der Arbeit – und das Ganze geschieht mit der Gleichgültigkeit des Laissez-faire.

Diejenigen, die bei der WTO Petitionen einbringen, wollen wissen, ob die halsbrecherische Geschwindigkeit einer Globalisierung unter der Führung der multinationalen Konzerne nicht abnehmen sollte, damit die große Mehrheit der Weltbevölkerung ihre Vorstellungen ebenfalls einbringen kann. Muss die wirtschaftliche Entwicklung so schnell ablaufen, dass die Veränderungen wieder die Zerstörungen hervorrufen, die wir aus der Vergangenheit kennen? „Globalisieren" meint im Wortsinn: etwas rund machen. Die Globalisierung begann vor 500 Jahren, als die Europäer langsam die Vorstellung akzeptierten, dass die Erde eine Kugel ist. Den Indern und den Chinesen war das längst bekannt. Seit damals haben Handel, Armeen, Reisende und Gelehrte auf unterschiedlichste Weise dazu beigetragen, dass der Erde eine Entwicklung übergestülpt wurde, die ihren Ursprung in der Unersättlichkeit der Europäer hatte.

Die Spaltung der Menschheit zeigt sich nirgends deutlicher als in den Grünen und Roten Zonen Bagdads.[13] Mit Stacheldrahtzäunen, Erdwällen, Sensoren, Humvees[14] und Maschinenpistolen wird die Grüne Zone bewacht, sechs Quadratkilometer bewässerte Wüste mit viel Grün, umschlossen von einer vier Meter hohen sprengsicheren Betonmauer.[15] In diesem Bereich liegen Villen, das Al-Rashid-Hotel, Kegelbahnen, Karaoke-Bars, Fast-Food-Restaurants und der frühere Amtssitz von Saddam Hussein. Dort arbeiteten die Angestellten der „Koalition der Willigen" neben dem amerikanischen Militärkommando, irakischen Ministern und US-amerikanischen Unternehmen wie *Bechtel* und *Halliburton*. Sie essen in Kantinen, in denen es zu jeder Tages- und Nachtzeit Schweinefleisch gibt – Würste, Schinken, Koteletts, Hotdogs –, ein ständiger Affront gegen die muslimischen Mitarbeiter.[16] Frauen joggen in ärmellosen T-Shirts und kurzen Hosen durch die Straßen, während einheimische Kinder den Soldaten auf dem Bazar pornografische DVDs verkaufen. Die Bars sind überfüllt und die weiblichen Verwaltungsangestellten sind bekannt dafür, dass sie ihr Einkommen durch Prostitution aufbessern. Bewaffnete Lieferanten faulenzen im *Green Zone Café* auf Kissen und ziehen an der Wasserpfeife.[17] Unterbringung, Verpflegung und Büroausgaben belaufen sich im Jahr pro Person auf 300.000 US-Dollar, dazu kommen noch Ausgaben für Gehälter, Reisen und militärischen Schutz im sechsstelligen Bereich.[18]

Außerhalb der Grünen Zone leben mehr als 5 Millionen traumatisierte Stadtbewohner. In Bagdad gibt es Märkte, Moscheen, Wohnviertel, Schulen und Teebuden unter freiem Himmel. In der Stadt tobt ein heftiger Bürgerkrieg; es gibt detonierende Autobomben, Enthauptungen und Hinrichtungen. Die Rote Zone ist laut und überfüllt,

Angst und Wut sind spürbar. Die beiden Zonen spiegeln die weltweite Kluft wider zwischen den wenigen, die das Sagen haben, und der großen Mehrheit, die machtlos ist. In Konferenzen wie der der Weltbank versammeln sich Unternehmensvertreter, politische Führer und die Leiter internationaler Kommissionen überall in der Welt in sicheren Zufluchtsstätten, um Lösungen für die Probleme der Welt zu erörtern, sie werden von der Polizei bewacht und durch Stacheldraht, scharfe Hunde und Kontrollpunkte geschützt. Und draußen liegt die Welt, in der die Mehrheit der Bevölkerung lebt, und wie in Bagdad hat sie weder Macht noch Sicherheit oder Hoffnung.

Zehntausende nicht staatlicher Organisationen arbeiten daran, eine Globalisierung auf der Grundlage des freien Markts zu korrigieren, denn Märkte sind kein Ersatz für Ethik, Wertvorstellungen und Gerechtigkeit. So viele Gruppen und Organisationen sind ins Leben gerufen worden, um ein Gegengewicht zu uniformen Handelsvereinbarungen zu bilden: Sie kümmern sich um gezielte Lösungen für die Menschen und Umweltbedingungen, für die sie konkret eintreten. Mehrere unabhängige Organisationen haben ein Gerichtsverfahren angestrengt, in dessen Verlauf eine Reihe von Konzernen zur Zahlung von 20 Millionen US-Dollar für Lohnrückstände und Rücksiedlungskosten verurteilt wurde, die Tausenden von Textilarbeiten in Saipan zugutekamen. Diese Organisationen wurden von Jagdish Bhagwati, einem glühenden Verfechter des freien Markts, als ein „radikales Randphänomen" abgetan. Und im Rückblick hat Bhagwati sogar recht: Die Gruppen und Organisationen, die sich für die Menschenrechte einsetzen, *sind* ein Randphänomen. Warum müssen sie außerhalb der Gesellschaft handeln, nur weil ihre Aktivisten der Überzeugung sind, dass soziale Gerechtigkeit und Menschenrechte nicht unter den Tisch fallen sollten, wenn multinationale Konzerne ihre Produktion in Billiglohnländer auslagern?

Die Geschichte wird sich fragen, warum sich nur so wenige für das eingesetzt haben, was so viele betroffen hat. Die Kritiker dieser unabhängigen Organisationen glauben allen Ernstes, dass Brutalität,

Sklaverei und koloniale Ausbeutung der letzten fünf Jahrhunderte grundlegend überwunden seien und durch freie Märkte für moderne Unternehmen weltweit ein neues Kapitel in der Wirtschaftsgeschichte aufgeschlagen werde. Tatsächlich stellt die gegenwärtige Entwicklung eine vorhersehbare Stufe in der Entwicklung einer Ökonomie des freien Markts dar; das Neue ist die weltweite Koordination des Widerstands.

Patricia King, die als Reporterin für *Newsweek* in Seattle war, rief mich nach der Ministertagung an und fragte mich, ob ich dächte, die Proteste seinen ein Rückfall in die 1960er-Jahre. Ich antwortete ihr, dass ich nicht das Gefühl hätte, und ich bin immer noch der gleichen Überzeugung. Die 1960er-Jahre waren ein vorwiegend westliches Phänomen, wohingegen die Proteste gegen die WTO weltweite Unterstützung finden. „Wer sind die führenden Köpfe?", wollte sie wissen. Ich sagte, es gebe keine Anführer im traditionellen Sinn, wie damals in der Menschenrechtsbewegung, in der Frauenbewegung und in der Friedensbewegung. Aber es gebe Vordenker. „Wer sind sie?", fragte sie mich. Martin Khor und Vandana Shiva vom *Third World Network* in Asien, Maude Barlow vom *Coucil of Canadians*, Toy Clarke vom *Polaris Institute*, Jerry Mander vom *International Forum of Globalization*, Susan George vom *Transnational Institute*, John Cavanagh vom *Institute for Policy Studies*, Loti Wallach von *Public Citizen*, Anuradha Mittal, Owens Wiwa vom *Movement for the Survival of the Ogonmi People*, Chakravarthi Raghavan vom *Third World Network* in Genf, Debra Harry von *Indigenous Peoples Coalition Against Biopiracy*, José Bové von der *Confederation Paysanne*, Tetteh Hormoku vom *Third World Network* in Afrika, Randy Hayes vom *Rainforest Action Network*. „Stopp, stopp!", rief sie. „Ich kann diese Namen nicht in meinem Artikel erwähnen." „Warum nicht?", fragte ich. „Weil wir sie in den USA noch nie gehört haben."

Anstatt den Hintergrund zu erklären, der die Proteste von Seattle beflügelt hat, zeigten die Redakteure von *Newsweek* – mit einer redaktionellen Entscheidung, die William Randolph Hearst mit Stolz erfüllt hätte – in ihrer Titelgeschichte ein Bild des „Unabombers" Theodore Kaczynski, weil dieser einst ein Pamphlet des anarchistischen Autors John Zerzan gekauft hatte.[19] Ein paar von Zerzans Anhängern waren ebenfalls nach Seattle gekommen, um Fensterscheiben einzuwerfen, aber sein Essay brachte nicht zum Ausdruck, was Zehntausende motiviere, sich an den Protesten zu beteiligen.

Letzten Endes ließ nicht das, was auf der Straße los war, sondern das, was im Konferenzraum selbst geschah, die Ministertagung platzen. Nachdem das Treffen endlich zustande gekommen war, endete es in einer verbitterten Pattsituation, da afrikanische, karibische und asiatische Staaten sich weigerten, der ausgearbeiteten Agenda zuzustimmen, die ohne ihre Beteiligung hinter verschlossenen Türen ausgehandelt worden war. Außenstehende sehen einen Unterschied zwischen „Globalisierung" und „Internationalisierung". (Der ehemalige Weltbank-Ökonom Herman Daly hat diese Unterscheidung lange Zeit getroffen.) Bei einer „Internationalisierung" legt jede Nation ihre eigenen Maßstäbe an und treibt mit den Nationen Handel, die willens sind, sich an diese Regeln zu halten. Missbrauchen die einzelnen Staaten dieses System? Ja, sie tun es ständig und die USA sind in dieser Hinsicht die schlimmsten Übeltäter. Wo jedoch Demokratie herrscht, gibt die Internationalisierung den Menschen Gelegenheit, ihre Politik selbst zu bestimmen, Entscheidungen zu beeinflussen und ihre eigene Zukunft zu gestalten. Im Gegensatz dazu bedeutet „Globalisierung", dass für die ganze Welt die gleiche Rechtsgrundlage gilt. Die freie Bewegung von Kapital und Waren hat Vorrang vor nationalen Gesetzen. Globalisierung löst das Land, die Bundesstaaten, die Region und das Dorf ab. Die Orientierung an den nationalen Eigeninteressen einzudämmen ist zwar eine lobenswerte Absicht, das trifft jedoch nicht auf die Abschaffung nationaler Souveränität zu, wenn sie durch Entscheidungen ersetzt werden sollen, die vom Vorstand eines Unternehmens gefällt werden.

Ein Beispiel für die Macht der WTO ist der Konzern *Chiquita Brands International*, der 4 Milliarden US-Dollar Gewinn jährlich macht und 1996 der Demokratischen Partei 500.000 Dollar gespendet hat. Zwei Tage, bevor die Summe überwiesen wurde, verfasste die Clinton-Regierung zusammen mit der WTO eine Beschwerde gegen die Europäische Union, in der gesagt wurde, die europäische Einfuhr- und Preispolitik bevorzuge Bananen von kleinen Anbauern aus der Karibik, die einen fairen Lohn erhielten, anstatt von multinationalen Bananen-Großkonzernen mit Sitz in den USA, die eine lange Geschichte haben mit Arbeitskämpfen, Hungerlöhnen und Vergiftungen durch den Einsatz von Pestiziden und Insektiziden. Die Europäer gaben freiheraus und nicht ohne Stolz zu, dass sie tatsächlich 7 Prozent ihres Markts für Importe aus der Dominikanischen Republik, St. Lucia und St. Vincent reserviert hätten. Die Europäer fanden es angemessen, diesen Staaten Zollerleichterungen zu gewähren; außerdem waren viele der Ansicht, die Bananen von den kleinen Anbietern würden besser schmecken. Für die Bananen-Giganten war diese *Behauptung* unhaltbar, obgleich Chiquita bereits 50 Prozent des europäischen Markts beliefert.

Die „Bananen-Verhandlungen" der WTO hätten Lewis Carroll mit Stolz erfüllt. Die Vertreter von St. Lucia und St. Vincent erhielten kein Rederecht, weil sie sich mit den Regeln der WTO zu wenig auskannten. Sie wurden aufgefordert, sich Rechtsanwälte zu nehmen, die sich im Handelsrecht auskannten, aber dann schloss die WTO die Rechtsvertreter von der Anhörung aus, weil nur Regierungsmitglieder dort zugelassen waren. Auf diese Weise wurden beide Inseln von den Bananen-Verhandlungen ausgeschlossen.[20] Die Europäer machten 1998 schließlich mehrere Zugeständnisse, bestanden jedoch darauf, dass eine spezielle Handelsquote erhalten blieb.

Chiquita Brands demonstrierte daraufhin die gewohnte politische Flexibilität der US-Unternehmen, indem der Konzern der Republikanischen Partei 350.000 US-Dollar spendete. Zwei Monate später wurde im Kongress, in dem die Republikaner die Mehrheit hatten, ein Gesetz eingebracht, das Vergeltungsmaßnahmen gegen die EU vorsah. Die Clinton-Regierung wurde gezwungen, Sanktionen gegen europäische Produkte zu verhängen, zum Beispiel Ziegenkäse, Kashmir-Produkte und Kekse. 1999 sah sich die EU gezwungen, die reservierten Quoten für die kleinen Anbauer aus der Karibik außer Kraft zu setzen.

Die USA gingen also schließlich als Sieger aus diesem von der WTO geschlichteten Streitfall hervor. Und wer hat wirklich gewonnen und wer hat verloren? Hatten die zentralamerikanischen Arbeiter von *Chiquita* etwas davon? Fragen Sie die vielen Hundert Arbeiter in Honduras, die durch den Einsatz von Dibromchloropropan auf den Bananenplantagen unfruchtbar geworden sind. Fragen Sie die Mütter, deren Kinder durch Pestizid-Vergiftung Geburtsfehler haben. Hatten die Aktionäre von *Chiquita* etwas davon? Ende 1999 sank der Kurs des Unternehmens auf den niedrigsten Stand seit 13 Jahren. Die Aktionäre waren wütend und *Chiquita* stand zum Verkauf, aber die Bananen-Preise blieben in Europa niedrig. Wer hat verloren?

Die Bauern in der Karibik, die zuvor mit Bananenexport ihren Lebensunterhalt verdienten und ihre Kinder zur Schule schicken konnten, waren durch die niedrigen Preise und die geringe Nachfrage nicht mehr in der Lage, weiterhin Bananen anzubauen. Da Bananen fast 50 Prozent des Bruttosozialprodukts der Inseln ausmachten, stiegen viele Bauern um und arbeiteten für Drogenkartelle. Ihre Regierungen zogen sich daraufhin still und leise aus länderübergreifenden Drogenbekämpfungsmaßnahmen zurück. Die USA sind die eigentlichen Verlierer. Die Karibik ist eine der wenigen Regionen, mit denen die Vereinigten Staaten eine positive Handelsbilanz aufweisen. Wenn die Menschen dort weniger durch Export einnehmen, hatte das wirtschaftliche Nachteile für die Unternehmen – und zwar für US-amerikanische Unternehmen.

Niemand kümmert sich wirklich um die Handelsgesetze der WTO, solange er nicht direkt davon betroffen ist, aber wenn es dann so weit ist, dann ist es oft zu spät. Im Jahre 1996 bestimmte das WTO-Schiedsgericht, dass die für US-Metropolen gültigen Schadstoffnormen das Recht Venezuelas verletzten, ihr Benzin zu exportieren, das eben diese Kriterien nicht erfüllte. Die US-Umweltbehörde hob die hohen Normwerte auf. Diese Regelung trat zu einem Zeitpunkt in Kraft, als amerikanische Unternehmen 37 Milliarden US-Dollar investiert hatten, damit ihre Produkte den neuen Anforderungen entsprachen. Wieder frei nach Lewis Carroll: Die Mitgliedstaaten der WTO haben das Recht, eigene Umweltstandards und Zielvorgaben festzulegen, aber die Regeln, die die Umwelt betreffen, müssen mit denen der WTO übereinstimmen. Mit anderen Worten: Ihnen ist erlaubt, Gesetze zu verabschieden, die letztendlich wirkungslos sind.

Der Stand der Dinge ist der folgende: Ein Mitgliedsstaat kann nicht verhindern, dass bestimmte Materialien oder Nahrungsmittel importiert werden, es sei denn, die WTO bescheinigt, dass diese Waren schädlich sind. Verschiedene US-Staaten schließen sich zusammen und kämpfen, von der Industrie angeführt, gegen die Kennzeichnungspflicht der Europäischen Union (EU), die anzeigt, ob gentechnisch veränderte Zutaten enthalten sind. Bislang ist es den USA gelungen, ein europäisches Importverbot für Fleisch von mit Wachstumshormonen behandelten Tieren zu verhindern, obgleich die überwiegende Mehrzahl der europäischen Bevölkerung möchte, dass der Verkauf von solchem Fleisch eingeschränkt wird. *Monsanto* hatte die Hoffnung, Seattle werde dazu beitragen, die EU-Restriktionen für genmanipulierten Mais und Soja aufzuheben. Als die EU Beißringe für Säuglinge aus dem Verkehr ziehen wollte, die Phtalate enthielten, die Leber und Nieren schädigen können, versuchte die US-Spielzeugindustrie dieses Vorhaben zu stoppen, weil angeblich noch keine wissenschaftlich eindeutigen Beweise vorlagen. Der WTO-Generalsekretär Renato Reggiero erklärte, dass Vorschriften und Maßstäbe in Bezug auf Umweltschutz, „zwangsläufig scheitern müssen und dem weltweiten Handel nur Schaden zufügen würden"[21].

Die Bestimmungen der WTO haben einen gemeinsamen Nenner – und dieser ist: Geld. Doch nicht die Unternehmen tragen den größten Geldkoffer mit sich herum – das tut die Weltbank, die über den Geldstrom in die Entwicklungsländer herrscht. Wie alle Institutionen hat die Bank einen bestimmten Blickwinkel, einen Modus Operandi und eine Kultur, die sie trägt. Die wesentliche Theorie, die ihre Aktivitäten leitet, ist die folgende: Der freie Markt kann die Armen mit mehr Waren versorgen als jedes andere System. Da der vom Staat finanzierte Sozialismus in der ehemaligen Sowjetunion gescheitert ist, ist es nicht leicht, diese Behauptung zu widerlegen. Die Theorie wird von der Beobachtung untermauert, dass korrupte Regierungen ihre Bevölkerung nicht effektiv mit allem Lebensnotwendigen versorgen können. Da die Weltbank sich nicht direkt in die innerpolitischen Angelegenheiten eines Landes einmischen darf, kann sie nur auf einer Privatisierung bestehen und Finanzreformen fordern, um die Verantwortungslosigkeit einzudämmen. Sie kann dem Staat Vermögen entziehen und die freiwerdenden Geldmittel in den Markt investieren, auf dem die Konsumenten jeden Tag mit ihrer Brieftasche abstimmen.

Die Theorie, die dem Verhalten der Weltbank zugrunde liegt, ist lobenswert, aber leider deutet nichts darauf hin, dass sie auch angewendet wird. Die Situation lässt sich vergleichen mit dem Unterschied zwischen offizieller Geschichtsschreibung und der Geschichte, wie sie die Menschen konkret erleben. Über Kolumbus wird allgemein gesagt, er habe Amerika entdeckt. Die Bewohner des Landes, das er „entdeckte", machten ebenfalls eine Entdeckung: Eine Rasse barbarischer Menschen mit ausgefeilten Navigationsfähigkeiten hatte keine Skrupel, ihre Frauen zu vergewaltigen, ihre Stammesältesten zu töten; die zu jagen, die sich ihnen wiedersetzten, und sie nackt wie Tiere nach Europa zu verschiffen, wo sie als Sklaven verkauft wurden. Dieses Schicksal war so schrecklich, dass viele Angehörige der *Arawak* zuerst ihre Kinder und dann sich selbst töteten, um so etwas nicht erleiden zu müssen.

Es geht an dieser Stelle darum, aufzuzeigen, wie der Einzelne tatsächlich die öffentlich verbreitete Geschichte erlebt hat. Was die Armen erleben, wenn Marktreformen oder andere Veränderungen die Barrios[22] und illegal errichteten Slums erschüttern, ist ähnlich weit von dem entfernt, was sich die Bürokraten der Weltbank in ihren feinen Büros in Washington D.C. vorstellen. Die verarmten Massen aufzufordern, strukturelle Anpassungen vorzunehmen, ist das Gleiche, als fordere man ein kleines Kind auf, die Autobahn zu überqueren. Menschen, die unten in der Wirtschaftspyramide ihr Leben verbringen, können es sich nicht leisten, mehr für Wasser zu bezahlen, auf ein freies Gesundheitswesen zu verzichten, ihre Arbeit zu verlieren, mit subventionierten Maisfarmern aus Iowa zu konkurrieren oder Schulgeld für ihre Kinder zu bezahlen.

In den 1960er-Jahren unterstützte die Weltbank die Fisch verarbeitende Industrie am Viktoriasee in Tansania finanziell. Der Nilbarsch, ein gefräßiger Räuber, der 350 einheimische Fischarten verdrängte, wurde im See ausgesetzt. Heute werden schockgefrorene Viktoriabarsch-Filets mit riesigen Iljuschin-Flugzeugen nach Europa exportiert. Diese in die Jahre gekommenen Boeing 747 haben auf dem Rückflug manchmal getrocknete Erbsen und Mehl geladen, um Flüchtlinge zu ernähren, manchmal aber auch Maschinenpistolen und Munition für die zahlreichen zentralafrikanischen Kriege, die zu den Flüchtlingsströmen führen. Die einheimische Bevölkerung profitiert in keiner Weise von dieser 400-Millionen-Dollar-Industrie. Da sie ihre ursprünglichen Fischbestände verloren hat, begnügt sie sich zwangsweise mit den Fischköpfen und den Abfällen, die bei der Fischverarbeitung übrig bleiben. Dass die öligen Fischköpfe über Holzfeuern getrocknet werden, lässt den Wald entlang der Küste langsam schwinden, was wiederum Erosion und eine Eutrophierung des Sees nach sich zieht, die wiederum den Nilbarsch bedroht. Kinder leiden unter Eiweißmangel; Prostituierte, die HIV-infiziert sind, belagern die Fischercamps und Mücken, deren Population früher von den natürlich vorkommenden Fischarten reguliert wurde, ziehen in großen Schwärmen die Küste entlang.[23] *Darwins Alptraum*, ein Dokumentarfilm von Hubert Sauper, der 2004 erschienen ist, beschreibt das Massaker, das im Viktoriasee stattfand, in erschreckenden Einzelheiten. Jeder Manager der Weltbank, jeder Verfechter des freien Markts, jeder Globalisierungsfanatiker sollte dazu verpflichtet werden, sich diesen Film anzuschauen.

1990 bezogen weltweit weniger als 50 Millionen Menschen ihr Wasser von privaten Wasserlieferanten. Zehn Jahre später ist die Zahl auf 460 Millionen gestiegen. Warum? Wenn Länder sich Geld von der Weltbank leihen wollen, brauchen sie einen Plan zur Privatisierung der Wasserversorgung, um einen Kredit zu bekommen.[24] Europäische Unternehmen, allen voran *Suez* und *Veolia*, beherrschen 70 Prozent des privaten Wassermarkts. Wasser und Abwasserentsorgung sind ein Geschäft, mit dem sich weltweit – geschätzt – 200 bis 400 Milliarden US-Dollar verdienen lassen. Hier können die Unternehmen ebenso lukrative Geschäfte machen wie mit Erdöl. Bei der Wasserprivatisierung in Ghana erteilte die Weltbank dem Unternehmen *Enron* den Auftrag.[25]

Nach mehreren Jahren massiver Drohungen zwang die Weltbank Bolivien, das ärmste Land in Südamerika, im Jahr 1999 dazu, einen Vertrag mit 40 Jahren Laufzeit mit der zu *Bechtel* gehörenden Firma *Aguas del Tunari* zu schließen, um das Wasser von Cochabamba [Bolivien] zu privatisieren – was der Firma eine jährliche Kapitalrendite von 16 Prozent für die gesamte Laufzeit des Vertrags garantierte. Das wiederum bedeutete, dass die Menschen im achtärmsten Land der Welt mehr für ihr Wasser bezahlen mussten als die Angestellten von *Bechtel* in den wohlhabenden Vororten von San Francisco. Als der Wasserpreis sich verdoppelte und schließlich verdreifachte, sodass die Wasserrechnung ein Viertel des Monatsverdienstes ausmachte, gingen die Menschen auf die Straße; die Demonstrationen dauerten so lange an, bis der Vertrag für ungültig erklärt wurde. Eduardo Galleano beschrieb den Wahlsieg, der zur Abschaffung der Wasserprivatisierung in Uruguay führte, und bezeichnete die melancholischen Uruguayer als „Argentinier auf Valium, die in der Luft tanzen. ... Ein paar Tage vor der Präsidentschaftswahl in den USA fand in Südamerika in dem kleinen, fast unbekannten Land Uruguay eine Wahl und ein mit ihr verbundener Volksentscheid statt. ... Zum ersten Mal in der Geschichte wurde die Privatisierung des Wassers durch die Stimme des Wählers abgelehnt. ... Freier Zugang zu Wasser, eine knappe und begrenzte natürliche Ressource, ist das Recht aller Menschen und nicht das Privileg derjenigen, die es sich finanziell leisten konnten."[26] Wir können entweder versuchen, die Zukunft zu bestimmen, oder wir können die Bedingungen schaffen, die für eine gesunde Zukunft notwendig sind. Im ersten Fall müssen wir so tun, als wüssten wir, wie die Zukunft aussehen sollte. Im zweiten Fall lernen wir, Vertrauen in eine soziale Entwicklung zu haben, die zu einer Gesellschaft führt, in der sich der Einzelne sicher und angenommen fühlt, weil er einen Wert besitzt. Es ist schwierig, genau zu schätzen, wie viele nicht staatliche Organisationen weltweit damit beschäftigt sind, die – in manchen Augen katastrophalen – Auswirkungen der Entwicklungspolitik der Weltbank zu korrigieren und wiedergutzumachen, aber ihre Anzahl geht in die Tausende. In den Kreditnehmerländern – dazu gehören Bolivien, Argentinien, Haiti, Indien, Brasilien, Mexiko, Ecuador und Südafrika – haben die Urbevölkerung und die Armen unzählige Proteste gegen Korruption, Vetternwirtschaft, Privatisierungsvorhaben, Arbeitsplatzvernichtung, Umweltzerstörung, Menschenrechtsverstöße, Entwurzelung, Riesenstaudämme und Souveränitätsverlust ins Rollen gebracht, die eine Folge der Weltbankpolitik sind. Die Reaktion der Weltbank besteht darin, dass sie mehr Geld in ihre Öffentlichkeitsarbeit steckt; dieser Etat übersteigt inzwischen ihr Forschungsbudget.[27]

Eine der negativen Folgen der Weltbankpolitik ist das Elend der Schulden, die nicht zurückbezahlt werden können. Die Entwicklungsländer haben Geld für Traktoren, für Staudämme und Kraftwerke ausgegeben, die von den multinationalen Konzernen geliefert wurden. Diese Schulden, die für ein Entwicklungsland erdrückend sein können, besonders wenn Entwicklungspläne nicht die versprochenen Jobs und das in Aussicht gestellte Wirtschaftswachstum erbracht haben, können Sparmaßnahmen nach sich ziehen, die dann auch das Schulwesen und die Gesundheitsversorgung betreffen – Bereiche, für die früher genug Geld da war. Viele neue Kredite der Weltbank sind nicht mehr für Entwicklungsprojekte gedacht, mit ihnen sollen die Schulden, die durch frühere Kredite entstanden sind, abbezahlt werden. Das Geld der Weltbank stammt aus wohlhabenden Ländern, und seit es diese Institution gibt, ist der Geldstrom aus den unterentwickelten Ländern der Südhalbkugel in die entwickelten Staaten der Nordhalbkugel immer größer gewesen als umgekehrt. Der Hauptsitz der Weltbank in Washington ist so verschwenderisch gestaltet, dass es peinlich ist. Zur gleichen Zeit verfällt das Gebäude des UN-Hauptquartiers in New York; ein Teil des Gebäudes stürzte 2003 ein.

Wie eine Demokratie informierte und aktive Bürger benötigt, damit sie nicht missbraucht werden kann, brauchen Märkte ebenfalls eine fortwährende Pflege, damit sie nicht zweckentfremdet und zum privaten Vorteil ausgebeutet werden. Ein freier Markt, so schön er auch in der Theorie aussehen mag, ist in der Praxis ebenso wenig zu verwirklichen wie eine Gesellschaft ohne Gesetze. Demokratien können Freiheiten gewähren, weil ihre Bürger und Repräsentanten unentwegt bestimmte Maßstäbe, Regeln und Gesetze korrigieren, aufrechterhalten und notfalls durchsetzen. Märkte sind unerreicht, was Rückmeldung, Innovation und Mittelzuweisung anbelangt. Der Wettbewerb des Markts ist letztlich eine Sache der Geldmittel: Diejenigen, die ihr Kapital am erfolgreichsten vermehren und konzentrieren, gewinnen einen Marktvorteil; wem das nicht gelingt, der wird ins Abseits gedrängt. Doch es gibt keinen vergleichbaren Wettbewerb, um das soziale und das natürliche Kapitel zu vermehren, denn für diese Erzeugnisse gibt es keine Märkte. Hier kann nur durch Gesetze, Vorschriften, Bürgeraktivität und Druck des Konsumenten Einfluss genommen werden. Wenn man nun die Gesetze und Vorschriften abschafft, die Markteinschränkungen darstellen, gibt es nur noch wenige Möglichkeiten, für wirtschaftliche Demokratie zu sorgen. In einem Marktsystem haben die Armen, die Urwälder, die Stratosphäre und das Ökosystem, die die Lebensgrundlage jeder Wirtschaft darstellen, keine Stimme. Bürgerorganisationen verleihen ihnen eine Stimme, die allerdings oft überhört oder übertönt wird.

Die Aufschreie und Proteste sind oftmals thematisch sehr eingeschränkt und laut, denn die Bürger wollen sich wirklich Gehör verschaffen. Manche Kritiker halten jeden Widerstand gegen wirtschaftliche Liberalisierung für überzogen, wenn nicht sogar absurd. Paradoxerweise ist das, was Bürgerinitiativen, nicht staatliche Organisationen und Gewerkschaften fordern, genau das Gleiche wie das, was Weltbank und IWF bei ihren glänzenden Power-Point-Präsentationen zeigen: wirtschaftliche Integration. Aus dem Blickwinkel der Bürger betrachtet, ist es notwendig, dass politische Integration von unten nach oben geschieht und nicht umgekehrt.[28] Sie muss öffentliche und private Interessen, die Armen und die Mittelschicht, diejenigen, die Land besitzen, und diejenigen, die keines besitzen, verbinden.

Gegenwärtig ist eine wachsende Anzahl von Wirtschaftswissenschaftlern der Ansicht, dass der Ausschluss der Bevölkerung, die ein sinnvoller und notwendiger Teil wirtschaftlicher Planung ist, ein weltweites Wirtschaftswachstum und eine gleichberechtigte Entwicklung untergräbt. Diese Ökonomen fordern einen Wandel in der Politik, den auch die nicht staatlichen Organisationen unterstützen. Nancy Birdsall vom *Carnegie Endowment for International Peace* und Augusto de la Torre von der Weltbank haben eine Schrift verfasst mit dem Titel „Washington Contentious: Economic Policies for Social Equity in Latin America" [Streit in Washington: Wirtschaftspolitik für soziale Gerechtigkeit in Lateinamerika]. In ihr werden elf entscheidende Vorbedingungen genannt, zu denen Dienstleistungen und Schulen für die Armen, Schutz der Arbeiterrechte, eine Landreform, die kleinen Betrieben eine stabile Grundlage im Wettbewerb bietet, Abbau von Konsumabgaben und Besteuerung der Reichen gehören. Diese Punkte waren ebenfalls auf den Plakaten und Spruchbändern der Demonstranten in Seattle zu lesen.

Die Argumente für oder gegen eine Globalisierung des Handels folgen dem Muster, das man auch aus Debatten zwischen Progressiven und Konservativen kennt, egal um welches Thema es geht. „Wenn wir die Globalisierung aufhalten, hat das negative Auswirkungen auf unser eigenes wirtschaftliches Wohlergehen", schreibt Fareed Zakariah in der *New York Times*. „Die Länder, die im vergangenen Jahrhundert versucht haben, ihre Volkswirtschaft und ihre Arbeitsplätze, ihre Kultur und ihre Traditionen zu bewahren, indem sie den Rest der Welt aussperrten, sind stehen geblieben. In den Ländern hingegen, die sich der allgemeinen Entwicklung öffneten, wuchs der allgemeine Wohlstand." Dieses Argument klingt gut, stimmt aber nicht. Japan, die zweitgrößte Volkswirtschaft der Welt, hält weiterhin bei vielen Produkten und Waren an strengen Handelsbeschränkungen und Schutzzöllen fest, und das Gleiche gilt auch für Korea und China. Zakariah bezieht sich mit seiner Aussage auf Länder wie Birma, Nordkorea und die frühere Sowjetunion, die durch eine totalitäre Wirtschaftskontrolle stranguliert wurden. Er lässt jedoch Länder wie Bhutan außer Acht, deren Regierung Großartiges geleistet hat, um die eigene Kultur zu bewahren, Korruption einzudämmen, die einheimische Wirtschaft zu entwickeln und die Umwelt zu schützen. Grundlage der Politik ist das sogenannte „Bruttosozialglück".

Allgemeinplätze – egal ob sie von links oder von rechts kommen – sind wenig hilfreich in der Diskussion des freien Handels, denn es ist eine Vielzahl von Faktoren, die die direkten und indirekten Auswirkungen eines liberalisierten Markts bestimmen. Stewart Brand diskutiert in seinem Buch *Das Ticken des langen Jetzt*, was eine Zivilisation stabil und anpassungsfähig macht. Wissenschaftler haben dieselbe Frage in Bezug auf das Ökosystem gestellt, und es ist sinnvoll, sie auch in Bezug auf wirtschaftliche Systeme und Marktbedingungen zu stellen. Wie geht ein kulturelles oder natürliches System mit Veränderung um? Wie reagiert es auf Erschütterungen? Welche Überlebensstrategie entwickelt es, besonders wenn die Veränderung schnell vonstattengeht und sich dabei auch noch beschleunigt? Die Antwort hat viel mit Zeit zu tun; damit, wie wir mit Zeit umgehen und was sie uns bedeutet: Biologische Vielfalt in Ökosystemen hilft, Katastrophen aufgrund plötzlich auftretender Umweltveränderungen abzufedern, weil die verschiedenen Organismen in einem unterschiedlichen Zeitrahmen reagieren. Blumen, Pilze, Spinnen, Bäume und Füchse haben ihre eigene Lebenszeit und verändern sich unterschiedlich schnell. Die einen reagieren schnell auf ihre Umwelt, die anderen langsam, sodass das System, wenn es in Stress gerät, auf vielfältige Weise reagieren kann, um danach wieder zu einem Zustand des Gleichgewichts zurückzukehren.

Die Politik der WTO nimmt Einfluss auf vier verschiedene Zeitrahmen oder zeitliche Abfolgen, schenkt jedoch nur einem einzigen Beachtung. Der dominierende Zeitrahmen der Gegenwart ist der Handel. Die Geschäftswelt ist reaktionsfähig; sie begrüßt Innovation im Allgemeinen und hat eine Vorliebe für Wandel. Unternehmen müssen heute viel schneller wachsen als früher, weil der Kapitalmarkt inzwischen weltweit geöffnet ist. Wenn sie das nicht tun, werden sie dafür bestraft und sogar in den Bankrott getrieben. Durch die Effektivität der weltweiten Kapitalbewegungen werden Unternehmen und Kapitalanlagen sofort durch ein Netzwerk von Technokraten und Geldmanagern belohnt oder bestraft, die am Tag 2 Billionen US-Dollar bewegen und den größtmöglichen Gewinn aus den Transaktionen ziehen wollen.

Der zweite Zeitrahmen ist die Kultur. Sie bewegt sich langsamer, da tiefsitzende Überzeugungen kulturellen Umwälzungen entgegenstehen. Die erste Institution, die unter der Perestroika aufblühte, war die Russisch-Orthodoxe Kirche. Im Jahre 1989 ging ich in der Nähe des Wochenendhauses von Boris Pasternak in eine Kirche und hörte, wie der Priester und die alten Frauen die Litanei nahezu vollkommen auswendig konnten – es war so, so als ob es keine 72-jährige Unterdrückung gegeben hätte. Eine Kultur verändert sich nur sehr langsam, sodass Familie, Gesellschaft und Religion in ihr aufblühen können. Kultur festigt Identität und Zugehörigkeit und wird dadurch in einer Zeit schneller Veränderung und Entwurzelung zu einem wichtigen Anker.

Zwischen der Kultur und der Geschäftswelt gibt es einen dritten Zeitrahmen: die Regierungsgewalt, die sich schneller bewegt als die Kultur, aber langsamer als Wirtschaft und Handel. Der vierte und langsamste Zeitrahmen sind die Erde, die Natur und das Netz des Lebendigen. So vergänglich dieser Zeitrahmen auch zu sein scheint, er ist die Uhr, die am langsamsten tickt. Er ist immer gegenwärtig und reagiert auf lange Evolutionszyklen, die sich über alle Zivilisationen und Zeitrechnungen hinaus erstrecken. Die Natur besitzt die größte Trägheit, ist dadurch aber auch am belastbarsten und verfügt über die stärkste Widerstandsfähigkeit.[29] Diese unterschiedlichen Zeitrahmen geraten oft miteinander in Konflikt. Was das Leben lebenswert macht und den Zivilisationen Bestand gibt, sind Faktoren und Eigenschaften, die einer kommerziellen Betrachtung kaum standhalten: Universitäten, Tempel, Dichtung, Musik, Parkanlagen, Literatur, Sprache, Museen, Terrassenfelder, lange Ehen, Tanzen und Kunst. Fast alles, was den Menschen am Herzen liegt, entwickelt sich langsam und ist auch nur langsam zu verändern. Ein gesundes Wirtschaften erfordert den Einfluss von Politik, Kunst, Kultur, Zivilgesellschaft und Natur, um seine Geschwindigkeit zu verlangsamen, damit die Geschäftsleute den Menschen und Orten ihre Aufmerksamkeit schenken. Stewart Brand weist darauf hin, dass eine unkontrollierte Wirtschaft kriminell wird. Man braucht sich nur Russland anzusehen oder *Enron, Tyco, Unocal* und *WorldCom.* Die Vernichtung von Sprachen, von Kulturen, Wäldern und Fischbeständen weltweit geschieht der schnelleren Geschäfte wegen. Wobei die Geschäftswelt als solche sich auch immer schneller verändert. Die Geschwindigkeit des Wandels ist für alle anstrengend, selbst für diejenigen, die davon profitieren. Für diejenigen allerdings, die nicht davon profitieren, sind die Auswirkungen verheerend.

Als ein ergiebiger Boden noch relativ wenig Menschen ernährte, war es nicht notwendig, dass die Märkte beim Verteilen der Ressourcen an die Zukunft dachten. Auf einer überbevölkerten Erde mit zusammenbrechenden Ökosystemen wird der Kollaps hingegen fatal sein. Will die menschliche Rasse weiterbestehen, so ist eine grundlegende Veränderung der Marktstrukturen in die Richtung nötig, dass sie auch längere und langsamere Zeitabläufe bedenken und mit ihnen in Einklang sind. Die Herausforderungen der Zivilisation haben sich gewandelt und dementsprechend müssen sich auch die Märkte ändern. So leistungsfähig Märkte auch sind, sie sind Mittel und Werkzeuge, nicht die eigentliche Wirklichkeit. Märkte können großartige Helfer sein, aber sie sind schlechte Führer und eine lächerliche Religion. Wer dem gegenwärtigen Welthandel die Ideologie des Laissez-faire aus dem 19. Jahrhundert überstülpen will – eine fundamentalistische Ansicht, die nur in der Theorie praktiziert wurde – und hofft, dadurch Verarmung und Umweltzerstörung aufhalten zu können, verhält sich wie jemand, der sich die Pulsadern aufschneidet, um seinen hohen Blutdruck zu senken. Handel ist kein Thema, über das man sich jeden Tag Gedanken macht; die entscheidende Frage lautet: Wer bestimmt die Regeln und setzt sie durch? Es kann keine Nachhaltigkeit geben, wenn Institutionen, deren Hauptaufgabe darin besteht, Geld zu machen, die Maßstäbe festlegen.

Den Argumenten gegen eine Globalisierung des Markts mangelt es an einer greifbaren wirtschaftlichen Alternative zur Überwindung der Armut in der Welt. Und die Verfechter des freien Welthandels haben auch kein Rezept für den Umgang mit den Auswirkungen des schnellen wirtschaftlichen Wandels in menschlicher und ökologischer Hinsicht. Die Globalisierung erzeugt gleichermaßen Wohlstand *und* Elend *und* Umweltschäden, auch wenn man sie zunächst nicht miteinander vergleichen kann. Die weltweite Ansiedlung von Einwanderern, Flüchtlingen und Kleinbauern in städtischen Slums nimmt schneller zu als die optimistisch vorausgesagten Vorteile des freien Handels.

Keine Institution setzt sich so vehement für den freien Handel ein wie die Weltbank, aber einige Institutionen sind pessimistisch, was die Misere der Menschheit angeht. Die Weltbank sagt voraus, dass 2030 über 5 Milliarden Menschen weniger als 2 US-Dollar pro Tag verdienen und 2 Milliarden in Slums leben werden, und zwar in Dutzenden von Städten mit mehr als 10 Millionen Einwohnern.[30] Die Zukunft der Welt entsteht aus der Verzweiflung, der Wut und der Trostlosigkeit der *chawls* von Mumbai, der *favelas* von Rio, der *kampongs* von Jakarta, der *shammasas* von Khartoum, der *pueblos jóvenes* von Lima, der *villa misera* von Buenos Aires sowie der *umjundolos* von Durban und nicht aus der guten Laune in den Pilates-Studios auf Long Island oder in Santa Monica.[31] Aus darwinistischer Sicht handelt es sich um brodelnde Brutstätten der menschlichen Entwicklung, denn täglich vergrößern 200.000 neue Migranten das Heer der in den Städten lebenden Armen.[32] Eine Theorie besagt, dass die Kriminalität zunimmt, je mehr sich die Bevölkerung verjüngt, und Militäranalytiker sagen voraus, dass die Kontrolle der Slums in die Hände von Psychopaten, Verrückten, Demagogen und Clan-Milizen fällt.[33] Mike Davis schreibt in seinem Buch *Planet der Slums:*

„Dementsprechend werden die Städte der Zukunft nicht aus Glas- und Stahlkonstruktionen bestehen, wie es sich frühere Generationen von Urbanisten ausgemalt haben, sondern eher aus groben Backstein, Stroh, recyceltem Plastik, Zementblöcken und Abfallholz. Statt in hoch zum Himmel strebenden Lichterstädten zu leben, wird ein Großteil der urbanen Welt des 21. Jahrhunderts inmitten von Umweltverschmutzung, Exkrementen und Abfall im Elend versinken. Möglicherweise werden eine Milliarde Städter, die die postmodernen Slums bevölkern, dann voller Neid auf die Ruinen der Lehmhäuser von çatal Hüjük in Anatolien zurückblicken, die zu Anbeginn des städtischen Lebens vor 9000 Jahren errichtet wurden."[34]

In seinem Buch *An End to Suffering* beschreibt Pankaj Mishra, wie er in Pakistan einer Konferenz radikaler Islamisten in der Nähe der afghanischen Grenze beiwohnte. 200.000 Menschen, die meisten von ihnen nicht älter als 30, nahmen an einer „mittelalterlichen Wüstenversammlung" der Entrechteten teil, wo feurige Redner von den Jahrhunderten der Erniedrigung durch die Macht des Westens sprachen. Es handelte sich um eine Veranstaltung, auf der Kämpfer für den Heiligen Krieg geworben werden sollten.

„Ich brauchte eine Weile, um mir klar zu werden über das,
was ich erlebt hatte. Ich wusste Bescheid über die Korrum-
pierung des Dschihad; über die Anführer, die fett wurden von
den großzügigen Spenden, die sie aus dem In- und Ausland
erhielten, und die junge Männer zum *shahadat* (Märtyrer-
tod) nach Kaschmir oder Afghanistan schickten, wofür ihre
Angehörigen wenig Geld bekommen. Aber ich hatte nicht
erwartet, wie sehr mich der zufällige Anblick in einer *madra-
sa* berührte, in der sechzig junge Männer auf dem Fußboden
in zerlumpten Bettlaken schliefen. Ich hatte nicht gedacht,
wie traurig es mich machen würde, über ihr verlorenes Leben
nachzudenken – junge Männer, deren Vorfahren einst eine
der großartigsten Zivilisationen der Menschheit aufgebaut hatten und die nun in nicht mehr funktionierenden Gesellschaften unter Regierungen lebten, die von den USA abhängig
waren oder Angst vor dieser Supermacht hatten. Sie hatten
wenig, worauf sie sich freuen konnten, außer auf eine kurze
Karriere als Selbstmordattentäter. ... Die andere Art von Zukunft, die sie sich vorstellen konnten, war nicht attraktiv. In
dieser Zukunft tragen alle Krawatten, arbeiten im Büro oder
in der Fabrik, praktizieren Geburtenkontrolle, begnügen sich
mit der Kleinfamilie, fahren ein Auto und zahlen Steuern. ...
Der Entwicklungsprozess der Geschichte würde nur für einige
von ihnen Platz haben. Alle anderen müssten sich mit der
gut ausgearbeiteten Illusion eines Fortschritts begnügen, die
durch zahllose ‚Hilfs‘-Programme, Kredite von IWF und von
der Weltbank sowie durch das Gerede von Unterentwicklung,
wirtschaftlicher Liberalisierung und Demokratie aufrecht
erhalten würde. Aber das Fantasieprodukt der Moderne, das
vom Staat hochgehalten und vom internationalen politischen
und wirtschaftlichen System unterstützt wird, hatte sie bereits
ihren heimischen Dörfern entfremdet. ... Es waren Hunderte
von Millionen machtloser und abgestumpfter Einzelner, mit

dem Versprechen von Gleichheit und Gerechtigkeit geködert und mit einer Welt konfrontiert, die sie nicht verstehen konnten und deren Ressourcen – die sie gehofft hatten, für sich nutzen zu können, um das Niveau des Wohlstands zu erreichen, das von einer kleinen weltweiten Mittelschicht gelebt wird – entweder schon nicht mehr oder nur noch zum Teil vorhanden waren."[35]

In der Mythologie der *Inuit* (Eskimo) gibt es die Geschichte der Skelettfrau. Sie beginnt damit, dass ein Fischer in einer Bucht angelt. Plötzlich spürt er, dass etwas an seiner Angelschnur zieht, und zwar so stark, dass sein Kajak ins offene Meer hinausgezogen wird. Er glaubt, einen Fisch an der Angel zu haben, der so groß ist, dass er wochenlang von ihm leben kann; ein Fisch, der so ungeheuer ist, dass ihn das ganze Dorf für seinen Heldenmut rühmen wird. Während der Fischer sich überglücklich vorstellt, wie berühmt er wird und wie gut es ihm materiell gehen wird, holt er die Schnur ein. Aber anstatt eines Fisches zieht er den verfaulten und angefressenen Kadaver einer jungen Frau aus dem Wasser, die vor Jahren von ihrem wütenden Vater ins Meer geworfen worden war. Der ängstliche Fischer will die Skelettfrau wieder loswerden, aber sie ist so in seine Schnur verwickelt, dass er sie hinter seinem Kajak herzieht. Eilig paddelt er zur Küste zurück und ist entsetzt über den Leichnam, den er die ganze Zeit hinter sich hergezogen hatte. Er versucht zu entkommen und zieht dabei die in seine Schnüre verwickelte Skelettfrau mit sich über den Strand und in seine Hütte hinein, wo er zu Tode erschrocken zusammenbricht.

In Clarissa Pinkola Estés' Nacherzählung dieser Geschichte steht die leichenblasse, halb zerfressene Skelettfrau, die noch lebt, sowohl für das Leben als auch für den Tod – sie ist ein Gespenst, das uns daran erinnert, dass zu jedem Anfang auch ein Ende gehört, dass man für alles, was man nimmt, auch etwas geben muss. Schließlich beruhigt sich der Fischer und wagt es, in einer Ecke kauernd, seinen „Fang", der in der anderen Ecke seiner Hütte eingeschlafen ist, näher anzusehen. Er empfindet Mitleid mit der Frau und kriecht zu ihr hinüber. Vorsichtig entwirrt er die Angelschnur und entfernt die Algen aus ihrem Haar, um sie nicht zu wecken. Er setz ihr Gerippe aufrecht hin, ordnet die Knochen und legt ihr eine Decke über die Schultern. Er hat jetzt keine Angst mehr und schläft schließlich ein. Im Schlaf fließen Tränen der Trauer aus seinen Augen. Die Skelettfrau erwacht, kriecht über den Fußboden und trinkt die Tränen des träumenden Fischers. Ihr wachsen daraufhin Fleisch und Haut – ein neuer Körper – und sie wird wieder zu einer schönen jungen Frau.[36] Wie alle Fischer wollen auch die Fürsprecher der WTO einen großen Fisch fangen. In ihren Augen hat ein ungebremstes Wachstum der Unternehmensgewinne nur wenige Nachteile. Und dennoch ist der Tod immer mit dem Leben verbunden; Wachstum wird durch Bilanzieren, durch Rechnen sichtbar. Geburt und Tod gehören zusammen, sie sind untrennbar miteinander verbunden und das Leben ist kurz. Die expansiven Träume einer zukünftigen Welt spiegelten sich in vollkommener Weise in Bill Gates wider, dem zum damaligen Zeitpunkt reichsten Mann der Welt und stellvertretenden Vorsitzenden des Einladungskomitees von Seattle, der die Delegierten in seinem 97 Millionen US-Dollar teurem Haus mit 6.000 Quadratmetern Wohnfläche bewirtete.

Die Skelettfrau erschien in Seattle als nicht geladener Gast. Sie tanzte, trommelte, heulte und marschierte mit symbolischen Särgen durch die Straßen und fegte so abends durch die vom Schwefelregen nasse Stadt. Man konnte sie nicht zerstören oder töten – egal, wie viel Tränengas und Pfefferspray oder wie viele Gummigeschosse eingesetzt wurden. Sie kam immer wieder und setzte sich vor die Polizei auf den Boden und erhob friedlich ihre Hände; sie wurde geschubst und getreten. Die Skelettfrau zeigte den Delegierten der Konzerne und den reichen Nationen, dass ihnen die Welt nicht gehörte und dass man sie auch nicht kaufen konnte. Wer mit der Welt Handel treiben wollte, musste die Welt, ihr Leben und ihre Menschen anerkennen und ehren. Sie machte unmissverständlich klar, dass die

WTO mutig sein und zuhören musste; dass sie stark genug sein und nachgeben musste; dass sie beherzt genug sein und geben musste. Die Skelettfrau wurde aus der Tiefe heraufgezogen und erhielt ihre Augen, ihre Stimme und ihr Leben zurück. An diesem Tag, dem 30. November 1999, wurde sie in Seattle freigelassen. Seitdem durchstreift sie die Welt und träumt einen anderen Traum. Sie ist davon überzeugt, dass wirtschaftliche Unabhängigkeit ein Menschenrecht ist. Sie stellt sich eine Welt vor, in der Menschen zu töten kein Geschäft, sondern ein Verbrechen ist; wo alle Verbrechen gegen Frauen Verbrechen gegen die Erde sind und alle Verbrechen gegen die Natur Verbrechen gegen die Menschheit, wo Familien keinen Hunger leiden, Väter eine Arbeit haben, Kinder niemals verkauft werden und Frauen nicht verarmen, nur weil sie sich dafür entscheiden haben, Mutter zu sein. Die Skelettfrau akzeptiert keine Welt, in der man ein Patent auf Lebewesen haben kann oder in der Tiere als Fabriken dienen oder in der Flüsse den Aktionären gehören. In ihren tiefen und angstlosen Träumen läuft die Zeit langsam. Sie wird keine Ruhe geben und so schnell auch nicht wieder ins Meer zurückgeworfen werden.

Das Immunsystem der Erde

*Unser Immunsystem – und nur unser Immunsystem – hindert
uns daran, gleichzeitig auch jeder andere zu sein. Wir sind der,
der wir sind, weil wir uns jeden Tag in jedem Moment verteidigen und beschützen. In Wirklichkeit sind wir alles. Wir sind
Teile von anderen. Bildnisse, die irgendwo auf halbem Weg
zwischen Gehirn und Thymusdrüse gemalt werden. Wir sind
der Dreck, den wir gegessen, und die Lieder, die wir gesungen
haben. Wir sind das leuchtende Licht der Sterne und die tiefste
Dunkelheit, die so alt sind, dass sie unser Vorstellungsvermögen
übersteigen. Wir sind Feuer, das sich von selbst entzündet, und
wir sind heiliges Wasser. Wir sind Vertrauen und Vergebung.
Wir sind unser Tod und die ewigen Gedanken anderer.*

Gerald N. Callahan: Faith, Madness and Spontanous Human
Combustion[1]

*Eine der Schönheiten der Biologie besteht darin, dass ihre wis-
senschaftlichen Tatsachen zu unseren Metaphern werden.*

Kenny Ausubel: Nature's Operating Instructions[2]

n den 1960er-Jahren begann Sir James Lovelock zu untersuchen, ob die Erde ein einziges Lebewesen sein könnte. „Die Gaia-Hypothese", wie er sie später nannte, ist Ökologie in Reinform. Diese Hypothese besagt, dass die Erde über Merkmale der natürlichen Selbstorganisation und der Selbstregulierung verfügt, die denen eines lebenden Organismus entsprechen, denn sie schafft Bedingungen, die Leben ermöglichen. Zwei Jahrhunderte zuvor hatten sich Immanuel Kant und der französische Ökonom Jacques Turgot die Menschheit als ein System vorgestellt, das über Eigenschaften eines lebenden Organismus verfügt. Und sie waren nicht allein. Von Spinoza bis Gandhi, von Lewis Thomas bis Teilhard de Chardin haben sich Philosophen, Religionslehrer und Wissenschaftler immer wieder mit der Frage befasst, ob die gesamte Menschheit auf mysteriöse und unerklärliche Weise miteinander verflochten ist. „Wenn man sich die große Masse der menschlichen Gehirne auf der Erde vorstellt, dann scheint sie sich wie ein zusammenhängendes lebendiges System zu verhalten"[3], schreibt Thomas.

Einer der Unterschiede zwischen der Bewegung, die von unten nach oben verläuft und gegenwärtig überall auf der Welt in Erscheinung tritt, und Ideologien besteht darin, dass die Bewegung ihre Ideen durch direkte Beobachtung gewinnt, wohingegen Ideologien sich auf Glaubenssätze oder Theorien stützen. Es ist die gleiche Unterscheidung, die zur Zeit von Charles Darwin und William Paley Evolutionstheorie und Schöpfungslehre trennte; die gleiche Unterscheidung, die George Soros zwischen „geschlossenen" und „offenen Gesellschaften" macht. Darwin hatte nicht vor, die Schöpfungslehre zu widerlegen. Er war ein Wissenschaftler, der die Natur betrachtete und versuchte, einen übergeordneten Sinn in dem zu finden, was er auf seiner Reise mit der *HMS Beagle* entdeckt hatte. Und so ist es auch nicht das Ziel der Bewegung, Kapitalismus, Globalisierung und religiösen Fundamentalismus zu widerlegen. Sie versucht vielmehr, sich einen Reim darauf zu machen, was sie auf dem Land und in Wäldern, in Flüssen und Seen, in Städten und Slums vorfindet.

Gibt es in der Bewegung Ideologien? Mit Sicherheit, aber grundsätzlich ist die Bewegung *der* Teil der Menschheit, der die Aufgabe übernommen hat, die Menschheit zu schützen und ihr Überleben zu sichern. Wenn wir davon ausgehen, dass die Menschheit ein einziger Organismus ist, können wir uns eine kollektive Bewegung vorstellen, die diesen Organismus schützt und in die Lage versetzt, mit Bedrohungen fertig zu werden. Diese Fähigkeit zur Reaktion würde wie ein Immunsystem funktionieren, das unabhängig vom Willen des Einzelnen agiert. Die gemeinsame Aktivität von Hunderttausenden gemeinnütziger Organisationen kann als das Immunsystem der Menschheit betrachtet werden, das uns vor schädlichen Einflüssen wie Korruption, wirtschaftlicher Fehlentwicklung und ökologischem Zerfall schützt.

So wie ein Immunsystem zwischen „körpereigen" und „fremd" unterscheidet, erkennt die Bewegung, was menschenwürdig und was nicht menschenwürdig ist. So wie das Immunsystem eine innere Abwehrlinie darstellt, die dem Organismus ein zeitlich begrenztes Leben ermöglicht, ist Nachhaltigkeit eine Strategie, die das Überleben der Menschheit sichert. Das Wort „Immunität" stammt vom Lateinischen *immunis* und bedeutet: frei, unberührt, rein.[4] Normalerweise wird das Immunsystem mit militärischen Begriffen beschrieben: eine bewaffnete biologische Verteidigungseinheit, das einfallende Organismen bekämpft.[5] Im Lehrbuch steht, dass sich Antikörper an eindringende körperfremde Moleküle anheften, die dann von weißen Blutkörperchen neutralisiert und zerstört werden. Das ist einfach und geschickt. Die genauen Vorgänge bei der Immunabwehr, die den Körper vor Eindringlingen und damit vor Krankheiten schützen, sind jedoch wesentlich komplexer und sehr interessant.

Das Immunsystem ist das facettenreichste System im Körper. Es besteht aus einer großen Anzahl von Proteinen, Immunoglobulinen, Monozyten, Makrophagen und mehr - ein Mikrokosmos von Zellen, die alle synchron arbeiten. Ohne diese Zellen würden wir innerhalb weniger Tage zugrunde gehen, wie ein verfaulendes Stück Obst, wir würden aufgefressen werden von Milliarden Viren, Bazillen, Pilzen und Parasiten, für die wir eine leckere Mahlzeit, eingewickelt in Jeans und T-Shirt, sind. Das Immunsystem ist überall im Körper, denn es ist in der Lymphflüssigkeit enthalten. Diese strömt durch die Thymusdrüse, die Milz und Tausende von Lymphknoten, die wie kleine Erdnüsse im ganzen Körper verteilt sind. Die Thymusdrüse liefert die Blaupause für unsere Identität; sie besitzt ein physiologisches Inventar unserer Gene, unserer Krankheiten und unseres gegenwärtigen Zustands. Sie gibt eine Flut von Helfern in die Lymphflüssigkeit ab, die verhindern, dass etwas Körperfremdes die Kontrolle übernimmt. Diese Helferzellen der Thymusdrüse (T-Zellen) sind eine besondere Form der weißen Blutkörperchen, die Lymphozyten genannt werden und die zu Hunderten von Milliarden in unserem Körper unterwegs sind und dabei aktuelle und vergangene Infektionen und Krankheiten erkennen – eine wandernde alexandrinische Bibliothek von pathologischen Erinnerungsstücken, die mit dem Blutstrom und über lymphatische Gefäße ins Gewebe und wieder zurück fließen.

Wenn ein Fremdkörper erkannt wird, schicken die T-Zellen eine Botschaft an die B-Zellen, eine weitere Form von Lymphozyten, die dann Antikörper bilden, die sich an die Rezeptoren der eindringenden Zellen heften und diese neutralisieren. Eine andere Gruppe von Lymphozyten kümmert sich um die Zukunft, indem sie sich an die Vergangenheit erinnert. Diese Zellen nehmen einzelne Stücke von Krankheitserregern auf – Antigene, Bruchstücke beispielsweise von den Erregern akuter Krankheiten – und heften sie an follikelartige dendritische Zellen, die aussehen wie eine Klette mit dem stacheligen Irokesenhaarschnitt eines Punks. Bepackt mit Bruchstücken des Virus, verbleiben die dendritischen Zellen in den Lymphknoten und halten dort Wache. Sie reagieren auf den kleinsten Eindringling und stellen sicher, dass das System im Ernstfall auch im größeren Maßstab funktioniert.

Während ich diesen Absatz in einer Hütte schreibe, die nahe am Strand liegt, heult eine Sirene eine Minute lang und warnt vor der herannahenden Flut. Der Witz ist nur, dass es an dieser Küste gar keine Gezeiten gibt: Die Sirene ertönt nur als monatliche Übung, die sicherstellen soll, dass der Alarm funktioniert und die Einheimischen die Sirene nicht vergessen. Und wie diese Übung die Einwohner erinnern soll, dienen auch die dendritischen Zellen als Gedächtnisstütze. Sie sind ständig in Bereitschaft; zusammen mit den Gedächtniszellen bilden sie das „immunologische Gedächtnis", in dem ein Wissen gespeichert ist, das es mit der Kapazität unseres Gehirns aufnehmen kann. Weil langlebige Gedächtniszellen, die nach einer Infektion gebildet werden, sich an Antigene erinnern können, denen sie früher schon einmal begegnet sind, kann man den Körper mit toten oder abgeschwächten Zellen der Krankheitserreger impfen.[6]

Der Kern der Immunität ist ein Wunderwerk aus Rückgewinnung und Wiederherstellung, denn es gibt Zeiten, in denen unser Immunsystem unterdrückt wird. Stress, chemische Stoffe, Infektionen, Schlafmangel und schlechte Ernährung beeinträchtigen sein reibungsloses Funktionieren und stürzen es ins Chaos. Wenn das geschieht, können alte Krankheiten erneut in Erscheinung treten und der Schutz vor neuer Ansteckung ist nicht mehr gewährleistet. Krankheitserreger finden einen willkommenen Nährboden und scheinen den Körper im Griff zu haben; und irgendwann kommt dann der Augenblick, an dem der Tod an die Tür klopft. An diesem Punkt kann - wenn die Chancen gut stehen und die Umstände entsprechend sind - etwas höchst Erstaunliches geschehen: Das Immunsystem erholt sich spontan, unser Leben kommt wieder ins Gleichgewicht und die Heilung beginnt. Es ist, als hätten wir den Faden der Ariadne zu greifen bekommen, und die Erkrankung nimmt ein glückliches Ende, das es mit jedem Hollywoodfilm aufnehmen kann. Wie sich in diesem Fall ein geschwächtes oder zusammengebrochenes Immunsystem erholt, das ist wissenschaftlich noch nicht ganz verstanden; für manche ist und bleibt es ein geheimnisvoller Vorgang.[7]

Die Bezeichnung „Immunsystem" klingt nach Ordnung und Präzision, aber wie unsere Abwehrkräfte konkret arbeiten, lässt sich nicht mit diesen beiden Eigenschaften beschreiben. Antikörper heften sich nicht bloß an Krankheitserreger, sondern auch an viele andere Zelltypen, an andere Antikörper beispielsweise, so als ob das Lymphsystem eine Sitzung der Handelskammer wäre, wo die anwesenden Geschäftsleute eifrig ihre Visitenkarten austauschen. In seinem Buch *Lebensnetz – ein neues Verständnis der lebendigen Welt* schreibt Fritjof Capra:

„Das gesamte System sieht viel mehr aus wie ein Netzwerk, mehr wie Menschen, die miteinander reden, als wie Soldaten, die nach einem Feind Ausschau halten. Allmählich sehen sich die Immunologen gezwungen, ihre Aufmerksamkeit von einem Immun*system* auf ein Immun*netzwerk* zu verlagern."[8]

Francesco Varela und Antonio Coutinho beschreiben das Immunsystem als eine Art von Intelligenz, als ein lebendiges, lernendes und sich selbst regulierendes System – fast schon als ein zweites Gehirn. Seine Funktionsfähigkeit basiert nicht auf seiner Feuerkraft, sondern darauf, wie stark die Gehirnzellen miteinander verbunden sind. „Körpereigene Zellen" vernichten nicht automatisch „körperfremde Zellen", es gibt vielmehr eine vermittelnde Reaktion auf Krankheitserreger, so als ob das Immunsystem schon vor Millionen von Jahren gelernt hätte, dass es weiser ist, entspannungspolitisch zu verfahren und potenzielle Widersacher zuerst einmal kennenzulernen, als gleich mit Vernichtung zu antworten. Und dass ein Gleichgewicht sinnvoller ist als einseitige Ausmerzung. Ein wirkungsvolles Immunsystem braucht eine Vielfalt von Reaktionsmöglichkeiten, denn nur so kann es die Homöostase im Körper aufrechterhalten, auf unerwartete Ereignisse reagieren, von Krankheitserregern lernen und sich an plötzliche Veränderungen anpassen. Was das für die Medizin bedeutet, ist klar: Um Infektionen und Krebs vorzubeugen, müssen wir herausfinden, wie wir die Vernetzung des Immunsystems verbessern können und nicht die Intensität seiner Reaktion.[9]

In ähnlicher Weise könnte das Netzwerk von Organisationen, das weltweit immer stärker wird, eine bessere Waffe gegen Ungerechtig-

220 Wir sind der Wandel

keit darstellen als F16-Kampfflugzeuge. Die Verknüpfung ermöglicht
es den einzelnen Gruppen, aufgabenspezifisch zu handeln und sich auf
die eigene Stärke zu besinnen. Erfolg wird erzielt, wenn demokratisch
miteinander umgegangen wird und alle einen Konsens finden; Einzelne haben entweder wenig oder gar keine Macht. Die Kraft, die solche
Gruppen entwickeln, gründet auf Wahrhaftigkeit und einem ständigen
Dialog. Computer, Mobiltelefone und Internet haben perfekte Bedingungen dafür geschaffen, dass alle miteinander kommunizieren und
sich einigen können. Nach Kevin Kelly, dem Autor des Buchs *Das
Ende der Kontrolle*, besteht das Internet aus einer Trillion Transisto-
ren, einer Billion Links und einer Million E-Mails pro Sekunde.
   Die von Gordon Moore entdeckte Gesetzmäßigkeit, mit der sich
die Komplexität integrierter Schaltkreise alle achtzehn Monate verdoppelt und deren Preis sich halbiert, trifft auf das Gesetz von Robert
Metcalfe, nach dem die Nützlichkeit eines Netzwerks mit der arith-
metischen Zunahme seiner Benutzer exponentiell anwächst. Diese
Gesetze können sich sowohl die großen Konzerne als auch die nicht
staatlichen Organisationen zunutze machen, wobei Letztere im Vorteil sind, denn für sie ist Kleinheit wirksamer als Größe. Große Unternehmen brauchen keine Netzwerke, während kleine Organisationen
ohne sie nicht existieren können. Netze sind komplexe Systeme direkt miteinander verbundener Elemente, die individuelles Handeln
zu einem größeren Netz von Wissen und Bewegungen verbinden.
Websites verlinken sich mit anderen Websites, die wiederum Links
zu anderen Websites haben usw. Auf diese Weise wird die notwendige Informationsdichte erzeugt, die nicht gleichbleibend ist und sich
den Bedürfnissen entsprechend weiterentwickelt – genau so, wie ein
Immunsystem arbeitet. Und das alles wird nicht nur durch die Technologie ermöglicht, sondern auch durch menschliche Beziehungen:
Abermillionen von Menschen setzen sich weltweit für eine intakte
Umwelt und für soziale Gerechtigkeit ein.
   Wenn man sich den Zustand der heutigen Welt ansieht, könnte
man meinen, dass die Bewegung bislang nicht besonders erfolgreich

gewesen sei, denn es gibt eine große Anzahl von Organisationen und Aktivisten, die sich weltweit gegen Ungerechtigkeiten zur Wehr setzen. Doch die Ausplünderung des Planeten durch die Globalisierung hat einen fast fünfhundertjährigen Vorsprung und das Immunsystem der Menschheit ist stark beeinträchtigt. Der massive Angriff auf die Ressourcen und die enorme Abfallproduktion, gekoppelt mit der Ausbeutung der Arbeiter und der Auslöschung von Kulturen, ist eine Krankheit, die so schwer ist wie Hepatitis oder Krebs. Sie wird gefördert von einem politisch-wirtschaftlichen System, von dem wir alle ein Teil sind, und wenn wir mit dem Finger auf andere zeigen, deutet unser Arm zwangsläufig auf uns. Es gibt *sie* nicht, diejenigen, die allein verantwortlich oder schuldig sind, aber das System als Ganzes ist dennoch eine Krankheit, selbst wenn wir sie alle gemeinsam erschaffen und an ihr erkrankt sind. Weil viele Menschen wissen, dass wir krank sind, und weil sie nicht nur die Symptome behandeln, sondern die Ursache beheben wollen, kann man die Umweltbewegung als „Reaktion der Menschheit auf ansteckende politische Strategien" bezeichnen, die die Erde bedrohen.

Die Bewegung für soziale Gerechtigkeit tut etwas gegen die von der Wirtschaft und der Gesetzgebung hervorgebrachten Krankheitserreger, die Einzelne, Familien, Gemeinschaften und Kulturen zerstören. Die Umweltbewegung und die Bewegung für soziale Gerechtigkeit sind zwei Seiten einer Medaille, denn wenn man der Umwelt schadet, schadet man auch der sozialen Gerechtigkeit. Beide Bewegungen kümmern sich um das, was Dr. Paul Farmer „Pathologie der Macht" nennt, eine „steigende Flut der Ungleichheit", die Gewalt hervorbringt, sei es gegen Menschen, Orte oder andere Formen des Lebens. Eine Gesellschaft, die ihre Mitglieder schlecht behandelt, kümmert sich auch nicht um die Umwelt, und umgekehrt kann keine Regierung behaupten, für ihre Bürger zu sorgen, wenn sie gleichzeitig zulässt, dass die Umwelt zugrunde gerichtet wird. Farmer schreibt: „Mehr Gewehre und mehr Unterdrückung mögen eine Möglichkeit sein, mit Armut umzugehen, aber Gewalt und Chaos verschwinden erst dann, wenn Hunger, Krankheit und Rassismus, die das Schicksal so vieler Menschen bestimmen, wirklich thematisiert und dauerhaft überwunden werden."[10] Die Krankheiten, auf die sich Farmer bezieht, sind unüberschaubar in ihrer Anzahl, und die Überträger sind oft Konzerne, Regierungsbehörden oder Banken, die immer wieder behaupten, dass sie den Menschen helfen wollen, denen sie Leid antun. Überträger der sozialen und ökologischen Krankheit kann auch das Militär und die Staatsführung sein, genauso wie negatives Denken, bürokratische Sturheit und institutionelle Anmaßung und Selbstüberschätzung.

Letztlich besteht die Aufgabe eines weltweit aktiven Immunsystems darin, zu erkennen, was nicht dem Leben dient, und eben das einzudämmen, zu neutralisieren und auszuschalten. Wo Gesellschaften, Kulturen und Ökosysteme bereits geschädigt sind, versucht es, zusätzlichen Schaden abzuwenden, die bereits existierenden Verletzungen zu heilen und den gesunden, natürlichen Zustand wiederherzustellen. Die meisten Organisationen, die sich für sozialen Wandel einsetzen, haben nicht genug Personal und Geld und erfahren steile Lernkurven. Es ist nicht leicht, ein System zu schaffen, das keine Vorläufer hat, und wenn man sich mit der Klassifizierung der Bewegung befasst, erkennt man, dass hier ein neues Lernfeld für die Menschheit entsteht. Wir lernen einzugreifen, instand zu setzen, zu erneuern und unsere Vorstellungskraft einzusetzen. In vielen Ländern kann es gefährlich sein, Teil der Bewegung zu sein. Wir erinnern uns noch gut an die Ermordung des südafrikanischen Aktivisten Stephen Biko und des brasilianischen Gummizapfers und Umweltschützers Chico Mendes, und noch immer werden jeden Tag Aktivisten der Bewegung eingeschüchtert oder getötet.

Wenn man sich die Bilder ansieht, auf denen Amazonas-Ureinwohner in vollem Ornat in São Paulo gegen die brasilianische Regierungspolitik demonstrieren, dann erkennt man den Mut in ihren Augen, aber auch ihre Angst. Ich habe ein Foto, auf dem ein kleines *Maya*-Mädchen zu sehen ist, das die Hand seiner Mutter umklammert, während es ungläubig und mit weit aufgerissenen Augen auf eine Phalanx schwarzer Schilde und maskierter Polizisten starrt, die ihre Schlagstöcke fest umfassen. Wenn die *Revolutionary Association of the Women* [Revolutionäre afghanische Frauen-Organisation] ohne Burkas für die Rechte der Frauen aufmarschiert, zeigen die Frauen außergewöhnlichen Mut, weil sie *wissen*, dass sie mit Repressalien rechnen müssen. Als im chinesischen Zhidou eine *Wild Yak Brigade* [Gruppe zum Schutz der wilden Jaks] gegründet wurde, um die Tiere vor dem Aussterben zu bewahren, wurden die ersten beiden Anführer von Wilddieben ermordet. Die meisten Aktivisten der Bewegung beginnen wie Chico Mendes. Sie glauben anfangs, dass sie sich für ein bestimmtes Anliegen einsetzen – in seinem Fall Kautschukbäume –, erkennen aber später, dass sie im Grunde für eine größere Sache kämpfen: „... dann dachte ich, ich würde helfen, den Regenwald am Amazonas zu retten. Inzwischen ist mir klar, dass ich für das Überleben der Menschheit kämpfe"[11].

Um mit allen Krankheitserregern fertig werden zu können, musste die Bewegung zu einer ganzen Palette verschiedenster Organisationsformen werden. Es gibt regionale Entwicklungsgesellschaften Dorfinitiativen, Bürgergruppen, Firmen, Forschungsinstitute, Verbände, Netzwerke, Glaubensgemeinschaften und Stiftungen. Und innerhalb dieser Kategorien gibt es wiederum Dutzende verschiedener Organisationsarten, die sich durch das definieren, was sie tun. Und innerhalb dieser verschiedenen Aktivitäten haben die unterschiedlichen Gruppen jeweils einen bestimmten Fokus: Sie konzentrieren sich auf Kinderrechte, Flossenfüßler, kulturelle Vielfalt, Schutz des Korallenriffs, demokratische Reformen, Sicherheit der Energieversorgung, Alphabetisierung und so weiter. (Einen umfassenden Überblick über die Bandbreite der mitwirkenden Organisationen finden Sie auf der Webseite *www.wir-sind-der-wandel-de.*) Weil wir in den Medien normalerweise immer wieder von denselben großen und bekannten Organisationen hören, erschließt sich uns die unglaubliche Vielfalt der Bewegung nicht gleich oder wir kennen nur ständig wiederkehrende

Bilder von Demonstranten, Plakaten und Protestaktionen. Diese Aktivitäten sind zwar wichtig, aber sie umfassen nur einen kleinen Teil der Arbeit, die von der Bewegung getan wird. Im Nachfolgenden beschreibe ich die wichtigsten Organisationsformen und nenne ein paar Beispiele. Wie viel Energie diese Organisationen in ihre Arbeit stecken und wie erfolgreich sie sind, das ist erstaunlich, aber genauso erstaunlich sind die Bereiche und die Gruppen, die noch nicht ins öffentliche Bewusstsein gedrungen sind. Es ist einfach unmöglich, auch nur annähernd zu erfassen, wie vielfältig die Aktionen dieser weltweiten Bewegung sind.

Es gibt zum Beispiel Organisationen, die eine hütende Funktion erfüllen. Sie wurden von Robert Kennedy jr. inspiriert, der im Jahr 1984 die *Hudson River Fisherman's Association* [Fischer-Vereinigung des Hudson River] gegen *General Electric* und andere Verschmutzer des Flusses vertreten hat. Die Vereinigung nannte sich später *Hudson Riverkeepers* [Hüter des Hudson River] und hat bislang 150 Organisationen hervorgebracht, die sich zur *Waterkeeper Alliance* zusammengeschlossen haben. Hierbei handelt es sich um eine internationale Dachorganisation, deren Mitglieder über die Reinhaltung von Flüssen, Seen, Buchten, Meerengen, Strömen, Meeresarmen, Riffen und Küstenstrichen wachen. Nach Kennedy setzen sich Gruppen, die sich als Hüter und Bewahrer verstehen, in erster Linie aus Wissenschaftlern, Rechtsanwälten, Lobbyisten, Ermittlern und Öffentlichkeitsarbeitern zusammen. Sie kümmern sich in unserem Fall um das Wasser und alle, die es brauchen: von Fischen über die Fischer und Mütter bis hin zu den Bootsbesitzern – ein perfektes Abbild einer vielschichtigen Immunreaktion.

Dann gibt es Organisationen, die Unternehmen, Projekte, Institutionen und Orte im Auge behalten: *Gunpowder Creek Water Watch, Passumpic River Watch, Kurdish Human Rights Watch, Vietnam Labor Watch, Vermont Wal-Mart Watch* und die *Australian Paper Watch*, die die Abholzung in Victoria beobachtet und kontrolliert, wie der gewonnene Zellstoff produziert wird.

Freundeskreise tun nahezu das Gegenteil von dem, was diese Organisationen tun: Ihre Mitglieder gehen in die Welt hinaus und verbessern bestimmte Situationen, sie räumen auf, assistieren und unterstützen. Beispiele sind die *Friends of Coyote Creek* im kalifornischen Santa Clara Valley und die *Friends of North Kent Marshes* in England. Die Keimzelle für alle Gruppen, die bestimmte Dinge oder Umstände verteidigen, waren die *Defenders of Wildlife*. Es gibt auch die *Defenders of the Rainforest* und die *Association of Human Rights and Tortured Defenders* in Kamerun.

Zu den Vereinigungen gehören die *Coalition Against Trafficking in Women* [Vereinigung gegen Frauenhandel], die *Indiana Recycling Coalition* und die *East Tennessee Clean Fuels Coalition*.

Interessengemeinschaften sind beispielsweise die *India Alliance for Child Rights*, die *Alliance of Religions and Conservation* und die *Mendocino Wildlife and Watershed Alliance*.

Mit Ausnahme der milliardenschweren *Nature Conservancy*, die ihren Sitz in Virginia hat, würden selbst die größten Organisationen der Bewegung in finanzieller Hinsicht nicht die Voraussetzungen dafür erfüllen, als Kleinunternehmen an der Wall Street zu sein. Die überwiegende Mehrheit der Organisationen ist so klein, dass es fast lächerlich erscheint, aber den Krankheitserregern, auf die sie es abgesehen haben, ist nicht zum Lachen zumute. Die mehr als siebentausend *Roots and Shoots*-Jugendgruppen, die von Jane Goodall ins Leben gerufen und von ihr betreut werden, bieten Kinder Nachbarschaftsprojekte an, in denen sie den Tieren, der Umwelt und anderen Menschen helfen können. Das *Earth Island Institute* ist nicht nur ein Institut, sondern eher ein Brutkasten für nicht staatliche Organisationen, der 36 verschiedene Organisationen betreut – von der *Baikal Watch*, die sich darum kümmert, dass die größte Süßwasserreserve der Welt erhalten bleibt, bis hin zum *Tibetan Plateau Project*, das sich für Umweltschutz und biologische Vielfalt in Tibet einsetzt. Es gibt Netzwerke wie *African Parliamentary Poverty Reduction Network* und *Youth for Social Justice Network* in Kanada. Und es gibt Organisationen, die sich für die Rechte der Arbeiter starkmachen, wie zum Beispiel *Jobs with Justice* und *United Students Against Sweatshops*.

Bis vor wenigen Jahren konnte der Umweltgedanke bei konservativen Christen nur schwer Gehör finden, weil ihnen Umweltschutz schon früh als gottlos, als Anbetung der Natur und Bedrohung der Wirtschaft galt. Er war ein leichtes Ziel für Politiker des rechten Flügels, aber all das gehört hoffentlich der Vergangenheit an. Der Klimawandel war für viele Christen der Auslöser dafür, sich die eigenen Glaubenssätze in Bezug auf die Umwelt genau anzuschauen. Eine wichtige Gruppe von Wortführern hat das getan, indem sie einem Mitchristen – Sir John Houghton, Mitvorsitzender der Arbeitsgruppe des *Intergovernmental Panel on Climate Change*, Herausgeber der ersten drei IPCC-Berichte, Professor für atmosphärische Physik in Oxford und Gründer des *Hadley Centre for Climate Prediction and Research* – Gehör schenkten. Dieser Mann ist ein bibeltreuer Christ. Als eine Gruppe evangelikaler Christen (einschließlich der Pessimisten und Zweifler) sich privat in Maryland traf, um über den Klimawandel zu diskutieren, war Houghton der wichtigste Sprecher. Am Ende des Treffens einigten sich die Teilnehmer darauf, Unterschriften für ein Dokument mit dem Titel „Evangelical Climate Initiative" zu sammeln, das dann später mit 86 Unterschriften von Prominenten veröffentlicht wurde.

Der Wortwechsel wird hitziger und Christen nehmen heute eine Haltung ein, die früher undenkbar gewesen wäre: „Wir haben den Teufel salonfähig gemacht", sagt ein bekannter christlicher Wortführer. „Aber wenn *Exxon* Denkfabriken finanziert, deren Aussagen den Lektionen, die wir aus dem großen Buch der Schöpfung lernen, grundlegend widersprechen, dann ist das das Werk des Teufels. Wir beten zu Gott, er möge uns vor der List des Teufels beschützen, aber wir erkennen Satan nicht, wenn er uns direkt ins Gesicht starrt."[12] Das zeigt ausgezeichnet, wie die Bewegung wächst, ohne dass die einzelnen Gruppen ihre Identität opfern müssen. Auf diese Weise nimmt die Anzahl der Gruppen und Initiativen zu, die sich um

Umweltschutz und soziale Gerechtigkeit kümmern; jede behält ihren einzigartigen Charakter und ihre Ausrichtung und trägt so zur Fülle der Bewegung als Ganze bei.

Strassentheatergruppen drücken ihren Protest mit den Mitteln der Parodie, der Satire oder durch Sich-lustig-Machen aus. Das *Deconstructionist Institute for Surreal Topology* arbeitete 2001 in Quebec City während der Proteste gegen das *Free Trade Agreement of America* mit dem progressiven Flügel der *Society for Creative Anachronism* zusammen. Die beiden Gruppen bauten maßstabgetreue Nachbildungen großer mittelalterlicher Holzkatapulte, mit deren Hilfe sie Teddybären, Stoffkaninchen und Plastikdrachen über den fast vier Kilometer langen Maschendrahtzaun und die Betonabsperrungen, die die Lobbyisten der multinationalen Konzerne und die politischen Führer von den Demonstranten trennten, fliegen ließen. Es sah aus wie eine Szene aus dem Film *Mad Max II – Der Vollstrecker*, denn die Katapulte wurden von mittelalterlich gekleideten Männer mit Blechtöpfen auf dem Kopf bedient und von zehn „Sklaven" in Sackleinen über das Kopfsteinpflaster gezogen.

Als die Polizei daraufhin mit dem Einsatz von Tränengas antwortete, flogen nasse, struppige Stofftiere über die Barriere in Richtung Polizei. Die Absperrung, die von der Polizei errichtet worden war, wurde schließlich von einer Koalition aus dürren Veganern, muskelbepackten Stahlarbeitern und Mohawk-Kriegern mithilfe von Bolzenschneidern und Enterhaken beiseitegeräumt.[13] Die Polizei beschlagnahmte ein rosa Stoffkaninchen, das sie später eine „gefährliche Waffe" nannte, und verhaftete den 29-jährigen Aktivisten Jaggi Singh und hielt ihn 17 Tage lang fest, ohne dass eine Kaution festgesetzt worden wäre, weil er die Sicherheitsbeamten mit Stofftieren angegriffen habe. Singh, der nichts mit den Katapulten zu tun hatte, war für die Polizei ein gefundenes Fressen, weil er Demonstrationen in Quebec und anderen kanadischen Städten organisiert hatte. (Als Singh 2004 auf dem Parteitag der Republikaner in New York auftauchte, berichtete die *Daily News* unter der Überschrift „Polizei wehrt sich gegen gewaltsame Angriffe", dass er benzingetränkte Teddybären auf die Polizei von Quebec City geschossen habe, womit sie unterstellten, dass es sich um Terrorwaffen handelte.[14] Es gibt auch Aktivisten, die als „Kulturstörer" bezeichnet werden. Ein gutes Beipsiel für einen solchen Aktivisten ist Kalle Lasn aus Kanada vom Magazin *Adbusters*. Kulturstörer entlarven die Schönfärberei, die in der Werbung der Unternehmen zum Ausdruck kommt, von Pressesprechern betrieben wird und der Arbeit von Image-Machern zugrunde liegt. Sie weisen auf die Realität hinter dem schönen Schein hin und spielen dabei mit den Werbesprüchen, den Symbolen oder dem Bildmaterial der entsprechenden Firmen. Es gibt „Guerrilla-Shopper", die mit viel Lärm leere Einkaufswagen in großen Kaufhäusern wie *Toys "R" Us* und *Sainsbury* (England) auf und ab schieben und dabei nie etwas kaufen.

Wie man auf ihrer ironisch gemeinten Website sehen kann, ist die Organisation *Billionaires for Bush* [Milliardäre für Bush] „ein Basis-Netzwerk von Unternehmenslobbyisten, dekadenten Erbinnen, Halliburton-Vorständen und anderen Nutznießern der Wirtschaftspolitik unter George W. Bush". Das Netzwerk hat seinen Sitz in der Wallstreet und bundesweit mehr als sechzig Ortsgruppen; 2004 kündigten seine Mitglieder an, sie würden „alles dafür tun, dass unser Profit noch für weitere vier Jahre gesichert ist, denn wir kaufen nur Präsidenten, auf die wir uns auch verlassen können". *Billionaires for Bush* wurden von Chuck Collins und Andrew Boyd (alias Phil. T. Rich) ins Leben gerufen und hatten 1999 in Concord ihren ersten Auftritt beim Wahlkampfbeginn des Präsidentschaftskandidaten Steve Forbes. Junge, glattrasierte, mit dunklem Anzug und Krawatte konservativ gekleidete Mitglieder der Gruppe füllten ein Drittel des Pressezentrums und saßen in den ersten Reihen. Als Forbes zu sprechen begann und alle Kameras sich auf ihn richteten, entrollten die gut verkleideten Unruhestifter ein Spruchband, auf dem zu lesen war: „Wir Milliardäre unterstützen Steve Forbes, denn die Ungleichheit wächst uns noch nicht schnell genug." Gleichzeitig hielten sie

Plakate hoch, auf denen stand: „Steuern tun mir weh, nicht meinem Dienstmädchen!" Während Bushs Wahlkampf 2004 erschienen sie in Smoking und Ballkleid, behängten sich mit Klunkern, stießen mit Champagnergläsern an und sangen: „Four More Wars!" Fünf Jahre bundesweite Aufmerksamkeit in den Medien – in jedem Fernsehkanal und jeder großen Zeitung – kostete sie insgesamt 100.000 Dollar. Es gibt aber auch echte Milliardäre in der Bewegung. Reiche Männer mit Macht, die unabhängige Organisationen gründen und es sich auf die Fahnen geschrieben haben, den Planeten und seine Bewohner zu retten. Zu dieser Gruppe gehören George Soros, Bill Gates, Warren Buffett, Gordon Moore und eine weitere Anzahl privater Geldgeber, die Ex-Präsident Bill Clinton unter der Schirmherrschaft der *Clinton Global Initiave* vereint. Wie einige Teile des Vermögens dieser Menschen zusammengekommen sind, darüber könnte man sich sicherlich streiten. Warren Buffett ist immer noch Großaktionär von *Coca-Cola*; Soros spekulierte auf den fallenden Kurs des britischen Pfunds und gewann dadurch eine Milliarde US-Dollar und die Firma *Microsoft* wird von der Staatanwaltschaft wegen Verstößen gegen das Antitrust-Gesetz verfolgt. Aber diese und andere superreiche Menschen füllen zusammen das Vakuum, das dadurch entstanden ist, dass die Regierungen ihre Legitimität verlieren. Soros hat bereits fünf Milliarden US-Dollar zur Förderung von Projekten gestiftet, die sich mit dem Konzept der „offenen Gesellschaft" befassen. Dieses Konzept stammt von Henri Bergson und wurde von Karl Popper an der *London School of Economics*, wo Soros studiert hat, populär gemacht. Es fordert transparente demokratische Methoden, die auf Pluralismus und Multikulturalismus beruhen – eine Politik, die flexibel, tolerant und offen für neue Einflüsse ist und damit das Gegenteil zum ideologischen oder totalitären Staat bildet.[15]

Das *Open Society Institute* gibt es inzwischen in 60 Ländern; es hat seine Aufmerksamkeit heute nicht mehr auf die Diktaturen Osteuropas gerichtet, sondern auf die Amtszeit von Präsident Bush, dessen Reden das Konzept einer geschlossenen Gesellschaft widerspiegelte, vor der Popper und Soros warnen.[16] Warren Buffett, der unglaubliche Geldsummen in seiner Holdinggesellschaft *Berkshire Hathaway* angesammelt hat, spendete im Juni 2006 31,6 Milliarden US-Dollar an die *Gates Foundation*, die bereits über Geldmittel von 29 Milliarden US-Dollar verfügt. Es war die größte Zuwendung in der Geschichte der Wohltätigkeit. (Buffet zahlte 1962 für seine ersten Aktien acht Dollar das Stück; heute haben sie einen Wert von je 90.000 Dollar, was im Laufe von 40 Jahren einer jährlichen Rendite von 21 Prozent entspricht.) Buffett ist davon überzeugt, dass Geld zu spenden schwieriger ist, als es anzuhäufen. Die *Gates Foundation*, deren Ziel die Überwindung von Krankheiten in der Dritten Welt ist, verfügt über ein jährliches Budget, das doppelt so hoch ist wie das der Weltgesundheitsorganisation (WHO).[17]

Während einer dreitägigen Konferenz im September 2006 erhielt Bill Clinton Spenden von über 7,3 Milliarden US-Dollar, um damit gegen Armut, AIDS und den Klimawandel vorzugehen. Sir Richard Branson versprach außerdem, in den kommenden 10 Jahren 3 Milliarden US-Dollar aus den Gewinnen von *Virgin Air* und seinen anderen Transportunternehmen in Projekte zu investieren, die etwas gegen den Klimawandel unternehmen. Zwischen 2001 und 2005 kam die großzügigste Geste der Menschenfreundlichkeit vom *Intel*-Mitbegründer Gordon Moore und seiner Frau Betty; sie bestand in einer Spende von 7 Milliarden US-Dollar an ihre eigene Stiftung, die sich den Natur- und Umweltschutz auf die Fahne geschrieben hat.[18]

Die vielleicht originellste Idee der Humanität geht auf Mohammed Ibrahim zurück, den Gründer von *Celtel*, dem größten afrikanischen Mobilfunkanbieter, der 78 Millionen Kunden hat. Ibrahim ist davon überzeugt, dass das größte Problem Afrikas seine politische Führung ist. Diese Unzulänglichkeit wird zudem dadurch verstärkt, dass (post-)koloniale Grenzen ohne Rücksicht auf ethnische Zusammengehörigkeit gezogen wurden. Nichtstaatliche Initiativen und Hilfsorganisationen beklagen schon lange die in Afrika herrschende Korruption und die inkompetenten Regierungen. Ibrahim baut eine Stiftung auf, die einen Preis an demokratisch gewählte Staatsführer verleihen wird, die in ihrem Land für Sicherheit, Gesundheitsfürsorge, Bildung und Entwicklung sorgen und ihren Sessel dann räumen, wenn ihre Amtszeit vorüber ist. Ibrahim bietet denjenigen, die rechtzeitig abtreten, 5 Millionen US-Dollar über eine Laufzeit von 10 Jahren, plus weitere 200.000 US-Dollar im Jahr lebenslang.[19] Diese Ausgaben werden der Welt sehr nützlich sein.

Pierre Omidyar, der Gründer von eBay, hat zusammen mit seinem ersten Mitarbeiter Jeff Skoll eine Organisation ins Leben gerufen, die sich aktiv für soziale Werte einsetzt. Zusammen mit der *Google Foundation* haben sie Methoden ersonnen, sowohl gewinnorientierte als auch gemeinnützige soziale Vorhaben zu finanzieren. Sie überwinden damit die schon seit ewigen Zeiten existierende Trennung zwischen den Staatsbürgern und der Geschäftswelt. *Omidyar Network* hat 400 Millionen Dollar in verschiedenen Fonds aufgeteilt, um gewinnorientierte und gemeinnützige Projekte zu unterstützen; das Hauptaugenmerk liegt dabei auf der Gewährung von Mikrofinanzierungen sowie der Finanzierung von Technik und von Entwicklungprojekten auf Gemeindeebene. Skoll ist davon überzeugt, dass es seine Mission ist, sich für sozialen Wandel einzusetzen, und er versucht, das auf vielerlei Weise zu erreichen. Seine Filmgesellschaft *Participant Productions* produziert Filme, die sich direkt mit sozialer Gerechtigkeit befassen: Dazu gehören *Syriana*, ein Film über die dunklen Seiten der Erdöl-Imperien; *Good Night, and Good Luck*, der uns daran erinnert, dass die McCarthy-Ära für uns schon fast wieder aktuell ist, und Al Gores *Eine unbequeme Wahrheit*. Als er einmal gefragt wurde, ob er sich Sorgen darüber mache, dass er sein Geld in Hollywood verlieren könne, antwortete Skoll, dass seine Filmgesellschaft nach menschenfreundlichen Gesichtspunkten arbeite.[20] Seine gleichnamige Stiftung ist der weltweit größte Geldgeber für soziale Unternehmen und unterstützt das *Skoll Centre for Social Entrepreneurship* an der Universität Oxford.

Die 1 Milliarde US-Dollar schwere *Google Foundation* kümmert sich um die Überwindung von Armut und Krankheit und befasst sich außerdem mit dem Klimawandel. Sie hat ihren gemeinnützigen Status aufgegeben, um sowohl gewinnorientierte als auch gemeinnützige Projekte unterstützen zu können. *Google Foundation* kann Gewinn erzielen, Verluste machen, Geld verschenken oder Geld investieren – was immer notwendig ist, um den sozialen Auftrag zu erfüllen.

Im letzten Jahrzehnt sind Kritiker der Umweltbewegung nicht müde geworden, den weltweiten Zusammenbruch des Ökosystems als Beweis für die Wirkungslosigkeit der Bewegung anzuführen. In Wirklichkeit geschieht jedoch genau das Gegenteil. Obgleich das Ausmaß der Zerstörung und Ausbeutung im sozialen und ökologischen Bereich immer größer wird, nehmen die Aktivitäten, die sich mit diesem Problemen auseinandersetzen, exponenziell zu und durchbrechen die herkömmlichen institutionellen Barrieren.

Symbolisch für diese Veränderung ist, dass es immer mehr soziale Unternehmer gibt – es handelt sich dabei um Aktivisten, die sich unternehmerischer Methoden bedienen, um systemimmanente soziale Probleme anzugehen. Soziales Unternehmertum ist innovativ und risikobereit und macht sich Ideen, Ressourcen und günstige Gelegenheiten zunutze, um Probleme anzugehen und positive soziale Veränderungen herbeizuführen. Soziale Unternehmer sind in allen Bereichen und Unterbereichen tätig, die auf der Website *www.wirsind-der-wandel-de* aufgeführt werden – sie setzen sich für Kriegswaisen ein und gehen gegen den Handel mit wildlebenden Tieren vor. Ganz gleich, ob soziale Unternehmer im gewinnorientierten oder im gemeinnützigen Bereich arbeiten, ihr Erfolg wird am sozialen Gewinn gemessen; finanzielle Kriterien werden dort herangezogen, wo es darum geht, die Nachhaltigkeit des eigenen Wirkens zu beurteilen.

Der Begriff „sozialer Unternehmer" ist relativ neu und wurde in den 1950er-Jahren in England von Michael Young geprägt, der weltweit 60 verschiedene soziale Wohltätigkeitsorganisationen gründete, unter ihnen auch die *School of Social Entrepreneurs* im Jahre 1997. Das Konzept und die konkrete Praxis des sozialen Unternehmertums wurde jedoch von Bill Drayton unermüdlich vorangetrieben und

gefördert.1980 begann Draytons Organisation *Ashoka* in den USA
mehr als 1800 Menschen aus aller Welt finanziell zu unterstützen, um
praktische und reproduzierbare Lösungen für dringende Probleme
zu finden. Angefangen hatte *Ashoka* mit einem mageren Budget von
50.000 US-Dollar, im Jahr 2006 konnte es bereits über 30 Millionen
US-Dollar verfügen.

Obgleich der Begriff noch nicht sehr alt ist, gab es soziales Unternehmertum schon während der industriellen Revolution in der
Bewegung für öffentliche Gesundheit, ihm gehörten so berühmte Persönlichkeiten wie Florence Nightingale, Susan B. Anthony
und M. K. Gandhi an. Der bekannteste soziale Unternehmer ist
Mohammad Yunus, Erfinder des Mikrokredits und Gründer der
Grameen Bank in Bangladesh, der 2006 den Friedensnobelpreis
erhielt. Auch wenn sie ein klein wenig öffentliche Aufmerksamkeit
genießen, bleibt das Schaffen der meisten sozialen Unternehmer
weitgehend unbemerkt, zumindest im Vergleich zu „normalen" Un-
ternehmern. Aber auch wenn ihr Tun nicht zur Kenntnis genommen
wird, ist ihr Einfluss nicht zu unterschätzen. Die Vorstände und Ab-
teilungsleiter großer Unternehmen, von *General Electric* bis hin zu
Wal-Mart, kennen sich inzwischen in Sachen „Umwelt" so gut aus,
wie es vor zehn Jahren selbst im gemeinnützigen Bereich noch als
radikal betrachtet worden wären. Im Wesentlichen ist der Sektor
gemeinnütziger oder sozialer Unternehmerschaft eine Quelle von
Memen[21], die immer mehr auch in Regierungskreisen und der pro-
fitorientierten Wirtschaft Anerkennung finden.

Diese Mischung aus menschenfreundlichem Business, Technologie
und gemeinnütziger Aktivität zeigt sich besonders gut im Wirken von
Daniel Ben-Horin, der von Larry Brilliant, dem Direktor der *Google Foundation*, und Stewart Brand inspiriert wurde, die gemeinsam
im Jahr 1985 *WELL* gründeten, das *Whole Earth 'Lektronic Link*,
eine der ersten virtuellen Online-Communities und einer der ersten
einwählbaren Internetanbieter. Ein Jahr später stellte Ben-Horin im
WELL eine Frage zu einem Problem, das er mit seinem Drucker

hatte, und war sehr beeindruckt, wie schnell ihm von vielen Seiten geholfen wurde. Die Freundlichkeit fremder Menschen brachte ihn auf die Idee des „CompuMentors", der IT-Probleme auf ehrenamtlicher Basis löst .[22] 20 Jahre später ist aus seiner Idee eine Organisation mit 110 Mitarbeitern und einem Budget von 13,5 Millionen US-Dollar geworden, die nicht nur technischen Support anbietet, sondern auch durch ihr Tochterunternehmen *TechSoup* über 50.000 gemeinnützigen Organisationen und Unternehmen freie oder preisgünstige Soft- und Hardware anbietet, wodurch die gemeinnützigen Kunden bislang 400 Millionen Dollar sparen konnten.[23]

Ein weiteres Beispiel dafür, wie die Bewegung sich wandelt und stetig wächst, ist das *US Green Building Council (USGBC)*, das sich mit dem Bauen beschäftigt – einem Thema, das weltweit den größten Einfluss auf die Umwelt hat: Allein in den USA werden 40 Prozent der Materialien und 48 Prozent der Energie für Gebäude eingesetzt. 1993 haben David Gottfried, ein erfolgreicher, aber desillusionierter Bauunternehmer, und Rick Fedrizzi, ein leitender Angestellter der *Carrier Corporation*, eine kleine Gruppe von Architekten, Bauingenieuren, Bauunternehmern, Bauzeichnern und Zulieferern versammelt, um eine Liste von Qualitätsmerkmalen für grünes, umweltfreundliches Bauen zu erarbeiten. Gegenwärtig hat das *USGBC* 6.200 Angestellte und 85.000 aktive Mitstreiter. Grüne Baugremien gibt es inzwischen in Japan, Spanien, Kanda, Indien und Mexiko. Obgleich es nicht messbar ist, hat das *USGBC* seit der Gründung – im Verlauf seines kurzen Bestehens – weltweit einen größeren Einfluss gewonnen als jede andere Organisation, wenn es um das Einsparen von Material, um die Beseitigung von Giftstoffen, die Vermeidung von Treibhausgasen und die Verbesserung der menschlichen Gesundheit geht.

Das *Council* arbeitet mit Bauingenieuren, Architekten und Firmeninhabern zusammen – was nicht immer einfach ist, denn wenn man etwas bewegen will, muss man oft auch bereit sein, die Produkte der eigenen Firma zu verändern. Das gemeinsame Ziel besteht darin, die Umweltrichtlinien für grünes Bauen mithilfe eines Bewertungsverfahrens festzulegen, das „Leadership in Energy and Environmental Design" (LEED) genannt wird, und diese schrittweise zu verbessern. LEED wurde von Stadtverwaltungen, Behörden und Universitäten übernommen und wird auch beim Bau des neuen *World Trade Center* angewendet. Das *USGBC* hat dabei geholfen, viele andere Organisationen ins Leben zu rufen, unter anderem die Building Materials Reuse Association, die mehr als 1000 gewinnorientierte und gemeinnützige Unternehmen umfasst, die Baumaterialien aus Gebäudeabrissen recyceln und wiederverwenden.

Der Architekt Edward Mazria hat die gemeinnützige Organisation *Architecture 2030* gegründet, die es sich zum Ziel gesetzt hat, dass bis zum Jahr 2030 alle Gebäude CO_2-neutral sind. Sein Vorhaben wird vom *American Institute of Architects* unterstützt, das 78.000 Mitglieder zählt, sowie von der *U.S. Conference of Mayors*.[24] Die Herausforderung beginnt damit, dass alle Neubauten nur halb so viel Energie verbrauchen dürfen wie ähnliche Gebäude landesweit im Durchschnitt – ein Ziel, das nach Mazria mit bereits vorhandenen Technologien sofort und mit wenig oder fast keinen zusätzlichen Kosten erreicht werden kann. Bis zum Jahr 2015 sollen 60 Prozent Energie eingespart werden und dann alle fünf Jahre weitere 10 Prozent ... bis zum Jahr 2030, in dem kein Neubau mehr Energie aus fossilen Brennstoffen brauchen wird. Dieses Ziel kann auf drei Wegen erreicht werden: durch innovatives Design, neue Technologien und erneuerbare Energien.

Stewart Brand, Autor des Buch *How Buildings Learn*, hat sich in den letzten zehn Jahren damit beschäftigt, wie Zivilisationen lernen. Das Ziel der *Long Now Foundation*, die er zusammen mit Danny Hillis, einem der Erfinder der Parallelverarbeitung, gegründet hat, besteht darin, Verantwortung dadurch zu fördern, dass in langen Zeiträumen gedacht wird – und zwar in *wirklich* langen Zeiträumen. Im Zentrum dieser neuartigen Idee steht der Bau des langsamsten Computers der Welt: einer Uhr mit einem mechanischen 32-Bit-Prozessor, der von Hillis entworfen wurde und 10.000 Jahre lang die genaue

Uhrzeit angeben wird. Sie braucht keinen Strom und nur eine geringe Unterstützung durch den Menschen. Der erste funktionierende Prototyp ist in London im wissenschaftlichen Museum ausgestellt; das fertige Produkt wird dann in einer abgelegenen Kalksteinhöhle im *Great Basin National Park* in Nevada untergebracht. Brand und Hillis nennen die Uhr „The Clock of the Long Now". Sie wird nur einmal alle 1000 Jahre schlagen.

Brand und Hillis (und fast alle anderen, die sich mit diesem Thema auseinandergesetzt haben) sind der Überzeugung, dass kürzere Zeitspannen der Aufmerksamkeit dazu führen, dass Entscheidungen immer schneller gefällt werden müssen. Schnelle Ergebnisse erfordern schnelles Denken, was dazu führt, dass wir uns fast gar keine Gedanken um die Zukunft machen. Dies trifft besonders auf die Geschäftswelt zu, hat aber auch Auswirkungen auf Politik, Wirtschaft, Gebäudeplanung und gesellschaftliche Entwicklung. Die Long Now Foundation, die 1996 gegründet wurde, hat sich zum Ziel gesetzt, den Zeitrahmen in unserem Bewusstsein auszudehnen, um so ein geistiges Kontinuum zu erschaffen, das uns in die Lage versetzt, uns unsere Zukunft konkret auszumalen. Im Grunde genommen handelt es sich um den Versuch, die menschliche Vorstellungskraft wieder zu dem Werkzeug zu machen, das die Zukunft überhaupt erst erschafft.

Als der Pulitzerpreis-Träger Michael Chabon seinen achtjährigen Sohn fragte, was in der Zukunft geschehen werde, antwortete dieser, dass es wahrscheinlich gar keine Zukunft geben werde, weil die Menschen sie gar nicht verdienten. Er glaube eher, dass die Menschheit durch den Klimawandel – durch Wasser oder Feuer – ausgelöscht werde. Chabon schreibt:

> „Als ich meinem Sohn von der tausendjährigen Uhr erzählte, hörte er mir aufmerksam zu und wir sahen uns die Bilder auf der Website der Long Now Foundation an. ,Wird es dann wirklich noch Menschen geben, Dad?', wollte er wissen. ,Ja', antwortete ich, ohne zu zögern, ,es wird dann noch

Menschen geben.' Ich weiß nicht, ob das wirklich stimmt, genauso wenig wie Danny Hillis und seine Kollegen es wissen. Ihre Uhr ist ein Symbol der Hoffnung und der Vorstellungsgabe. Indem sie Kinder haben und sie lieben und ihnen beibringen, andere Menschen zu lieben und sich um die Welt zu kümmern, setzen Eltern auf die tausendjährige Uhr, ob es ihnen bewusst ist oder nicht. Sie setzen auf ihre Kinder und auf deren Kinder und Kindeskinder, die ganze Zeitlinie ... bis ins Jahr 12006. Wenn wir nicht voll und ganz an die Zukunft glauben und sie uns erträumen, wenn wir nicht gewillt sind, darauf zu wetten, dass jemand da sein wird, um zu weinen, wenn die Uhr in 10.000 Jahren dann stehen bleibt, gibt es keinen Grund, überhaupt Kinder zu zeugen. Wenn wir Kinder haben, werden wir alles tun, was in unserer Macht steht, um sicherzustellen, dass wir die Wette gewinnen und dass sie und ihre Enkel und die Enkel von deren Enkeln eine Welt erben, die von Menschen geschaffen wird, deren Vorstellungskraft frei und grenzenlos ist."[25]

Was Brand vorschlägt, passt gut zu einer Bewegung, die auf dem Konzept des „Langsamen" beruht – *Slow Food, Slow City, Slow Fish* ... einfach alles langsamer, nachhaltiger und lebenswerter. Was als Protest gegen ein *McDonald's*-Restaurants an Roms Piazza di Spagna begann, hat sich in eine blühende internationale Organisation verwandelt, die sich für Kleinbauern, regionale Märkte, landwirtschaftliche Vielfalt, kleine Betriebe, Kunsthandwerk, eine intakte Umwelt, menschliche Würde und Gesundheit einsetzt. *Slow Food (alimento lento)* wurde 1986 von Carlo Petrini im italienischen Orvieto gegründet und ist die längst überfällige Antwort auf industriell verarbeitete Nahrungsmittel, totes Essen, Fast Food, Agrarindustrie, *Unilever*, *Nestlé* und *General Foods*. Genauso wie Brand und Hillis stellt auch Petrini das „schnelle Leben", das aus einem industriellen System von Handel und Globalisierung resultiert, das unbeschreiblichen ökologischen und sozialen

Schaden anrichtet, mit all seinen Aspekten infrage. Das Markenzeichen der Bewegung ist die Schnecke, ein „Amulett gegen die Verzweiflung".[26] Bei *Slow Food* geht es um Genuss, um die Freude am Geschmack; an dem Ort, an dem gegessen wird; an der Geselligkeit. Petrini ist davon überzeugt, dass wir keine Erfüllung im Essen mehr finden. Für ihn bedeutet „Essen", sowohl mit Freunden als auch mit der Erde verbunden zu sein, und Gastgeber zu sein ist eher „eine Kunst als ein Akt der Philantropie".[27]

Die Geschichte des Fast Food ist ein Weg der Zerstörung, der dort beginnt, wo Chemiefabriken den Bauern ihre Produkte verkaufen. Dann folgen unmenschliche Schlachthäuser und Fabriken, in denen Brötchen und Frikadellen am Fließband hergestellt werden von Arbeitkräften, die einen minimalen Lohn erhalten, und der Weg endet im Krankenhaus, wo die Konsumenten wegen Fettleibigkeit, Diabetes und Schlaganfällen eingeliefert werden – ein Sinnbild der Moderne. *Slow Food* unterstützt, dass die Netzwerke, von denen beide Seiten profitieren, zwischen traditionellen Nahrungsmittelerzeugern und ihren Kunden wiederhergestellt werden. Es geht darum, die herrliche Geschmacksvielfalt zu bewahren, die die Menschheit hervorgebracht hat; Bauernmärkte werden organisiert und es wird darauf geachtet, dass bestimmte Obst- und Gemüsesorten und seltene Tierarten nicht aussterben und dass Menschen, die kunstvoll leckere Gerichte zaubern, unterstützt werden und ihre Fähigkeiten an zukünftige Generationen weitergeben können. *Slow Food* breitet sich immer mehr auf der Welt aus und hat inzwischen 83.000 Mitglieder in Italien, in Deutschland, in der Schweiz, in den USA, in Frankreich, in Japan und in Großbritannien.

Auf ihrer *Terra Madre*-Versammlung 2006 in Turin trafen sich senegalesische Getreidebauern, peruanische Kartoffelbauern und Mungbohnen-Anbauer aus Kalifornien.[28] Denjenigen, die der Ansicht sind, Kochkunst sei ein Privileg wohlhabender Länder und habe nichts mit Umweltschutz zu tun, entgegnet Petrini, dass die Menschen, die Essen lieben und keine Umweltschützer sind, naiv sind, und dass Ökologen, die sich nicht die Zeit nehmen, ihr Essen und ihre Kultur zu genießen, ein armes und trauriges Leben führen. Wie wir uns ernähren, das hat für die kulturelle Identität schon immer eine große Rolle gespielt. Der Verlust der traditionellen Ernährungsweise hat genauso verheerende Auswirkungen auf die Kultur wie der Verlust der Sprache. Obgleich die Globalisierung in jedem Land in allen Lebensbereichen negative Auswirkungen hat, sind *Slow*-Bewegungen nicht per se gegen Globalisierung. Sie sind vielmehr für eine Stärkung der regionalen Kultur. Wenn wir etwas genießen – einen bestimmten Geschmack, ein Radieschen, ein Stück Käse –, führt uns das zurück nach Hause in die Welt, in der wir uns bewegen, in der wir atmen. Wir kommen zur Ruhe. Geschmack ist ein soziales Phänomen. Wir kommen zusammen, um gemeinsam zu essen und dabei miteinander zu sprechen; wir stoßen an und lachen; wir plaudern und tuscheln miteinander, genießen die Bier- oder Weinsorte unserer Region; wir trinken Kräutertee und essen Brötchen mit selbst gemachter Stachelbeermarmelade oder dünne Waffeln, mit Käse belegt und garniert mit einer Scheibe violetter Feigen. So feiern wir das Leben. Wir können mit dem *iPod* in eine virtuelle Musik- und Fernsehwelt eintauchen, aber für den Geschmackssinn gibt es keine virtuelle Version. Wir brauchen unseren Mund, um zu schmecken, und jeden Tag verbindet uns das, was wir essen, mit dem Ort, an dem wir leben.

Wenn wir kauen, schmecken wir über unsere Zunge mit ihren zehntausend Geschmacksknospen in jedem Augenblick hundert Millionen unterschiedliche Moleküle. Die Zunge probiert, sortiert und kontrolliert wie ein Türsteher, der darauf achtet, dass jeder Bissen auch auf der Gästeliste steht. Unser Mund zeigt, dass wir in Millionen von Jahren gelernt haben, was uns schmeckt und nährt, und er steht mit jeder Zelle unseres Körpers in Verbindung. Auf diese Weise erkennt unser Körper Giftstoffe; im Mund entscheidet unser Immunsystem, was Teil von uns werden soll und was nicht. Diese Fähigkeit hat uns zur einzigen Lebensform werden lassen, die weiß, dass sie eine Lebensform ist; zur einzigen Lebensform, die sich ihrer selbst bewusst ist; die einzige Lebensform, die ihren Lebensraum bewusst zerstört und sich dabei im Klaren darüber ist, dass ihren Begierden und Gelüsten eine biologische Grenze gesetzt ist. Der Mund kann uns so viel erzählen, aber nur, wenn wir uns die Zeit nehmen, um wirklich zu schmecken.

Petrini drückte es so aus: Wenn wir einen Duft und ein Aroma vergessen, ist auch das Rezept verloren ... und wenn wir das Rezept vergessen, wissen wir nicht mehr, wofür dieses natürliche Nahrungsmittel aus unserer Region verwendet wurde ... und wenn wir ein Nahrungsmittel nicht mehr essen, werden wir es auch nicht mehr anbauen ... und dann können sich seltene Tierarten nicht mehr von seinen Samen ernähren ... und wenn wir unsere Nahrungsmittel nicht mehr selbst herstellen, werden wir zu Konsumenten, die gezwungen sind, ihre Nahrungsmittel bei multinationalen Konzernen zu kaufen.[29] Um dieser Aushöhlung kulinarischer und landwirtschaftlicher Vielfalt entgegenzuwirken, hat Petrini „Archen des Geschmacks" ins Leben gerufen, um gefährdete Nahrungsmittelsorten (und Rezepte) zu erhalten, und Geschmacksschulen für Kinder gegründet. Wir sollten nicht fahrlässig mit unserem Geschmackssinn – den Geschmacksknospen auf unserer Zunge – umgehen, denn er ist ein Geschenk der Evolution; er ist unser Lehrer, der uns den Weg weist. Er hat uns dahin gebracht, wo wir jetzt sind, und er hat das Potenzial, uns Menschen und die Erde zu heilen.

Tausende von nichtstaatlichen Organisationen setzen sich weltweit für die Regionalisierung der Wirtschaft ein, besonders dort, wo Städte und ganze Regionen durch die Globalisierung ausgebeutet werden und wo Menschen sich nach einer anderen Zukunft sehnen. Sie nehmen es nicht einfach hin, dass sich die Qualität der Lebensmittel verschlechtert und die Nahrungsvielfalt mehr und mehr abnimmt, und so schaffen die Vertreter der Regionalisierung Produktionsnetzwerke, die frischere und höherwertige Nahrung herstellen und gewährleisten, dass die Nahrung auch sicher ist, sodass die Menschen weniger abhängig sind von fernen Erzeugern. Regionale Produktion senkt obendrein die Transportkosten, den Energieverbrauch und die Verpackungskosten und sie fördert regionale Bauernmärkte, regionale Feste und regionales Engagement. So stärkt sie die Wirtschaft, denn das Geld bleibt im Umlauf, wenn es für regionale Produkte ausgegeben wird. Regionale Versorgung ist auch eine Antwort auf den Klimawandel. Eine wachsende Bewegung, die sich zum Ziel gesetzt hat, den CO_2-Ausstoß zu senken, hilft Städten und Gemeinden dabei, ihren Energieverbrauch und ebenfalls – wie auch bei den Nahrungsmitteln – ihre Abhängigkeit von importierter und in Großkraftwerken erzeugter Energie zu reduzieren. Um das zu erreichen, muss man Alternativen zum bestehenden System entwickeln, vom Transportwesen über die Versorgung mit Nahrungsmitteln bis hin zum Wohnungsbau. Die Befürworter bestreiten nicht, dass die Globalisierung eine Tatsache ist, sie ziehen aus ihr nur andere Schlussfolgerungen. In den USA ist die wichtigste Organisation, die für Regionalisierung eintritt, die *Business Alliance for Local Living Economies*, die es bereits in in 29 Städten gibt. In Bellingham im US-Bundesstaat Washington haben sich 500 regionale, unabhängige Firmen zu dem Netzwerk *Sustainable Connections* zusammengeschlossen, um sich gegenseitig zu helfen, die Nachhaltigkeit des eigenen Betriebs zu erhöhen, ihre Kunden zu informieren und alternative Möglichkeiten im Bereich Bauwesen, Landwirtschaft, Energie und Transport zu unterstützen, die sich am Umweltschutz orientieren.

Man sollte nicht denken, dass es sich bei den engagierten Menschen um Hippies handelt, denn tatsächlich sind es Ingenieure, Unternehmer, Technologieintegratoren, Bauherren, Drucker, Immobilienmakler, Obstbauer, Inhaber von Waschsalons sowie Gesundheitskliniken und viele andere. Mit anderen Worten: Diese Menschen gründen eine Gemeinschaft – oder, wie im Fall Vermonts, eine regionale Restaurantkette mit Namen *Farmer's Diner* –, die regionale Produkte verarbeitet, also genau das fortsetzt, was Petrini vor fünfundzwanzig Jahren begonnen hat.

Im Bereich von „Wissen und Information" gibt es eine ähnliche Entwicklung wie die der Regionalisierung des Nahrungsangebots: *Wikipedia*, eine gemeinnützige Stiftung, hat ein einfaches Ziel: Jeder Mensch hat freien Zugang zum gesamten menschlichen Wissen. Der Gründer Jimmy Wales wurde inspiriert von Friedrich August von Hayek, der die Ansicht vertritt, dass wir dann der Wahrheit am nächsten kommen, wenn wir das Wissen all der einzelnen Menschen zusammenbringen. Weitere Anregungen bekam Wales von der *Open Source*-Bewegung im Bereich frei zugänglicher Software, die in den späten 1990er-Jahren entstand und den Nutzern einen freien Zugangscode gab, wodurch jeder die Möglichkeit hatte, in bestehende Programme einzugreifen und sie zu verändern.[30] Die Nutzer von *Wikipedia* schaffen Enzyklopädie-Einträge, organisieren Netzwerke, stellen bestimmte Regeln auf, streiten sich um Inhalte und durchkämmen sie nach Irrtümern oder Fehlern.

Wikipedia hat nur 5 bezahlte Mitarbeiter, ein geringes Geschäftsbudget und hängt fast vollständig von den Beiträgen der Nutzer ab. Dennoch oder gerade deshalb ist es eine der 20 am häufigsten genutzen Internetseiten der Welt mit 14.000 Seitenaufrufen in der Minute. Im Januar 2007 gab es bei *Wikipedia* 1.556.317 englischsprachige Artikel, 15-mal so viele wie bei der Online-Version der *Encyclopedia Britannica*, und jeden Monat kommen 45.000 neue Einträge hinzu. Es gibt 518.681 Artikel in deutscher, 416.550 in französcher Sprache und jeweils mehr als 100.000 auf Polnisch, Spanisch, Italienisch, Japanisch, Chinesisch, Holländisch, Schwedisch und Portugiesisch. In 41 weiteren Sprachen gibt es jeweils mehr als 10.000 Einträge und *Wikipedia* wird es darüber hinaus in 150 weiteren Sprachen geben, darunter Asturisch, Tatarisch, Kornisch, Diné (Navajo), Avarisch und selbst Gotisch (das bereits ausgestorben ist). In China ist der Zugriff blockiert, aber die Chinesen umgehen diese Blockade über Taiwan.

Wikipedia ist das gemeinsame Werk einer weltweiten Community und es gibt kein Copyright. Alle Informationen können frei genutzt, verändert und auf anderen Websites und in anderen Publikationen verwendet werden. Am 14. Dezember 2005 veröffentlichte das Magazin *Nature* eine Studie, in der die Genauigkeit der Online-Version von *Encyclopedia Britannica* mit der von *Wikipedia* verglichen wurde. Das Ergebnis war: Die Fehlerquote war bei beiden annähernd gleich, auch wenn bei *Wikipedia* mehr Irrtümer gefunden wurden, die jedoch größtenteils nur geringfügiger Natur waren.[31] *Encyclopedia Britannica*, deren Wissen nur gegen Geld erhältlich ist und deren Umsätze schon seit einem Jahrzehnt sinken, zweifelte die Studie in Pressemitteilungen und einer halbseitigen Anzeige in der Londoner *Times* an.[32] Die beiden Institutionen unterschieden sich hauptsächlich dadurch, dass innerhalb von fünf Tagen nach Erscheinen der Studie der *Wikipedia*-Eintrag zur „Encyclopedia Britannica" schon auf die Forschungsergebnisse verwies. Er war in der neutralen und objektiven Haltung geschrieben worden, die bei *Wikipedia* ein Grundprinzip darstellt. Die Seite der Online-Version der *Encyclopedia Britannica*, auf der zu *Wikipedia* Stellung genommen wird, erwähnt die *Nature*-Studie mit keinem Wort.

Die Herausgeber der *EB* kritisieren, dass es bei *Wikipedia* keine Endkontrolle gebe und dass keine Experte Verantwortung für die Richtigkeit der einzelnen Einträge übernehme. *Wikipedia* selbst sieht diese Kritik als Auszeichnung. Im Gegensatz zur *Encyclopedia Britannica* gibt es niemanden, der den Inhalt bei Wikipedia zensieren kann. Was hier auf den ersten Blick nur ein kleiner Unterschied zu sein scheint, stellt in Wirklichkeit eine große Veränderung in der Art und Weise dar, wie die globale soziale Ordnung sich selbst organisiert: *Wikipedia* ist das Produkt einer Welt, die von unten nach oben funktioniert und die auf dem Wissen vieler beruht. Es handelt sich dabei um ein erfolgreiches *Crowdsourcing* [Schwarmauslagerung] und um eine Aufwertung des Amateurs, des Nichtfachmanns.[33]

Es ist nicht lange her, dass ich die Jahresberichte von drei großen Organisationen der Bewegung in einer Woche erhielt: den Jahresbericht der *Audubon Society*, den der *Friends of the Earth* und den des *India Resource Center*. Der Jahresbericht der *Audubon Socie-ty*, die ihr hundertjähriges Bestehen feierte, war ein grafisches Meis-terwerk. Er war in matten Sepiatönen auf Recyclingpapier gedruckt und man konnte sich Fotos von der Hundertjahrfeier ansehen, an der auch die Rockefellers und andere Gäste in Abendgarderobe teil-genommen hatten. Im Anhang des Berichts gab es Informationen zum aktuellen Stand der Gesellschaft: Sie hatte 44 Vizepräsidenten, 34 Direktoren, 127 Büros, zahlreiche Zentren und Schutzgebiete so-wie 492 Ortsgruppen in allen 50 Bundesstaaten der USA – von der *Arctic Audubon Society* in Alaska bis hinunter zur 5531 Kilometer entfernten *Florida Keys Audubon Society*. Man kann nur versuchen, sich vorzustellen, auf wie viele Arten, Zugwege, Ponore, Wattenmee-re, Wälder, Seen, Ufergebiete und Flussmündungen die *Audubon Society* ein Auge haben kann, die von 254 Unternehmen und 528 Stif-tungen sowie 500.000 Mitgliedern unterstützt wird.

Der Bericht der *Friends of the Earth* erschien auf CD, man woll-te Papier sparen. Er zählte Schwesterorganisationen in 70 Ländern auf, zu denen mehr als 1 Million Aktivisten gehörten. Die *Friends of the Earth* verfügt (in den USA) nur über ein halbes Prozent der finanziellen Möglichkeiten der *Audubon Society*. Und tatsächlich hat *Friends of the Earth* weniger Mitarbeiter in den USA als *Audubon* Direktoren hat, aber die Liste ihrer erfolgreichen Aktionen kann sich sehen lassen. Im vorangegangenen Jahr erreichten sie, dass im *Rocky Mountain National Park* keine Schneemobile mehr fahren dürfen. Sie übten Druck auf die US-Bank *JP Morgan* aus, sodass diese Um-weltstandards bei der Kreditvergabe einführte; sie verhinderten die weitere Abholzung im *Green Mountain National Forest*; sie wirkten in den Florida Keys auf ein Verbot von Jet-Skis hin, um die dort heimischen Seekühe zu schützen; sie halfen, strengere Regelungen bei der *International Maritime Organization* [Internationale Schiff-fahrtsorganisation] darüber durchzusetzen, was die Schiffe ins Meer ableiten dürfen; sie verhinderten, dass in Missouri genmanipulierter Reis angebaut wurde; sie betreiben Lobbyarbeit gegen die Pläne des

Bergbaukonzerns *Newmont Mining* in Peru; sie gewannen vor dem Bundesberufungsgericht eine Klage gegen die US-Umweltschutzbehörde, in der es um Standards für saubere Luft ging; sie schalteten in der *New York Times* Anzeigen gegen den Autohersteller *Ford*, um darauf hinzuwirken, das er benzinsparendere Modelle baute; sie wirkten auf die Weltbank ein, damit diese mehr Projekte finanziert, in denen es um erneuerbare Energien geht, und so weiter.

Der dritte Bericht, den ich erhielt, stammte vom *India Resource Center*, hinter dem nur eine einzige Person steht. Er wurde mir per E-Mail zugeschickt. Das Gesamtbudget des *India Resource Center* entspricht dem Gehalt eines Mitarbeiters der *Audubon Society*.

Das *India Resource Center* ist Teil eines größeren Netzwerks von nicht staatlichen Organisationen, die den weltweit größten Getränkehersteller *Coca-Cola* im Visier haben und Wasserverschmutzung, Giftstoffe, Produktsicherheit und Arbeitsrechte überprüfen. Die Bewegung gegen *Coca-Cola* zeigt sehr deutlich, wie selbst kleinste Organisationen großen Institutionen und Unternehmen die Stirn bieten. Eine Vereinigung kleiner Gruppen, die sich aus Bauern, Ureinwohnern, Studenten und *Dalits* (den ehemaligen Unberührbaren) zusammensetzen, setzt Sitzstreiks, Protestkundgebungen, Websites und Telefonkarten ein, um eine beeindruckende internationale flächendeckende Kampagne gegen *Coca-Cola* ins Leben zu rufen, die den Konzern weltweit ins rechte Licht setzt und und ihm Verluste in zweistelliger Millionenhöhe einbringt.[34]

Begonnen hatten die Proteste in Plachimada im indischen Bundesstaat Kerala, wo sie von Mylamma, einer Witwe vom Stamm der *Adavasi*, ins Leben gerufen worden waren. Ihr gehörte das Ackerland gegenüber der neuen Abfüllfabrik von *Coca-Cola*, das sie immer bestellt hatte. Zwei Jahre nachdem die Fabrik im März 2000 ihre Produktion aufgenommen hatte, fiel der Grundwasserspiegel drastisch ab, wodurch die Brunnen der Bauern austrockneten. Das Wasser, das für Mylamma und die anderen Dorfbewohner noch zugänglich blieb, war verschmutzt und ungenießbar. Im Jahre 2003 bestätigte der zuständige Arzt, dass das Wasser die Gesundheit der Menschen schädigen werde. Mylamma war davon überzeugt, dass die Situation dadurch entstanden war, dass *Coca-Cola* Grundwasser abgepumpt hatte. Sie organisierte mehrere Protestkundgebungen, und irgendwann beschloss die Dorfversammlung, dem Unternehmen die Erlaubnis zu entziehen, hier abzufüllen. *Coca-Cola* klagte daraufhin und behauptete, eine Gemeindeversammlung habe keine Befugnis zur Rechtsprechung. Die Klage wurde jedoch vom Hohen Gericht abgewiesen, das der Firma die Auflage machte, ihr Wasser aus einer anderen Quelle zu beziehen, weil das Grundwasser allen Gemeindemitgliedern gehöre. *Coca-Cola* durfte nur so viel Grundwasser verbrauchen, wie es auch jeder andere Bauer tat, um damit seine Felder zu bewässern.[35]

Im Jahre 2003 veröffentlichte das *Center for Science and the Environment (CSE)*, ein gemeinnütziges Institut in Neu Delhi, eine Analyse beliebter Erfrischungsgetränke (einschließlich *Coke* und *Pepsi*), die zeigte, dass in diesen Getränken Pestizid-Rückstände – wie DDT, Lindan und Malathion – enthalten waren, deren Menge das 17-Fache derjenigen war, die nach der Trinkwasserverordnung der EU erlaubt ist.[36] (Die CSE-Analyse amerikanischer Coke und Pepsi erbrachte keine Pestizid-Rückstände.) Die indische Regierung verbannte daraufhin Coke und Pepsi aus ihren Kantinen und Zehntausende Schulen und Hochschulen wurden zu *Coke-/Pepsi*-freien Zonen erklärt. Das US-Unternehmen schlug zurück. Angeblich soll Außenminister Colin Powell auf höchster Ebene interveniert haben. Rechtsanwälte wurden aus den USA eingeflogen, um Einfluss auf die indische Beamten zu nehmen. Es gab einen großen Werbefeldzug, in dem Aamir Khan, einer der bekanntesten indischen Filmstars, seinen Landsleuten versicherte, dass *Coke* sicher sei. 2006 wurden die Tests wiederholt, und *Coke* und *Pepsi* hatten von allen analysierten Erfrischungsgetränken erneut die meisten Pestizid-Rückstände.[37] Der Streit spitzte sich zu, als bekannt wurde, dass *Coca-Cola* Abfallprodukte ihrer Abfüllanlage, die Blei, Chrom und Kadmium enthielten, an die Bauern der Umgebung als Düngemittel verkauft hatte.

Die indische Protestbewegung gegen *Coca-Cola* musste mit sehr wenig Geld auskommen, während die Marktkapitalisierung von *Coca-Cola* über 100 Milliarden US-Dollar beträgt. Die Proteste breiteten sich auf die Betriebe in ganz Indien aus, in denen das Getränk abgefüllt wurde, und von dort weiter bis zu den Hochschulen und Universitäten in Südamerika, in den USA und in Europa. Ein Ergebnis dieser Proteste war, dass eine Organisation mit dem Namen *Student Coalition to Cut Contract with Coca-Cola* gegründet wurde. An den Colleges in Michigan, in Swarthmore und in Bard sowie an anderen Hochschulen wurde aus Protest gegen die Umweltpraktiken dieses Unternehmens und seine Verstöße gegen die Menschenrechte keine *Coca-Cola* mehr verkauft.

Trotz all dieser Protestaktionen ist der schlimmste Feind von *Coca-Cola* nicht der weltweit operierende Aktivist, sondern das Unternehmen selbst. In einem Interview mit dem *Wall Street Journal* zeigte sich, dass der Pressesprecher des Unternehmens bewusst die Unwahrheit sagte, als er über den Schwermetallgehalt des produzierten Schlamms sprach, der an die Bauern verkauft wurde.[38] Der offiziellen Reaktion von *Coca-Cola* liegt eine Naivität zugrunde, eine Leichtgläubigkeit, die entsteht, wenn man zu lange nur die eigenen beschönigenden Presseveröffentlichungen liest und das, was offensichtlich ist, nicht mehr wahrnimmt: Das Unternehmen schadet der Umwelt und den Menschen. *Coca-Cola* hat – trotz rapider Zunahme von Fettleibigkeit und Diabetes in den USA – keine Hemmungen, *Coke* in Zweiliterflaschen aus Plastik, in denen mehr als ein halbes Pfund Zucker enthalten ist, an amerikanische Jugendliche zu verkaufen, die jedes Jahr pro Kopf 250 Liter Erfrischungsgetränke konsumieren. Außerdem scheuen die Verantwortlichen nicht davor zurück, Olympiasieger für ihre Produkte werben zu lassen. Die sogenannten natürlichen Produkte der Firma, wie zum Beispiel Fruitopia, haben fünf Prozent Fruchtanteil und enthalten sogar noch mehr Zucker als die klassische *Coke*.

Das Unternehmen kümmert sich nicht um die 44 Milliarden Blechbüchsen, die auf den Mülldeponien landen, und ihre Vertreter haben es anscheinend nicht so genau genommen, als sie den Bauern die kadmiumverseuchten Abfälle ihrer Abfüllanlagen verkauften. *Coca-Cola* hat kein Problem damit, dass auf der indischen Website des Unternehmens versichert wird: „Zucker führt nicht zu Herzkrankheiten, Krebs, Diabetes oder Fettleibigkeit" – eine Behauptung, die in geradezu absurder Weise die Erkenntnisse der Ernährungswissenschaft und der modernen Medizin leugnet. Die Probleme, mit denen *Coca-Cola* konfrontiert ist, entstehen durch seine falsche Unternehmenspolitik und durch Machtmissbrauch.

In der Auseinandersetzung mit *Coca-Cola* geht es um die Rechte der Menschen, die den Rechten der Unternehmen entgegenstehen. In dieser Hinsicht steht sie für alle Kampagnen nicht staatlicher Organisationen, die weltweit laufen. Als *Coca-Cola* sich in Indien an den Obersten Gerichtshof wandte, in der Hoffnung, dieser würde den Urteilsspruch des Hohen Gerichts aufheben, verfolgte der Konzern eine Strategie, die von Unternehmen gern angewendet wird. Sie besteht darin, sich an höhere Instituionen zu wenden, wenn regionale Körperschaften ihre Interessen nicht unterstützen. Im Jahr 2005 übte *Monsanto*, eines der beiden größten Unternehmen weltweit, wenn es um den Verkauf gentechnisch verändertem Saatguts geht, Druck auf die Legislative in 14 US-Bundesstaaten aus: Dort sollten Gesetze verabschiedet werden, die Einschränkungen bei Anbau genetisch veränderter Pflanzen auf regionaler Ebene verboten, nachdem *Monsanto* in den Landkreisen Abstimmungen verloren hatte, das heißt, hier war der Anbau dieser Pflanzen generell verboten worden.

Im Jahr 2005 begannen die Lobbyisten der Agrarindustrie und der Nahrungsmittelhersteller, zu denen auch *Coca-Cola*, *Pepsi* und *Unilever* gehörten, ebenfalls, Druck auszuüben, damit Gesetze vom US-Kongress verabschiedet würden, die 76 bundesstaatliche Bestimmungen zur Lebensmittelsicherheit aufheben sollten. Die US-Bundesregierung war bislang in der Lage gewesen, minimale Sicherheitsstandards zu gewährleisten, aber der *Nation Food Uniformity Act* von 2005 würde diese aufheben. Die geplante Gesetzesänderung würde verhindern, dass die einzelnen Bundestaaten eigene Maßstäbe einführen; sie wird zu dem Zeitpunkt, an dem ich dies hier schreibe, gerade im Kongress debattiert. Nach kalifornischem Recht muss zum Beispiel Fisch, der einen hohen Quecksilbergehalt aufweist, gekennzeichnet werden – und das ist sehr wichtig für die Gesundheit, beispielsweise wenn es um die Ernährung schwangerer Frauen und ihrer ungeborenen Kinder geht. Nach dem neuen Bundesgesetz wäre eine solche Kennzeichnung verboten. Neue Gesetze, die vorgeschlagen und verabschiedet werden, stärken die Rechte der Unternehmen auf Kosten der Konsumenten, genauso wie die Bestimmungen der WTO nationale Grundsätze aufheben können, wie wir weiter oben gesehen haben.

Karl Marx hatte ein Ziel: Er wollte die Welt verändern. Er verachtete diejenigen, die die Welt in einem ständigen Erkenntnisprozess immer wieder neu interpretierten, weil er davon überzeugt war, dass es nur eine richtige Interpretation gab. Eine derartig starre Sichtweise findet man bei Ideologien, und sie ist auch der Grund, warum sich viele Gruppen gegen eine solche rigide Denkweise wehren. Ideologien schließen Offenheit, Vielfalt und Flexibilität aus, also genau die Eigenschaften, die jedes System aufblühen lassen – sei es das Ökosystem, das Immunsystem oder das soziale System.[39] Hunderttausende kleiner Gruppen versuchen gegenwärtig, ein breites Spektrum von Ideen in die Welt hineinzutragen; sie fächeln sie an wie glühende Kohle. Ideen sind lebendig, sie können übernommen werden, sie können wachsen und sich verändern. Ideen sind kein Privatbesitz, sie brauchen keine Zustimmung. Das mag sich zwar anhören, als seien wir im Himmel, aber in Wirklichkeit handelt es sich um den Kern einer Praxis, bei der Demokratie in einer gewalttätigen Zeit, in der so viele Menschen ausgebeutet werden, von unten her umgesetzt wird.

Man könnte einwenden, es ergebe keinen Sinn, verschiedene Gruppen und Arten von Organisation zu einer einzigen Bewegung zu verschmelzen, denn es sei offensichtlich, dass derart unterschiedliche Ziele verhinderten, dass diese Organisationen effektiv wie ein einziger Organismus zusammenarbeiteten. Es stimmt, Pluralismus – und damit die Strategien von Millionen kleiner Organisationen – gedeiht am besten in einer Gesellschaft, die auf Vielfalt, Dialog und Zusammenarbeit setzt. In einem gesellschaftlichen Klima von „Entweder du bist für uns und oder du bist gegen uns" können kleine Gruppen, die sich nur mit einem Thema beschäftigen, schnell an den Rand gedrängt werden. In den USA entstanden die Umweltbewegung und die Bewegung für soziale Gerechtigkeit in einem pluralistischen Umfeld. Weil das immer weniger so ist, mögen die Strategien und die Tricks der Bewegung im Angesicht der Zentralisierung von Macht unangemessen erscheinen.

Organisationen mit ehrenamtlichen Helfern, die auf die Reinhaltung eines Flusses oder eines Auenwaldes achten, werden gebraucht, aber ihre Arbeit ist wirkungslos, wenn das größere Thema „Klimawandel" nicht angegangen wird. Und gegen den Klimawandel kann man nichts unternehmen, wenn man sich nicht gleichzeitig mit politischer Korruption befasst. Der korrumpierende Einfluss großer Konzerne kann nicht zurückgedrängt werden, wenn wir uns keine Gedanken darum machen, wie die Aktionen finanziert werden. So könnten Kinderschutzimpfungen in den Entwicklungsländern – die ein Segen sind und viele positive Auswirkungen haben, wie beispielsweise, dass sie das Bevölkerungswachstum abbremsen (weil Familien weniger Kinder haben, wenn sie sicher sein können, dass ihre Kinder überleben) – durch Klimaveränderungen untergraben werden, die Hungerkatastrophen auslösen.

Können diese unzähligen Organisationen zusammenarbeiten, um gemeinsam grundlegendere systemimmanente Themen anzugehen? Können Organisationen Abstand von ihrer Tätigkeit gewinnen und erkennen, wo gemeinsame Ziele liegen? Arbeiten sie in ausreichendem Maße zusammen? Versuchen sie, Synergien zu erzeugen, die finanzielle Basis zu stärken, wirkungsvollere Strukturen zu entwickeln und ihre Eigenständigkeit dem größeren Ganzen unterzuordnen? Es ist nicht nur möglich, sondern auch notwendig, diese Fragen positiv zu beantworten. Die Tatsache, dass die Bewegung sich aus vielen Teilen zusammensetzt, bedeutet nicht, dass ihre Arbeit nur Stückwerk sein kann. Die *Garfield Foundation*, eine kleine Gruppe aus New York, arbeitete ein Jahr lang mit zwölf gemeinnützigen Organisationen und acht Stiftungen im Mittleren Westen zusammen, um einen Plan dafür zu entwerfen und umzusetzen, dass der Einsatz „sauberer Energie" proportional zum Gesamtenergieverbrauch wächst. Sie legten vier Punkte fest, an denen sie den Hebel ansetzen konnten – an diesen Punkten hatten sich bereits mehrere Gruppen engagiert, wenn auch nicht auf diese systematische Erfolg versprechende Weise.

Alte Kohlekraftwerke, die für die größte Verschmutzung sorgten, wurden stillgelegt und es wurden keine Lizenzen mehr für neue Anlagen erteilt; die Gewinnung erneuerbarer Energien wurde erhöht und der Energienutzungsgrad der Region wurde verbessert. Dann gingen alle Beteiligten an die Arbeit und verbrachten Monate in Besprechungen. In dieser Zeit bekamen sie mehr und mehr Zuwachs, sodass letztendlich 30 nicht staatliche Organisationen mitmachten. Aus dieser Kooperation entstand die gemeinsame Vision *ReAmp* mit einer Agenda, die Bürgern, Regierungsbeamten und Geschäftsleuten zugänglich war. So wollen sie im Mittleren Westen eine blühende Wirtschaft fördern, die ihre Energie aus sauberen Quellen bezieht, wodurch Arbeitsplätze geschaffen und Investitionen getätigt werden und der allgemeine Wohlstand steigen soll. Gleichzeitig wurde etwas gegen den Klimawandel unternommen und die Vorgabe aufgestellt, den Ausstoß von Treibhausgasen bis 2030 um 80 Prozent zu senken.

Wenn uns etwas Hoffnung für die Zukunft gibt, dann ist das eine Versammlung der Menschheit, die repräsentativ ist, aber nicht zentral gesteuert wird, weil keine Ideologie die Wunden dieser Welt jemals heilen könnte. Wir wissen, dass keine Ideologie mehr sein kann als eine Beschönigung schlimmer Zustände. Das Immunsystem ist das komplexeste System im Körper, und der menschliche Körper ist der komplexeste Organismus auf der Erde, und das komplexe Zusammenspiel von Organismen nennt sich: menschliche Zivilisation.

Für sich genommen ist die Bewegung die komplexeste Vereinigung menschlicher Organisationen, die es jemals gab. Die Inkongruenz von Anarchisten, Milliardären, Straßenclowns, Wissenschaftlern, jugendlichen Aktivisten, indigenen Völkern, Diplomaten, Computerfreaks, Schriftstellern, Strategen, Bauern und Studenten, die alle für gemeinsame Ziele kämpfen, ist ein Zeugnis menschlicher Impulse, die sich nicht stoppen lassen und die es immer geben wird. Dace Foreman, der Gründer von *Earth First*, und David Rockefeller jr., der Vorsitzende des *New York Council of the Alaska Conservation Foundation*, wollen für Alaska das Gleiche: keine Erdölbohrungen im *Arctic National Wildlife Refuge*, kein willkürliches Abschießen von Jagdwild mehr, Schutzgebiete für Zugvögel, kein Straßenbau in den uralten Wäldern von Tongass und Chugach, kein Kahlschlag mehr in staatlichen Wäldern, die Registrierung aller Holzverkäufe und Konzessionen zum Abholzen durch das Innenministerium, das Verbot des Schleppnetzfischens. Die Liste ist noch länger. Die beiden „Davids" kennen sich nicht persönlich. Sie müssen sich nicht zuprosten oder E-Mails schreiben, um zusammenarbeiten zu können, weil ihre Ziele die gleichen sind, so unterschiedlich ihre politische Vorgehensweise, ihr familiärer Hintergrund, ihre Ausbildung und ihr Wohlstand auch sind. Das ist das Versprechen der Bewegung: Wir sind miteinander verbunden und wir entdecken durch das, was wir tun und was uns am Herzen liegt, dass wir eine globale Familie sind.

Um auf die endlosen Ungerechtigkeiten und Verletzungen zu reagieren, die die Erde und ihre Menschen erlitten haben, ist eine konzertierte Aktion erforderlich. Dieses abgestimmte Handeln ist auch davon abhängig, wie wir uns als Individuen begreifen und wo wir unsere Rolle im größeren Ganzen sehen. Antigene punktieren die Oberfläche unserer Körperzellen wie Anstecknadeln, die stolz verkünden: „Ich bin´s. Tu mir nichts, ich gehöre zu dir." Viren und ansteckende Krankheiten besitzen ihre eigenen Antigene, durch die unser Körper davor gewarnt wird, dass etwas in ihn eingedrungen ist, das nicht zu ihm gehört. Millionen von Antigenen markieren die unterschiedlichen Mikroorganismen und Zellen, die den Weg in unseren Körper finden, besonders die schädlichen. In einer konzertierten Aktion neutralisieren Millionen verschiedene Antikörper – Proteine, die ebenso genau an ein Antigen passen wie ein Schlüssel in sein Schloss – diese Eindringlinge und senden gleichzeitig Hilferufe aus. Jetzt beginnt die Abwehrreaktion, der die Fähigkeit des Körpers zugrunde liegt, sich selbst zu behaupten und pathogenen Mikroorganismen zu zeigen, dass sie es mit einem Menschen und nicht mit einer Petrischale zu tun haben. Die Hunderttausende von Organisationen, aus denen die Bewegung besteht, sind quasi soziale Antikörper, die sich an die Krankheitserreger der Macht heften. Viele sind dabei nicht erfolgreich, denn die Bewegung ist gegenwärtig noch unorganisiert und ein wenig unbeholfen. Sie kann wild um sich schlagen, sich übernehmen und ins Taumeln geraten; sie hat noch viel zu lernen, wenn es darum geht, wie man effektiv zusammenarbeitet, aber die Erde hat sie hervorgebracht, um sich selbst zu schützen.

Lange Zeit glaubten die Mediziner, Immunsystem und Gehirn seien zwei voneinander getrennte Systeme. Doch in den letzten zwei Jahrzehnten hat die Wissenschaft aufgezeigt, dass beide Systeme sich untereinander austauschen; das eine beeinflusst das andere stärker als bisher gedacht. Gerald Callahan, Dozent für Immunologie an der *Colorado State University*, geht sogar so weit, etwas zu behaupten, das aus einem evolutionären Blickwinkel offensichtlich zu sein scheint: Das *Gehirn ist Teil des Immunsystems*.[40] Das Immunsystem ist ungefähr eine Milliarde Jahre älter als das Gehirn; während das Immunsystem auf mikroskopisch kleine Bedrohungen reagiert, verteidigt uns das Gehirn vor Gefahren, die zu groß sind für das natürliche Immunsystem. „Das Gehirn kümmert sich um die Bären, die Schlangen, die Haie, die schnappenden Schildkröten, um Männer, die ihre Frauen schlagen, und um Buicks", erklärt Callahan. Das Immunsystem schützt uns vor Organismen, die es schon seit Milliarden von Jahren gibt; das Gehirn beschäftigt sich mit Gefahren, die jüngeren Ursprungs sind.

Dass es mehr und mehr Bürgerorganisationen gibt, ist eine Reaktion auf Gefahren, die neu und ungeheuer groß sind, in einigen Fällen sogar tödlich. Diese Gruppen schützen uns vor korrupten Politikern und vor dem Klimawandel, vor der Ausbeutung durch die Konzerne und vor dem Tod von Ozeanen, vor der Gleichgültigkeit unserer Regierungen, vor sich seuchenartig verbreitender Armut, industrieller Land- und Forstwirtschaft sowie vor der Erschöpfung des Bodens und der Knappheit der Wasservorräte.

Fünfhundert Jahre ökologischer Katastrophe und sozialer Tyrannei sind für die Menschheit eine relativ kurze Zeit, um die selbstgeschaffenen Muster systemmatischer Ausbeutung und Vernichtung zu verstehen. Was sich in letzter Zeit verändert hat, ist das Ausmaß der Vernetzung und die Möglichkeit, diese Verbundenheit bewusst einzusetzen. Und das gibt uns die Gewissheit, dass Hoffnung eine vernünftige Reaktion sein kann, auch wenn unentwegt so viele Informationen auf uns einstürzen, die uns das Gegenteilig glauben machen wollen. Individuen gehen aufeinander zu, verbinden sich miteinander und identifizieren sich mit dem, was gemeinsam entsteht. Aus diesem Miteinander und der Erfahrung, die sie damit gemacht haben, bilden diese Menschen neue Einheiten, erfinden immer wieder neue Teile eines größeren Organismus, bilden Vereine, Ausschüsse und Gruppen und fügen sie zu einem Mosaik von Aktivitäten zusammen, als ob sie ein Puzzle legen wollten, ohne vorher das vollständige Bild auf dem Karton gesehen zu haben. Dem Wahnsinn der menschlichen Zerstörungswut wirkt eine ältere Einsichtsfähigkeit und Intelligenz entgegen, die uns in einer Art und Weise miteinander verbindet, die wir so noch nie beobachtet haben und die wir uns so bislang auch nicht vorstellen konnten.

Die Menschen, die in der Bewegung aktiv sind, gehen mit einer großen Entschlossenheit ans Werk, anders lässt sich der unbändige Mut und das Herzblut nicht beschreiben, mit dem so viele auf den Straßen unterwegs sind, auf Versammlungen sprechen, Neues ins Leben rufen, Widerstand leisten und alternative Vorstellungen in die

Tat umsetzen. Es ist eine Entschlossenheit, die aus dem Wissen entsteht, dass wir Menschen sind und überleben wollen. Es ist grauenhaft und entmutigend, wenn man sieht, wie die weltweite Zivilisation zusammengebrochen ist und verschiedene Lager und Ideologien sich feindlich gegenüberstehen und bekriegen, und wenn man beobachten muss, wie die natürliche Umwelt immer mehr zerstört wird. Das Immunsystem ist jedoch nicht immer erfolgreich; es könnte auch sein, dass die Bewegung ihre Ziele nicht erreicht. Wir werden die Bewegung dann bewahren können, wenn wir unsere Selbstwahrnehmung verändern und erkennen, wer wir wirklich sind. Wir werden entweder zusammenkommen als eine globale Menschheit oder als menschliche Zivilisation verschwinden. Um zusammenkommen zu können, müssen wir erkennen, wo unser Platz ist – im biologischen und kulturellem Sinn –, und wir müssen uns energisch für unsere gemeinsame Zukunft einsetzen. Unser Gehirn hat sich entwickelt, weil wir uns mit seiner Hilfe effektiver schützen und verteidigen können, und es kooperiert mit dem älteren Immunsystem, mit dessen Hilfe wir diesen Entwicklungsstand in der Evolution erreicht haben. Wir sind mit Kriegsmetaphern groß geworden, sodass wir an „Angriff" denken, wenn wir das Wort „Verteidigung" hören, aber die Verteidigung der Erde kann uns nur gelingen, wenn wir miteinander kooperieren und wenn wir Mitgefühl haben. Es ist eine wissenschaftlich bewiesene Tatsache, dass alle Kinder altruistisches Verhalten zeigen, solange sie Windeln tragen. Die Sorge um das Wohlergehen des Mitmenschen steckt tief in uns und ist unauslöschlich mit unserem Wesenskern verknüpft. Wir wurden Menschen, indem wir zusammengearbeitet und uns gegenseitig geholfen haben. Der Immunologe Gerald Callahan hat herausgefunden, dass Vertrauen und Liebe buchstäblich in unseren Genen und in unseren Lymphozyten angelegt sind. Wir können unseren Niedergang in weltweites Chaos dann aufhalten, wenn jeder von uns sich wieder daran erinnert, wer er wirklich ist.

Die Grundlage unseres Daseins erhalten

Obgleich wir den Ozean in uns selbst tragen, in unserem Blut und in unseren Augen, sodass wir buchstäblich durch Salzwasser sehen, lässt uns sein Schicksal kalt. Viele Wissenschaftler haben nur mit Kollegen Kontakt und vermeiden es, einen positiven Einfluss auf die Presse zu nehmen. Die Medien scheinen nicht über den Zustand der Umwelt berichten zu wollen und versorgen stattdessen eine Öffentlichkeit, die von Faulheit, Angst und Habgier gekennzeichnet ist und grundsätzlich nicht weiß, was sie von der Wissenschaft halten soll. Insgesamt scheinen wir nicht wahrhaben zu wollen, dass es die Beweise, die so viele Politiker fordern, bereits in Form später Einsicht gibt. Auf die eine oder andere Weise ist das, was auf uns zukommt, bereits Teil der langen Geschichte unseres Planeten.

Julia Whitty, „The Fate of the Oceans"[1]

Nicht zu rütteln ist an der Tatsache, dass alles Leben – vom Bakterium bis hin zum Elefanten – auf der Ebene der Moleküle gemeinsame Eigenschaften hat. Es gibt einen roten Faden, der die gesamte biologische Existenz durchzieht. ... Diese Moleküle durchziehen das Leben auf dieselbe Weise wie das musikalische Hauptthema den letzten Satz von Brahms' vierter Sinfonie. Es gibt eine Reihe von Variationen, die, oberflächlich betrachtet, ganz unterschiedlich klingen, doch ihnen allen liegt eine tiefe Ähnlichkeit zugrunde, die das Ganze zusammenhält. Die Schönheit der Struktur ergibt sich durch die Einzigartigkeit der verklingenden Musik einerseits und den großen Zusammenhalt der Komposition andererseits. Der entscheidende Zündfunke, der unbelebter Materie zum Leben verhalf, entstand nur ein einziges

*Mal, und jede lebende Existenz verdankt sich diesem Augen-
blick. Wir sind eins mit Bakterien, die in heißen Quellen leben,
mit parasitischen Seepocken, Fledermäusen und Blumenkohl.
Wir alle teilen einen gemeinsamen Vorfahren.*

Richard Fortey: *Leben. Eine Biografie: Die ersten vier
Milliarden Jahre*[2]

Jede Zelle hat den Traum, zu zwei Zellen zu werden.

François Jacob[3]

D er Mensch besteht aus einer Billiarde Zellen, und 90 Prozent davon sind Bakterien, Pilze, Hefen und andere Mikroben, ohne die wir nicht leben könnten. Darin liegt ein Paradox: Das, was uns zum gesunden Menschen macht, ist nicht menschlicher Natur. Die Vorstellung, dass wir von Primaten abstammen – ganz undenkbar für christliche Fundamentalisten –, ist ein relativ unbedeutendes Phänomen im größeren Bild der Wissenschaft. In unserem Körper zeigt sich die 4 Milliarden Jahre alte Vorgeschichte der Erde in dem Gemisch der Elemente, in den Molekülketten, in den einfachen Bakterien und den salzigen Flüssigkeiten, die unsere Augen befeuchten und in unseren Zellen zu finden sind und sie umgeben – all das stellt einen kurzen Abriss des Lebens dar, das uns vorangegangen ist. Wir waren immer ein „unfertiges Erzeugnis", ein sich entwickelndes Tier, eine fantasievolle Verschmelzung unterschiedlicher Organismen, die seit Beginn des Lebens „durch eine elastische Zeitschnur miteinander verbunden sind"[4].

Im Allgemeinen geht man davon aus, dass unsere mikrobischen Vorfahren entstanden sind, indem sich Kohlenstoffpolymere, Nukleotide und Aminosäuren über einer Öffnung im Meeresboden gebildet haben, aus der Schwefel emporstieg. Das war sicherlich ein übernatürlicher Augenblick, wenn es ihn jemals gegeben haben sollte: Eine lebende Zelle entstand aus leblosen Bausteinen. In Wirklichkeit wissen wir nicht, wie Leben entstanden ist, und wie ein Biologe geistreich bemerkte, würden nur Narren und Schurken behaupten, dass wir es wüssten. Der Sprung von der anorganischen Ursuppe zu organischen Mikroben ist äußerst erstaunlich, so als ob Gutenbergs erste Druckpresse ein Laserdrucker gewesen wäre, den man an den Laptop anschließt. Und zwar nicht irgendein Laptop, sondern einer, der aus einfachen Bestandteilen endlos neue Laptops herstellen konnte.

Der ersten Zelle gingen zweifellos Millionen von Jahren chemischen Experimentierens voraus, in deren Verlauf es solche Vorläuferformen des Lebendigen in verschiedenen Kombinationen gab. Dennoch glaubte man bis vor Kurzem, dass die Wahrscheinlichkeit, dass aus einer solchen wässrigen Brühe Leben entstehen könnte, so gering sei, dass sie sich nicht mit statistischen Mitteln berechnen lasse. Man kann das Ereignis mit einem Hurrikan vergleichen, der eine *Boeing 747* zusammensetzt, indem er über einen Schrottplatz hinwegfegt, auf dem weit verstreut die Einzelteile liegen.[5] Die Wissenschaft, die früher eher die Geschichte mit dem Schrottplatz glaubte, hat sich inzwischen anders entschieden: Wir betrachten das Wunder des Lebens nicht mehr als eine Möglichkeit, sondern als eine Unvermeidbarkeit.[6] Unter den gleichen Bedingungen, die auf der Erde herrschten, als das Leben begann, würde Leben immer wieder und überall entstehen.

Die ersten Lebensformen waren mikroskopisch kleine Einzeller, die *Prokaryonten* genannt werden, was so viel heißt wie „Vorkerne", also Zellen ohne Zellkern. In Lehrbüchern werden sie grafisch gern als Kapseln mit frei umherwanderndem Inhalt dargestellt – eine grobe Vereinfachung. Eine einzige Bakterienzelle, zum Beispiel *Escherichia coli*, enthält 2,4 Millionen Eiweißmoleküle, die in fast 4000 verschiedenen Formen vorliegen, 280 Millionen kleine Stoffwechselprodukte und Eisenmoleküle, 22 Millionen Lipide, ein Genom, das über 4,6 Millionen paarweise angeordneter Nukleotid-Basenpaare verfügt, und 40 Milliarden Wassermoleküle – und das alles in einer Zelle, deren Durchmesser ein Hundertstel eines Haares ausmacht.[7]

Jene ersten Zellen trugen, um es mit den Worten von Robinson Jeffers auszudrücken, „das Echo aus der Zukunft" in sich[8] und breiteten sich über den ganzen Planeten aus. Wir finden sie in jedem Bach, auf jedem Blatt, in der Luft, am Südpol, auf unserer Zunge, im Ozean in fünftausend Metern Tiefe und in allen Wüsten der Erde. Sie entwickelten die Fotosynthese, die Atmung und den Gärungsprozess, schließlich auch Mitochondrien und Chloroplasten sowie die Organellen, die verdauen, atmen und Nährstoffe in den Zellen transportieren. Obwohl wir die Moleküle kennen, die sich in einem einzigen *Escherichia coli* befinden, wissen wir nicht, wie sie zusammenwirken, um Gestalt, Reproduktion, Aktivität und Verhalten zu erzeugen. Wenn wir eine Zelle zerlegen, stirbt sie ab, und wir finden *nur* Moleküle.

Prokaryonten probierten die verschiedenen Wege aus, auf denen lebendige Organismen Energie umwandeln und speichern können, von Sonnenschein bis hin zu Schwefel, und begannen dann eine weltweite Bewegung, die auch bislang abgeschottet existierende Kolonien mit einbezog, um eine neue Lebensform - die *Eukaryonten* - Zellen mit einem Zellkern, die sich zu Pflanzen, Echsen und Menschen verbinden konnten - zu erschaffen. Von den Prokaryonten übernahmen sie die reiche Auswahl der Moleküle und wurden zu Künstlern, indem sie sich in Millionen verschiedener Lebensarten verwandelten. Auf diese Weise entstanden Fangschrecken, Pfifferlinge, Nachtjasmine und limbische Systeme - ein großer Eintopf des Lebens, gewürzt mit Schüchternheit, Kaffeebohnen, Karibuherden und Gustav Mahlers 2. Symphonie.

Der Unterschied zwischen einer prokaryontischen und einer eukaryontischen Zelle ist ungefähr so groß wie der Unterschied zwischen einem Iglu und der Stadt Paris. Mit 30.000 Genen und 400 Milliarden Molekülen übertrifft eine einzelne Tierzelle jeden Mikroprozessor mit seiner gewaltigen Rechenleistung. In jeder Zelle laufen auf molekularer Ebene Millionen von Prozessen gleichzeitig ab, an denen Billionen von Atomen beteiligt sind. Wenn wir die Aktivität dieser Billionen Zellen in den Trillionen Lebewesen auf der Erde multiplizieren, ergibt sich beinah zwangsläufig eine Frage: Wer dirigiert dieses Orchester? Die Gesamtsumme aller Vorgänge, die in jedem Augenblick im menschlichen Körper innerhalb und außerhalb der Zelle ablaufen, ist schwindelerregend und beläuft sich auf eine Quadrillion unterschiedlicher Aktivitäten - das ist eine Eins mit 24 Nullen. In einer Sekunde laufen in unserem Körper mehr Prozesse ab, als es Sterne im Universum gibt. Genau das hatte Charles Darwin vorhergesagt, als er meinte, die Wissenschaft werde noch herausfinden, dass sich jedes Lebewesen „aus vielen sich selbst vermehrenden Organismen zusammensetzt, die unvorstellbar klein sind und so zahlreich wie die Sterne am Himmel"[9].

Komplexe, aus Billionen sich selbst hervorbringender Zellen bestehende Organismen mit der Bezeichnung „Homo sapiens" können miteinander über die Umwelt und darüber diskutieren, was für eine ernsthafte Sache der Klimawandel ist. Aber wir können uns nicht mit einer Zelle zusammensetzen und mit ihr über unsere persönlichen Ziele oder die Schwachstellen der Ideologie des freien Markts sprechen. Das Leben hat seine eigenen Gesetzmäßigkeiten, und nichts, was Politiker sagen oder worüber sie abstimmen, kann die grundlegenden biologischen Abläufe direkt beeinflussen. Wenn man zwischen den Gesetzen des Kongresses und den Gesetzen der Physik wählen könnte, bemerkte der Schriftsteller Bill McKibben einmal mit trockenem Humor, würden sich mit Sicherheit Letztere durchsetzen. Es ist eine verständliche Eitelkeit, wenn wir Menschen glauben, unsere Zellen seien etwas Besonderes oder gar Einzigartiges, aber der Unterschied zwischen menschlichen Zellen und den Zellen einer Sonnenblume ist erschreckend gering. Der Unterschied der Zellen von Primaten und von Menschen ist er sogar klitzeklein. Um menschliche Zellen von den Zellen der Molche, Robben oder Kojoten zu unterscheiden, muss man sich auf die Molekularebene begeben, um eine geringfügige Unterschiede zu erkennen.

„Wir *sind* die Natur" – ein erleuchtender Gedanke, der Emerson in Paris wie angewurzelt stehen bleiben ließ. Und er kann auch uns innehalten lassen: Wir leben in einer großen Gemeinschaft und wir sind nie allein; jede Vorstellung, wir seien von anderen und von der Welt getrennt, ist reine Illusion. Menschen sind Tiere, wenn auch besondere, und besitzen keine spezielle Immunität, die allein ihnen geschenkt worden wäre. Bei dem gegenwärtigen Grad der weltweiten Verschmutzung und Zerstörung sollten wir unbedingt über eine Entspannung mit der Natur und mit uns selbst verhandeln.

Die kollektiven Aufgaben der Quadrillion zur gleichen Zeit ablaufenden Vorgänge in unserem Körper haben einen Namen: Elastizität – die Fähigkeit, angepasst auf unterschiedliche Anforderungen zu reagieren. Dieser verschwenderische Überfluss ist der Grund dafür, dass wir unsere körperlichen Bedürfnisse nicht wahrnehmen, Fast Food in uns hineinschlingen, uns mit Alkohol und Drogen vergiften,

in verschmutzter Luft wohnen und trotzdem überleben. Und wir
können der Natur auf jede nur erdenkliche Weise Schaden zufügen
und dennoch jeden Morgen Cornflakes essen, einen Geländewagen
fahren und uns an einem Planeten erfreuen, der zu funktionieren
scheint. Elastizität ist eines der großen Geheimnisse des Lebens;
sie verhindert, dass ein Dominoeffekt eintritt, findet vielmehr einen
Weg, die Homöostase wiederherzustellen. Zellen mutieren ständig
und ihre Funktion ist gestört, doch sie beeinträchtigen ihre Nachb-
arzellen nicht. Gesunde Organismen und Ökosysteme sind vielfältig
und unvorhersehbar, sie bringen alles im Überfluss hervor und können sich fantastisch anpassen. Alles Lebendige ist auf erstaunliche
Weise miteinander verbunden und dennoch marschiert es nicht im
Gleichschritt und geschieht nicht in demselben Rhythmus. Jedes lebende System ist ein Wechselspiel von Harmonie und Autonomie,
zwischen Beharrlichkeit und Mit-dem-Strom-Schwimmen, zwischen
Vorhersagbarkeit und Unbeständigkeit.

Wir haben nicht nur ein Gehirn, sondern drei verschiedene
Gehirne – das Reptiliengehirn, das limbische Gehirn und das neo-
kortikale Gehirn – und jedes hat andere Fähigkeiten und erfüllt andere Aufgaben. Ein Mensch kann sein Augenlicht, seine Gliedmaßen,
einen Stirnlappen, eine Niere und einen Lungenflügel verlieren und
wird trotzdem überleben. Die Evolution bringt Geschöpfe und Systeme hervor, die in der Lage sind, sich über längere Zeiträume hinweg
zu behaupten, und seine Elastizität erlaubt es einem Organismus, die
meisten Störungen zu überstehen. Dies trifft nicht nur auf die Umwelt,
sondern auch auf soziale Systeme zu und gilt für Regierungen und
Konzerne genauso wie für Riffe und Fischereigebiete. Je elastischer ein
System ist, desto mehr Angriffe und Erschütterungen kann es überstehen und sich danach wieder erholen.[10] Wenn Systeme aber ihre Vielfäl-
tigkeit verlieren und sie nicht mehr aus einem Überfluss heraus agieren
können, werden sie anfällig für Störungen und Zusammenbrüche.

In der Ökologie geht es darum, wie lebende Organismen sich
gegenseitig beeinflussen und wie sie mit ihrer Umgebung in Wechsel-

wirkung treten. „Nachhaltigkeit" bedeutet, die gegenwärtig gestörte Beziehung zwischen den beiden komplexesten Systemen auf der Erde – der menschlichen Kultur und der lebendigen Welt – zu stabilisieren, die Nutzung natürlicher Ressourcen nicht über das regenerierbare Maß hinaus zu strapazieren. Die Wechselbeziehung zwischen diesen beiden Systemen beeinflusst alle Lebewesen und ist verantwortlich für den Aufstieg und den Untergang einer jeden Zivilisation. Obgleich das Konzept der Nachhaltigkeit relativ neu ist, musste sich jede Kultur ihrer Beziehung zur Umwelt stellen und ist besser oder schlechter mit ihr umgegangen. Schon seit Tausenden von Jahren sind Zivilisationen nicht in der Lage, die Umweltzerstörung in den Griff zu bekommen; solche Zivilisationen sind weniger geworden oder verschwanden sogar ganz von der Erde, weil sie ihren eigenen Lebensraum vernichteten. Gegenwärtig versucht zum ersten Mal in der Geschichte eine ganze Zivilisation – seine Menschen, Firmen und Regierungen –, den Niedergang zu stoppen und zu verstehen, was es bedeutet, im Einklang mit der Natur zu leben. Dieses Unterfangen stellt den Wendepunkt in der menschlichen Existenz dar. Die Vielfalt des Lebens nimmt entweder zu oder ab; es gibt keinen statischen Zustand, in dem alles einfach in Ordnung ist und auch genauso bleibt. Im Hinblick auf die Umwelt befinden wir uns gegenwärtig im freien Fall; wir müssen das bewahren, was wir noch haben, und versuchen, das wiederherzustellen, was verloren gegangen ist.

Manche sind der Ansicht, dass diese Aufgabe zum Scheitern verurteilt ist. Robert Kaplans düstere Prophezeiungen einer Welt, in der Verbrechen, Gewalt und Gesetzlosigkeit durch das Knappwerden der natürlichen Ressourcen und durch soziale Ungleichgewichte verstärkt werden, sind uns auf unangenehme Weise präsent. In seinem Buch *Kollaps: Warum Gesellschaften überleben oder untergehen* zeigt Jared Diamond, wie menschliche Gesellschaften immer wieder das Feedback der Umwelt übersehen haben und dabei selbst in Vergessenheit geraten sind. Obgleich sich Bücher dieser Art gut verkaufen, ist sich die breite Öffentlichkeit bestenfalls nur ansatzweise darüber bewusst, in welchem Ausmaß sich die Probleme potenzieren. Die Welt steuert mit großer Geschwindigkeit auf den Augenblick zu, in dem wir erkennen müssen, dass wir unsere Probleme nur gemeinsam lösen können, ob wir es wahrhaben wollen oder nicht. Auch wenn die Umweltzerstörung und der soziale Zusammenbruch sich in einem Stadium befinden, das kein Individuum und keine einzelne Institution mehr für sich nachvollziehen kann, sind die Warnzeichen allgegenwärtig.

Erst vor Kurzem haben in einem Zeitraum von zwölf Monaten zwei Ereignisse stattgefunden, die in der Öffentlichkeit kaum wahrgenommen wurden und dennoch für unsere Zukunft entscheidend sind: Am 30. März 2005 wurde die Studie *Millenium Ecosystem Assessment* von Organisationen veröffentlicht, die 1360 Wissenschaftler aus 95 Ländern vertreten. Es war die bislang größte wissenschaftliche Studie mit dem Ziel, herauszufinden, wie belastbar die Erde tatsächlich ist. Sie hat 24 Millionen US-Dollar gekostet. Es war das erste Mal, dass die biologischen Ressourcen der Erde unter die Lupe genommen wurden und untersucht wurde, wie sich der zunehmende Verlust dieser Ressourcen auf unsere Zukunft auswirkt. Obgleich die Studie eine detaillierte Analyse bot, war ihre Schlussfolgerung eindeutig: Die Erde kommt immer mehr an ihre Grenzen und ihre Ressourcen werden bald erschöpft sein, sodass sie das Leben nicht mehr in der Weise hervorbringen und aufrechterhalten kann, wie wir es bislang gewohnt sind. In der Studie wurde nur wenig Datenmaterial ausgewertet, über das bislang noch nicht gesprochen, das noch nicht veröffentlicht und übersehen worden ist.

Das Neue an dieser Studie war, dass die Untersuchungen sehr breit angelegt worden waren und wie besonnen der Tonfall war. Sie fasste das zusammen, was Wissenschaftler schon seit einem Jahrzehnt bewegt: Ökosysteme brechen, wie alle nichtlinearen Systeme, nicht unbedingt schrittweise zusammen, wenn sie angegriffen werden, sie können einen bestimmten Schwellenwert erreichen und dann einen „ökologischen Schlaganfall" erleiden, das heißt ganz plötzlich zusammenbrechen und sterben. Seine Elastizität kann ein System nur bis zu einem gewissen Punkt schützen, dann mögen weitere Angriffe dazu führen, dass das System als Ganzes zusammenbricht.[11] Was die Wissenschaftler nicht sagen konnten, drückten Journalisten auf der ganzen Welt aus: „Wir stehen kurz vor der Katastrophe."[12]

In der Studie ging es nicht um den Klimawandel, ein weiterer Abgrund, auf den wir uns zubewegen. Im letzten Jahr sind die Prognosen über den Zeitpunkt und die Auswirkung des Klimawandels sogar eher noch düsterer geworden. Die Veränderung des Klimas werden bislang als „globale Erwärmung" bezeichnet, die eine Reihe negativer Folgen hat: Anstieg des Meeresspiegels, Verlust von Arten, Vordringen tropischer Krankheiten in gemäßigte Zonen, zunehmende Trockenheit, starke Regenfälle und Fluten, Zunahme verheerender Zyklone, Abnahme der landwirtschaftlichen Produktivität. Mit anderen Worten: schwerwiegende Veränderungen, auf die wir uns aber dennoch einstellen könnten. Neue wissenschaftliche Untersuchungen kommen jedoch zu dem Schluss, dass die gegenwärtigen Klimamodelle das Ausmaß und die Stärke der Veränderungen unterschätzen.[13]

Vielleicht haben wir den Thermostaten schon kaputtgemacht, und wenn es uns nicht gelingt, ihn zu reparieren, werden sich auch alle anderen Zustände parallel verschlimmern. Die größte Erwärmung findet gegenwärtig an den Polen statt und nicht am Äquator. Die steigenden Temperaturen setzen Methangas aus dem Permafrostboden frei, wo es seit Millionen von Jahren gebunden ist. Als Treibhausgas ist Methan 24-mal schädlicher als Kohlendioxid. Wenn seine Freisetzung in die Atmosphäre schnell zunimmt, wird auch die Erderwärmung dramatisch zunehmen – was wiederum dazu führt, dass noch mehr Methangas freigesetzt wird. Möglicherweise geschieht das in den nächsten 40 Jahren oder schon früher und dann verwandelt sich die Erde in eine biologische Wüste. Sobald der Prozess in diese Richtung einen bestimmten Schwellenwert überschritten hat, hat eine Veränderung in unserer Energienutzung keinen Einfluss mehr auf ihn.

Und während die langfristigen Vorhersagen immer düsterer werden, wird das tägliche Wetter immer biblischer, was vielleicht erklärt, warum im Jahr 2006 so viele hartgesottene Skeptiker ihre Einwände vergaßen und dazu aufriefen, Maßnahmen gegen den Klimawandel zu ergreifen. Die Redakteure des *Economist*, die ein Jahr zuvor Michael Crichtons Buch gepriesen hatten, in dem der Autor Klimaforscher mit den Eugenetik-Professoren der Nazizeit verglich, änderten ihre Meinung in einer Sonderausgabe, die sich ausschließlich dem Thema „Klimawandel" widmete.[14] Rupert Murdochs konservatives Boulevardblatt *The Sun*, das in London erscheint und in dem Umweltschützer und Klimawandel bislang lächerlich gemacht wurden, druckte eine Liste mit 10 Tipps – was Leser tun können, um Energie zu sparen. Und wie weiter oben bereits erwähnt wurde, war 2006 auch das Jahr, in dem die Anführer evangelikalen Christen dazu aufriefen, schnell und wirkungsvoll etwas gegen den Klimawandel zu unternehmen. Kurz gesagt: Die Bewegung zur Rettung der Erde hat Zulauf bekommen.

Wie kann es sein, dass eine so wichtige Sache wie diese Bewegung einerseits so schnell anwächst und andererseits so wenig wahrgenommen wird? Wenn man beschreiben will, welches Ausmaß die Bewegung hat, hat man das Gefühl, als wolle man den Ozean in ein Glas füllen. Sie ist unglaublich groß. Wie ein Eisberg, dessen Spitze über die Wasseroberfläche hinausragt, dessen größter Teil aber unter Wasser liegt und nicht zu sehen ist. Als Wangari Maathai den Friedensnobelpreis bekam, berichteten die Presseagenturen nicht über die 6000 afrikanischen Frauengruppen, die Bäume pflanzen. Wenn wir in den Medien hören, dass es wieder einen Chemieunfall gegeben hat, der einen Fluss verseucht, werden wir nicht gleichzeitig darüber unterrichtet, dass in Nordamerika mehr als 4000 Organisationen die Patenschaft für einen Bach, einen Fluss oder einen Strom übernommen haben. Wir lesen, dass die ökologische Landwirtschaft in den USA, in Japan, in Mexiko und in Europa der Bereich der Landwirtschaft ist, der am schnellsten wächst, aber es wird keine Verbindung zu den mehr als 3000 Organisationen hergestellt, die den Kunden, den Bauern und den Gesetzgeber über nachhaltige ökologische Landwirtschaft aufklären.

Die wichtigste Eigenschaft der Bewegung ist die, dass sie Probleme direkt angeht. Wir sollen an unser Wirtschaftssystem glauben, als sei es eine Religion. Die Bürger sollen an wirtschaftliche und politische Systeme glauben – und ihnen vertrauen –, die in den letzten drei Jahrzehnten Wasser, Luft und Meere verseucht, die Gesellschaft ausgebeutet, Arbeitskräfte entlassen, weltweit das Einkommen der Menschen gesenkt und eine Stratosphäre erzeugt haben, die so stark von Industriegasen durchsetzt ist, dass das Überleben des Planeten auf dem Spiel steht. Man braucht die Unternehmen und Konzerne nicht zu verteufeln, sondern kann nüchtern feststellen, dass sie nicht bereit sind, die Verantwortung für die negativen Auswirkungen ihres Handelns zu übernehmen – bis auf das wohltätige Mäntelchen, das sie sich in ihren Jahresberichten umhängen ... wenn die entsprechende Firma überhaupt dazu geneigt ist, einen kleinen Teil ihres Gewinn zu spenden.

Da Glaube und Vertrauen hier offensichtlich fehl am Platze sind, besteht die einzige Möglichkeit darin, dass wir unser eigenes Verhalten verändern, wenn wir überhaupt etwas bewegen wollen – und beginnen können wir damit, wie wir in unseren eigenen vier Wänden leben, welche Energie wir nutzen, nach welcher Methode wir unsere Nahrungsmittel anbauen, wie wir uns ernähren und fortbewegen und wie wir unser soziales Zusammenleben organisieren. Es ist nicht so, dass das Kyoto-Protokoll von den USA nicht ratifiziert und umgesetzt werden sollte – symbolische Bekräftigungen sind immer sinnvoll –, aber wir werden nicht ans Ziel gelangen, wenn wir auf die Unterstützung durch Institutionen warten, die vom Status quo profitieren. Wichtig ist, dass weiterhin versucht wird, auf eine institutionelle Veränderung hinzuwirken, aber solche Zielsetzungen haben nur dann Erfolg, wenn sich jeder Einzelne klar macht, wie er selbst lebt und was er konsumiert. Verglichen mit großen Institutionen mag die Bewegung schwach erscheinen, aber das, wofür sie sich einsetzt, hat einen höheren Rang. Das Ziel besteht darin, einer de facto oligarchischen Welt ein stabiles soziales und wirtschaftliches Fundament zu geben – und zwar durch entschlossenes Handeln, das das Maß der Autonomie und der Macht stärkt, die von den Bürgern ausgeht. Will man die Bewegung verstehen, braucht man sich nur das anzusehen, was die Menschen tun, die in ihr aktiv sind.[15] Der Molekularbiologe Mahlon Hoagland zählt in seinem Buch *The Way Life Works* 16 Eigenschaften auf, die für alle lebenden Organismen charakteristisch sind, und die meisten von ihnen lassen sich auf soziale Bewegungen anwenden.[16] Die erste Eigenschaft lautet: Das Leben baut sich von unten nach oben auf. So wie komplexe Organismen aus kooperierenden Zellgemeinschaften zusammengesetzt sind, besteht die Bewegung für Umweltschutz und soziale Gerechtigkeit aus vielen kleinen, kooperierenden Gruppen. So wie Zellverbände im Körper verschiedene Funktionen übernehmen – von den Geschmacksknospen bis hin zu den Nieren –, organisieren sich die Gruppen aufgrund spezieller Aufgaben und Ziele. Weil ihr Wachstum ganz unten im Verborgenen beginnt, mag die Bewegung am Anfang machtlos erscheinen, denn wir sind es gewohnt, dass die Mächtigen über Mittel verfügen, sich in Szene zu setzen und ihre Bedürfnisse rücksichtslos zu befriedigen.

Für diejenigen, die sich von Regierungen, Konzernen und Institutionen ausgegrenzt fühlen, sind Gruppen, die auf Freiwilligkeit und Gemeinnützigkeit gegründet sind, die einzige legale und manchmal auch nicht so ganz legale Möglichkeit, ihrem Anliegen Gehör zu verschaffen. Gemeinsam stehen diese Gruppen für eine andere Art von Politik und schaffen alternative soziale Modelle. Es gibt kein besseres Beispiel für eine Bewegung, die von unten entsteht, als die Tausenden von Organisationen, die sich um die Vergabe von Mikrokrediten kümmern. Mikrofinanzierungen kommen Entrechteten und Armen zugute, die in den Augen traditioneller Finanzinstitute nicht kreditwürdig sind, weil sie kein Eigenkapital und kein hohes Einkommen haben oder weil sie, wie zum Beispiel Frauen, diskriminiert werden. Institutionen, die Mikrokredite vergeben – von der *Apoyo Para el Campesino Indigena del Oriente* in Bolivien bis hin zur *Zimbabwe*

Association of Microfinance -, wollen die Armut lindern, indem sie berufliche Selbstständigkeit dort fördern, wo die Armen leben.

So wie Leben sich selbst zu langen Ketten zusammenfügt, verbinden gemeinnützige Organisationen Menschen durch das gemeinsame Interesse und sie verbinden sich selbst mit anderen Organisationen. Die Bausteine allen Lebens bestehen aus Polymeren, aus langen Ketten kleinerer Einheiten, die „Monomere" genannt werden. Polymere haben je nach ihrer Zusammensetzung unterschiedliche Bezeichnungen: Leder, Stärke, Eiweiß, DNS, Kaschmir, Zellulose, Spinnenseide, Baumwolle, Fußnagel, Gummi, Krebsschale oder Enzym. Die Hauptaufgabe der Bewegung besteht darin, immer wieder Neues aufzunehmen und zum Bestehenden hinzuzufügen, und für ihre einzelnen Bestandteile gibt es, je nach Ausrichtung, viele Bezeichnungen. Soziale Polymere sind lang; hier geht es um Frauenrechte, Feuchtgebiete, Wildreservate, Wasserversorgung, Abfallreduktion, Angleichen des Wohlstandsniveaus, Windkraft, Rechte der Arbeiter und Gesundheit der Frauen.

Was in der Natur funktioniert, hat auf Dauer Bestand, denn es basiert auf ununterbrochenem Erfinden und Experimentieren. Das Leben erzeugt aus ein paar Grundthemen viele Spielarten. Diese Varianten entstehen pausenlos und unerbittlich. Um die neuen Möglichkeiten unentwegt nutzen zu können, ist eine ständige Veränderung und Anpassung notwendig, was viele unterschiedliche Organisationen hervorbringt. Mir wurde so oft gesagt, dass die Bewegung wirkungslos sei, da es zu viele Gruppen gebe, die sich inhaltlich auch noch oft überlappten. Diese Feststellung ist sicherlich richtig, doch ich bin davon überzeugt, dass das Gegenteil genauso wahr ist: Bürgerinitiativen sind die wirksamsten sozialen Einheiten; sie sind wesentlich wirksamer als Konzerne und Institutionen, wenn es darum geht, die Ressourcen effektiv zu nutzen. Bürgerinitiativen sollten nicht länger als der kleinste gemeinsame Nenner sozialer Organisation betrachtet werden, sondern als die grundlegende Ebene, auf der sozialer Wandel stattfinden kann. In Demokratien münden die Wählerstimmen in ein zentralisiertes bürokratisches System. Die Bewegung verwandelt soziale Visionen in bewegliche, tatkräftige Initiativen. Sie sind deshalb so effektiv, weil sie aus begrenzten Mitteln das meiste herausholen.

Ich bezweifle, dass es weltweit eine nützlichere *und* wirksamere Gesundheitsorganisation gibt als die von Paul Farmer ins Leben gerufene *Partners in Health*, eine gemeinnützige und regional verankerte Organisation auf dem Zentralplateau von Haiti. Patienten, die in unmittelbarer Nachbarschaft der Klinik leben, die mit der Schwesterorganisation *Zanmi Lasante* zusammenarbeitet, bekommen mehr Zuwendung und eine bessere Gesundheitsversorgung als Bewohner der South Bronx oder Menschen, die in South Central Los Angeles zu Hause sind. Keine Bank in New York oder London hat ein so reichhaltiges Kreditangebot, das den Kreditnehmern und der Gesellschaft so sehr nützt, wie die *Grameen Bank* in Bangladesh, eine Vorreiterin im Bereich der Mikrokredite. Das *Rainforest Action Network* hat so viel zur Reform der Banken (*Citibank, Goldman Sachs, JP Morgan*) beigetragen wie Eliot Spitzer als Generalsstaatsanwalt von New York, und das zu einem Bruchteil der Kosten. Nur sehr wenige Organisationen der Bewegung verfügen über große Geldmittel oder Ersparnisse; sie leben von der Hand in den Mund, und es ist schwer, Geld zu verschwenden, das man gar nicht hat. Regierungen und Konzerne lösen Probleme mit Geld, weil sie es haben. Die Gemeinschaft der nicht staatlichen Organisationen verfügt nicht über diese Möglichkeit, sondern muss soziale Nischen finden, wenn sie überleben will. Sie kann nur das tun, was sofort einen Nutzen hat, und muss sich immer an den Bedürfnissen ihrer Mitglieder orientieren. Die Rückkopplungsschleifen sind kurz, was den Lernprozess sehr beschleunigt.

Da die Bewegung sich nicht auf eine Ideologie gründet, kann es keine gemeinsamen Ziele geben und daher auch keine Slogans, mit denen sich alle identifizieren. Es gibt eher bestimmte Denkansätze, die in einen gemeinsamen Wertekodex münden, der jedoch kein Glaubenssystem darstellt; es ist ein unaufhörliches Zusammenfließen ständig entstehender und sich weiterentwickelnder Ideen. Alle, die zu der Bewegung gehören, treffen Entscheidungen, führen Aktionen durch und erfinden Lösungen, um dem Leiden und der Entrechtung die Stirn zu bieten, die die Menschen und die Erde heimsuchen. Die zersplitterte Bewegung kann möglicherweise niemals schlagkräftig genug sein, um für räuberische Institutionen, die so groß und einflussreich sind wie die US-Regierung oder *ExxonMobil*, eine wirkliche Bedrohung darzustellen. Die Bewegung kann in vielen konkreten Angelegenheiten erfolgreich sein und den Kampf trotzdem verlieren.

Als Reaktion auf den Vorwurf, die Bewegung stehe für eine pessimistische Beurteilung der gegenwärtigen Lage, lässt sich sagen, dass jeder, der in der Bewegung aktiv ist, ein ganz anderes Ziel verfolgt – nämlich allen Untergangspropheten zu beweisen, dass sie falsch liegen. Die Bewegung leidet nicht unter dem Syndrom, die Welt „retten" zu müssen, sie versucht vielmehr, die Welt „neu zu gestalten". Wer nicht auf Profit aus ist, findet überall Mitstreiter – Unternehmen, Regierungen, Universitäten oder Religionen –, wenn es darum geht, dringende Probleme anzugehen. Die Bewegung unterscheidet sich von altehrwürdigen Institutionen darin, dass sie keine übergeordnete Struktur und keine zentrale Führung braucht. Und weil sich Leben durch Information selbst organisiert, besteht das mächtigste Instrument der Bewegung im ungehinderten Informationsfluss, denn die richtungslose Form der Kommunikation ist die einzige Möglichkeit, wie sich die Menschheit als Ganzes reorganisieren kann.

Genauso wenig wie der menschliche Körper auf konventionelle Weise erklärt oder gesteuert werden kann, lassen sich auch die Menschen mit herkömmlichen Mitteln beschreiben oder verändern. Hoagland schätzt, dass die „Bedienungsanleitung" für eine einzelne Person 1500 Enzyklopädien umfassen würde. Die Feinabstimmung von Bewegung, Denken, Körperaufbau, visueller Wahrnehmung, Tastsinn und Stoffwechsel übersteigt die Komplexität jedes anderen Systems, das wir uns vorstellen können. Irgendetwas steuert uns, aber was? Ist es nicht das freie Strömen von genialer, uralter Information, eine endemische, in einem bestimmten Gebiet auftretende Intelligenz, die nicht bewusst gesteuert zu werden braucht, sondern frei auf der zellulären und interzellulären Ebene ausgetauscht wird? In dieses System sollten wir unser Vertrauen legen, denn es ist das einzige, das dauerhaft Bestand hat. Wenn dieser erleuchtende und mit Leben erfüllende Impuls der Vater im Himmel ist, sollten wir auf die Knie gehen und ihm Tag und Nacht danken. Wenn es Allah ist, sollten wir uns zwischen Sonnenaufgang und Sonnenuntergang fünfmal in Richtung Mekka verbeugen und Demut empfinden. Wenn es Jahwe ist, sollten wir die Klagemauer berühren und Tränen der Dankbarkeit weinen. Wenn es die Biologie ist, möge die Wissenschaft das Heilige berühren. Ich selbst bin davon überzeugt, dass es alles zusammen ist; aber was auch immer es einer Person bedeuten mag oder wie auch immer wir es benennen, es entzieht sich unserem Verstand.

Aus ähnlichen Gründen können wir auch schlussfolgern, dass wir nicht in der Lage sind, die gesamte Fülle von Problemen auf uns zu nehmen und zu lösen. Die Welt scheint einfach außer Kontrolle geraten zu sein. Zu oft sieht es so aus, als seien die Probleme unlösbar, weil man versucht, sie mit ideologischen Mitteln, mit Anweisungen von oben nach unten bzw. auf oligarchische und militärische Weise aus der Welt zu schaffen. Wenn wir versuchten, unseren Körper bewusst zu beherrschen, würden wir sterben, genauso wie der Planet stirbt. Wir steuern unseren Körper deshalb nicht, weil wir es nicht können. Wir können ihn beschützen und nähren, ihm zuhören und für ihn sorgen – mit Essen, Schlaf, Gebet, Freundschaft, Lachen und körperlicher Bewegung.

Der Planet braucht Verbündete und bittet uns um Hilfe. Er braucht Ruhe und Erholung und dass wir respektvoll mit ihm umgehen; er braucht, dass wir alle mit ihm zusammenarbeiten und uns engagieren. Kann ein globales Netzwerk bürgernaher Organisationen mit einfachen, klaren Wertvorstellungen die Welt so verändern, dass Krieg überwunden und Klimachaos, sozialer Niedergang und ökologischer Zusammenbruch verhindert werden können? Wenn wir einen Blick auf die Geschichte werfen, lautet die Antwort: Nein. Die vergangenen zwei Jahrhunderte waren geprägt von Kämpfen um grundlegende

Freiheitsrechte, um Demokratie und Menschenwürde, die immer wieder überholt wurden von chronischer Armut, vor der es scheinbar kein Entrinnen gibt. Zusätzlich zu diesem bis heute andauernden Kampf sind wir jetzt mit einer weiteren Aufgabe konfrontiert. Sie besteht darin, unsere Altlasten zu entsorgen und unsere Umwelt nicht länger zu missachten und auszubeuten.

Wenn wir dabei erfolgreich sein wollen, müssen wir überall gegenwärtig sein und über ein weltweites Netzwerk von Informanten verfügen; wir müssen uns darauf einschwören, dass wir die sozialen Visionen umsetzen, und wir brauchen Gruppen, die neue Erkenntnisse zutage fördern, sie mit anderen teilen, überall nach Informationen Ausschau halten und sie den Stellen und Bürgern zur Verfügung stellen, die sie brauchen. Ohne Frage ist nicht jeder Mitstreiter der Bewegung dieser Aufgabe gewachsen, weil er zwangsläufig der Übermacht institutioneller Gewalt ausgeliefert ist. Aber solange jede Gruppe ihre spezielle Aufgabe verfolgt, muss sie nicht es mit der Feuerkraft aufnehmen können, die gegen sie aufgefahren wird. All diese Gruppen brauchen der Welt keine neue Ordnung überzustülpen; sie müssen nur ihren rechtmäßigen Platz auf einem Planeten einnehmen, auf dem keine Institution herrscht. Es braucht keine großen Patentlösungen, vielmehr geht es darum, Lösungen für mehrere Probleme gleichzeitig zu finden und dabei die Zahl neu entstehender Probleme so gering wie möglich zu halten.[17]

Die Methode, Lösungen für mehrere Probleme gleichzeitig zu finden und dabei die Zahl neu entsthender Probleme so gering wie möglich zu halten, stammt von Wendell Berry. Sie kommt einem einfach in den Sinn, wenn man Probleme als Symptome betrachtet, die eine systemische Störung offenbaren, und sie nicht als zufällig auftretende Fehler ansieht, die man kurzfristig beseitigen kann. Nachhaltige Landwirtschaft beispielsweise zeitigt Ergebnisse in mehreren Bereichen: Es gelangen weniger landwirtschaftliche Schadstoffe in die Umwelt, die die Hauptursache für Eutrophierung und tote Bereiche in Seen, in Flussmündungen und im Meer sind; es werden weniger energieintensive Stickstoffdünger eingesetzt; der Klimawandel wird nicht unterstützt, weil nachhaltige Landwirtschaft CO_2 bindet, während bei der industriellen Landwirtschaft Kohlendioxid in die Atmosphäre freigesetzt wird, das nach der Verbrennung von Erdöl die zweitgrößte Ursache des Klimawandels darstellt; die Gesundheit der Arbeiter wird verbessert, weil keine schädlichen Pestizide eingesetzt werden; der Erdboden hält mehr Feuchtigkeit und ist weniger von künstlicher Bewässerung und entfernten Wasserquellen abhängig. Diese Form der Landwirtschaft ist produktiver als die konventionelle; sie ist nicht so anfällig für Erosion und sie bietet Insekten und Vögeln, die die Blüten der Pflanzen bestäuben, einen Lebensraum und trägt so zur biologischen Vielfalt bei. Hinzu kommt noch, dass die produzierten Nahrungsmittel im oberen Preissegment angesiedelt sind, was dazu führt, dass auch kleinere Höfe rentabel wirtschaften können.

Lösungen für mehrere Probleme gleichzeitig zu finden und dabei die Zahl neu entstehender Probleme so gering wie möglich zu halten – das ist die Art und Weise, wie die Bewegung grundsätzlich an Probleme herangeht, da ihre Ressourcen begrenzt sind. Sie kann sich keine kostspieligen „Reparaturen" leisten, nur dauerhafte Lösungen.

Die Natur arbeitet in Zyklen und eine gesunde Gesellschaft tut das ebenfalls. Ein System, das in der Lage ist, sich selbst zu korrigieren, wird durch die Rückmeldungen, die es bekommt, zur Entfaltung kommen. Die Bewegung besteht aus kleinen Organisationen, die mit beiden Beinen auf dem Boden stehen und direkt am Ort des Geschehens sind – auf diese Weise erhalten sie Informationen aus erster Hand und können entsprechend handeln. Auf dieser konkreten Ebene lernen Bürgerinitiativen unglaublich schnell. Fehler sind verborgene Schätze – James Joyce nannte sie „Pforten der Entdeckung" –, denn wir lernen aus unseren Misserfolgen. Das Gegenteil von Lernen ist ein unkontrollierbares System, in dem Fehler abgeheftet werden und für immer in Aktenschränken verschwinden. Wenn Regierungen, Unternehmen, Geldinstitute und religiöse Organisationen sich isolieren, führen ihre Initiativen – so gut gemeint sie auch sind – zu unkontrollierbaren

Ergebnissen und haben ungeahnte Wirkungen, die neue Probleme erzeugen. Der gegenwärtige Zustand der Welt spiegelt eine Methode der Problemlösung wider, die die Natur nicht kennt: Die Abhilfe kommt von oben und wird denen, die ausgeschlossen sind, aufgezwungen. Die Bewegung stützt sich hingegen auf eine Art der Problemlösung, die von unten kommt und alle und alles mit einbezieht; es handelt sich dabei um einen Prozess, der biologische Anpassung und Entwicklung nachahmt. Jede physische Aktivität, die der menschliche Körper unternimmt, ist Teil eines zyklischen Lebenssystems mit der Möglichkeit der Selbstkorrektur. Das Gleiche sollte auch für die sozialen Aktivitäten gelten, die in einem System stattfinden, das „Demokratie" genannt wird.

Die Natur verwertet nicht nur Informationen wieder, die Natur recycelt alles; nichts wird verschwendet oder weggeworfen, denn wohin sollte es auch geworfen werden? Alle natürlichen Prozesse verlaufen zyklisch und jedes Teil, jedes Molekül und jedes Atom wird wiederverwendet und erhält einen neuen Platz in anderen Daseinsformen. Die Industriegesellschaft verhält sich wie ein verzogenes Kind, das sein Spielzeug, das es nicht mehr braucht, in alle Himmelsrichtungen verstreut. Es ist das einzige Geschöpf, das Dinge hinterlässt, die weder von der Natur noch von der Industrie recycelt werden können. Die Bewegung hat sich die Wiederverwertung nicht bloß auf ihre Fahnen geschrieben, sondern gestaltet aktiv ein System menschlicher Produktion, das so elegant und so einfach ist und aus dem Überfluss schöpft wie die Natur. Einer, der die menschliche Produktion schon früh mit Begriffen aus der Biologie beschrieb, war Kenneth Boulding, der aus Liverpool stammte und auf zwei Kontinenten zum brillanten Wirtschaftswissenschaftler wurde. Im Jahre 1965 verwendete Boulding in einem Vortrag erstmalig den Ausdruck „Raumschiff Erde". Dieses Bild sollte es seinen Zuhörern leichter machen, zu begreifen, dass unsere Fähigkeit zur Entwicklung und Unterwerfung der Natur unsere Wahrnehmung veränderte: Wir leben nicht mehr auf einer grenzenlosen Erde, sondern „in einer kleinen, in sich geschlossen Sphäre, die begrenzt und überbevölkert ist und mit unbekanntem Ziel durch das Weltall rast"[18].

In seinem Buch *Bedienungsanleitung für das Raumschiff Erde*, das vier Jahre nach der Einführung dieses Begriffs veröffentlicht wurde, schrieb Buckminster Fuller, das Raumschiff Erde sei so einzigartig gestaltet, dass die Menschen, die auf ihm schon mindestens zwei Millionen Jahre reisten, noch nicht erkannt hätten, dass sie sich überhaupt auf einem Raumschiff befänden. Und wie musste ein Raumschiff konzipiert sein, damit auf ihm Leben zwei Millionen oder sogar vier Milliarden Jahre lang möglich war?

Diese Frage habe ich manchmal den Vorstandsmitgliedern von Unternehmen gestellt, die keinen Nutzen und keine Notwendigkeit darin sahen, ihr Geschäft ökologisch auszurichten. Eine Veranstaltung in einem großen Konzern, der sich auf die Herstellung von Agrochemikalien spezialisiert hatte, war besonders lehrreich. Die Diskussion wurde angeheizt durch die scharfe Erwiderung des Vorstandsvorsitzenden auf die Behauptung eines Mitarbeiters, dass eine gerechte Verteilung der Ressourcen eine Grundvoraussetzung für eine nachhaltige Wirtschaftsform sei. Wörtlich sagte er: „Das ist Kommunismus, Sozialismus – und hat nichts mit Ökologie oder mit der Umwelt zu tun." Sechzig Chemieingenieure der Firma wurden in vier Gruppen eingeteilt, die alle die gleiche Aufgabe bekamen: Sie sollten in zwei Stunden ein Raumschiff entwerfen, das die Erde verlassen und in hundert Jahren mit einer gesunden und glücklichen Besatzung zurückkehren würde. Es ging um den Entwurf eines Bioms, eines Kollektivs von Organismen – kurz, eines Ökosystems, das hundert Jahre lang genügend Nahrung, sauberes Wasser, Heilkräuter und Faserstoffe zur Verfügung stellen konnte. Außerdem sollten sie die gesamte Kultur dieser Gesellschaft entwerfen: Welche Menschen würden auf dem Raumschiff sein, was würden sie arbeiten, wie würden Entscheidungen getroffen werden? Es ging darum, sich Gedanken um all die chaotischen Details zu machen, die eine Gesellschaft ausmachen und am Leben erhalten. Das Raumschiff durfte beliebig groß sein und konnte Licht von außen bekommen. Aber es hatte keine Notausgänge – alles, was auf dem Raumschiff geschah und produziert wurde, blieb ein Jahrhundert lang dort.

Alle vier Vorschläge waren durchdacht und anspruchsvoll, aber ein Entwurf stach besonders heraus. Die Gewinner hatten sich für die lange Reise ein paar ungewöhnliche Dinge einfallen lassen: Anstatt massenhaft DVDs und Bildschirme für die Unterhaltung an Bord mitzunehmen, entschieden sie sich dafür, dass ein großer Teil der Passagiere Künstler, Musiker, Schauspieler und Geschichtenerzähler sein sollten. Um es ein Jahrhundert lang auf dem Raumschiff auszuhalten, mussten die Passagiere selbst eine Kultur „erschaffen", anstatt nur passiv ihre Produkte zu konsumieren. Sie nahmen nicht nur nützliche Samen, sondern auch eine große Anzahl verschiedenster Kräuter mit an Bord, um den Boden mit Mineralien anzureichern. Sie nahmen Mykorrhiza[19] und andere Pilze, Bakterien, Insekten und kleine Tiere mit an Bord – alles, was ihr Arbeitgeber auf der Erde gewinnbringend vergiftet. (Das am meisten verkaufte Produkt der Firma war ein Pestizid.) Von den mehreren Tausend Produkten, die die eigene Firma herstellte, wurde keines mitgenommen. Die Planer erkannten, dass sie zu giftig waren; sie konnten in der begrenzten Umwelt, die ein Raumschiff mit einem Durchmesser von nur von acht Kilometern darstellt, nicht abgebaut werden.

Im Wesentlichen haben sich die Gewinner ein facettenreiches Ökosystem einfallen lassen, in dessen Rahmen eine sozial gerechte Gesellschaft, in der die Menschen gleichgestellt waren, biologische Landwirtschaft betrieben und alle Gegenstände so entwarfen, dass sie wieder auseinandergenommen, wiederverwendet und später recycelt werden konnten. Als die Teilnehmer gefragt wurden, ob es fair sei, dass 20 Prozent der Passagiere 80 Prozent aller Früchte, Gemüsesorten und Heilkräuter erhielten, sprachen sich alle – einschließlich des Vorsitzenden, dem die Vorstellung von Gleichheit zuvor nicht gefallen hatte – gegen diesen Vorschlag aus und waren sich einig, dass das unannehmbar sei. Dann erst erkannte der Vorstandsvorsitzende, was er gesagt hatte. Nach der Veranstaltung begannen einige Angestellte am Hauptsitz der Firma einen Biogarten anzulegen, und ein paar Ingenieure kündigten ihren Job.

Die Kraft, die das Modell des Raumschiffs hat, ist keine rein metaphorische, sie verfolgt auch ein pädagogisches Ziel. Es macht es uns möglich, in Systemen zu denken und alle Interaktionen aus einer ganzheitlichen Perspektive zu betrachten. Wir erkennen, dass die einzelnen Bestandteile voneinander abhängig sind und wie sie im Laufe der Zeit zusammenspielen. Wie es dazu kommen konnte, dass wir geglaubt haben, die Erde könne Einwegartikel, Verseuchung mit Schwermetallen, Giftmülldeponien und Atomtestgebiete problemlos tragen, das werden Kulturhistoriker zu klären haben.

Trotz jahrhundertelanger Ausplünderung und Verschmutzung nehmen immer mehr verantwortungsbewusste Unternehmen Abstand von zerstörerischen Praktiken und versuchen, nachhaltiger zu wirtschaften. Alle haben sie in diesem Prozess der Umstellung nicht staatliche Organisationen um Hilfe gebeten, sie suchten Unterstützung, Fortbildung, Inspiration und Antrieb. Ein Grundpfeiler der zivilen Gesellschaft sind Bürgerinitiativen, die sich den Strategien der Konzerne widersetzen, wie wir in den vorangegangenen Kapiteln gesehen haben. Gemeinnützige Organisationen sind fruchtbare Beziehungen mit Unternehmen eingegangen, um diese dabei zu unterstützen, sich in eine ökologisch vertretbare Richtung zu entwickeln.

Wal-Mart, schon länger als ein Jahrzehnt im Fadenkreuz nicht staatlicher Organisationen, hat sich dazu entschlossen, in allen Geschäftsbereichen die Nachhaltigkeit zu fördern. Dazu gehört, dass es den Benzinverbrauch seiner Lastwagenflotte, die die größte der Welt ist, um ein Drittel senkt, zu 100 Prozent auf erneuerbare Energien umstellt und zu einem System übergeht, in dem kein Abfall anfällt. Um diese Zielvorgaben zu erreichen, lässt sich *Wal-Mart* von einer Reihe nicht staatlicher Organisationen beraten; dabei geht es um: Fisch und Meeresfrüchte, Bioprodukte und biologischen Anbau, Textilien, Klimawandel, China, Elektroprodukte und deren Entsorgung,

Schmuck, Chemikalien, grüne Chemie, Logistik, Holzprodukte und deren Zertifizierung, grünes Bauen, Transportwesen, Verpackung und erneuerbare Energie. (Wir sollten dabei nicht vergessen, dass zur gleichen Zeit eine gleichstarke Anzahl nicht staatlicher Organisationen heftigen Widerstand gegen die Arbeitsbedingungen bei *Wal-Mart* und die Geschäftspraktiken des Unternehmens, einschließlich der Standortwahl, leistet.)

Dass die Gesellschaft Abfall produziert, ist ein relativ junges Phänomen. Ich habe einen Teil meiner Kindheit auf einem Bauernhof verbracht, der meiner schwedischen Großmutter und meinem schottischen Großvater gehörte. Hier wurde nicht viel weggeworfen. Die Scheune war voll von gebrauchten Wasch- und Spülmaschinen, Schrauben, Drähten und allen möglichen Krimskrams. In der Küche war jeder zweite Teller angeschlagen, aber das Porzellan verließ den Esstisch niemals mit Speiseresten. Bratensoße und Gemüsesäfte wurden mit selbst gebackenem Brot vom Teller aufgenommen, die Gemüseschalen bekamen die Hühner, die Schalen vom Frühstücksei wanderten in den Kaffeesatz, der auf den Kompost landete und dann im Garten verteilt wurde; die Tomaten aus dem Garten und der Mais aus eigenem Anbau wurden eingemacht und gesellten sich zu den Marmeladen und Gelees, die an den dunklen Kellerwänden im Regal aufgereiht waren. Brottüten aus Papier wurden von der Schule wieder mit nach Hause gebracht und sorgsam gefaltet, um am nächsten Tag wieder benutzt werden zu können.

Zu unseren Lieblingsspielen gehörte es, Eidechsen zu fangen und so zu tun, als seien sie Dinosaurier, oder in den Bewässerungsgräben zu liegen, der Fischlaich kitzelte uns an den Füßen, und uns vorzustellen, wir trieben den Amazonas hinunter. Als Spielzeug reichte uns ein Autoreifen, der am Ahornbaum hing. Hätten meine Großeltern in Chile, Korea oder Indien gelebt, wäre das Leben im Wesentlichen das gleiche gewesen. Nichts wäre verschwendet worden.

Heute ist die Schaffung einer Gesellschaft, die keinen Abfall erzeugt, Ziel einer weltweiten Bewegung, die von Tausenden von

Organisationen getragen wird. Das augenscheinliche Ziel besteht darin, zyklische Systeme einzuführen, die so angelegt sind, dass sie von vornherein keinen Abfall produzieren, sodass man später gar nicht schauen muss, wie man ihn wiederverwertet. Vordenker zum Thema „abfalllose Produktion" sind Walter Stahel vom *Product Life Institute* in der Schweiz und John Todd vom *New Alchemy Institute* in Cape Cod, Massachusetts. Stahel schuf 1985 den Begriff „cradle to cradle"[20] in Bezug auf die zyklische Verwendung von Materialien. Mehr als drei Viertel aller Energie wird für Gewinnung und Produktion von Ausgangsmaterial wie zum Beispiel Stahl verbraucht, umgekehrt stellen drei Viertel der Arbeitskräfte in der Industrie Waren her und nur ein Viertel ist mit der Gewinnung von Rohstoffen beschäftigt. Wenn der Kreislauf geschlossen wird und Materialien wiederverwendet werden, sinkt der Energieverbrauch und die Beschäftigung nimmt zu.

John Todd ist ein genialer Planer aquatischer Systeme und der Architekturstudent Paul Bierman-Lytle schuf auf der Grundlage von Todds Arbeit den Slogan „Abfall = Rohstoff", um damit zum Ausdruck zu bringen, dass der Abfall des einen Systems den Rohstoff für ein anderes liefert – im Ökosystem genauso wie im Industriesystem. Todd stellte sich vor, dass die industriellen und die kommunalen Abwässer nicht das Wasser verschmutzten, sondern potenzielle Rohstoffquellen waren, und er entwarf einen Prozess, in dem das Wasser mithilfe von Pflanzen und Mikroorganismen gereinigt wurde, sodass die Abfallstoffe in nicht giftige Nährstoffe umgewandelt wurden.

Buckminster Fuller erkannte, was alle Thermodynamiker wissen, dass das Raumschiff Erde seine Energie von einem Mutterschiff erhält: von der Sonne. Wir können das Ökosystem der Erde dann bewahren, wenn wir uns in dem Rahmen bewegen, den die Sonnenenergie uns steckt. Sich aus den Kohle-, Gas- und Erdölvorräten der Vergangenheit zu bedienen, bedeutet nicht nur, Schulden zu machen, es übersteigt auch die Fähigkeit der Erde, Abfälle wieder in ihren natürlichen Kreislauf zu integrieren (und die weltweit entstehenden Treibhausgase sind dafür ein gutes Beispiel). Diese drei Konzepte – „cradle to cradle",

„Abfall = Rohstoff" und „in dem Rahmen wirtschaften, den die Sonnenenergie uns steckt" - bilden die Grundlage für den ökologischen Umbau der Industrie, in dessen Verlauf Umweltverschmutzung, Abfall und Giftstoffe ausgelöscht werden. Die Sache könnte nicht klarer sein. Es geht jedoch nicht nur um die Beseitigung von materiellem Abfall, sondern um ein noch wichtigeres Thema: die Beseitigung von „Abfall" im sozialen Bereich. Wir sind die einzige Art ohne Vollbeschäftigung und verstoßen damit gegen die Regeln der Natur. Kein Wissenschaftler konnte bislang zufriedenstellend erklären, was das Gute an einem Wirtschaftssystem ist, das Menschen ausgrenzt. Eine Gesellschaft ohne Abfall bedeutet: Nichts ist wertlos oder unbrauchbar - und die wichtigste Ressource sind Menschen, besonders Kinder. Wenn uns unsere Kinder am Herzen liegen, müssen wir die Bedürfnisse ihrer Mütter und Väter ernst nehmen. Zu der Bewegung gehören Zehntausende von Organisationen, die respektable Arbeitsplätze für verarmte Männer und Frauen schaffen, mit einem Lohn, von dem man auch wirklich leben kann. Diese Organisationen arbeiten in Dörfern, in Gemeinden und in ländlichen Gegenden und stellen sich den Herausforderungen, indem sie ganz konkret einen Arbeitsplatz nach dem anderen schaffen. Zur gleichen Zeit sammeln sich nicht staatliche Organisationen und schwärmen aus, um gegen Verträge wie NAFTA[21] zu protestieren, mit denen im südmexikanischen Bundesstaat Chiapas kleine Bauern aus dem Markt gedrängt werden sollen.

Das Leben will optimieren und nicht maximieren. „Maximierung" ist ein anderes Wort für Sucht. „Menschen legen ein Suchtverhalten an den Tag, wenn sie darauf aus sind, Werte wie Wohlstand, Genuss, Sicherheit und Macht zu zuanhäufen. .... Wenn man zu viel von etwas Gutem hat, ist es nichts Gutes mehr"[22], schreibt Hoagland. Kritiker der Bewegung beklagen, dass diese gegen freie Märkte, gegen zunehmenden Wohlstand und gegen Sicherheit sei, aber das stimmt nicht. Eine solche Kritik lässt zum Beispiel außer Acht, wie wir „ausreichende Versorgung" überhaupt messen sollen. Ein Gleichgewicht herzustellen - zu wissen, was zu viel Wohlstand ist; was zu viel Macht ist; was einen Freibrief von wahrer Freiheit unterscheidet – ist nicht leicht, aber es wirft entscheidende Fragen auf. In seinen *Literarischen Essays* schreibt Albert Camus, wie die Schönheit aus der westlichen Kultur verbannt und durch den Kult der Vernunft ersetzt wurde, die ständig bemüht ist, bestehende Grenzen zu sprengen.

„Aber das hindert nicht, dass die Grenzen bestehen und dass wir es wissen. In unserem äußersten Wahn träumen wir von einem Gleichgewicht, das wir hinter uns gelassen haben und das wir argloserweise am Ende unserer Irrtümer wiederzufinden glauben. Kindliche Anmaßung, die auch rechtfertigt, dass kindliche Völker, Erben unseres Wahnsinns, in unserer heutigen Geschichte führend sind. ... Wir kehren der Natur den Rücken, wir schämen uns der Schönheit. Unsere kläglichen Tragödien ziehen den Geruch von Büros nach sich, und das Blut, das in ihnen fließt, hat die Farbe fetter Tinte."[23]

Es läuft so viel falsch und gleichzeitig läuft so viel richtig. Im Laufe der Jahre hat sich durch die kollektive Erfindungsgabe von Organisationen, aber auch durch den Einfallsreichtum von Ingenieuren, Planern, Sozialunternehmern und anderen Menschen ein ganzes Arsenal von Alternativen entwickelt. Die technischen und finanziellen Mittel, das zu tun, was erforderlich ist, damit die Biosphäre und die Gesellschaft wachsen und gedeihen können, sind vorhanden. Armut, Hunger, vermeidbare Kinderkrankheiten können innerhalb einer einzigen Generation überwunden werden. Der Energieverbrauch kann in den entwickelten Ländern innerhalb von 30 Jahren um 80 Prozent gesenkt werden, ohne dass die Lebensqualität sich dadurch verschlechtert ... und die verbleibenden 20 Prozent Energie kommen aus erneuerbaren Quellen. Arbeit, für die so viel Geld bezahlt wird, dass man auch davon leben kann, kann für jeden Mann und jede Frau geschaffen werden. Die Schad- und Giftstoffe, die unser tägliches Leben beeinträchtigen, können vollständig durch grüne Chemie ersetzt werden. Die biologische Landwirtschaft kann die Erträge steigern und die durch Erdölprodukte verursachte Verschmutzung von Boden und Wasser verringern. Architekten und Planer stehen bereit, um grüne, sichere und lebenswerte Städte zu entwerfen. Preiswerte Technologien können den Wasserverbrauch senken und seine Reinheit des Wassers erhöhen, sodass jeder Erdbewohner Zugang zu sauberem Trinkwasser hat. Was hält uns also davon ab, all das zu tun?

Es wird gesagt, dass wir unseren Planeten nur dann retten können, wenn die Menschheit ein grundlegendes spirituelles und religiöses Erwachen erfährt. Mit anderen Worten, all die Symptombehandlungen werden nichts bewirken, wenn wir nicht auch unsere Seelen reparieren. Wir sollten uns also die folgende Frage stellen: Würden wir ein weltweites spirituelles Erwachen überhaupt wahrnehmen? Oder anders formuliert: Was wäre, wenn ein großen spirituelles Erwachen bereits stattfände und wir es nur noch nicht bemerkt hätten?

In ihrem bahnbrechenden Werk *Die Achsenzeit* beschreibt Karen Armstrong die Ursprünge der heutigen Religionen in der sogenannten „Achsenzeit", einer 700 Jahre dauernden Periode – von 900 bis 200 vor unserer Zeitrechnung –, in der sich viele Menschen von Gewalt, Grausamkeit und Barbarei abwandten. Die Philosophie, die Einsicht und der Geist dieser Zeit lebt heute in der Werken von Sokrates, Plato, Laotse, Konfuzius, Menzius, Buddha, Jeremia, Jesaja und anderen fort. Anstatt doktrinäre religiöse Institutionen zu gründen, schufen diese Lehrer soziale Bewegungen, die sich mit dem menschlichen Leid auseinandersetzten. Diese Bewegungen wurden später Buddhismus, Hinduismus, Konfuzianismus, monotheistisches Judentum, Demokratie und philosophischer Rationalismus genannt. Die zweite Blüte der Achsenzeit brachte Christentum, Islam und das rabbinische Judentum hervor.

Armstrong betont immer wieder, dass die frühen Ausdrucksformen von Religiosität in der Achsenzeit keine theokratischen Systeme waren, die auf Glauben beruhten, sondern lehrreiche religiöse Praktiken, die ein konkretes Handeln erforderten. Die starren Katechismen und Rituale, die wir heute mit Religion verbinden, hatten keinen Platz bei dem, was diese Weisen, Propheten und Mystiker lehrten. Ihr Ziel war es, eine mitfühlende Gesellschaft zu fördern, und die Frage, ob es einen allmächtigen Gott gebe, war unwichtig, wenn es darum ging, wie man selbst ein Leben führte, das auf moralischen Grundsätzen beruhte. Sie brachten ihren Schülern bei, alles zu bezweifeln und infrage zu stellen und nichts einfach nur zu glauben, wie es in der modernen Religion der Fall ist. Sie missionierten nicht, verkauften nichts, trieben Menschen nicht an, hielten keine motivierenden Predigten und beschimpften auch keine Sünder. Sie forderten von ihren Anhängern lediglich, dass sie sich anders verhielten. Alle verließen sich auf ein gemeinsames Prinzip, eine Goldene Regel: Was du nicht willst, das man dir tu, das füg auch keinem anderen zu.²⁴

„Die Achsenweisen waren nicht daran interessiert, ihren Jüngern kleine Erbauungserlebnisse zu verschaffen, nach denen diese sich wieder frisch gestärkt ihrem gewöhnlichen, selbstbezogenen Leben zuwenden konnten. Ihr Ziel war es, eine völlig andere Art von Menschen hervorzubringen. Alle Weisen predigten eine Spiritualität der Empathie und des Mitgefühls; sie bestanden darauf, dass die Menschen ihren Egoismus und ihre Habgier, ihre Gewalttätigkeit und Lieblosigkeit ablegen müssten. Nicht nur war es falsch, einen anderen Menschen zu töten; man durfte auch kein feindseliges Wort sprechen oder auf andere Weise gereizt reagieren. Darüber hinaus waren fast alle Achsenweisen der Ansicht, dass es nicht genüge, nur gegenüber dem eigenen Volk Mildtätigkeit walten zu lassen: Das eigene Bemühen musste sich vielmehr auf die ganze Welt erstrecken. ... Wenn die Menschen gegenüber ihren Mitmenschen Freundlichkeit und Großzügigkeit bewiesen, konnten sie damit die Welt retten."²⁵

In der Achsenzeit wusste niemand, dass er in einer Zeit des spirituellen Erwachens lebte. Es war eine schwierige Zeit, voll von Missverständnissen und Verrat, voller Neid und Missgunst. Dennoch riefen die Philosophie und die Spiritualität dieser Jahrhunderte rückblickend eine mächtige Bewegung ins Leben. Wie heute, lebten die Weisen der Achsenzeit in einer Zeit des Kriegs. Sie wollten die Gewalt nicht bekämpfen, sondern ihre Ursachen verstehen. Alle Wege führten dabei zum Selbst, zur Psyche, zum Geist und zum Verstand. Die spirituellen Praktiken, die entstanden, waren vielfältiger Natur, aber stets ging es darum, dem Geist anhand einfacher Gebote und Übungen eine Richtung zu geben und ihn zu leiten; diese im täglichen Leben zu wiederholen würde Schritt für Schritt das Herz öffnen und verändern. Es ging nicht um Erleuchtung als Selbstzweck, sondern um Ausgeglichenheit, um Freundlichkeit und Mitgefühl.

Diese Lehren waren in der antiken Welt die Quelle von Wohltätigkeit und Menschenliebe, und auch heute noch sind sie der Ursprung der nicht staatlichen Organisationen, der ehrenamtlichen Tätigkeit, der grünen Fonds und Stiftungen sowie aller religionsgebundenen Wohltätigkeitsverbände. Ich glaube, die gegenwärtige Bewegung taucht unbewusst wieder in die Achsenzeit ein und schafft eine kollektive Grundlage für ein neues Erwachen. Aber diesmal ist es ein anderes Erwachen, denn jetzt umfasst es das Verständnis von Biologie, Ökologie, Physiologie, Kosmologie und Quantenphysik. Anders als in der Achsenzeit wird heute das Weibliche als wesentlicher Bestandteil des Ganzen betrachtet und die Weisheit indigener Völker, deren Lebensraum sich von Afrika bis nach Nunavut erstreckt, wird geschätzt.

Ich habe Freunde, die gegen diese Behauptung heftig protestieren und auf die Engstirnigkeit, das Konkurrenzdenken und den Egoismus vieler nicht staatlicher Organisationen und ihrer Anführer hinweisen. Aber mir geht es nicht darum, dass natürlich auch die Bewegung aus Menschen mit all ihren Fehlern und Schwächen besteht. An den Protestkundgebungen nehmen natürlich auch Menschen teil, die keine reine Weste haben. Mir geht es vielmehr um die Frage: Beginnen die grundlegenden Werte der Bewegung die globale Gesellschaft zu durchdringen? Und dann geht es noch um die wichtige Frage: Was will die Bewegung bewirken? Wenn man ihre Werte, ihre selbst gesteckten Aufgaben, Ziele und Prinzipien näher betrachtet – und ich lege Ihnen dringend ans Herz, das zu tun –, stellt man fest, dass sich alle Organisationen auf zwei grundlegende Prinzipien stützen, auch wenn es nicht offen ausgesprochen wird. Das erste ist die Goldene Regel, das zweite die der Heiligkeit allen Lebens – egal ob es sich um Vieh, ein Kind oder eine Kultur handelt.

Die Propheten, die wir heute verehren, wurden zu Lebzeiten ausgelacht. Amos hatte ständig Ärger mit der Obrigkeit. Der Name eines anderen Propheten, Jeremia, wurde zur Wurzel des Wortes „Jeremiade". Aber wie Kassandra sollte auch er recht behalten. David Suzuki sieht bereits seit vierzig Jahren in die Zukunft. Donella Meadows war prophetisch, was ihre Hinweise auf die biologischen Grenzen des Wachstums anbelangt, und wurde von anderen Wissenschaftlern verachtet. Bill McKibben hat standhaft und unbeirrt vor dem Klimawandel gewarnt. Martin Luther King wurde ein Jahr, nachdem er seine berühmte Rede über den Vietnamkrieg gehalten hatte, ermordet. Er hatte sich gegen den Krieg ausgesprochen und das amerikanische Militär beschuldigt, „junge Schwarze, die durch unsere Gesellschaft seelisch verkrüppelt wurden, achttausend Meilen übers Meer zu schicken, damit sie in Südostasien für eine Freiheit zu kämpfen, die sie im Südwesten von Georgia und East Harlem nicht haben"[26]. Jane Goodall ist dreihundert Tage im Jahr unterwegs, um zur Rettung der Erde beizutragen – sie hält Vorträge, gibt Seminare, unterstützt regionale Gruppen und ermutigt andere zum Handeln. Wangari Maathai wurde im Parlament bloßgestellt, öffentlich verspottet, weil sie sich von ihrem Mann scheiden ließ, und bewusstlos geschlagen, weil sie sich in Afrika für die Frauen und die Umwelt einsetzte. Es spielt keine Rolle, wie diese sechs und andere Führer in der Zukunft beurteilt werden; im Augenblick sind sie Lehrer, die bereit sind oder waren, etwas gegen das Leiden um sich herum zu tun.

Ich beobachtete einmal, während ich auf einen Freund wartete, eine große Demonstration. Zehntausende Teilnehmer hielten selbst gebastelte Plakate mit den unterschiedlichsten Aufschriften hoch und schlenderten eine breite Allee entlang; es gab Anfeuerungsrufe und Sprechchöre und es wurden Lieder gesungen. Was auf den Schildern stand, hatte mit Politikern zu tun, mit Tierarten, mit politischen Häftlingen, mit Kampagnen gegen Unternehmen, Kriegen, mit Landwirtschaft, mit Wasser, mit den Rechten der Arbeiter, mit Dissidenten und mit vielem mehr. Neben mir stand ein Polizist, der versuchte, sich einen Reim aus dem zu machen, was ein politischer Turmbau zu Babel zu sein schien. Der breitschultrige Ire schüttelte nur den Kopf und fragte: „Was wollen diese Leute eigentlich?" Eine gute Frage.

Es gibt zwei unterschiedliche Arten von Spielen – die einen enden und die anderen nicht. Die Regeln der ersten Spielart sind klar und unumstößlich. Bei der zweiten ändern sich die Regel bei Bedarf, damit das Spiel weitergehen kann. James Carse sprach in diesem Zusammenhang von „begrenzten und unbegrenzten Spielen"[27]. Wir spielen begrenzte Spiele, um zu konkurrieren und zu gewinnen. Hier gibt es immer Verlierer und diese Spiele haben Namen wie: Geschäftsleben, Bankgeschäfte, Krieg, NBA, Wall Street und Politik. Wir spielen unbegrenzte Spiele, wenn es uns darum geht, einfach zu spielen. Hier gibt es keine Verlierer, weil der Zweck des Spiels darin besteht, immer weiterzuspielen. Bei unbegrenzten Spielen bezahlt man im Voraus und füllt zukünftige Kassen. Sie heißen: Potlatsch [rauschhafte Freigebigkeit], Familie, Samba, Gebet, Kultur, Einen-Baum-Pflanzen, Geschichtenerzählen und Gospelgesang. Nachhaltigkeit, die Zukunft des Lebens auf der Erde sicherstellen, ist ein unbegrenztes Spiel, ein Ausdruck uneingeschränkter Großzügigkeit im Interesse aller.

Jedes Handeln, das Nachhaltigkeit bedroht, kann zum Ende des Spiels führen; aus diesem Grund wehren sich alle Gruppen, die wollen, dass das Spiel weitergeht, gegen jede Politik, Gesetzgebung oder Anstrengung, die das ökologische Gleichgewicht bedroht. Sie dringen sie in die begrenzten Spiele der Welt ein, ohne eingeladen zu sein

und nicht um zu gewinnen, sondern um diese Spiele in unbegrenzte
Spiele zu verwandeln. Sie möchten, dass das Fisch-Spiel weitergeht,
und daher wehren sie sich gegen diejenigen, die die Flüsse verschmut-
zen. Sie möchten, dass das Kultur-Spiel weitergeht, und so tun sie
etwas gegen die Erdölförderung in Ecuador. Sie möchten, dass das
Hoffnungs-Spiel lebendig bleibt, und kümmern sich um die Ursachen
der Armut. Sie möchten, dass das Arten-Spiel weitergeht, und kaufen
Biotope und unerschlossenes Land. Sie möchten, dass das Kind-Spiel
weiterläuft, und so verurteilten sie konsequenter das Verhalten der
USA, die sich nicht an die Genfer Konvention hielten und im ersten
Golfkrieg die 2400 irakischen Wasserwerke und Kläranlegen bom-
bardierten, ein abscheuliches Verbrechen, das dazu führte, dass die
Einwohner Bagdads ihr Trinkwasser aus dem Tigris holten, wodurch
Cholera und Typhus auftraten.

Als dasselbe Land, das die Bomben abgeworfen hatte, die Vereinten Nationen davon überzeugte, die Lieferung von Chlor und Me-
dikamenten in den Irak zu verbieten, waren diejenigen, die lieber
unbegrenzte Spiele spielen, entsetzt und reisten in das Herz der Finsternis, um nicht staatliche Organisationen ins Leben zu rufen, die sich
um die Verlassenen kümmerten. Die Menschen, die dafür sorgen,
dass das Spiel weiterläuft, sind Aktivisten, Umweltschützer, Biophile,
Nonnen, Einwanderer, Außenseiter, Puppenspieler, Protestierende,
Christen, Biologen, Anhänger der Permakultur, Flüchtlinge, grüne Architekten, Ärzte ohne Grenzen, Ingenieure ohne Grenzen, Reformer,
Heiler, Dichter, Lehrer, Biobauern, Buddhisten, Regenwassernutzer;
Menschen, die sich einmischen; Menschen, die meditieren; Media-
toren, Unruhestifter, Schülerinnen und Schüler, Ökofeministinnen,
Biomimikry-Verfechter, Muslime und soziale Unternehmer.[28]

David James Duncan erteilte in seiner Reaktion auf die feindliche Übernahme des Christentums durch die Fundamentalisten jeder
Form von Fundamentalismus eine Absage. Die Menschheit braucht
keine religiösen Fanatiker, um gerettet zu werden, genauso wenig wie
schmierige Profitmacher, die den freien Markt anbeten. Im Gegenteil:

Sie brauchen *uns* für ihre Rettung; *wir* sind die bunt zusammengewürfelte Vereinigung der Menschheit auf der ganzen Welt und wir sind bereit, etwas gegen die gefühllosen, sich wie ein Krebsgeschwür verbreitenden Beleidigungen zu unternehmen, die aus den Mündern von Ideologen stammen, die ihre Interessen mit Waffengewalt, Scheckbüchern und politischen Machtstrategien durchsetzen. Die Bewegung versucht nicht nur, dem Falschen Einhalt zu gebieten, sondern bemüht sich auch aktiv, die Welt positiv zu verändern. Mitgefühl und Liebe sind nicht nur der Kern aller Religionen, sondern auch das Herzstück dieser Bewegung.

„Wenn kleine Dinge mit Liebe getan werden, ist es Liebe, auch wenn wir, die wir diese Dinge tun, mit Makeln behaftet sind. Ich vertraue keiner politischen Partei – egal ob sie links, rechts oder in der Mitte steht. Ich habe grenzenloses Vertrauen in die Liebe. Der einzige spirituell verantwortliche Weg, in diesen seltsamen Zeiten ein Bürger, Künstler oder Aktivist zu sein, besteht darin, keine Gedanken an ‚große Dinge‘ zu verschwenden – wie zum Beispiel die Rettung des Planeten, den Weltfrieden oder der neokonservativen Habgier einen Riegel vorzuschieben –, sondern einfach in diesem Vertrauen zu bleiben. Große Dinge neigen dazu, nicht getan zu werden. Kleine Dinge liebevoll zu tun, ist hingegen immer möglich."[29]

Manche denken, die Bewegung definiere sich vorwiegend durch das, wogegen sie kämpft, aber die Sprache der Bewegung dient in erster Linie dazu, das Gespräch in Gang zu halten, denn die Ideen, über die man sich austauschen kann, sind endlos viele: Wachstum, ohne die Ungleichheit zu erhöhen; Wohlstand, ohne den Planeten auszuplündern, Arbeit ohne Ausbeutung, eine Zukunft ohne Angst.[30] Um die Frage des Polizisten zu beantworten: „Diese Leute" erschaffen eine neue Welt.

Die Wunden der Erde lassen sich nur aus dem Herzen heraus heilen. Es gab so viele Verletzungen und um die Vergangenheit zu heilen, bedarf es der Bitte um Verzeihung, der Versöhnung, der Wiedergutmachung und der Vergebung. Eine entwicklungsfähige Zukunft ist nur möglich, wenn die Vergangenheit objektiv betrachtet wird und wir mit unserer fehlgeleiteten Geschichte Frieden schließen. Ich bin davon überzeugt, dass jeder eine Entschuldigung verdient *und* jemandem eine Entschuldigung schuldet, aber dennoch gibt es Rassen, Kulturen und Menschen, die eine Entschuldigung und Wiedergutmachung besonders verdienen. Wenn wir glauben, wir könnten uns nicht bei den früher versklavten Urvölkern für vergangene Ungerechtigkeiten und Frevel entschuldigen, weil wir nicht dafür verantwortlich seien, haben wir das Wesentliche nicht begriffen. Wenn wir Leid und Trauer empfinden, Eingeständnisse hören, Wiedergutmachung zulassen und aktiv an einer Versöhnung teilnehmen, schenken die Menschen und Stämme, deren Vorfahren misshandelt und ausgebeutet wurden, uns allen neues Leben und neue Hoffnung. Versöhnung und Wiedergutmachung sind der Anfang eines Prozesses, in dem die Welt heilen kann. Diese spirituellen und moralischen Gesten legen das Fundament für die große Arbeit, die noch vor uns liegt.[31]

Die Bewegung übt keinen Zwang auf ihre Mitwirkenden aus, aber sie ist unnachgiebig und unerschrocken. Sie kann nicht beschwichtigt, ruhiggestellt oder unterdrückt werden. Keine Berliner Mauer wird sie je spalten; es gibt keine Verträge, die zu unterzeichnen sind, und keinen Morgen, an dem wir aufwachen und feststellen, dass es keine Supermächte mehr gibt. Die Bewegung hat nichts damit zu tun, dass was-auch-immer maximiert wird, sie setzt sich nur für das ein, was dem Leben dienlich ist. Sie wird weiterhin unzählige Formen annehmen und keine Ruhe geben. Kein Marx, kein Alexander und kein Kennedy wird kommen, um die Führung zu übernehmen. Kein Buch kann sie erklären, keine Person kann sie repräsentieren, keine Gruppe kann an ihrer Spitze stehen, keine Worte können sie beschreiben, weil die Bewegung das atmende, fühlende Zeugnis der lebendigen Welt ist. Die Bewegung zeigt, dass die gegenwärtigen Umstände ein Ende finden, und erzeugt sich inzwischen selbst. Die ersten Zellen, die sich vor fast 40 Millionen Jahrhunderten tief im Ozean unter den schwierigsten Bedingungen ansammelten und Stoffwechsel betrieben, haben bis heute ihre Spuren in unserem Körper hinterlassen. Und wir sind – mit den Worten Mary Olivers – heute genauso entschlossen, wie wir es damals gewesen sind, das einzige Leben zu retten, das wir retten können.[32]

Leben kann aus einer einzigen Zelle bestehen, und in der Zelle nehmen alle Krankheiten ihren Ursprung. Franklin Harold weist in seinem Buch *The Way of the Cell* darauf hin, dass uns die Molekularbiologie trotz ihres knallharten Rationalismus auffordert, die erstaunliche Tatsache zu akzeptieren, „dass alle Organismen von einer einzigen Zelle abstammen"[33]. Dieses zitternde, gelatineartige, sinnlich wahrnehmende Partikelchen ist der Anfang von allem, was uns etwas bedeutet, und setzt uns in direkte Beziehung zu jeder anderen Lebensform. Diese uranfängliche Verbindung, so unbegreiflich für die einen und so unwiderlegbar manifest und heilig für die anderen, bindet uns untrennbar an unser gemeinsames Schicksal. Das erste Gen war das Passwort für alle weiteren Lebensformen, und das englische Wort gene hat die gleiche etymologische Wurzel wie die Wörter „kin", „kind", „genus" und „nature" [Deutsch: Sippe, Verwandtschaft; Art; Gattung; Natur]. Es ist unsere Natur, Leben hervorzubringen, und diese Bewegung ist ein kollektives Geschenk, das im Verlauf von vier Millionen Jahrtausenden erschaffen wurde.

Ich bin fest davon überzeugt, dass die Bewegung erfolgreich sein wird. Sie will niemanden besiegen, nichts erobern und keinem schaden. Im Gegenteil: Ich stelle diese Behauptung hier nicht auf, um wie ein Orakel zu erscheinen. Ich will damit nur sagen, dass das Denken, das den Zielen der Bewegung zugrunde liegt, sich weiter ausbreiten wird. Es wird schon bald auch die Institutionen erfassen, aber bevor das geschieht, wird sie eine ausreichende Anzahl von Menschen verändern und das ängstliche, selbstzerstörerische Verhalten, das uns jahrhundertelang geprägt hat, wird ein Ende nehmen. Manche meinen, es sei schon zu spät, aber wir verändern uns nun einmal nicht, solange es uns gut geht. Helen Keller überwand ihre nagenden Ängste, die durch die chronisch schlechten Nachrichten geweckt wurden, und verkündete: „Ich freue mich, dass ich in dieser großartigen Zeit der Verwirrung lebe!" In einer solchen Zeit ist alles möglich, denn es ist nicht mehr fünf vor zwölf ... es hat bereits Mitternacht geschlagen.

Ich habe ein hoffnungsvolles Gefühl, wenn ich die Elastizität der menschlichen Natur betrachte, auch wenn ich mir keine Illusionen darüber mache, wie ernst die Situation in Bezug auf die Umwelt und auf soziale Gerechtigkeit ist. Wenn wir unsere Aufmerksamkeit nur auf das richten, was falsch ist, übersehen wir das Eigentliche: In dem Chaos, das die Welt immer mehr zu verschlingen droht, zeigt sich eine hoffnungsvolle Zukunft schon allein deshalb, weil sich die Vergangenheit vor unseren Augen auflöst. Wenn Sie das nicht nachvollziehen können, sollten Sie sich einen Winter lang freinehmen und Berechnungen darüber anstellen, was es brauchen würde, um nur einen einzigen Frühling zu erschaffen.

Es ist noch nicht zu spät dafür, dass sich auch die großen Institutionen und Unternehmen an der Rettung des Planeten beteiligen, aber die Bedingungen der Zusammenarbeit bestimmt unsere Erde. Schilder, auf denen zu lesen ist: „Hilfe erwünscht", hängen überall. Alle Menschen und Institutionen – einschließlich der Geschäftswelt, der Regierungen, der Schulen, Kirchen und Stadtverwaltungen – müssen vom Leben lernen und die Welt wieder von unten nach oben neu errichten, und zwar entsprechend den grundlegenden Prinzipien von Gerechtigkeit und Ökologie. Das ökologische Gleichgewicht wiederherzustellen ist außerordentlich einfach: Wir beseitigen das, was das System daran hindert, sich selbst zu heilen.

Die Heilung auf der sozialen Ebene geschieht auf ähnliche Weise. Wir haben das Herz, das Wissen, das Geld und das richtige Gefühl, um das soziale und ökologische Gewebe zu verbessern. Alles, was schadet, hat darin keinen Platz mehr. 1 Million Menschen stehen bereit, um die Albträume des Imperiums und die Schande des Kriegs wiedergutzumachen. Wir sind die Missetäter und wir sind die, die vergeben. Mit „wir" sind wir alle gemeint, jeder Einzelne von uns. Es kann keine grüne Bewegung geben, wenn es nicht auch eine schwarze, eine braune und eine kupferfarbene gibt. Das, was uns am meisten verletzt, sind die Wunden der Vergangenheit in uns – die Trauer, die Scham, die Falschheit und die Niedertracht, die in jeder Kultur zu finden sind und die so sicher wie die DNS an jeden weitergegeben werden ... eine Geschichte der Gewalt und der Gier. Es besteht kein Zweifel, dass die Umweltbewegung eine entscheidende Rolle für unser Überleben spielt. Unser Haus steht buchstäblich schon in Flammen, und daher ist es nur logisch, dass die Umweltschützer wollen, dass die Bewegung für soziale Gerechtigkeit mit in den Umweltbus einsteigt. Doch es ist genau umgekehrt: Wir können das Feuer nur dann löschen, wenn wir mit im Bus der sozialen Gerechtigkeit fahren und unsere Wunden heilen, denn am Ende gibt es nur einen Bus.

Weil diese Gewissheit immer stärker wird, können wir all das ansprechen und angehen, was in der Außenwelt verändert werden muss. Die natürliche Intelligenz des Lebens wird uns führen, denn sie erschafft in jeder Sekunde unzählige Wunder, die von einer Bewegung weitergetragen werden, die namenlos ist.

296

Dank

Wir sind der Wandel verdankt sein Entstehen den freundlichen und großzügigen Menschen, die ich überall auf der Welt getroffen habe. Sowohl dieses Buch als auch das Projekt *WiserEarth*.org wäre nicht ohne die Hilfe und Unterstützung von Freunden, Mitarbeitern und ehrenamtlich Tätigen entstanden. Die Kürze dieser Danksagung wird nicht der Großzügigkeit gerecht, die ich und das ganze Projekt erfahren haben.

Isabel Stirling hat unermüdlich Nachforschungen für dieses Buch angestellt; sie ist eine wahre Sekretärin des digitalen Zeitalters, die in Berkeley regelrechte Schätze an Literatur, PDFs und wissenschaftlichen Veröffentlichungen aus der Bibliothek der Universität von Kalifornien fand. Obgleich ich praktisch in einer Bibliothek groß geworden bin (mein Vater arbeitete dort), konnte ich es zu keinem Zeitpunkt mit Isabels Fähigkeiten aufnehmen, die darin bestanden, Information und Inspiration aus den zehn Millionen Bänden der Universitätsbibliothek herauszufiltern. Mein Dank für Ihren Einsatz kann gar nicht groß genug sein angesichts dessen, was sie für mich und dieses Projekt geleistet hat.

Kent Bicknell sammelt Bücher, die früher den amerikanischen Transzendentalisten gehörten; durch ihn hatte ich Einblick in Originalbriefe, in Bücher aus Thoreaus Privatbibliothek, die mit Anmerkungen versehen sind, sowie in die Korrespondenz Gandhis. Darüber hinaus profitierte ich von Kents eigenen Forschungsergebnissen. Sein Beitrag betont den Einfluss der spirituellen Traditionen Asiens auf die globale Bewegung, der so stark ist, dass es sich lohnen würde, ein eigenes Buch darüber zu schreiben.

William Kovarik befasst sich mit der geschichtlichen Entwicklung der Bewegungen für soziale Gerechtigkeit und Umweltschutz. Seine Arbeit liefert eine kritische Einführung in ein Thema, das meiner Meinung nach an historischer Bedeutung gewinnen wird, wenn die Kulturen des 21. Jahrhunderts sich wieder auf ihre grundlegenden Werte besinnen.

Ich hatte auch das Glück, von vielen Lesern Feedback zu bekommen; sie nahmen mich beim Wort und kommentierten und gaben kritische Bemerkungen zu frühen Fassungen des Manuskripts. Sie brachten eine ursprüngliche Perspektive, überraschende Einsichten und eine Breite des Wissens aus ihrem unmittelbaren Erfahrungsschatz ein, der in keinem Buch stand und den ich mir nicht hätte anlesen können. Ich kann mir nicht vorstellen, ein Buch zu schreiben, ohne auf solch fundierte Ratschläge und Anregungen zurückgreifen zu können.

Zu meiner „Beratergruppe" gehörten John Maybury, Kenny Ausubel, Janine Benyus, Chhaya Bhanti, Amira Diamond, Mark DuBois, Michael Tweed, Diana Cohn, Daphne Beckett, Tony Clarke, Greg Colando, Jonathan Miller, Anuradha Mittal, Morgan Williams, Peter Teague, Lynne und Bill Twist, Belvie Rooks, Wolfgang Sachs, Melissa Nelson, Randy Hayes, Jodie Evans, Yomi Abiola und Paul Saffo.

Mein spezieller Dank geht an Peter Coyote, dessen scharfsinniges Lektorat die letzte Fassung des Manuskripts noch einmal entscheidend verbessert hat. Mike Bryan hatte schon zwei frühere Bücher von mir lektoriert und gab auch dieses Mal ein unschätzbares Feedback. Nina Simons und Kenny Ausubel geben mir mehrfach die Gelegenheit, meine Ideen auf der von ihnen organisierten, jährlich stattfindenden *Bioneers Conference* vorzustellen prüfen zu lassen. Kenny war von meinem Buchprojekt begeistert und steuerte viele Ideen und Quellen bei.

Rick Kot war mein Lektor bei drei aufeinanderfolgenden Büchern und sein Scharfsinn und seine Hartnäckigkeit beweisen sich in der Tatsache, dass ich ihm treu auf seinem Weg zu vier verschiedenen Verlagen folgte, wodurch wir auf unsere Weise bestätigten, dass es nicht auf Unternehmen, sondern auf die richtigen Menschen ankommt. Ich bedanke mich sehr bei den Mitarbeitern von *Viking*, die das Buchprojekt gefördert und unterstützt haben. Ich stehe bei Peter und Mimi Buckley in tiefer Schuld für ihr ausgezeichnetes Schlusslektorat, das dem Buch seine endgültige Form gab.

Ich habe das Privileg und das Glück, mit einer einzigartigen Gruppe sehr talentierter Menschen zusammenzuarbeiten, die mich darin unterstützten, meinem Terminkalender immer mehr Zeit zum Schreiben abzuringen. Am *Natural Capital Institute* wurde ich in jeder Phase des Projekts von meinen langjährigen Mitarbeiterinnen Kelly Costa, Peggy Duvette, Betsy Power, Liz Roberts, Diana Redmond, Kelsang Aukatsang und Melinda Kramer unterstützt. *WiserEarth* und *WiserBusiness* sind Erfindungen aus ihren Reihen. Ich danke Erica Linson, Kim Shekar, Jay Harman, Francesca Bertone und Trevor Daughtney von der *Pax Group*. Es hat Spaß gemacht, mit Euch zu arbeiten, vielen Dank für Eure Unterstützung, Euer Verständnis und Eure Geduld.

Der Aufbau der Datenbank von *Wiser Earth*.org erforderte ein hohes Maß an Recherche und an Einträgen, die nicht von unqualifizierten Kräften ausgeführt werden konnten. Mitarbeiter, Freiwillige und Praktikanten arbeiteten unermüdlich daran, eine Website mit zugehöriger Datenbank und Kommunikationsplattform zu erstellen und zu bestücken, die nun zur weltweiten Nutzung zur Verfügung steht. Unsere Mitarbeiter kommen aus allen Teilen der Welt (wir müssen uns alle noch persönlich kennenlernen) und sind einzigartig in ihrem Engagement und ihrer Selbstlosigkeit. Die Mitarbeiter des *Natural Capital Institute*, die ich weiter oben aufgezählt habe, haben wesentlich zur Umsetzung dieses Projekts beigetragen. Der Biologe Peter Warshall lieferte einen besonderen Beitrag zu *WiserEarth*, indem er „Fokus-Bereiche" definierte und auflistete - eine Aufgabe, die an die bahnbrechende Arbeit von Liz Robert anknüpfte.

Ich danke allen Mitarbeitern, die zusammen daran gearbeitet haben, die Projekte von *WiserEarth* ins Leben zu rufen und durchzuführen. Zu diesen Personen gehören Michael Spalding, Daniel Lavelle, Molly Doyle, Adam Burkett, Stephen Lamm, Edward Fong, Jonathan Waldman, Brooking Gatewood, Hilary Mandel, Rina Horiuchi und Camilla Burg.

Zum Recherche-Team gehören A. Guna Jothi, Agnes Wierzbicki, Alexis Hyatt, Ali Kafaii, Luis Jimenez, Janet Smartt, Negin Tahvildary, Alison Loomis, Amy Williams, Anne-Claire Thieulon, Arnas Palaima, Elizabeth Hanson, Shezad Lakhani, Brenda Hartiman, C. Senthil Kumar, Cheryl Anseeuw, D. Joniganesh, David Jay, Debbie Cheng, Deborah Fleischer, Diana Walsh, Emundo Vintel, Eunice Lee, G. Bino Sundar,

Jacob Conley, Jennifer De Bann, Lydia Dixon, Heike Bridgwater, Kevin Davis, Arielle Segal, Paul Bisazza, Stephanie Auer, Jessica Bremmer, John Deans, Anton Prakash, Annie Prakash, Jonathan Hawken, Julia Brown, K. Deepak, Kirsten Rose Jardine, Kirsten Steck, Kirsten Weiss, Laura Pelcher, Lauren Ayers, Magdalena Szpala, Mara Gross, Matthew Borish, Meng-Li Wang, Michele Ross, Nabin Rimal, Nushin Sarkarati, P. K. Yamuna, P. Sharmeela, P. Vadivukarasi, S. Ramya, Tod Chubrich, Tricia Powell, S. Sundaresan und Wendy Furry. Als Teil eines Schulprojekts der Presidio School in San Francisco erfreuten uns Cheryl, Daniel, Danielle, Khadejhia, Kyle, Mya, Netiya, Noel, Sarah und Jasmine mit ihrer Arbeit für *WiserEarth*.

Wir danken auch besonders dem *Movimiento Mi Cometa in Quito* (Ecuador) und der wunderbaren Gruppe, zu der Roberto, Isaac, Ruth Semenario, Carlos Valles und Wilmer Rodriguez gehören.

Wir sind total angetan von unserem guten Freund Jon Ramer, der das Projekt *Wiser Commons* mit der Unterstützung von über hundert nicht staatlichen Organisationen leitet. Der Universalgelehrte Irwin Miller leistete hervorragende Planungsarbeit für die Gruppe.

WiserEarth wäre jedoch niemals gegründet worden, hätte Hans Schoepflin uns nicht unterstützt und inspiriert. Es ist komisch, sich bei jemanden zu bedanken, der lieber unerwähnt bleiben will, aber Hans glaubte an dieses Projekt in einer Phase, in der andere noch keine klare Vorstellung davon hatten. All diejenigen, die von dem profitieren, was geschaffen worden ist, schulden Hans und seinen visionären Ideen großen Dank.

Wir möchten uns an dieser Stelle auch herzlich bei der *Nathan Cummings Foundation,* der *Garfield Foundation* und der *Marion Foundation* bedanken – drei Stiftungen, die die Arbeit von *WiserEarth* unterstützen.

Vielen Dank, Patsy Northcutt, Michael Baldwin, John Picard, Rick Fedrizzi, Craig Merrilees, China Galland. Leila Conners Petersen, Leda Dederich, Darian Rodriguez Heyman, Mark Valentine und Susan Clark, für alles, was Ihr uns gegeben habt.

Für den Pink Drummer sowie für Iona, Anastasia, Calliope, Tansy, Aidan und Palo gibt es an warmen Sonnentagen nichts Besseres zu tun, als im Haus zu sitzen und zu schreiben.

Zum Schluss verneige ich mich vor Gayathri Roshan, deren Liebe alle Wesen und Dinge umfasst.

Anmerkungen

Wie alles anfing

1 Adrienne Rich: „Bodenschätze", in: *Der Traum einer gemeinsamen Sprache. Gedichte 1974–1977*, Verlag Frauenoffensive, München 1982, S. 79
2 Mary Oliver: „Journey", in: *Dream Work*, Atlantic Monthly Press, New York 1986
3 Adam Hochschild: *Bury the Chains: Prophets and rebels in the Fight to Free an Empire's Slaves*. Houghton Mifflin, Boston 2005, S. 5
4 Peter Coyote, zitiert von Louise Steinman, Rezension des Buches *Sleeping Where I Fall*, in: Los Angeles Times, 4. Juni 1998
5 Peter Morville: Ambient Findability: *What We Find Changes Who We Become*. O'Reilly, Sebastopol (Kalifornien) 2005, S. 64
6 Private Korrespondenz mit Belvie Rooks
7 Ich danke Wolfgang Sachs für diese Beobachtungen zu verschiedenen historischen Perspektiven.

Wir sind der Wandel

1 Agnes de Mille: *Dance to the Piper*, Da Capo Press, New York 1980, S. 335 f. De Mille schrieb Grahams Kommentare nach einem Gespräch beim Abendessen nieder, in dem sie darüber gesprochen hatten, dass die Aufführungen des Musicals *Rodeo*, für das sie die Choreografie entworfen hatte, aufgrund häufiger Wechsel in der Besetzung immer schlechter geworden waren. De Mille war deprimiert und Graham hat auf ihre niedergeschlagene Stimmung reagiert. In der Erinnerung von de Mille verlief das Gespräch folgendermaßen: „Es gibt eine Vitalität, eine Lebenskraft, eine Energie, eine Beschleunigung, die sich durch dich manifestiert, und da es dich in Raum und Zeit nur einmal gibt, ist diese Manifestation einzigartig. Wenn du diese Manifestation verweigerst, kann sie sich nicht einfach eines anderen Mediums bedienen, und so ist sie für immer verloren. Die Welt muss dann einfach ohne sie auskommen. Es ist nicht deine Sache, dir Gedanken darüber zu machen, ob diese Manifestation gut und nützlich ist und wie sie im Vergleich mit anderen abschneidet. Du musst nur dafür sorgen, dass sie klar und eindeutig deine eigene Ausdrucksform ist und dass der Kanal offen bleibt. Du musst nicht von dir selbst oder von deiner Arbeit überzeugt sein. Du musst nur offen bleiben und die Impulse wahrnehmen, die dich anregen. Halte den Kanal offen. Was dich angeht, Agnes, du besitzt eine besondere und ungewöhnliche Gabe und hast bislang nur ein Drittel deines Talents umgesetzt."
„Aber", sagte ich, „wenn ich mir meine Arbeit anschaue, dann hat sie für mich den Wert, den ihr andere geben. Ich selbst sehe nur das, was an ihr noch

besser gemacht werden kann. Und so bin ich nie zufrieden."
„Kein Künstler ist mit seiner Arbeit zufrieden."
„Gibt es überhaupt eine Zufriedenheit?"
„Es kann keine Zufriedenheit geben!", rief sie leidenschaftlich aus. „Es gibt nur eine seltsame göttliche Unzufriedenheit, eine gesegnete Unruhe, die uns antreibt und uns lebendiger macht als andere."

2. Barry Lopez: *Arktische Träume.* © 1986 by Barry Holstun Lopez. Aus dem Amerikanischen von Ilse Strasmann. © 2007 S. Fischer Verlag GmbH, Frankfurt a. M., S. 325

3. Besonders in den Randlagen der großen Städte Brasiliens liegende Armenviertel (Anm. d. dt. Hrsg.)

4. Aus: *Small Pieces, Loosely Joined.* (David Weinbergers Buch über das Internet) Perseus, New York 2002

5. Eduardo Galeano: *Upside Down: A Primer for the Looking-Glass World.* Metropolitan Books, New York 2000

6. Micheline R. Ishay: *The History of Human Right: From Ancient Times to the Globalization Era.* University of California Press, Berkeley 2004, S. 2

7. ebd.

8. Robert Neuwirth: *Shadow Cities: A Billion Squatters, a New Urban World.* Routledge, New York 2006, S. xiii

9. Arundhati Roy: „Shall We Leave it to the Experts?", in: *The Nation*, 18. Februar 2002

10. Eduardo Galeano: a. a. O, S. 13

11. Bob Herbert: „The Young and the Restless", in: *The New York Times*, 12. Mai 2005

12. J. B. Deregowski: *Illusions, Patterns and Pictures: A Cross-Cultural Perspective.* Academic Press, London 1980, S. 113

13. Louis Menand: *The Metaphysical Club: A Story of Ideas in America.* Farrar, Straus und Giroux, New York 2001, S. xii

14. Ed Hunt: „Retool Your Mind", aus: Tidepool, Ecotrust; *http://www.tidepool. org/hp/hpbigidea1.cfm*, 21. Januar 2000

15. Diese These wurde in der dreiteiligen BBC-Dokumentation von Adam Curtis mit dem Titel *The Power of Nightmares* auf brillante Weise vertreten.

16. *The State of the World's Children*, UNICEF, New York 1996

17. Eduardo Galeano: a. a. O, S. 116 ff.

18. Das *Millennium Ecosystem Assessment (MA)* ist eine groß angelegte und von den Vereinten Nationen ins Leben gerufene Studie, mit der ein systematischer Überblick über den weltweiten Zustand von 24 Schlüssel-„Ökosystemdienstleistungen" erstellt wurde. Dabei handelt es sich um Dienstleistungen, die von der Natur erbracht werden und von Menschen genutzt werden können. Beispiele für Ökosystemdienstleistungen: das Bestäuben von Obstblüten durch Insekten, die Bereitstellung von Süß- und Trinkwasser durch Niederschlag und natürliche Filtration, die Verfügbarkeit von Fischen als Nahrungsmittel in aquatischen Ökosystemen oder die Bereitstellung von frischer

Luft. Die Resultate des *MA* wurden 2005 veröffentlicht. Darin wurde deutlich, dass sich die Erde in einem Zustand des Verfalls befindet. 60 Prozent oder 15 von 24 der untersuchten Ökosystemfunktionen befanden sich in einem Zustand fortgeschrittener und/oder anhaltender Zerstörung. (Quelle: Wikipedia; Anm. des Übers.)

19. Das Gleichnis „Die blinden Männer und der Elefant" erzählt von einer Gruppe Blinder oder Männer, die sich in völliger Dunkelheit befinden und einen Elefanten untersuchen, um zu begreifen, um was für ein Tier es sich hier handelt. Jeder Mann untersucht ein anderes Körperteil (aber eben nur eines), zum Beispiel die Flanke oder einen Stoßzahn. Danach vergleichen die Männer ihre Erfahrungen und stellen fest, dass jede individuelle Erfahrung zu einer eigenen, ganz anderen Schlussfolgerungen führt. Das Gleichnis wird im Sufismus, im Jainismus, im Buddhismus und im Hinduismus verwendet. Die im Westen (und dort hauptsächlich im englischen Sprachraum) bekannteste Version ist das Gedicht „The Blind Men and the Elephant" von John Godfrey Saxe aus dem 19. Jahrhundert. (nach: Wikipedia; Anm. d. dt. Hrsg.)

20. Zitiert in Ori Brafman und Rod A. Beckstrom: *The Starfish and the Spider*. Portfolio, New York 2006, S. 103

21. Auch *Xenohormone* genannte Stoffe, die wie Hormone wirken und so das empfindliche Gleichgewicht des Hormonsystems von Tier und Mensch stören können. (Quelle: Wikipedia; Anm. des Übers.)

22. Die Fläche auf der Erde, die notwendig ist, um Lebensstil und Lebensstandard eines Menschen (unter Fortführung heutiger Produktionsbedingungen) dauerhaft zu ermöglichen. Das schließt Flächen ein, die zur Produktion seiner Kleidung und Nahrung und zur Bereitstellung von Energie, aber auch zum Abbau des von ihm erzeugten Mülls oder zum Binden des durch seine Aktivitäten freigesetzten Kohlendioxids benötigt werden. 1994 wurde dieses Konzept von Mathis Wackernagel und William E. Rees entwickelt und 2003 wurde von Wackernagel das *Global Footprint Network* gegründet. (Quelle: Wikipedia; Anm. d. dt. Hrsg.)

23. „How to Design a Kludge", *Datamation*, Februar 1962, S. 30 f.

24. Virginia Postel: „Friedrich the Great", in: *The Boston Globe*, 11. Januar 2004

25. Bruce Mau und Jennifer Leonard: *Massive Change*. Phaidon Press, London 1994, S. 97

26. W. Warren Wagar: „The Colors of World History", in: *Binghamton Journal of History*, Herbstausgabe 2001

27. Arundhati Roy: *Power Politics*. South End Press, Cambridge 2001, S. 3

28. Adam Hochschild: *Bury the Chains: Prophets and Rebels in the Fight to Free an Empire's Slaves*. Houghton Mifflin, Boston 2005, S. 2

29. ebd., S. 7

30. Michael Pollan: *The Botany of Desire: A Plant's-Eye View of the World*. Random House, New York 2001, S. xxi

31. William Kittredge: *The Nature of Generosity*. Vintage Books, New York 2000

Die Wurzeln der Umweltbewegung

1 Nachdem er die Explosion der ersten Atombombe gesehen hatte, murmelte Robert Oppenheimer in Anlehnung an Shivas Worte in der *Bhagavadgita*: „Jetzt bin ich der Tod geworden, der Zerstörer der Welten."

2 *Encyclopedia of World Environmental History*, Bd. 1, Hrsg. Shepard Krech III, John Robert McNeill und Carolyn Merchant, Routledge, New York 2004, S. ix

3 Carl von Linné: *A General System of Nature*, Bd. 1, Allen Lackington, London 1806, S. 2

4 E. Janet Browne: *Charles Darwin: Voyaging*. Princeton University Press, Princeton 1995, S. 147 f.

5 „Kreationismus" bezeichnet das fundamentalistische Festhalten an einer wörtlichen Auslegung der Schöpfungsgeschichte. (Anm. d. dt. Hrsg.)

6 Lehre, die von der offiziellen, kirchlichen abweicht (Anm. d. dt. Hrsg.)

7 Peter R. Grant: „Natural Selection and Darwin's Finches", in: *Scientific American*, Oktober 1991, S. 84

8. „Wenn wir die Natur oder die Menschengeschichte oder unsre geistige Tätigkeit der denkenden Betrachtung unterwerfen, so bietet sich uns zunächst dar das Bild einer unendlichen Verschlingung von Zusammenhängen und Wechselwirkungen, in der nichts bleibt, was, wo und wie es war, sondern alles sich bewegt, sich verändert, wird und vergeht. Wir sehen zunächst also das Gesamtbild, in dem die Einzelheiten noch mehr oder weniger zurücktreten, wir achten mehr auf die Bewegung, die Übergänge, die Zusammenhänge, als auf das, was sich bewegt, übergeht und zusammenhängt. Diese ursprüngliche, naive, aber der Sache nach richtige Anschauung von der Welt ist die der alten griechischen Philosophie und ist zuerst klar ausgesprochen von Heraklit: Alles ist und ist auch nicht, denn alles *fließt*, ist in steter Veränderung, in stetem Werden und Vergehen begriffen." – Friedrich Engels: „Die Entwicklung des Sozialismus von der Utopie zur Wissenschaft", in: Karl Marx, Friedrich Engels: *Werke*. (Band 19) Karl Dietz Verlag, Berlin 1973, S. 189–201; siehe http://www.mlwerke.de/me/me19/me19_202.htm

9. Jonathan Weiner: *The Beak of the Finch*, Vintage Books, New York 1994. Niemand beschreibt wissenschaftliche Forschungsarbeit so detailliert und verständlich und lässt den Leser so direkt an den Untersuchungen teilhaben. Ein sehr empfehlenswertes Buch über die Wissenschaft der Evolution.

10. T. B. Hayes u.a.: „Hermaphroditic, demasculinized frogs after exposure to the herbicide, arrazine, at low ecologically relevant doses", in: *Proceedings of the National Academy of Sciences* (2002), 99:5476–5480

11. Colin McEvedy und Richard Jones: *Atlas of World Population History*. Facts on File, New York 1978, S. 342–351

12. Donald Worster: *Nature's Economy: The Roots of Ecology*. Sierra Club, San Francisco 1977

13. Robert D. Richardson jr.: *Emerson: The Mind on Fire*. University of California press, Berkeley 1995, S. 11–17

14. Lyman Littlefield: „Sights from the Long Tree", in: *Nauvoo Times and Season*, 15. November 1841
15. *http://www.dickinson.edu/~nicholsa/Romnat/anxiety.htm*
16. Robert D. Richardson: a.a.O, S. 230
17. Stephen E. Whicher, Robert E. Spiller und Wallace E. Williams (Hrsg.): *The Early lectures of Ralph Waldo Emerson*. Band 1-3, Harvard University Press, Cambridge 1959-72, zitiert nach Robert D. Richardson: a.a.O, S. 155
18. Emerson, Ralph Waldo: *Natur*. Diogenes, Zürich 1982, S. 9
19. ebd., S. 10
20. Hans Huth: *Nature and the Americas*. University of California Press, Berkeley 1957, S. 85-88
21. Mary Oliver: *Long Life: Essays and other Writings*. Da Capo Press, Cambridge 2004, S. 51
22. Thoreau, Henry David: *Walden oder Leben in Wäldern*, Anaconda, Köln 2009, Seite 262 f. © Aufbau Verlags GmbH & Co. KG, Berlin 1949
23. A. Bronson Alcott: Concord Days. Roberts Brothers, Boston 1872, S. 11 f.; *http://www.walden.org/institute/thoreau/contemporaries/A/Alcott_ Amos%20Bronson/Thoreau.htm*
24. J. M. Hutchings: *Scenes of Wonder and Curiosity in California*. Auszüge in Peter Johnstone (Hrsg.): *Giants in the Earth*. Heyday Books, Berkeley 2001
25. Josiah D. Whitney: *The Yosemite Book: A Description of the Yosemite Valley and the Adjacent Region of the Sierra Nevada, and the Big Trees of California, illustrated by maps and photographs*. Julius Bien, New York 1869
26. Richard Hartesveldt u.a.: *The Giant Sequoia of the Sierra Nevada*. U.S. Department of the Interior, Washington, D.C. 1975, S. 3; siehe auch George Dollar: „Timber Titans" (1898), in: *Current Literature*, Bd. XXIV, Nr. 2 (1898-1912), APS Online, S. 165
27. „The Big Trees of California", in: *Harper's Weekly*, 5. Juni 1858
28. Der Kambiumring eines Baumes ist die Wachstumsschicht, die - von außen nach innen - auf die Rindenschicht (Bast und Borke) folgt. (Anm. d. dt. Hrsg.)
29. *Description of the Mammoth Tree from California*. R. S. Francis, London 1857
30. ebd.
31. *Gleasons' Pictorial Drawing-Room Companion*. Boston, 10. Oktober 1853
32. Mark Neuzil und William Kovarik: *Mass Media and Environmental Conflict*. Sage Publications, Thousand Oaks 1996
33. Ein Sprengstoffgemisch (Anm. d. dt. Hrsg.)
34. Siehe Simon Schama: *Landcape and Memory*. Alfred A. Knopf, New York1995, S. 191-193
35. Unter „Sukzession" versteht man in der Ökologie und in der Botanik die auf natürlichen Faktoren beruhende Abfolge von Pflanzen- und Tiergesellschaften an einem bestimmten Standort. (nach: Wikipedia; Anm. d. dt. Hrsg.)
36. Robert D. Richardson jr.: *Henry Thoreau: A Lift of the Mind*. University of California Press, Berkeley 1986, S. 243

37   Loren Eiseley: *Darwins Century: Evolution and the Men Who Discovered It.* Anchor Books, Garden City 1961, S. 353
38   Bradley P. Dean, „Thoreau and Horace Greeley Exchange Letters on the ‚Spontaneous Generation of Plants'", in: *New England Quarterly*, Bd. 66, Nr. 4 (Dez. 1993), S. 630-638
39   Die *Library of Congress* nimmt den Vortrag, den Marsh 1847 gehalten hat, als Ansatzpunkt für „The Evolution of the Conservation Movement"; siehe auch *http://lcweb2.loc.gov/ammem/ amrvhtml/conshome.html*
40   David Lowenthal: *George Perkins Marsh: Prophet of Conservation.* University of Washington Press, Seattle 2000, S. 268
41   ebd., Senator Jacob Collamer zitierend, S. 13
42   Lewis Mumford: *The Brown Decades: A Study of the Arts in America, 1865-1895.* Dover Publications, New York 1955), S. 5-34
43   ebd.
44   Philip Shabecoff: *A Fierce Green Fire: The American Environmental Movement.* Hill and Wang, New York 1993, S. 55-59

Die Rechte der Unternehmen

1   Laura Orlando: „Industry Attacks on Dissent: From Rachel Carson to Oprah", in: *Dollars and Sense*, Nr. 240, März/April 2002
2   Aus ihrer Dankesrede bei den *Goldman Awards* 2004
3   Linda Lear: *Rachel Carson: Witness for Nature.* Henry Holt, New York 1997, S. 395
4   ebd., S. 312-319
5   Rachel Carson: *Der stumme Frühling.* (Beck'sche Reihe) C.H. Beck, München 1962, S. 15 f.
6   Rachel Carson: *Silent Spring.* Houghton Mifflin, Boston 1962, S. 2
7   H. Patricia Hynes: *The Recurring Silent Spring.* Pergamon Press, New York 1989, S. 116
8   Zitiert in Jonathan Norton Leonard: „Rachel Carson Dies of Cancer, ‚Silent Spring' Author Was 56", in: *The New York Times*, 15. April 1964
9   *Monsanto Magazine*, Bd. 42, Nr. 4 (1962), S. 4
10   Linda Lear: *Rachel Carson*, a.a.O., S. 429
11   ebd., S. 462
12   H. Patricia Hynes: a.a.O, S. 127
13   Linda Lear: *Rachel Carson*, a.a.O., S. 432
14   H. Patricia Hynes: a.a.O, S. 121
15   ebd., S. 127 f.
16   Rachel Carson: „The Pollution of Our Environment", nachgedruckt in: *Lost Woods: The Discovered Writings of Rachel Carson.* Hrsg. Linda Lear, Beacon Press, Boston 1998, S. 231
17   Linda Lear: *Rachel Carson*, a.a.O., S. 416-419
18   P. R. Ehrlich, A. H. Ehrlich, und J. P. Holdren: *Ecoscience, Population, Resources.* W. H. Freeman, San Francisco 1977

19 Merril Eisenbad: *Environment, Technology and Health: Human Ecology in Historical Perspective.* New York University Press, New York 1978, S. 60
20 *Biostitution* ist eine Wortschöpfung aus den beiden Wörtern „Biologie" und „Prostitution". Sie wird auf Biologen angewendet, die von Konzernen bezahlt werden, die die Umwelt zerstören. Diese Biologen behaupten zum Beispiel, es gebe keine globale Erwärmung als Folge der Umweltverschmutzung durch die Industrie. (Anm. d. Übers.)
21 William Pitt d. J. war 1783–1801 und von 1804–1806 Premierminister von Großbritannien. (Anm. d. Übers.)
22 E. Royston Pike: „Hard Times", in: *Human Documents of the Industrial Revolution.* Frederick A. Praeger, New York 1966, S. 209
23 Ludditen (nach ihrem legendenumwobenen Anführer Ned Ludd benannte Bewegung englischer Arbeiter Anfang des 19. Jahrhunderts gegen Statusverlust und drohende soziale Verelendung durch die einsetzende Industrialisierung) waren Textilarbeiter, die gegen die Verschlechterung ihrer Lebensbedingungen im Zuge der Industriellen Revolution kämpften und dabei auch gezielt Maschinen zerstörten. Ihr Kampf wurde 1814 militärisch niedergeschlagen. Zahlreiche Beteiligte wurden hingerichtet oder nach Australien deportiert. (nach: Wikipedia; Anm. d. dt. Hrsg.)
24 Kevin Binfield (Hrsg.): *Writings of the Luddites*, John Hopkins University Press, Baltimore und London 2004
25 Timothy Holtz: „The 1984 Bhopal Gas Disaster", Kapitel 10, in: *Dying for Growth*, Hrsg. J. Millen u. a., Common Courage Press, Monroe 2000
26 *Clouds of Injustice: Bhopal Disaster 20 Years On*, Amnesty International 2004
27 Eine Gesamtliste aller 124 Gruppen, die entweder von *ExxonMobil* direkt finanziert werden oder mit Gruppen zusammenarbeiten, die von *ExxonMobil* bezahlt werden, um wissenschaftliche Untersuchungen in Bezug auf den Klimawandel anzufechten und lächerlich zu machen, finden Sie unter *http://www. exxonsecrets.org*
28 Chris Mooney: „Some Like It Hot", in: *Mother Jones*, Ausgabe Mai/Juni 2005
29 Steven F. Hayward: „Don't Worry, Be Happy", American Enterprise Institute, 26. April 26 2004; *http://www.aei.org/publications/pubID.20355,filter.all/ pub_detail.asp*
30 Chris Mooney: a. a. O
31 ebd.
32 ebd.
33 ebd.
34 Siehe www.cei.org
35 Siehe S. 125 ff.

Ralph Waldo Emerson und seine Nachfolger

1 *The Journals and Miscellaneous Notebooks of Ralph Waldo Emerson.* Hrsg. William H. Gilman u. a. Harvard University Press, Cambridge 1960–1982, Cabot 41; 5:50, zitiert in Robert D. Richardson: *Emerson*, a. a. O, S. 42

2 Ross Gelbspan: „Katrina's Real Name", in: *The Boston Globe*, 30. August 2005

3 Robert D. Richardson: *Emerson*, a.a.O, S. 110

4 ebd., S. 140-42

5 ebd., S. 53

6 *The Early Lectures of Ralph Waldo Emerson*, a.a.O, Bd. 1, S. 26, zitiert in Robert D. Richardson: Emerson, a.a.O, S. 155

7 Stephanie Pace Marshall: „The Transformative Power of Learning", in: *Shift: At the Frontiers of Consciousness*, Nr. 8, Sept.-Nov. 2005, S. 11

8 Susan Sutton Smith (Hrsg.): *The Topical Notebooks of Ralph Waldo Emerson*, Bd. 1, University of Missouri Press, Columbia 1990, S. 67

9 John Albee: *Remembrances of Emerson*. Robert G. Cooke, New York 1901, S. 18 f., 22, zitiert in Robert D. Richardson: *Henry Thoreau*, a.a.O, S. 282

10 ebd.

11 Evan Carton: „The Price of Privilege: *Civil Disobedience* at 150", in: *The American Scholar*, Herbst 1998, 4. Ausgabe, S. 107. Carson nennt als Datum den 24. und 25. Juli; Richardson bezieht sich auf die beiden früheren Zeitangaben.

12 Ethan Allen Hitchcock: *Fifty Years in Camp and Field*. Hrsg. W. A. Crofutt, G. P. Putnam's Sons, New York 1909, S. 192

13 „Intelligenter Entwurf" bezeichnet die die Auffassung, dass sich bestimmte Eigenschaften des Universums und des Lebens auf der Erde am besten durch eine intelligente Ursache (nämlich einen Schöpfergott) erklären lassen und nicht durch einen Vorgang ohne solche Leitung, wie die natürliche Selektion. (Anm. d. Übers.)

14 Richard Lobeaux: *Thoreau's Seasons*. University of Massachusetts Press, Amherst 1984, S. 79

15 Carson: „The Price of Privilege", S. 108

16 ebd., S. 112

17 Robert D. Richardson: *Henry Thoreau*, a.a.O, S. 172

18 Thoreau, Henry David: *Über die Pflicht zum Ungehorsam gegen den Staat*. Diogenes, Zürich 1967, S. 9

19 Fritz Oehlschlaeger: „Another Look at the Text and Title of Thoreau's ‚Civil Disobedience'", in: *ESQ: A Journal of the American Renaissance*, Bd. 36 (1990), S. 240

20 Mohandas K. Gandhi: *Satyagraha in South Africa*. Mavajivan, Ahmadabad 1961, S. 102, zitiert in Judith M. Brown: *Gandhi: Prisoner of Hope*. Yale University Press, New Haven 1989, S. 55

21 Brown: *Gandhi: Prisoner of Hope*, S. 55

22 George Hendrick: „The Influence of Thoreau's ‚Civil Disobedience' on Gandhi's Satyagraha", in: *The New England Quarterly*, Bd. 29, Nr. 4 (Dez. 1956), S. 466

23 Mohandas K. Gandhi: *Speeches and Writings of Mahatma Gandhi*. G. A. Natesan, Madras 1933, 4. Auflage, S. 227

24 Mohandas K. Gandhi: *Indian Opinion*. 26. Oktober 1907, S. 438, zitiert in Hendrick: „The Influence of Thoreau's ‚Civil Disobedience'", S. 464

25 Stewart Burns: *To the Mountaintop: Martin Luther King Jr.'s Sacred Mission to Save America 1955-1968*. Harper, San Francisco 2004, S. 19

26 Rosa Parks: *Rosa Parks: My Story*. Dial Books, New York 1992), S. 77-79

27 ebd., S. 101; *Brown v. Board of Education* ist die Sammelbezeichnung für fünf von 1952 bis 1954 vor dem Obersten Gerichtshof der Vereinigten Staaten verhandelte Fälle zum Thema „Rassentrennung an öffentlichen Schulen". Die von betroffenen Eltern eingebrachten Sammelklagen gegen vier Bundesstaaten und den Bundesdistrikt vertraten die Position, dass separate Einrichtungen für Schüler getrennt nach Hautfarbe den Gleichheitsgrundsatz der Verfassung der Vereinigten Staaten verletzten. Der Oberste Gerichtshof schloss sich dieser Argumentation mit seinem Grundsatzurteil vom 17. Mai 1954 einstimmig an und hob damit die fast 100 Jahre geltende Rechtsprechung auf. Die Entscheidung markierte das Ende der rechtlich sanktionierten Rassentrennung an staatlichen Schulen in den Vereinigten Staaten. (Quelle: Wikipedia; Anm. d. Übers.)

28 ebd., S. 105

29 Stewart Burns: a.a.O, S. 9-11

30 Steven Millner: „The Montgomery Bus Boycott: A Case Study in the Emergence and Career of a Social Movement", in: *The Walking City: The Montgomery Bus Boycott*, 1955-56. Hrsg. David Garrow, Carlson, New York 1989, S. 461

31 Stewart Burns: a.a.O, S. 14-16

32 Der Salzmarsch bzw. die „Salz-*Satyagraha*" von 1930 war eine Kampagne Mahatma Gandhis, die das Salzmonopol der Briten brechen sollte und letztlich zur Unabhängigkeit Indiens von Großbritannien führte. Der Salzmarsch war die spektakulärste Aktion, die Gandhi während seines Kampfes um Unabhängigkeit initiierte. Diese Aktion sollte den zivilen Ungehorsam verdeutlichen und ein Zeichen gegen die Abhängigkeit durch zu hohe Steuern durch Großbritannien sein. (Quelle: Wikipedia; Anm. d. Übers.)

33 ebd., S. 31 f.

34 ebd., S. 44

35 Interview mit Donald T. Ferron aus Montgomery (Alabama), 4. Februar 1956, in: *King Papers*, 3:125, zitiert in Stewart Burns: a.a.O, S. 82

36 Stewart Burns: a.a.O, S. 89

37 Richard Gregg: „Mohandas Gandhi and the Strategy of Nonviolence", in: *The Journal ofAmerican History*, Bd. 91, Nr. 4 (März 2005).

38 Stewart Burns: a.a.O, S. 92-94

39 Mary Oliver: *Long Life*, S. 51.

40 Jo Ann Robinson: *The Montgomery Bus Boycott and the Women Who Started It: The Memoir of Jo Ann Gibson Robinson*. University of Tennessee Press, Knoxville 1987, S. 53-67.

41 Henry David Thoreau: *Über die Pflicht zum Ungehorsam gegen den Staat*. Diogenes, Zürich 1967, S. 19

Die Rolle der indigenen Völker

1 „Delta Protests Against *ChevronTexaco* Continue: Delta Women in Their Own Words", in: Field *Report No.105*, Environmental Rights Action/Friends of the Earth, Benin (Nigeria) 2002. In dem Bericht geht es um mehr als 3000 Ijaw-Frauen vom Klan der Gbaramatu, die im Niger-Delta Erdölpumpen von *Chevron* besetzt und damit gegen die Ölverschmutzungen demonstriert hatten. Sie forderten Schadensersatz, ein Ende der Verschmutzung und die Wiederherstellung einer sauberen Umwelt. Siehe auch *http://www.seen.org/pages/urgent_niger_delta_women.shtml*

2 Wade Davis: „The Ethnosphere and the Academy", Rede auf der Konferenz *Indigenous Knowledges: Transforming the Academy*, 27. Mai 2004, Pennsylvania State University

3 Vieles spricht für die Annahme, dass die Matrosen, die an der Erkundungsfahrt des Walfängers teilgenommen hatten, die Ureinwohner zum Sündenbock machten, um ihre eigene Unfähigkeit zu verbergen. Kapitän Fitzroy hatte erst kurz zuvor das Kommando übernommen, weil Kapitän Pringle-Stockes Selbstmord begannen hatte, und war unwillig, seine Männer nach dem genauen Hergang zu fragen.

4 Adrian Desmond und James Moore: *Darwin: The Life of a Tormented Evolutionist.* W. W. Norton, New York 1991, S. 132-135

5 E. Janet Browne: *Charles Darwin: Voyaging.* Princeton University Press, Princeton 1995, Kapitel 10

6 Charles Darwin: *Die Fahrt der Beagle: Tagebuch mit Erforschungen der Naturgeschichte und Geologie der Länder, die auf der Fahrt von HMS Beagle unter dem Kommando von Kapitän Robert Fitzroy besucht wurden.* Marebuchverlag, Hamburg 2006, S. 280

7 Richard Keynes: *Fossils, Finches and Fuegians: Darwins Adventures and Discoveries on the Beagle.* Oxford University Press, New York 2003, S. 120

8 L.-F. Martial: *Mission Scientifique du Cap Horn, 1882-1883, Tome Premier Histoire du Voyage.* Gauthier-Villars, Paris 1888

9 P. Hyades und J. Deniker: *Mission Scientifique du Cap Horn, 1882-1883, Tome VII, Anthropologie, Ethnographie.* Gauthier-Villars, Paris 1891

10 Charles Darwin: *Die Fahrt der Beagle*, a.a.O., S. 280 f.

11 *http://www.abotitdarwin.com/voyage/voyage04.html*

12 Die *Yámana* werden in der Literatur oft als „Yaghan" bezeichnet. Der Name *Yaghan* wurde von Thomas Bridges geprägt, als er ihre Sprache untersuchte. Als Feld für seine Studien hatte er das Gebiet der Meerenge von Murray gewählt, eine Region, die die *Yámana* „Yahgashaga" nannten, was so viel bedeutete wie: Kanal durch ein Bergtal. Bridges verkürzte den Namen der Einwohner, der *Yahgashagalumoala* lautete, zu Yaghan. Wie viele indigene Völker bezeichneten sich die *Yámana* selbst einfach als „das Volk".

13 Siehe Shakespeare Database Project unter: *http://www.shkspr.uni-muenster.de/index.php*

14 Bill Bryson: *Mother Tongue: English and How It Got That Way*. Avon, New York 1991, S. 148

15 Thomas Bridges: *Yámana-English Dictionary: A Dictionary of the Speech of Tierra del Fuego*, Hrsg. von Ferdinand Hestermann und Martin Gusinde, Missiondruckerei St. Gabriel, Mödling/Österreich 1933

16 David Crystal berichtet in seinem Buch *Language Death* (Cambridge University Press, Cambridge 2000), dass der Internationale Linguistische Kongress 1992 die folgende Erklärung abgab: „Da das Aussterben einer Sprache einen unwiederbringlichen Verlust für die Menschheit darstellt, ist es für die UNESCO eine Aufgabe von höchster Dringlichkeit, diese Situation zur Kenntnis zu nehmen und entsprechend zu handeln. Die UNESCO sollte für Programme von Organisationen werben, die sich für Sprachen einsetzen, und diese, wenn möglich, auch finanzieren, um Grammatik, Wortschatz und Schriften – einschließlich der Aufzeichnung mündlicher Erzählungen von bislang unerforschten oder nicht ausreichend dokumentierten Sprachen – festzuhalten, deren Existenz gefährdet oder akut bedroht ist."

17 Jack Hitt: „Say No More", in: *The New York Times*, 29. Februar 2004; sowie Daniel Nettle und Suzanne Romaine: *Vanishing Voices: The Extinction of the World's Languages*. Oxford University Press, New York 2000, S. ix

18 William J. Sutherland: „Parallel extinction risk and global distribution of Languages and species", in *Nature* 423 (2003), S. 276–279

19 ebd.

20 Lewis Thomas: *Lives of a Cell: Notes of a Biology Watcher*. The Viking Press, New York 1974, S. 134 f.

21 „Reduktionismus" bezeichnet die isolierte Betrachtung von Einzelelementen ohne ihre Verflechtung in einem Ganzen oder die Betrachtung eines Ganzen als einfacher Summe aus Einzelteilen unter Überbetonung der Einzelteile, von denen aus generalisiert wird. (Anm. d. dt. Hrsg.)

22 Wade Davis: „The Ethnosphere and the Academy", a.a.O.

23 Marianne Mithun, zitiert in David Crystal: *Language Death*, a.a.O., S. 19

24 David Crystal: *Language Death*, a.a.O., S. 19

25 ebd.

26 Zitiert in Charles C. Mann: *1491: New Revelations of the Americas Before Columbus*. Alfred A. Knopf, New York 2005, S. 15

27 ebd.

28 Christopher Hitchens: „Minority Report", in: *The Nation* 225, 19. Oktober 1992, zitiert in Angela Millen: „The Soil of an Unknown America: New World Lost Empires and the Debate over Cultural Origins", in: *American Art*, Bd. 8, Nr. 3/4, (1994), S. 8–27

29 Kenan Malik: „Let Them Die", in: *Prospect*, Nov. 2000

30 Daniel Nettle and Suzanne Romaine: *Vanishing Voices*, a.a.O., S. 41–49

31 Luisa Maffi und Tove Skutnabb-Kangas: „Language Maintenance and Revitalization", in: *Cultural and Spiritual Values of Biodiversity*. Hrsg. Darret Posey, Intermediate Technology Publications, London 1999, S. 37

32 Diana Parsell: „Explorer Wade Davis on Vanishing Cultures", in: *National Geographic News*, Washington, D.C., 28. Juni 2002

33 Daniel Nettle and Suzanne Romaine: *Vanishing Voices*, a.a.O., S. 69

34 Charles C. Mann: *1491*, a.a.O., S. 101 f.

35 David Crystal: *Language Death*, a.a.O., S. 72

36 Barry Lopez: *The Rediscovery of America*. Vintage Books, New York 1990, S. 6 f.

37 ebd.

38 Charles C. Mann: *1491*, a.a.O., S. 71

39 ebd., S. 360 f.

40 Der Begriff „Mesoamerika" (1943 von Paul Kirchhoff eingeführt) ist eine räumlich-kulturell-historische Abgrenzung und bezeichnet ein Siedlungsgebiet in Mittelamerika (Zentral-Amerika), dessen Kulturen sich hauptsächlich durch mehrere gemeinsame Merkmale auszeichneten: komplexe Gesellschaften auf der Basis von Ackerbau, die in einigen Fällen Herrschaftsstrukturen eines Staats erreicht haben; ausgedehnte zeremonielle Zentren oder gar Städte mit aufwändigen Bauten (Pyramiden, Palästen, Ballspielplätzen); hohes kunsthandwerkliches Niveau (Bearbeitung von Stein, Keramik, Holz, Textilien, Malerei und Metallverarbeitung in der Schlussphase), ein entwickeltes Kalenderwesen und zum Teil auch Schrift. (nach: Wikipedia; Anm. d. dt. Hrsg.)

41 ebd., S. 197

42 Jack Weatherford: *Indian Givers: How the Indians of the Americas Transformed the World*. Ballantine, New York 1989, S. 63

43 John Mohawk: „Subsistence and Materialism", in: *Paradigm Wars - Indigenous People's Resistance to Globalization*, Hrsg. Jerry Mander und Victoria Tauli-Corpuz, International Forum on Globalization, Committee on Indigenous Peoples, San Francisco 2005, S. 22-24

44. Ein „Mem" ist eine Gedankeneinheit, die sich durch Kommunikation der Memträger vervielfältigt. Mit dem kulturellen Mem-Konzept als Pendant zum biologischen Gen veranschaulichte 1976 der Evolutionsbiologe Richard Dawkins das Prinzip der natürlichen Selektion, deren Grundeinheit Replikatoren von Informationen sind. Den Begriff erklärte er als Kunstwort, das sich auf den griechischen Terminus *Mneme* (vgl. Mnemosyne, „die Muse der Erinnerung") beruft. (Quelle: Wikipedia; Anm. d. dt. Hrsg.)

45. George Steinen: *Language and Silence: Essays on Language, Literature, and the Inhuman*. Atheneum, New York 1967, zitiert in David Crystal: Language Death, a.a.O., S. 35

46. Silas Tertius Rand: *Legends of the Micmacs*. Longmans, Green, und Co., New York 1894), S. 253-258

47. R. E. Johannes: *Word, of the Lagoon: Fishing and Marine Lore in the Palau District of Micronesia*. University of California Press, Berkeley 1981, S. 5-9

48. Wade Davis: „The Ethnosphere and the Academy"

49. Diese Worte stammen vom Oglala-Häuptling Red Cloud (1822-1909). Siehe Daniel Nettle und Suzanne Romaine: *Vanishing Voices*, a.a.O., S. 99

50. Darrell Posey: „Biological and Cultural Diversity: The Inextricable Linked by Language and Politics", zitiert in *Iatiku*, Newsletter for the Foundation for Endangered Languages, Nr. 4, 31. Januar 1997

51. Jerry Mander: *Paradigm Wars*, a.a.O., S. 4

52. Teer- oder Ölsände gibt es überall auf der Welt, aber nur in Kanada kann man sie im Tagebau fördern. Die Sände ähneln Asphalt. Sie werden mit Dampf behandelt, um das Erdöl herauszulösen. Die Sände liegen in der Tundra unter Sumpfgebieten oder Deckgesteinen, die bis zu 70 Meter dick sein können. Die Lagerstätten in Athabasca bergen 174 Milliarden Barrel; wenn sie voll genutzt werden, könnten sie allein die Weltwirtschaft sechs Jahre und zwei Monate lang mit Erdöl versorgen. Die Bedeutung der Lagerstätte zeigt sich darin, dass viel Kapital investiert wird, unter anderem. aus Indien und China, das bereits eine Pipeline finanziert.

53. Jerry Mander: *Paradigm Wars*, a.a.O.

54. „Berbers: The Proud Raiders", in: *BBC World Service*, 23. April 2001, *http://www.bbc.co.uk/worldservice/people/highlights/1 0423_berbers.shtml*

55. Miguel San Sebastián und Anna-Karin Hurtig: „Oil exploitation in the Amazon basin in Ecuador: a public health emergency", in: *Public Health* 15(3), 2004, S. 205-211

56. ebd.

57. Brigid McMenamin: „Bring Me Your Tired, Your Poor, Your Litigious", in: *Forbes*, 15. November 1999

58. Anna-Karin Hurtig and Miguel San Sebastián: „Incidence of Childhood Leukemia and Oil Exploitation in the Amazon Basin of Ecuador", in: *International Journal of Occupational Environmental Health*, 2004,10:245-250

59. Judith Kimerling: „Corporate Responsibility in Ecuador: The Many Faces of Oxy", Rohmanuskript, California Global Corporate Responsibility Project, Mai 2001

60. Moises Naim: „An Indigenous World", in: *Foreign Policy*, Nov./Dez. 2003

Wir machen dem Imperium einen Strich durch die Rechnung

1 Lester Thurow: *American Fiscal Policy: Experiment for Prosperity*. Prentice-Hall, Englewood Cliffs 1967, S. 125

2 Zitiert in Naomi Klein: *No Logo: Taking Aim at Brand Bullies*. Picador, New York 2000, S. 325

3 Joseph Stiglitz: *Globalization and Its Discontents*. W. W. Norton, New York 2002, S. 35

4 US-amerikanischer Rüstungshersteller (Anm. d. Übers.)

5 Thomas Friedman: *The Lexus and the Olive Tree*. Harper Collins, New York 2000, S. 464

6 „The Prophet of Prison", in: *The Economist*, 3. September 2005, S. 58

7 William Lobbett: „Such Slavery, Such Cruelty", in: *Political Register*, Bd. LII, 20. November 1824, zitiert in „Hard Times", in: *Human Documents of the*

Industrial Revolution. Hrsg. E. Royston Pike, Frederick A. Praeger, New York 1966), S. 62

8 Julia Gabrielle: „Coalition of Imokalee Workers", in *http://www.clw-online. org/slavery.html*

9 „Allmende" ist eine Rechtsform gemeinschaftlichen Eigentums (Anm. d. dt. Hrsg.)

10 Ralph Nader ist ein politisch aktiver Verbraucherschutzanwalt in den USA.

11 Madeleine Bunting: „Stop, I Want to Get Off", in: *Guardian Weekly*, 29. November 1999

12 Thomas Frank: *One Market Under God.* Doubleday, New York 2000, S. xv f.

13 Die Metapher von den Grünen und Roten Zonen stammt von Mary Kaldor, Helmut Anheier und Marlies Gladius, die diese Bezeichnung in der Einleitung des Buchs *Global Civil Society* (Sage Publications, London 2005) gewählt haben.

14 *High Mobility Multipurpose Wheeled Vehicle* (kurz: HMMWV, wird der Einfachheit halber meist Humvee ausgesprochen) ist ein geländegängiges Fahrzeug, das für die US-amerikanische Armee entwickelt wurde und seit 1985 von dem US-amerikanischen Hersteller *AM General* in verschiedenen Versionen produziert wird. (Quelle: Wikipedia; Anm. d. dt. Hrsg.)

15 William Langewiesche: „Welcome to the Green Zone", in: *Atlantic Monthly*, Nov. 2004

16 Rajiv Chandrasekaran: *Imperial Life in the Emerald City: Inside Iraq's Green Zone.* Alfred A. Knopf, New York 2006. Hierbei handelt es sich um die aktuelle und sehr befremdliche Beschreibung der kulturellen Hybris, die in der Grünen Zone herrscht.

17 S. Johnson: „Lost in the Green Zone", in: *Newsweek*, 20. September 2004

18 Langewiesche: „Welcome to the Green Zone"

19 US-amerikanischer Mathematiker und Bombenbauer, der in der Zeit von 1978 bis 1995 sechzehn Briefbomben an verschiedene Personen in den USA verschickt haben soll, durch die drei Menschen getötet und weitere dreiundzwanzig verletzt wurden. Bevor seine Identität bekannt wurde, bezeichnete man ihn als „Unabomber" (*university and airline bomber*), da die Bomben vornehmlich an Universitätsprofessoren und Vorstandsmitglieder von Fluggesellschaften geschickt wurden. (Quelle: Wikipedia; (Anm. d. Übers.)

20 Lori Wallach und Michelle Sforza: *Whose Trade Organization? Corporate Globalization and the Erosion of Democracy.* Public Citizen, Washington, D.C. 1999) S. 142 f.

21 Robert Evans: „Green Push Could Damage Trade Body-WTO Chief", *Reuters*, 15. Mai 1998, zitiert in Wallach und Sforza: *Whose Trade Organization?* S. 13

22 Spanischsprachige Metropolen sind in *barrios* (spanische Bezeichnung für einen Stadtteil oder ein Stadtviertel) eingeteilt; dies gilt auch für philippinische Städte. Im engeren Sinne sind „Barrio" in Lateinamerika die meist von indigener und karibischer schwarzer Bevölkerung bewohnten riesigen Substädte der großen Metropolen an der Grenze zwischen Vorstadt und Slum. Auch die

großen Latino-Viertel in den USA werden als „Barrio" bezeichnet: So ist „El Barrio" in New York City ein Synonym für Spanish Harlem. (Quelle: Wikipedia; Anm. d. dt. Hrsg.)

23 Dieses Thema wird hervorragend dargestellt in dem Dokumentarfilm *Darwins Alptraum* von Herbert Sauper, der für den Oskar nominiert war. In seinem Film zeigt Sauper den Alltag der Piloten, der Klebstoff schnüffelnden Kinder, der mit Aids infizierten Männer sowie Minister, die sich sehr wichtig nehmen, und Unternehmer, die vom Fischexport profitieren.

24 Michael Goldman: *Imperial Nature, the World Bank, and Struggles for Social Justice in the Age of Globalization.* Yale University Press, New Haven 2005, S. 232

25 ebd.

26 Eduardo Galeano: „Where People Voted Against Fear", in: *The Progressive*, Januar 2005

27 Michael Goldman: a. a. O., S. 45

28 David Held: „Toward a new consensus: answering the dangers of globalization. (PERSPECTIVES)", in: *Harvard International Review* 27, 2 (Summer 2005):14(4)

29 Stewart Brand: *The Clock of the Long Now: Time and Responsibility.* Basic Books, New York 1999, S. 34-37

30 Mike Davis: *Planet der Slums.* Assoziation A, Berlin 2007, S. 159 ff.

31 Mike Davis: „Planet of Slums", in: *New Left Review* 26, März/April 2004

32 Robert Neuwirth: *Shadow Cities, a Billion Squatters, a New Urbanworld.* Routledge, New York 2006, S. xiii

33 Mike Davis: *Planet der Slums*, S. 208 ff.

34 ebd., S. 23

35 Pankaj Mishra: *An End to Suffering.* Farrar, Straus and Girouz, New York 2004, S. 392 f.

36 Clarissa Pinkola Estés: *Die Wolfsfrau. Die Kraft der weiblichen Urinstinkte.* Heyne Verlag, München 1993, in Kapitel 5, „Die Skelettfrau – Sich dem Werden, Vergehen und Neuwerden der Liebe stellen", Seite 160 ff.

Das Immunsystem der Erde

1 Gerald N. Callahan: *Faith, Madness, and Spontaneous Human Combustion: What Immunology Can Teach Us About Self-Perception.* St. Martin's Press, New York 2002, S. 227

2 Kenny Ausubel, Hrsg.: *Nature's Operating Instructions.* Sierra Club Books, San Francisco 2004, S. xiv

3 Lewis Thomas: *The Lives of a Cell · Notes of a Biology Watcher.* Viking Press, New York 1974, S. 113 f.

4 Siehe Karl Ernst Georges: Ausführliches lateinisch-deutsches Handwörterbuch; *http://www.zeno.org/Georges-1913/A/immunis*

5 Fritjof Capra: *Lebensnetz: Ein neues Verständnis der lebendigen Welt.* Scherz, München 1996, S. 316 f.

6   Gerald N. Callahan: Faith, Madness, and Spontaneous Human Combustion, a.a.O., S. 4-9

7   ebd., S. 9

8   Fritjof Capra: a.a.O., S. 317

9   Francesco Varela und Antonio Coutinho: „Second Generation Immune Networks", in: Immunology Today, 1991, 12:159-166

10 Paul Farmer: *Pathologies of Power: Health, Human Rights and the New War on the Poor.* University of California Press, Berkeley 2005, S. xxviii

11 Aus der Begrüßungsrede von Ahmed Djog-Hlaf, Curitiba (Brasilien), die er am 27. März 2006 auf der *Convention on Biological Diversity* gehalten hat.

12 Bill McKibben: „Born Again, Again! Will Evangelicals Help Save the Earth?" in: GRIST, 5. Oktober 2006; *www.GRIST.org/news/maindish/2006/10/05/ McKibben/index.html*

13 David Graeber: „The New Anarchists", in: *The New Left Review* 13 (Jan./Feb. 2002), S. 62

14 *http://www.nydailynews.com/news/politics/story/225853p-193988c.html*

15 Rupert Steiner: „Bill Gates is just a figurehead. I am actively engaged", in: *Spectator*, 16. Juli 2006

16 George Soros: „America's global role: Why the fight for a worldwide open society begins at home", in: *The American Prospect*, Juni 2003, S. 29

17 Irwin M. Stelzer: „The Gates-Buffets Merger", in: *The Weekly Standard*, 17. Juli 2006, S. 14-16

18 Suzanne Wooley und Jessi Hempel: „Top Givers", in: *Business Week*, 28. November 2005, S. 58-60

19 Richard Dowden: „Bribing African Leaders to leave power on time", in: *The New Vision*, Uganda; *http://www.newvision.co.ug/*

20 Michael S. Malone: „The India Movie Mogul", in: Wired, Feb. 2006

21 Siehe Anmerkung 44, Seite 310

22 Daniel Ben-Horin: „More power for nonprofit organizations: CompuMentor", in: *Electronic Democracy, Whole Earth Review*, Sommer 1991, S. 14

23 Mitch Nauffts: *Philanthropy News Digest*, Interview vom 2. Mai 2006; siehe *http:// foundationcenter.org/pnd/newsmakers*

24 Gil Friend: „The 2030 Climate Challenge and West Coast Green", in: *Worldchanging*, 2.Oktober 2006; *http://www.worldcliaiiging.com/arclii-ves/005005.html*

25 Michael Chabon: „The Omega Glory", in: *Details*, Jan. 2006

26 John O'Connell: „Slow down, you eat too fast: A European culinary revolt against the grazing culture is simmering", in: *New Statesman*, 24. September 2001

27 ebd.

28 Carol Ness: „Slow Food movement has global outreach", in: *San Francisco Chronicle*, 30. Oktober 2006, S. 1

29 „Interview: Carlo Petrini", in: *The Ecologist*, Bd. 34, Ausgabe 3 (April 2004), S. 50-53

30 Stacy Schiff: „Know It All: Can Wikipedia Conquer Expertise?" In: *The New Yorker*, 31. Juli 2006, S. 38

31 *Nature* 438 (2005): 900 f.

32 Siehe *http://corporate.britannica.com/britannica_nature_response.pdf*

33 Jeff Howe und Mark Robinson: „The Rise of Crowdsourcing", in: *Wired*, Juni 2006. Der Begriff „Crowdsourcing", der von den Autoren im Gegensatz zu dem Begriff „Outsourcing" geprägt wurde, bezieht sich in dem zitierten Artikel ausschließlich auf die Geschäftswelt. Er lässt sich jedoch auch auf gemeinnützige Projekte anwenden, wo Menschen zusammenarbeiten, um soziale Probleme zu lösen oder etwas für den Umweltschutz zu tun.

34 Steve Stecklow: „Virtual Battle: How a Global Web of Activists Gives Coke Problems in India", in: *The Wall Street Journal*, 7. Juni 2005, A1

35 C. Surendranath: „Coca-Cola: Continuing Battle in Kerala", India Resource Center, 10. Juli 2003; *http://www.indiaresource.org/campaigns/coke/*

36 Steve Stecklow: „Virtual Battle", A1

37 „The Street Fight", in: *Down to Earth: Science and Environment Online*, 15. August 2006, Center for Science and the Environment, Neu Delhi

38 Steve Stecklow: „Virtual Battle", A1

39 Philip Ball: *Critical Mass, How One Thing Leads to Another*. Farrar, Straus and Girouz, New York 2004, pp. 459 f.

40 Gerald N. Callahan: *Faith, Madness, and Spontaneous Human Combustion*, a. a. O., S. 63

Die Grundlage unseres Daseins erhalten

1 Julia Whitty: „The Fate of the Oceans", *Mother Jones*, März/April 2006

2 Richard Fortey: *Leben – eine Biografie. Die ersten vier Milliarden Jahre.* Deutscher Taschenbuch Verlag, München 1997, S. 51

3 Zitiert in Franklin M. Harold: *The Way of the Cell.* Oxford University Press, New York 2001, S. 101

4 John Steinbeck: *The Log from the Sea of Cortez.* Viking Press, New York 1951, S. 217

5 Stuart Kauffman: *At Home in the Universe, The Search for the Laws of Self-Organization and Complexity.* Oxford University Press, Oxford 1995, S. 45

6 ebd.

7 Franklin M. Harold: a. a. O., S. 66–68

8 Robinson Jeffers: „De Rerum Virtute", in: *Selected Poems*. Vintage, New York1965, S. 176–78

9 Zitiert in Lynn Margulis und Dorion Sagan: *Microcosmos, Four Billion Years of Evolution from Our Microbial Ancestors.* Summit Books, New York 1986, S. 18

10 Siehe The Resilience Alliance (*http://www.resalliaince.org*), ein Projekt, das von dem kanadischen Ökologen C. S. Hollings gegründet wurde, einem herausragenden Vordenker zu den Themen „Umweltverträglichkeit", „adaptive Systeme" und „Panarchie"

11 Walter Reid, Harold Mooney, Angela Cropper u.a.: *Millennium Eco-system Assessment Synthesis Report,* Millennium Assessment Board, 23. März 2005

12 „The state of the world? It is on the brink of disaster", in: *The Independent* (England), 30. März 2006

13 „A blast from the past: Climate change", in: *The Economist,* 25. Februar 2006, S. 90

14 „The Heat Is On", in: *The Economist,* 7. September 2006

15 Diese Einsicht ist einem Vers von Hillaire Belloc entnommen, zitiert in Franklin M. Harold: a.a.O., S. 9:
„The man behind the microscope,
Has this advice for you:
Never ask what something Is,
Just Ask, what does it Do? "

16 Mahlon Hoagland und Bert Dodson: *The Way Life Works.* Times Books, New York 1995, S. 2

17 Walter Truett Anderson: *All Connected NOW: Life in the First Global Civilization.* Westview Press, Jackson 2001. Anderson tritt entschieden für eine umfassende Globalisierung ein, und zwar als natürliche Entwicklung. Er unterscheidet zwischen einer wirtschaftlichen und einer sich entwickelnden Globalisierung, wobei Letztere darin besteht, dass die Welt nicht nur durch erhöhte Mobilität zusammenwächst, sondern auch durch Kommunikation, Handel, Biologie (einschließlich Krankheiten) und Informationstechnologie sowie durch nichtstaatlichen Organisationen, deren Entstehung notwendig und sehr hilfreich ist.

18 Kenneth E. Boulding: „Earth as a Spaceship", Vortrag an der Washington State University, 10. Mai 1965

19 Als *Mykorrhiza* bezeichnet man eine Form der Symbiose von Pilzen und Pflanzen, bei der ein Pilz mit dem Feinwurzelsystem einer Pflanze in Kontakt ist. (Quelle: Wikipedia; Anm. d. Übers.)

20 „Von der Wiege zur Wiege" bedeutet, dass Abfall als Rohstoff verwendet wird. (Anm. d. Übers.)

21 Das *Nordamerikanische Freihandelsabkommen* (engl. *North American Free Trade Agreement, NAFTA*) ist ein ausgedehnter Wirtschaftsverbund zwischen Kanada, den USA und Mexiko und bildet eine Freihandelszone auf dem nordamerikanischen Kontinent. Mit Inkrafttreten des Freihandelsabkommens am 1. Januar 1994 wurden zahlreiche Zölle abgeschafft, viele weitere wurden zeitlich ausgesetzt. Das Abkommen ging aus dem Kanadisch-Amerikanischen Freihandelsabkommen von 1989 hervor, das im Gegensatz zur Europäischen Union keine übernationalen Regierungsfunktionen wahrnimmt und dessen Bestimmungen auch keine Vorrangposition gegenüber nationalem Recht einnehmen. Es handelt sich dabei lediglich um einen zwischenstaatlichen Vertrag. (Quelle: Wikipedia; Anm. d. Übers.)

22 Mahlon Hoagland und Bert Dodson: a.a.O., S. 26

23 Albert Camus: „Helenas Exil", in: *Literarische Essays*. Rowohlt, Hamburg 1960, S. 155 f.

24 Karen Armstrong: *Die Achsenzeit*. *Vom Ursprung der Weltreligionen*, Siedler, München 2006, S. 11

25 ebd., S. 11

26 Martin Luther King: „Beyond Vietnam", Rede vor der Vereinigung *Clergy and Laymen Concerned about Vietnam*, gehalten in der *Riverside Church*, New York City, am 4. April 1967

27 James Carse: Finite and *Infinite Games: A Vision of Life as Play and Possibility*. Ballantine, New York 1986

28 Nachdem ich diesen Textabschnitt geschrieben hatte, entdeckte ich eine bessere Liste in dem Buch God Laughs and Plays von David James Duncan (Triad, Great Barrington 2006): „Ich halte es mit der biblischen Wahrheit, dass die gegenwärtigen Fundamentalisten, und in erster Linie diejenigen, die an den Weltuntergang und an das himmlische Reich glauben, uns brauchen, und mit „uns" meine ich: Nicht-Fundamentalisten, Mystiker, Öko-Aktivisten, ungewöhnliche Künstler, nichtwissende Philantropen, unverbesserliche Schriftsteller, wahrheitsliebende Musiker, unbestechliche Wissenschaftler, Biogärtner, Slow-Food-Bauern, schwule Gastronomen, Wildnis-Träumer, heidnische Prediger der Nachhaltigkeit, von Mitgefühl beseelte Unternehmer, Muslime mit gebrochenem Herzen, untröstliche Kinder, liebende Gläubige, liebende Ungläubige, Millionen von Menschen, die für den Frieden marschieren, und diejenigen, die uns alle so sehr lieben, dass man wirklich sagen kann, *sie brauchen uns für ihre Erlösung.*"

29 David James Duncan: *God Laughs and Plays,* a. a. O, S. 118

30 Aus einer E-Mail von Wolfgang Sachs.

31 David Orr: *The Last Refuge: Patriotism, Politics, and the Environment in an Age of Terror*. Island Press, Washington, D.C. 2004), S. 74–77

32 Mary Oliver: *Dream Work*. Atlantic Monthly Press, Boston 1986, S. 38. Die letzten Zeilen lauten:
„Als du nach und nach ihre Stimmen hinter dir gelassen hast, begannen die Sterne hinter den Wolken zu leuchten / und du vernahmst eine neue Stimme / irgendwann erkanntest du, dass es deine eigene Stimme war, die dir Gesellschaft leistete / während du immer tiefer in die Welt eindrangst / fest entschlossen, das Einzige zu tun, was es zu tun gab / das einzige Leben zu retten, das du retten konntest."

33 Franklin M. Harold: a. a. O., S. 101

Literaturverzeichnis

Armstrong, Karen: *Die Achsenzeit. Vom Ursprung der Weltreligionen*, Siedler Verlag, München 2006

Brand, Steward: *Das Ticken des langen Jetzt. Zeit und Verantwortung am Beginn des neuen Jahrtausends.* Suhrkamp Verlag, Berlin 2000

Brand, Steward: *How Buildings Lern. What happens after they're built.* Penguin Books, 1995

Brinkley, Alan: American *History. A Survey.* McGraw-Hill Humanities/Social Sciences/Languages, 2002

Camus, Albert: *Literarische Essays.* Rowohlt, Hamburg 1960

Capra, Fritjof: Lebensnetz: *Ein neues Verständnis der lebendigen Welt.* Scherz, München 1996

Carson, Rachel L.: *Der stumme Frühling. Der Öko-Klassiker.* C.H. Beck, München 2007

Carson, Rachel L.: *Geheimnisse des Meeres.* Paul List Verlag, Berlin 1984 (vergriffen)

Crichton, Michael: *Welt in Angst.* Thriller. Goldmann, München 2008

Darwin, Charles: *Die Fahrt der Beagle. Tagebuch mit Erforschungen der Naturgeschichte und Geologie der Länder, die auf der Fahrt von HMS Beagle unter dem Kommando von Kapitän Robert Fitzroy besucht wurden.* Marebuchverlag, Hamburg 2006

Darwin, Charles: *Über die Entstehung der Arten.* Reprint der ersten Auflage von 1860. Wissenschaftliche Buchgesellschaft (WGB), Darmstadt 2008

Davis, Mike: *Planet der Slums.* Assoziation A, Berlin 2007

Emerson, Ralph Waldo: *Natur.* Diogenes, Zürich 1982

Diamond, Jared: Kollaps. *Warum Gesellschaften überleben oder untergehen.* Fischer Taschenbuch, 2006

Estés, Clarissa Pinkola: *Die Wolfsfrau. Die Kraft der weiblichen Urinstinkte.* Heyne Verlag, München 1997

Fortey, Richard: *Leben – eine Biografie: Die ersten vier Milliarden Jahre.* Deutscher Taschenbuch Verlag, München 1997

Frank, Thomas: *Was ist los mit Kansas? Wie die Konservativen das Herz von Amerika erobern.* Berlin Verlag, Berlin 2005

Fuller, Richard Buckminster: *Bedienungsanleitung für das Raumschiff Erde und andere Schriften* (Hrg. Von Joachim Krausse). Philo Fine Arts, Hamburg 2010

Ghandi, M. K.: *Eine Autobiographie oder Die Geschichte meiner Experimente mit der Wahrheit.* Verlag Hinder + Deelmann, Gladenbach 1995

Greeley, Horace: *An Overland Journey.* Biographical Center for Research (BCR), 2010

Gregg, Richard B.: *Die Macht der Gewaltlosigkeit.* Verlag Hinder + Deelmann, Gladenbach 1982 (vergriffen)

Harold, Franklin M.: *The Way of the Cell. Molecules, Organisms, and the Order of Life.* Oxford University Press, 2003

Johannes, R. E.: *Words of the Lagoon. Fishing and Marine Lore in the Palau District of Micronesia.* University of California Press, Berkeley 1992

Kelly, Kevin: *Das Ende der Kontrolle. Die biologische Wende in Wirtschaft, Technik und Gesellschaft.* Bollmann Verlag, Mannheim 1998

Klein, Naomi: *No Logo: Der Kampf der Global Players um Marktmacht. Ein Spiel mit vielen Verlierern und wenigen Gewinnern.* Goldmann Verlag, München 2005

Leopold, Aldo: *Am Anfang war die Erde. Sand Country Almanach. Plädoyer zur Umwelt-Ethik.* Knesebeck Verlag, München 2000

Lopez, Barry: *Arktische Träume.* Fischer, Frankfurt a.M. 2007

Mann, Charles C.: *1491. New Revelations of the Americans Before Columbus.* Vintage, 2006

Marsh, George P.: *Man and Nature. Edited with a New Introduction by David Lowenthal.* University of Washington Press, 2003

Mishra, Pankaj: *An End to Suffering.* Farrar, Straus and Girouz, New York 2004

Rich, Adrienne: *Der Traum einer gemeinsamen Sprache.* Frauenoffensive, München 1980

Richardson, Robert D.: *Henry Thoreau: A Life of the Mind,* University of California Press, Berkeley 1986

Richardson, Robert D.: *Emerson: The Mind on Fire.* University of California Press, Berkeley 1996

Russell, Bertrand: *Unpopular Essays.* Taylor and Francis, 2009 (Deutsche Ausgabe: *Unpopuläre Betrachtungen.* Europa Verlag, Zürich 2005

Tarbell, Ida M.: *The History of Standard Oil Company.* Cambridge Scholars Publishing, 2009

Thoreau, Henry David: *Über die Pflicht zum Ungehorsam gegen den Staat. Civil Disobedience.* Zweisprachige Ausgabe. Diogenes, Zürich 2004

Thoreau, Henry David; Porter, Eliot: *In Wilderness Is the Perservation of the World.* BBS Publishing Coporation, 1996

Thoreau, Henry David: *Walden oder Leben in Wäldern,* Anaconda, Köln 2009

Tolstoi, Leo: *Das Reich Gottes ist in euch. Religionskritische Schriften und Briefe.* Alibri Verlag, Aschaffenburg 2010

NICHT-ZWEI IST FRIEDEN

Wie alle Menschen gemeinsam eine neue
globale Ordnung auf kooperativer Grundlage
schaffen können

DER WELTFREUND Adi Da

NICHT-ZWEI IST FRIEDEN
Klappenbroschur
286 Seiten
ISBN 978-3-939570-64-6

An diesem Scheideweg der Geschichte gibt es viele ernsthafte Versuche, die Menschheit auf eine neue, zukunftsfähige Zivilisation auszurichten. Unter diesen Versuchen ragt der in diesem Buch von Adi Da dargestellte radikale Ansatz heraus, der die Lösung der weltweiten Notlage auf ein einzigartiges neues Fundament stellt.

Die neue Vorgehensweise beruht auf der „Arbeitshypothese der immer-schon-bestehenden Einheit" und auf einem Globalen Kooperativen Forum, das den fast sieben Milliarden Menschen der Erde dazu verhilft, selbst gemeinsam die Verantwortung für ihr Geschick zu übernehmen.

Diese Vision verdient es, gründlich zu erwogen und mit Entschiedenheit umgesetzt zu werden.

ERVIN LASZLO
Gründer und Präsident des *Club of Budapest*